欧亚古典学研究丛书

乌云毕力格 主编

大鹏展翅

藏传佛教新旧译密咒在西夏的传播

[俄] K.索罗宁 著

上海古籍出版社

本成果得到
中国人民大学“中央高校建设世界一流大学（学科）和
特色发展引导专项资金”支持（项目批准号：17XNLG04）

序

近几年中国学者在西夏时期的文本解读、新文本公布、西夏历史、文化、宗教研究等方面，获得了世界级的突破性研究成果。随着新知识增加，学术界对西夏学产生了与之前不同的认识。西夏学可以从“狭义”和“广义”的角度讨论，其中“狭义”的西夏学的研究对象为西夏以及党项族的语言、文化、历史和宗教；“广义”西夏学的视角比较广阔：承认“广义”西夏学的研究者认为西夏语言、文献、历史、宗教等研究的重要性在于其能够为“大汉学”以及“藏学”增加了解，为一部分汉语藏语主流材料未载入的内容加以补充。此主张认为，只有比较研究才能够显露西夏文本，特别是佛教文本的价值、真相及其历史意义。深入比较研究的主要前提之一是文本的公布、整理以及正确的解读。近几年由于沈卫荣、史金波、孙伯君、聂鸿音、段玉泉、孙昌盛、林英津、荒川慎太郎以及一批青年学者的贡献，学术界有可能了解许多西夏佛教文本内容，并与汉传、藏传佛教材料进行初步比较。最近的成果基于永久的西夏学传统，即前一代学者，如王静如、聂历山、克恰诺夫、西田龙雄、克平等人的成就。

研究的进展使人们明显地了解：“广义”西夏学虽然具有丰富的研究前途，但其研究使命并非为一个学者能独立完成的。由于西夏文化的多元性，需要各种不同领域学者共同努力，携手前行，才能显露出西夏文本的历史地位。本书试图进行“广义”西夏学研究，所以并非为笔者独立完成的研究成果。本人署名为作者的主要原因在于针对本研究成果的一切批评指正应全归于本人身上。事实上，本研究的成果属于大家共同努力的结果。因为我们主要的工作内容为藏译西夏文本研究、夏藏翻译和润文，我们大量依靠杰出青年藏学研究者杨杰博士的努力。杨博士仔细核对了初步的夏藏对译，对我们拗口的文字，以及文本内容和佛教概念的错误理解，进行了大量修改和补充。喻晓刚和张永富修改了本研究的中文表达，主要修改了本研究主要部分，即《五部法界之都序：毗卢遮那传》。喻晓刚另外对整文进行了润文和修改，并对西夏文、藏文录文的许多错误加以修改。可以说，读者能够比较顺利阅读这本书，主要是喻晓刚和张永富的贡献。没有他们的合作和帮助，本研究是无法完成的。完成本次研究有客观的障碍，但也有研究水平不够和知识不足的原因。如我们抉择研究原文材料有任意性，部分翻译尚存问题和不足，研究结论尚不成熟等问题。我们为研究者提供参考材料，希望引起“广义”西夏学的更活跃的发展，获得更全面的研究成果。

《大鹏展翅：藏传佛教新旧译密咒在西夏的传播》中使用“新旧译密咒”的副标题只是梳理文本的方便，在此处不代表藏传佛教在西夏的传播确有如吐蕃佛教史的“早期”和“晚期”的阶段。本研究“新旧译密咒”的含义基于文本内容，并且代表西夏佛教的内部情况：西夏流传的吐蕃佛教“新译”文本，我们称为“新译”；吐蕃“旧译”时期文献则称为“旧译”密咒。从此可知，西夏“新旧译”与藏传“新旧译”不同，二者之间在西夏佛教中的关系和搭配需要进行更深入的比较。标题中“大鹏”譬喻基于吐蕃“前弘期”著名的译师毗卢遮那所译《大鹏空明疏》（本文偶尔用“大凤凰”，西夏语直译），即是“大圆满”体系中的“心部五种本续”之一。该标题为才让教授和沈卫荣教授所建议。

本研究分为三篇十一章以及附录。不同章节讨论西夏佛教研究史的基本情况，包括本研究的研究法、西夏佛教系统、“汉藏圆融”的西夏佛教趋向。本研究的主要研究法和立场基于西夏文本的“文献群”“文本体系”等概念。第二篇讨论“新译密咒”的不同西夏文本，包括显教、大手印多文本体系，主要提出西夏藏传佛教文献二种体系的介绍。第三篇“旧译”系列的译本，主要是所谓“心部”文献。此篇包括文本的录文、注释、翻译以及初步的研究。本书共有四部附录，包括一部分初步“词汇对照表”，此外有索引及文献“属性表”等内容。我们的研究并不全面，没有包括大部分西夏文大手印文献以及捺啰六法文本，这些文本最近为喻晓刚博士专攻。同时，这些文本的一部分早有本人和孙伯君博士以及其他学者进行研究。但最重要的是，这些文本的单独研究和系统梳理，非本研究能完成。本研究包含原文资料篇，公布俄罗斯科学院东方文献研究所所藏西夏文一部分材料。我们研究也不包括如《真实名经》《入菩萨行论》等主要显密经典的西夏译文的研究。《真实名经》有张永富博士的高水平研究，《入菩萨行论》另有本人与荒川慎太郎博士共著成果。

本书的出发点是西夏佛教史是文本历史，即是我们可以从现存西夏文本中抽出构造的西夏佛教史。该看法虽然属于语文学和历史学的基本观点，但我们不只宣布它为我们研究立场，但实际企图在研究中正确地落实此观点，并得到了一些历史研究成果。从整理文本角度来看，我们划分出几个“文献群”（textual cluster）。其中一部分是相互搭配的（冈波巴“大手印”文献群、“喜金刚”系列文本、《入菩萨行论》系列文本）；另一部分是单独的（如德慧“大手印”系列、宁玛派“心部”等）。这些文献群有其具体历史背景，同时也如实地代表 11—13 世纪藏传佛教发展情况。这些属于比较初步的结论，文本之间的关系需要更深入的探讨。该研究缺点甚多，主要是一部分翻译不够精通，文本的批判不够全面，并且我们没有讨论所需要的全部文献。因此我们的研究结论是可以挑战的，但挑战者需彻底掌握我们的基础工作，才有资格为我们批评指正。

如上所说，这个研究为大家共同努力的成果，是在中国人民大学乌云毕力格教授指导下进行的。我们特别感谢清华大学沈卫荣教授对我们的不断鼓励和支持。我们的研究在许多处引用了沈卫荣教授的观点，对我们的研究有补充和启发。在研究过程中我们从聂鸿音教授得到了许多支持和修改建议，我们收获颇丰。聂老师让我们在很多地方重新反省我们的观点，纠正错误。社科院民族所孙伯君教授、北方民族大学孙昌盛教授、宁夏大学段玉泉教授的详询论难，让我们获得了有价值的意见。同时，陕西师范大学曾汉辰老师、藏学中心魏文研究员、美国哈佛大学孙鹏浩、马洲洋、杜旭初博士、清华大学侯浩然博士为本研究贡献甚大。北京大学叶少勇博士、李梦溪博士、谢皓玥博士等提供过有价值的建议，我们对此表示感谢。西北民族大学才让教授对我们研究的贡献不可胜数，为我们修改了许多解读藏文的错误。青年学者刘少华、唐晓宁为此研究做出杰出贡献。

本书撰写过程中我们有机会向著名的国际学者请教。其中我们特别感激 Dan Martin 教授在各个不同方面为我们提供的指导。M. Kapstein 不吝分享诸多知识，对我们帮助特别大。我们也感谢在不同情况下为我们提供说明和指导的 C. Ducher、L. Doney、Sam van Schaik 以及其他国内外学者。从上可见，本书的成果是大家共同努力合作而获得，而本书许多缺点皆归于我本人的身上。

最后感谢俄罗斯科学院东方文献研究所（IOM RAS）为我们研究提供高清晰原文照片，图像版权归东方文献研究所。克恰诺夫《目录》中的文符号：Tang 和号码，为目录未录的文献只标其“藏号”（#或“号”）。

目　　录

第一篇　西夏佛教文本系统初探

第二篇　“新译密咒”在西夏传播

第三篇　“旧译密咒”在西夏传播

第一篇

西夏佛教文本系统初探

第一章　西夏佛教史之文本史与本研究之立场

西夏学成为独立学科的过程与佛经的研究本来有密切关系：学术界比较早接触的西夏材料：如凉州重修感通塔的碑铭和西夏语的《法华经》皆为佛教经典或充满佛教内容的材料。[①] 在20世纪20—30年代国内外学术界已经发现西夏佛教存在着两种主要潮流：所谓“汉传”和“藏传”佛教文本体系，陈寅恪（1890—1969）、王静如（1903—1990）等学者进行初步对读和考释。[②] 1935年聂历山（N. A. Nevskij, 1892—1938?）在其《西夏文字与西夏文学》学术报告中，提出西夏文学有两种主流：“世俗文学”与“宗教文学”。这一想法为西夏本土文献所支持：西夏材料中，的确可见所谓“mur^{1} · jwɨr^{1} 絾莈”（直译：“俗文”）和“śjɨj^{1} tśhji^{2} 糺秖”（直译：“圣典”）的架构。据聂历山初步考证，西夏佛教文献另外可以分成汉传和藏传两种体系。[③] 这个考证与早在1931年王静如公布的想法是一致的。聂历山对其所见藏传材料进行初步梳理，并确认西夏文献中可见藏传佛教人物名号、藏传佛教术语的西夏译文等。据俄罗斯科学院东方文献研究所所藏聂历山未登的一部分稿子内容，他准备进行对西夏译文的阿底峡材料的研究，并指出西夏文献中一部分藏传噶举派高僧的名号。聂历山的整理研究远远超越了当时西夏学、汉传佛教和藏传佛教研究的水平，但不为学术界所重视。实际上，近几年关于西夏佛教文化的发现属于在聂历山早期预料范围内。

在20世纪70年代在其大作《西夏語の〈華嚴經〉》中，西田龙雄（1928—2012）提出其关于西夏佛教史的初步考证。西田氏基于西夏佛经题记、题款等记

---

① Dévéria, G. “Stèle Si-Hia de Leang-tcheou”, *Journal Asiatique*, no. 11(1898): 53 – 74; G. Morisse, “Contribution preliminaire à l’étude de l’écriture et de la langue Si-hia”, *Memoires présentés par divers savants à l’Académie des Inscriptions et Belles-Lettres* 11. 2(1901): 313 – 379.

② 如王静如《河西字大藏经雕版考》(《西夏研究》第一辑，北平：国立中央研究院历史语言研究所，1932年）以及其他相关文章。另见孙祎达《陈寅恪与西夏学》，《历史教学问题》，2020(3): 35 – 40。

③ 见：Н. А. Невский, «Тангутская письменность и ее фонды», *Доклады группы востоковедов на сессии Академии Наук СССР 20 марта 1935 г.* (М.; Л.: Издательство Академии наук СССР, 1936): 57 – 79. 重版：*Тангутская филология* (Москва, ГРВЛ, 1960), т. 1: 220 – 235.

载研究，讨论西夏译经，汉传、藏传佛教在西夏的互动等主要假设，并提供初步西夏语佛教典籍的目录。在研究西夏《法华经》译文时，西田氏进行现存西夏佛经中有所谓“新、旧译”之间的比较。验证西夏曾有“译经、校勘经”的历史概念，有助于了解西夏佛教史的大体情况，新旧译经研究的另一种贡献，是孙伯君 2010 年的《西夏新译佛经陀罗尼的对音研究》。与西田氏同样，孙博士考证确定：新旧音译可视为佛经“相待断代”的标准。

1999 年，西田氏为 E. 克恰诺夫（Е. И. Кычанов, 1932—2012）编纂西夏佛经的目录的序文中，更进一步讨论西夏佛教文本的种类和架构，提出西夏译经与“河西经”之比较研究必要性以及首次提出一部分与“大手印”“六法”等藏传密教西夏语文本的存在。此序中另外为一部分藏传佛教材料的西夏译文进行初步日语翻译和内容讨论。[①] 在此文中以及在 1975 年目录中，西田氏提供诸汉、藏传文本西夏译文的标题的原文构拟，追溯文本起源，在汉文及藏文大藏经中鉴定西夏译文的原文。西田氏的成果为克恰诺夫目录的主要依据之一，本研究也大量参考西田氏早期的成果，许多文本为西田氏早已鉴定，非为我们的成果。

史金波在收集和分析大量西夏文原始材料（主要是佛经题记、发愿文等）基础上，完成首次系统的西夏佛教史专著。[②] 史先生撰《西夏佛教史略》是迄今唯一西夏佛教史系统阐述，以及题款、发愿文等材料的梳理成果。史金波的研究涉及佛经翻译，寺院建设和地理分布，佛教行政制度，佛教宗派在西夏传播等问题的讨论。由于其学术兴趣特色，史先生主要集中在制度史问题上，比较少讨论西夏佛教文献内容，并采取汉传佛教“宗派”架构为讨论西夏佛教史的模式。此立场反映当时关于西夏佛教史知识的时代限制，从目前研究角度观之，已经不能接受。尽管如此，史金波撰《西夏佛教史略》仍然属于研究西夏佛教的主要材料。

1999 年克恰诺夫撰《西夏佛经目录》（下称《目录》）在京都出版后，对于西夏佛教研究产生巨大影响，变为划时代的巨大研究成果：为学术界首次介绍 IOM RAS（俄罗斯科学院东方文献研究所）所藏大部分西夏佛经。[③] 克恰诺夫《目录》虽然在许多方面承袭西田氏早期在《西夏語〈華嚴經〉》附录的目录中鉴定成果，

---

① 西田龙雄《西夏語華嚴經》第 1 册，京都：京都大学文学部，1975，第 3—24 页及他处。Е. Кычанов, *Каталог Тангутских буддийских памятников Института Востоковедения РАН* (Kyotō: University of Kyotō Press, 1999): ix-ixlvii；下文略称《目录》。孙伯君《西夏新译佛经陀罗尼的对音研究》，北京：中国社会科学出版社，2010 年。

② 史金波《西夏佛教史略》，银川：宁夏人民出版社，1988。

③ 克恰诺夫《目录》编辑时候，很多文本的属性尚未确定，需要与惠宏、段玉泉编《西夏文献解题目录》（银川：阳光出版社，2015）搭配使用。

克氏《目录》包含许多新材料，大量促进学术界对西夏佛教文献的了解。基于该目录，国内外学者首次了解东方文献研究所(IOM RAS)所藏佛教文献的种类、数量和类别。克氏基本上不讨论“汉藏对立”的假设，亦未提出关于西夏佛教史的新看法，但承认西夏佛教中的“汉传”和“藏传”两种脉络的基本研究典范。因此《目录》中佛经分成《大正藏》所见，“藏文大藏经目录”[①]中所见，以及“伪经”、“陀罗尼”、“论”、“偈颂”、“高赞”、三种“注疏”、“要集”、“次第”等范畴。这些类别反映克氏对材料标题的解读。这些“分类”实际上与文献内容和性质关系疏远，但可视为初步整理大量文献的基本架构。尽管如此，克氏对西夏佛教研究影响巨大，其后研究者大量引用，可说本目录作为主要参考数据。《目录》公布后，部分国内外的学术文章中的讨论全部或部分内容来自重复解读《目录》中的信息，包括题记、题款等。[②]

克氏目录公布前十几年，孟列夫发表其《黑水城汉文文献目录》，同样是当时巨大学术成果。由于时代限制，孟氏在目录中无法准确判断许多本子的属性和性质，基本上相信所有的汉文材料皆属于汉传佛教，并提出西夏汉语佛经中有来自女真金的佛经等想法。实际上，黑水城可能确实有女真金的文本，但孟列夫的证据是基于对部分题款的错误理解，因而不能成立。[③] 此外，孟氏目录未发现汉文材料中的契丹辽汉文佛典。黑水城出土一部分汉语文献的属性问题，是由沈卫荣的研究得以解决，最终成功地判定黑水城至少一部分汉文材料实际属于藏传佛教密教修行(特别是捺啰巴“六法”中的“中有”“梦幻身”等)的领域，学术界逐渐开始形成对西夏佛教的正确的认识。[④]

无论如何，聂历山、王静如、西田氏、克氏、孟列夫、史金波的研究成果为将来的研究创造了一种架构和比较稳定的基础。此研究架构主要因素是：在西夏文

---

① 克氏目录提出他参考的是 *The Complete Catalog of the Tibetan Buddhist Canons*(Sendai, 1934)。其指宇井伯寿等编辑《德格版西藏大藏经总目录》；实际上文中提供的目录编号属于铃木大拙主编《北京版西藏大藏经总目录》(东京—京都：TTRI,1961)。

② Dunnell, R.(邓如萍)，“Translating History from the Tangut Buddhist Texts”, *Asia Major* (3rd Series), 22(1), 2009：41－78,以及其在 *Esoteric Buddhism and the Tantras in East Asia* 关于西夏密教的章节，是此处典型例子。R. Payne, Ch. Orzech, H. Soerensen eds., *Esoteric Buddhism and the Tantras in East Asia*. HDO, China 4 (Leiden：Brill, 2010).

③ Л. Н. Меньшиков(孟列夫)：*Описание китайской части коллекции из Хара-Хото* (*фонд П. К. Козлова*)［黑水城出土汉文文书目录］(Москва：Наука 1984)。目录中有比较重要的错误，基于孟氏误解几个汉语施印记内容，判断西夏流传女真金的佛经。见：索罗宁《西夏佛教之系统性初探》,《世界宗教研究》,2013(04)：22－38。

④ 沈卫荣《西夏黑水城所见藏传佛教仪轨文书研究 I：梦幻身要门》,《当代藏学学术研讨会论文集》,台北：“蒙藏委员会”,2003：383－473。

化中佛教占有崇高的地位；西夏曾存有控制和管理僧团的行政机关，《新定改旧天盛律令》的不同条款可以为此佐证；翻译佛经为国家和皇室支持并赞助的活动，许多现存佛典本子是为全国性法会而发布的，同时西夏也存在私人和寺院独立翻译和出版佛经等现象。据佛典题跋保留了一部分记载，可以假定西夏大度民寺、显五明伽蓝为翻译出版的中心，该问题早已由西田龙雄和聂鸿音讨论。五位学者基本同意，大部分主要佛经是在 11 世纪末，大致上是西夏惠宗秉常时代（1061—1086），已翻译成西夏语的，并且译经的底本为汉语，合乎西夏皇室向北宋六次要求购买佛经的情况。西夏仁宗时期及以往的西夏后期为“整理修订”旧译的时段，也是藏传佛教传入西夏的时段。以上观点目前可视为学术界的一种公认。

西田氏、克氏、史金波三位学者对西夏佛教的看法大致上是一致的，但由于皆依于西夏出土文本上的信息，所以都是比较片面的，比较不可能把西夏文献放在东亚佛教大背景中。由于克氏和史先生及后来邓如萍（Ruth Dunnell）基于佛经的题记、题款、序文等，西夏佛教史变为“文本史”或“依于文本的历史”，但其所谓“文本内容”皆限于“题款”“发愿文”“序”以及不同碑铭等材料，基本上忽视了文本的佛教义理或修行的内容。有了《目录》和《史略》之后，并依于西夏文献解读的可靠性逐渐加强，西夏文佛教材料研究进入新阶段：即可以为大量西夏文本进行考证和解读，以及可以打破解读题记、题款等的限制，从文献内容出发进行探讨。不久前聂鸿音收集研究西夏文和汉文的佛典“序”“题跋”等，并发表高质量汉语翻译，为学术界提供不可缺的基础材料。[①]

尽管如此，西夏佛教传播研究限于文献的介绍和对读研究（所谓“释文”或“考释”之类），以及针对细节问题的讨论。最近几年不同学术刊物（如《西夏学》《中国藏学》《世界宗教研究》《宁夏社会科学》等）发出文章绝大部分属于此类。这些研究成果增加了我们对西夏佛教语言的了解，并且对西夏佛教中的两种主要脉络：所谓“汉传”和“藏传”佛教体系的认识加以补充。近几年不同学者发表不同水平的西夏文献解读考释研究，其中一部分为西夏时期的藏传佛教文献汉文译本和西夏文版的对读研究。其中最重要的是聂鸿音和孙伯君近几年发表的数十篇文章有相当高研究价值，本研究多次参考引用。[②]

---

① 聂鸿音《西夏佛经序跋译注》，上海：上海古籍出版社，2016。

② 近几年的重要成果是孙伯君、聂鸿音撰《西夏文藏传佛教史料：“大手印”法经典研究》（北京：中国藏学出版社，2018）。聂鸿音个别文章收集在《西夏学述论》（兰州：甘肃文化出版社，2018）、《西夏文献论稿》（上海：上海古籍出版社，2012）、《西夏文献论稿二编》（兰州：甘肃文化出版社，2018）。此处不一一论之。

近几年，因为西夏文献引起了藏学专家的关注，西夏文献开始进入“藏传佛教”研究领域中，并且西夏文献对藏传佛教文化研究的价值被藏学界公认。在近几年数篇文章中，沈卫荣提到关于西夏佛教藏传文献与藏传佛教主流关系的看法。沈氏对西夏佛教看法有明显的发展，据其近几年发表文章内容集中在“显密汉藏圆融”的概念上。整体来说，如此“简略口诀”如实代表西夏佛教的范围和方向，只不过关于该范围的具体内容以及“汉藏判断标准”，学术界尚存异论。与研究汉传佛教史专家相比，藏学界更乐意接受西夏学的研究成果，并愿意把西夏材料容纳“大藏学”范围内，汉传佛教文化研究工作者迄今未发现西夏文本的研究意义。

基于前人研究成果，笔者在 Brill 出版社公布的《佛教百科全书》中发表了关于“西夏佛教文学”章节。其中意图初步系统阐述不同文本体系的类型和内容[①]。由于对西夏佛教史的理解基于文本的解读，随着新本子的研究，对历史的了解也不断地变化。于是笔者之前的一部分关于西夏佛教史以及西夏藏传佛教在西夏传播的看法，需要大量修改和补充。实际上，无论佛教或世俗文本研究的主要意义，在于与汉传或藏传材料的比较，比较研究才能够显露西夏文本的重要性。

对于西夏研究的“倾面”趋向以及历史观的“弹性”是必然的，并且难以避免的。主要的原因在于迄今我们尚未发现系统介绍西夏佛教文化传播史的汉语或藏语传统记载。藏文传统的“宗教史”虽然保存一部分信息，但比较零碎。汉语传统历史记载，无论是“正史”（如《宋史》中的《夏国传》等），还是宁夏地区的“方志”，不同的传统的佛教史，或清朝民国初期的西夏历史的书籍，几乎没有关于西夏佛教的记载。基于此，西夏学界主要是“以西夏佛经研究西夏佛经”的循环方法是研究的大障碍。为了突破此“研究的循环性”，唯一办法是跨领域，跨语言的“综合性”的研究。

---

① K. Solonin, “Local Literatures: Tangut/Xixia”, in: J. Silk et al., eds. *Brill Encyclopedia of Buddhism* (Leiden: Brill, 2015), vol. 1: 844 – 859.

第二章 “汉藏圆融”立场及相关西夏文本

尽管西夏佛教研究仍处于文献初步解读的阶段，有关研究西夏佛教以及其他中亚区域佛教文化传播史，近几年形成一种新立场，即是所谓西夏流传的“汉藏佛教”的典范。[①] 此立场为沈卫荣在一系列文章所推广，主要含义在于：11—14 世纪在西域地区的佛教传播是一种多层次的复杂过程，是多元语言和文化互动的成果，包括早期吐火罗语、于阗语、回鹘语以及大量梵语（或印度语支诸语言）、汉语、藏语、西夏语、蒙古语文本翻译传播。该过程的成果之一乃是所谓“汉藏佛教”。沈先生的研究主要基于黑水城汉文材料以及与之相关的藏语文献比对，以及一部分回鹘语等文献的考证。“汉藏圆融”立场主要基于“藏传往东”以及“汉传往西”的两种趋势在西夏国土之互动和接触。汉传和藏传二体系虽然是独立传播，但其中有一些互动和交流。由于西夏语西夏时期的汉语文献以及回鹘等语言的佛教典籍中有许多藏传佛教文本的译文，需要重新评价藏传佛教在东亚佛教史的地位，即是“重构”11—13 世纪的佛教史。整体来说，笔者针对“汉藏”的看法属于“狭义”：若某一本材料属于汉传佛教内容，文中出现藏传佛教因素（如藏传典籍的“引语”或基于藏语的佛教“术语”），如此文献为“汉藏”材料。其他材料为译文，非为“汉藏圆融”脉络的文本。汉藏译文所见共同词汇的情况属于西夏佛教最初依于汉译佛经而形成，并非为汉藏思想交流的表现。

西夏文本为研究此宗教文化交流和互动提供了各方面的不同材料，但非为此“混合圆融”的唯一代表。即是说，处理汉藏互动，除了西夏语之外，需要大量处理回鹘语、蒙古语以及其他语言的文献内容。“汉藏”属性的标准可见在“文本内容”和“词汇”两种材料中。无论是“文本内容”还是“词汇”，一部分西夏文本可视为“混合汉藏”材料类。其中最有名的是元代西夏遗僧一行慧觉（？—1319 前）撰《大方广佛华严经海印道场十重行愿常遍礼忏仪》。西夏文材料，如黑水城

① 比较早提出 11—14 世纪西域佛教的关联性是沈卫荣在 2006 年发表《重构十一—十四世纪的西域佛教史》，《历史研究》，2006（05）：23－34。比较新的想法可见：沈卫荣《论西夏之汉藏与显密圆融》，《中华文史论丛》，2020（01）：265－309；索罗宁《〈金刚般若经颂科次纂要义解略记〉序及西夏汉藏佛教的一面》，《中国藏学》，2016（02）：93－101。

出土此处明显的例子之一是西夏文《心地法门》(nji̱j^{1} ljɨ̣^{2} tsji̱r^{1} ɣa^{1} · jwɨr^{2} [illegible])①。该资料为蝴蝶装,共102页,草书写本(图1)②。

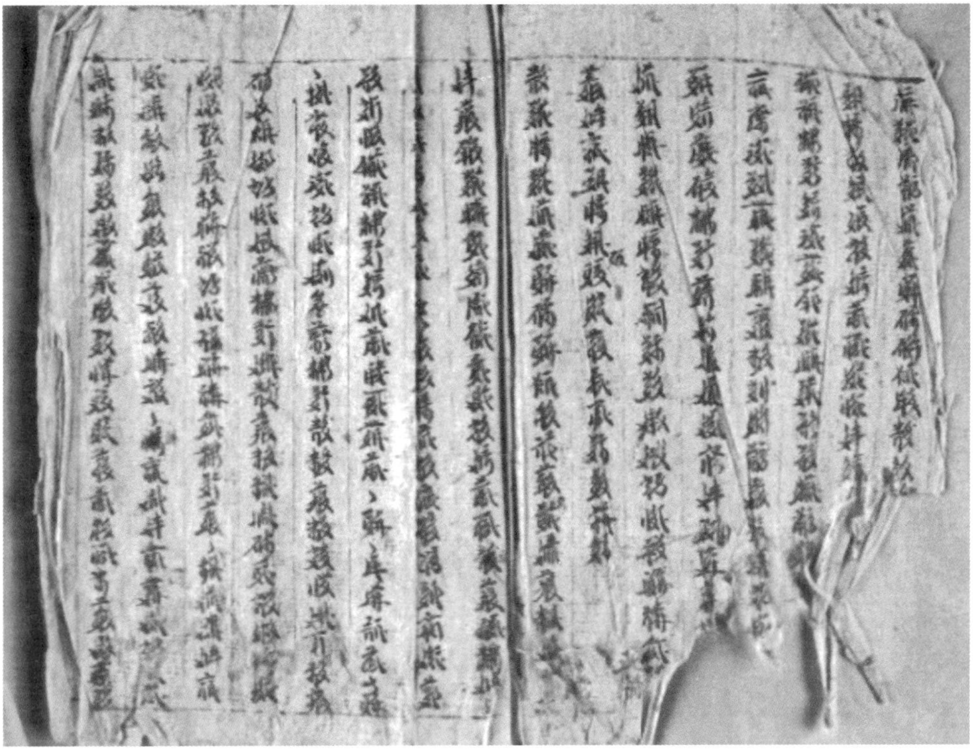

图1　《心地法门》

一、《心地法门》与“顿渐悟修”

IOM RAS所藏《心地法门》内容为判教论,主要以禅宗“渐顿圆融”典范为主,不同法门的分配结构是所谓九种根机(上上、上下、上中云云)。《心地法门》内容架构主要基于圭峰宗密(780—841)撰《禅源诸诠集都序》。文中的判教体系有渐、顿二门,即是:顿修渐悟、渐修顿悟、渐修渐悟为下根众生之上中下;顿门乃是“顿悟渐修、顿悟顿修”,为中品人之下中根器;此外顿悟顿修另分为“顺性修

① Tang 166,#7169,《目录》:645。

② 此段登录在:索罗宁《宗密思想在西夏的发展:〈心地法门文〉与西夏佛教中的“顿渐”》,收录在《2019华严专宗国际学术研讨会论文集》,第2册:293－301。

行顿”（文中有翻译）和“断正平竟顿”（文中无翻译）者，为中上根人修行法门，大致上同于宗密的观点。上上根人修“圆融渐顿”，总共九门。下面录“顿悟顿修”和“渐修渐悟”二门的段落。

《心地法门文》原文录文	汉 语 拟 译
[illegible]“[illegible]《[illegible]》[illegible]：“[illegible]。”①[illegible]《[illegible]》[illegible]：“[illegible]。”②[illegible]：“[illegible]。”③[illegible]：“[illegible]。”④[…][illegible]《[illegible]》[illegible]：“[illegible]。”[illegible]：“[illegible]。”[illegible]《[illegible]》[illegible]：“[illegible]。”[illegible]《[illegible]□[illegible]》[illegible]：“[illegible]。” [illegible]《[illegible]》[illegible]：“[illegible]	二，顿悟顿修者，分别则有两种义：顺性而顿者，中之中根人，贵以疾速顿悟心之真性义为本，顺性顿修，不取其余方便行相。唯依性义，住本性而修。如此断烦恼，如此不断证真，不著证真，常住性相，此者名为顿修。故《禅源序》说：“即悟真心，复烦恼轻薄，慧解明利，则应依自本性一行三昧。”又《宝积》中说：“身觉了见之体性，故名佛出世。”又说：“了知贪欲寂灭空寂，了其实性证菩提。”又说：“学佛之禅定，得菩萨名称，正定导引故，成就定心佛。”[…] 又《佛母所说法经》说：“彼无可起，本性清净，如此修行，疾成佛道。”又说：“从一切法□□等起，无着则得等正觉。”又说：“无诸法，汝我一切执著等，得平等正觉。”又《普造王续》中说：“种知（分别，译者注）不生，自然安住者，不经地位而能至明满地。”又《梵□本续》说：“自性三身皆圆满，能了此理，成四智，不离见闻而必定自然达佛地。”⑤ 三，渐修渐悟，下之下⑥根人，声闻乘、独觉乘、菩萨乘及佛乘等，依次历诸地位，万亿无量世界，三乘法中修止观等修行，悟时显深深之理，以悟修求明满成就。故《禅源序》说：“如登九层台，层层渐高，则所见境界

① 原文：“若悟真心，若烦恼微薄，慧解明利，即依本宗本教一行三昧。”《心地法门》引文全同与《禅源序》的西夏译文。聂鸿音《西夏文〈禅源诸诠集都序〉译证》：222。

② 原文：“觉了身见之体性故名佛出世。”《大正藏》第 11 册，#310：147a8－9；此处西夏引文与《宝积经》夏译文全同，感谢孙伯君教授提供信息。

③ 原文：“了贪寂灭常空寂，证其实性得菩提。”《大正藏》第 11 册，n310：179b17。

④ 原文：“学佛舍摩他，菩萨得名称，正定导引故，成就定心佛。”《大正藏》第 11 册，n310：395a17。汉文用“舍摩他”，《心地法门》用“禅定”的说法，与《宝积经》西夏译文相同。

⑤ 此二处引用的具体来源待考证。

⑥ 文中似乎有错误，按照逻辑应该是“下之上”。

续　表

《心地法门文》原文录文	汉 语 拟 译
[illegible].”①[illegible]《[illegible]》[illegible]:“[illegible],[illegible].”②[illegible]《[illegible]》[illegible]:“[illegible]□,[illegible].”③[illegible]《[illegible]》[illegible]:“[illegible],[illegible],[illegible],[illegible],‘[illegible]④[illegible]’,[illegible],[illegible],[illegible],[illegible].”⑤[…]	亦渐远。”又《真实名经》中说:“决定出于三乘者,住在于彼一乘果。”又《法华经》说:“初说三乘引导众生,然后但以大乘而度脱之。”又《大智度论》中说:“或菩萨发初心,后虽初显善爱,与恶混杂,时时发起,说‘我求成佛道’,后诸功德回向菩提;其人甚至经无数阿僧劫,或至或不至,是前世福德薄以及根钝,心不坚固也。”

不难看出,“顿悟顿修”法门主要依于唐代圭峰宗密(780—841)《诸说禅源诸诠集都序》。据我们初步考证,《心地法门》中的来自宗密撰《禅序》的引语与现存的西夏译本全同;至于《心地法门》他处可见的《宝积经》中的引文情况亦是如此。据此我们假设《心地法门》为西夏本土著作,并非为汉译本。“渐修渐悟”文中另有《真实名经》引语。同样,《真实名经》引文同于现存西夏译本。据我们初步考证,西夏译本与元代(西夏时期)汉译“元讲经律论习密教土番译主聂崖沙门释智译”的《圣妙吉祥真实名经》为同一本子,汉译本很可能基于西夏文本。此外,我们认为文中的《zji² ɣjɨr¹ njij² twẹ² [illegible]》(直译:“造一切王本续”,即《普造王续》)实际代表宁玛派主要典籍《ཀུན་བྱེད་པའི་རྒྱལ་པོའི་མདོ》(本研究翻译“普造王续”,《遍造王本续》)。虽然我们尚未发现此语句,迄今有如此考证:文中的“mə²

① 原文:“如登九层之台,足履渐高,所见渐远。”与西夏译文相同。聂鸿音《西夏文〈禅源诸诠集都序〉译证》:226。汉文与西夏译文的差别仅在于以“境界”替代了“所见”。

② 此处《心地法门》引用西夏译《真实名经》,《心地法门》的引文与现存西夏文全同。见:林英津《西夏语译〈真实名经〉释文研究》,台北:“中央研究院”,2006:207,第281行。相关汉语见:释智译《真实名经》(《大正》第20册,#1190:828c12),此句在《真实名经》的西夏译本、释智汉译本和《心地法门》的引文中全部相同,说明释智汉译参考了西夏流传的译本,其他汉译本中不见此句,可以证明:释智汉文本译自西夏时期或以西夏译本为底本。

③ 原文与《心地法门》引文全同,《大正》第9册,#262:13c14－15。

④ 此字模糊不清。

⑤ 原文见:《大正藏》,第25册,#1509:342,c10－13,“有菩萨初发意,初虽心好,后杂诸恶,时时生念:‘我求佛道,以诸功德回向阿耨多罗三藐三菩提’,是人久久无量阿僧祇劫,或至或不至。先世福德因缘薄,而复钝根,心不坚固,如乘羊者”。可见西夏译本为原典之略本。

se̱w² [illegible]”（直译：“种知”）代表藏语“分别知”རྣམ་པར་རྟོག；“swew¹ sə¹”（直译：“明满”）为大家周知藏语སངས་རྒྱས 的西夏译。可知，“顿悟顿修”法门的分析包含了汉传藏传因素在内。《心地法门》其他内容待考证，但是以上允许我们判断，西夏“汉藏圆融”在原始文献内容中尤其体现。

二、西夏《金刚经》与“鸠摩罗什传说”

此外汉藏圆融方面可以提出西夏文献：“黑山沙门善信”（na¹ ŋər¹ śia¹ mẽ¹ ne̱w² dźiej² [illegible]）所“集”《金刚般若科判经颂解理纂要略记》kiẹ¹ dźja² pa² zja¹ kạ² tsew² lwər² lja̱¹ wo² phie² tshji¹ śio̱¹ ljow² la¹ [illegible]。① 西夏僧侣法号中，“善”辈弟子并不多见，据我们之前的考证，西夏“善”辈有可能与辽代通理大师恒策的弟子系统，主要与协助校勘房山石经的善定和尚有关系②。该数据的研究虽然尚未完成，但是可见文中引用《金刚经纂刊定记》的引语。《金刚经纂刊定记》是北宋时期长水子璿（965—1038）整理的宗密撰《金刚经纂》，编辑时期为大宋天圣年间（1023—1032）。③ 同时，文中有相关段落，内容很有“汉藏圆融”代表性：④

西夏语文录文	拟汉译《金刚般若科判经颂义解纂要略集》
《[illegible]》[illegible] [illegible] [illegible]！ [illegible]：[illegible]，[illegible]“[illegible]”[illegible] [illegible]，[illegible].“[illegible]”[illegible]，[illegible]，[illegible]	《金刚般若科判经颂义解纂要略集》 黑山沙门善信 集 敬礼三宝诸上师 将释此经⑤二分：一，释名字中“金”者，坚 固，它物不能坏之；“刚”者，刚巧，以之能破

---

① 西夏文献中常见 ɣjɨr¹ [illegible] śio̱¹ [illegible] dej¹ [illegible]三字修饰作者。其意为“造”（代表作者，一般指的印度大菩萨或有名上师），“集”（“利用不同文本或数据造作集文”），“传”（传密法要门）。

② K. Solonin, “The Great Master Tongli: The Texts by a Liao Buddhist Master among the Khara-Khoto findings”, in Chr. Anderl et al., eds. *Chan Buddhism in Dunhuang and Beyond* (Ledien: Brill, 2020): 249-360.

③ 《金刚经纂要刊定记并序》,《大正藏》n1702；第 33 册，170a17。

④ 索罗宁《〈金刚般若经颂科次纂要义解略记〉序及西夏汉藏佛教的一面》,《中国藏学》2016(2)：93-101。

⑤ 西夏语字面翻为“欲说此经时”；其中西夏语的·jij¹ [illegible]是动词未来时的标记。翻译取长水子璇治定的《金刚般若经疏论纂要》，此后不一一注明。

续　表

西夏语文录文	拟汉译《金刚般若科判经颂义解纂要略集》
[illegible]	一切他物；故《晋武帝起居注》①曰：“武帝处有敦煌人，来献金刚宝，此宝出金中，色如紫石英，状同于蓍，百炼不销，切玉如泥，此者坚刚宝也。”“般若”者，是梵语，番（既西夏语——译者注）语曰“慧”。其中有二：是“实相”及“观照”。实相者，本觉体性不能为烦尘所变，喻常理。观照者，以始觉了悟诸相[是]空，断烦尘[之]变，同于刚[之]用。“波罗蜜多”者，番语曰“到彼岸”。如乘船渡海，能达宝处；虽在法中，依于慧而离于生死，出烦恼中，能令达菩提涅槃究竟之位也。“经”者，是“持语义”。“依语义”者，譬如执道[而]行，则达其所欲之处也。此中有三种譬喻：一、金刚者，本似般若，如何也？坚巧二理，一体不异，以之观照实相而[则] 指不一不异。二、舟船者，同于依无相慧修令至彼岸功德。三、道路者，同于以文字般若，使义趣显明。综义者，如金刚，依于圣慧时；同于船舟。“到彼岸”者；因含情不解，我佛为悲，开无语之语，施设名句，据文发解。因解[而]修行乃至成佛，是直道。譬王往城，不失其道则至殿场也。文：“姚秦等”中，“姚”者，是王之姓氏；“秦”者，国名也，“后秦”之谓。“三”三也，此师演说经论律三藏故，即谓三藏法师。“鸠摩”者，师之姓氏也②，是鸠摩罗炎之子③。使正理盛行时候，名号“方象”④；后使“中道”

① 西夏文作“[illegible]”，其中 tsjɨ̃¹ · u² [illegible] 是汉文“晋武”的音写；wjị² ziejr² [illegible] 是汉文“起居”的字面翻译。

② 此处文中解释鸠摩罗什名号。西夏笔者基于其汉文版，似乎对梵文的原文不了解，才会切开 Kumā 和 Rajīva 来解释。西夏文 Kumārajīva 的转写 kjiw¹ mo² lo¹ śjɨr¹ [illegible]。

③ 此处是罗什父亲 Kumārayāna 名号的解释。西夏文转写 kjiw¹ mo² lo¹ · jã¹ [illegible]，与原文 Kumārayāna 接近，是为《梁高僧传》中的“鸠摩炎”增“罗”字，既是注意了原文中的-ra-音节，则其汉文是鸠摩罗炎。

④ 西夏语 tśhja² · wo² [illegible]基于汉文的正理（nyāya）；文中的 ljijr² bju² [illegible] 字面翻译为“方象”（玄奘汉译“域龙”）。无疑此名号来自藏文的ཕྱོགས་གླང。ཕྱོགས་གླང代表梵文的 Dignāga，即印度正理大师陈那。

续　表

西夏语文录文	拟汉译《金刚般若科判经颂义解纂要略集》
[illegible]	盛行时，名号葛麻辣石辣（Kamalaśīla）①。后来，蕃国传“密结”②上，名号“小黑色足”③。最后来东“摩诃齐拿”国④，传译经论时，名号“罗什”。“罗什”名者，番语曰“童寿”。此者，住世五百十七年，色形如童子故，亦曰：童寿。所谓“译”者，此经典汉本，秦、魏、陈、隋、唐、周等六次译中⑤，秦朝罗什三藏译。此本者，文略义广，究竟正确。⑥ 昔今行读诵者，广有神功，众所敬拜。 曰“唐凉”⑦等，汉本中曰“唐京⑧大兴福”⑨；此者，是唐朝西京⑩大兴福寺。“沙门”者，番语曰“勤息”⑪，以勤禁止三业，令烦恼止

---

① 西夏佛典 kja̱¹ mja¹ lja² śji¹ lja² [illegible]相当常见。此处汉文转写基于黑水城出土汉文 TK329《四字空行母记文卷上》。孙鹏浩《有关帕当巴桑杰的西夏汉文密教文献四篇》，收录在沈卫荣主编《文本中的历史：藏传佛教在西域和中原的传播》，北京：中国藏学出版社，2012：82－96。

② 西夏文 dwu̱² rjɨj² [illegible]（密咒）其他文献少见，翻译“密结”据 TK329《四字空行母记文卷上》，“密结”一词为西夏语直译，是否同与藏语གསང་འདུས，Guhyasamāja，尚待考证（马洲洋建议）。

③ 此名号在西夏文献出现比较多，据目前考证西夏文的 tsə̣¹ nja̱¹ rewr² tsəj¹ [illegible]，即是 kṛśnapāda。

④ 西夏文的 *mja¹xa tsji² nja²* [illegible] 佛典中中国名称直译。西夏文献中另一种转写是＝tsji² na¹ [illegible]，出现在《tsji² nja² 比丘随缘集》的标题中。

⑤ 此句子接近汉文：“此卷时主，前后六译，一后秦罗什，二后魏菩提流支，三陈朝真谛，四隋朝笈多，五唐初玄奘，六大周义净。”（《金刚般若经疏论纂要》，《大正藏》n1702；第 33 册：155b4－5）。

⑥ 西夏语作：[illegible]，其中 ɣwə² [illegible]（愚痴）作用不详。

⑦ 西夏文 thow¹ ljow¹ [illegible]，是西夏文音写，其构拟为＊唐凉。荒川氏解释 ljow¹ [illegible]为“凉”，并认为此字属于宗密尊号“清凉”的假设不能成立（荒川慎太郎《西夏文金剛經の研究》，东京：松香堂，2014 年，第 290 页，注 273）：“清凉”是澄观（737—838）尊号，并在西夏文献此尊号一般是翻译的。本笔者暂时无法提出其他看法。

⑧ 西夏文 thow¹ kjij¹ [illegible]，音写，其中 thow¹ 无疑问是代表“唐”的转写；kjij¹ 为实词，语音转写代表“结，京，敬”等音。考虑大兴寺在唐西京，笔者假设，thow¹ kjij¹ 是汉语“唐京”的转写。

⑨ 西夏文“大兴福寺”，荒川氏解释为“大崇福寺”，同上书，第 290 页；据载《金刚经纂》是在大兴福寺完成的。见《金刚经纂要刊定记》，《大正藏》，CBETA#1702；第 33 册 171a29－b1）。此句出现 sji² [illegible]，多义助语，此句把“唐京大兴福”主体化作用，因此把它当“者”。

⑩ 西夏语 sji¹ kjij¹ [illegible]为汉语转写，代表汉语“西京”。

⑪ 《金刚纂要刊定记》，《大正藏》，CBETA 1702，171b3：“沙门梵语，此云勤息”。

续　表

西夏语文录文	拟汉译《金刚般若科判经颂义解纂要略集》
[illegible]	离也。胜道、养道、说道、坏道四中，宗密大师者，是说道、养道二种。闻中，以据天亲等论而造此科。此师名号亦四种：[在]圭峰入住于慧，号“圭峰禅师”；住草堂寺故，亦号“草堂禅师”；因多年修定慧照，号“定慧禅师”。道圆①禅师处，唤“宗密”法号，又号“*密敬”②。

该段落需要更多考证，但其主要内容在于创造西夏独特的研究《金刚经》体系。从正宗佛教史角度观之，文中对“鸠摩罗什”的理解是完全错误的。尽管如此，文中的所提的“方象”（陈那，Dignāga）、葛麻辣石辣（莲华戒）、成就者黑色小足、圭峰宗密皆为西夏佛教汉传和藏传佛教的代表人物：陈那代表西夏流传的“正理”文本体系，圭峰宗密为西夏华严体系的核心祖师，西夏佛教中“华严信仰”以宗密思想脉络为主。据载在西夏人的心目中，印度中观大师莲华戒（Kamalaśīla，740—795）和“黑色小足”大成就者（Kṛṣnapāda/Nagpopā）为同一人。③ 此外，莲华戒上师重视《金刚经》的研究，实际上也合乎我们构拟对西夏佛教的了解。④ 上文已提及，西夏佛教界中关于其所撰《金刚经广疏》有所了解。如此，据《金刚般若科次经颂义解纂要略集》可知，存在研究“本经”的传统，其性质难以判断，但可以假设它代表“汉藏显密圆融”的西夏“新佛教”传承之一。

若我们针对“善信”辈分的判断无误，他为辽代遗僧的身份，该材料编纂时

---

① tśja^1 ·io̱^{1} [illegible]宗密最初期的禅师名号。

② 西夏语 dwu̱^{2} bju̱^{1} [illegible]的宗密法名似乎未记录在传统记载中。上文首次在索罗宁《〈金刚般若经颂科次纂要义解略记〉序及西夏汉藏佛教的一面》，《中国藏学》，2016(02)：93－101。

③ Tang 250，#823：2；另见汉译：孙伯君、聂鸿音《西夏文藏传佛教史料：“大手印”法经典研究》，北京：中国藏学出版社，2018：19、260－262。据西夏文《金刚亥母耳传记文》的记载（笔者译）：“[黑色小足]，因其慈悲如观音菩萨之故，并因其被观音菩萨所摄受，此后智师等唤之为‘葛麻辣石辣’班弥达”（[黑色小足] [illegible]，[illegible]，[illegible]，“[illegible]”[illegible]）。此处“小黑足”无疑问指的帕当巴桑杰。西夏译者，或文笔者没有识别“黑色小足”成就者帕当巴桑杰（？—1117，ཕ་དམ་པ་པ་སངས་རྒྱས）的灌顶法号“莲华戒”（即文中的“葛麻辣石辣”），见：Dan Martin，“New Padampa Manuscripts”，*Tibeto-Logic*，2016/07/02；https://www.academia.edu/ 26669899/ New_Padampa_Manuscripts.

④ 荒川慎太郎《西夏文〈金剛經〉の研究》系统的阐述。

段可假定为辽灭亡不久的西夏本土著作，可能亦为直接西夏语写的本子。基于此考虑，并据不同文本记载，我们假定该材料属于12世纪中叶，即是西夏仁宗天盛年间。基于以上内容，我们判断“汉藏佛教”为一种现实的现象，并非学术营造。西夏佛教传播过程的重要特色是，在12世纪中叶，在汉传佛教传播的同时，西夏大量吸收了藏传佛教文化。西夏国土上所谓“汉藏并行”的趋势，彻底地改变了西夏佛教面目和结构，增加其研究的复杂性以及界定西夏佛教文化的研究价值。

三、《禅修要门》中的汉藏圆融

IOM RAS 所藏文文献有 Tang 291 #4824 卷子写本，标题为《śjā^{1} djọ^{2} tshji^{1} ŋwu̱^{1} [illegible]》，直译《禅修要门》。① 该材料性质为禅修材料的“集成”。据标题记载其为：[illegible]（“維摩诘及观音等造”）。写卷最后的“要门”标题为：《[illegible]》（“诸法一心定慧圆满不可思议要门”），作者“[illegible]”（释子周遍）。据内容考证，此要门主要集中在“真心顿显”等思想，为有汉传佛教内容文献。文末记载如下：[illegible]（“一真尘尘皆真悟一悟一切 一真尘尘显心中 一真法界，理事无碍 真心尘尘事中显 尘尘法事显一心 理事无碍 尘尘法显事中 事事无碍 无碍法界显种种”）。不难看出，此处“一真，尘，法”相互关系的讨论基于华严宗“四法界”的架构上。《诸法一心定慧圆满不可思议要门》另有一句：[illegible]，[illegible]（“一遇皆道，不逆本行”）。据我们考证，此句基于圭峰宗密撰《大方广圆觉经疏》中：“触类是道而任心”的语句，为汉传禅宗文献西夏译文常见的语句。此句多见在讨论马祖道一禅宗思想的西夏的“洪州文献”中。从而得知，《诸法一心定慧圆满不可思议要门》为汉传佛教材料。②

《禅修要门》的造者——维摩诘及观音，未出现正文中，不同的“要门”为不同高僧撰写。尽管如此，文中开头句 [illegible] 可以分析如下：原文所载 lji^{2} [illegible]字我们理解为 lji^{2} [illegible]的通假，sjij^{1} [illegible]（细）为 tsəj^{1} [illegible]（小、幼）的错写。

① 《目录》：590－557。该材料初步研究见：袁雅瑄《西夏文〈禅修要论〉考释》，北京：中国人民大学硕士学位论文，2016。本文中《禅修要论》《禅修要语》《禅修要门》皆为西夏文《[illegible]》的汉语翻译，所指为同一西夏文文本。

② 索罗宁《西夏汉传佛教文献研究》，兰州：甘肃文化出版社，2022：90－113。

其后 rewr[2] [illegible] 直译翻译“足”，pja[1] [illegible]为音译字。① 据此，我们假设，此处西夏为代表“童子小足巴”的意思。我们假设，此语句可以解释为藏语གཞོན་ནུ་ཆུང་ཞབས་པ，即与其他西夏文献所见“小黑足”（Kṛṣnapāda）同一人，名中 pja[1] [illegible]为པ音译。据考证，在其他西夏文献中，此“小黑足”名号代表帕当巴僧杰，我们推论《禅修要门》的“造者”亦为“小黑足”。据初步考证，《禅修要门》由所谓“九叶”（[illegible]）组成的。文末记载如下：[illegible]，[illegible]，[illegible]，[illegible]。其中，我们虽然暂时无法鉴定 tshja[1] lo[1] zjɨ[1] ŋjow[2] bja̱[2] [illegible]以及 ku[1] rur[1] kja̱[1] [illegible]，二者代表印度地名。针对 tsəj[1] rewr[2] dow[1] dźjij[1] [illegible] 的解释：tsəj[1] rewr[2] 如上，dow[1] dźjij[1] 为藏语རྡོ་རྗེ的音写，②全名则为“小足金刚”，即是 Kṛṣnapāda 名号之一。尽管仍存具体鉴定问题，我们可以确定《禅修要门》为藏传佛教文本。

关于该文中的另一种“要门”的传承，有如下记载：[illegible]，[illegible]（录文保留原文空格——译者）。此段拟译：“此要门如何而传？乃是‘福’国兜谷砂，③释迦佛传为文殊，由于文殊传为刘大禅师。④ 此禅师先修仙道（西夏词汇，代表“道教”，此处汉译不明——译者），得长寿成就，活三千多年，后文殊处受此要门。由大禅师，传为禅师小砾⑤。禅师小砾成九十，至于番国住山，李皁下九十年，⑥遇见禅师，受此要门。”此记载虽然不够清楚，但有明显藏传佛教“要门传承”记载的内容特色，即是为藏传佛教文献。

据内容初步分析，《禅修要门》为藏语译本可能性比较大：文中出现如 dzju[2] dzjɨ[2] [illegible]（直译：“主集”སྤྱ་ཚོགས）等说法，足以证明该文献的藏语背景。同时，中有

---

① 此解释不全无疑问：在同一语境意译音译并行虽然不是完全不可能，但比较少见。依于音译，tsəj[1] rewr[2]可以解释为藏语ཚེ་རིང་的转写。

② 理由如下：李范文为二字提供“那神”的翻译。dźjij[1]出现在“辣征”的转写，此处为冈波巴名号之一“ཟླ་རྗེ”的转写，我们假设此处音与其同。

③ “‘福’国兜谷砂”是西夏 xu[1] lhjịj tow[1]·u[2] tshjạ[1] [illegible]拟译。

④ “刘大禅师”翻译西夏语的 ljiw[1] śjã[1] dzjịj[2] khwej[2] [illegible]。其中“大”实际为“头”“主”或“领导”的意思。此处“刘大禅师”与西夏文《金刚亥母耳传记》中的“刘译主”似乎不为同一人。

⑤ “禅师小砾”为 śjã[1] dzjij[2] zji[1] ɣa[2] [illegible] 的直译。其中“zji[1]”（小）与上行“大”有明显搭配。

⑥ “李皁下九十年”类推翻译。

如下语句：[illegible]，[illegible]（“执着事事无碍法者，是沉默之本”）。无论此处语境和内容背景如何，我们可见，此段文字采用了汉传佛教的表达方式来表其本意。《禅修要门》内容虽然需要更多的考证，可以见：在西夏佛教文学中有一部分属于“汉藏混合”材料：即是同样内容的汉传和藏传材料收集在同一本“集成”中。由于如此，同样内容汉传藏传文献之间，最少在词汇层次上存在交流。

第三章　本研究的方法

本研究总标题为“藏传新旧译密咒在西夏传播”。我们用此说法只不过为阐述和整理原始材料的方便:“新译”和“旧译”之对立属于藏传佛教判教架构,针对西夏佛教而言,其限于系统梳理不同性质的文献。我们研究的立场在于西夏藏传佛教的传播没有所谓“先后”二阶段之对立。

西夏佛教研究的最大障碍是学术界缺乏关于西夏佛教传播的系统性的阐述:汉僧、吐蕃僧并没有保留西夏佛教史的系统记载;西夏人虽然有如此材料,但早已失传,但存其引语而已。因此,研究西夏佛教史的主要数据源是西夏文佛典本身。

这些年间的文本对读显露出西夏佛教的另一种重要特色:不同处发掘的文本代表西夏佛教内容的“统一性”(uniformity):即各处出土的本子,虽然会有一些不同版本和不同的内容文献,但是基本上不违背我们在黑水城文献基础上所构建的西夏佛教的概况。虽然不同处出现个别不同的文献,但从其内容分配,无论是黑水城、灵武、敦煌、拜寺沟、山嘴沟、亥母洞等处出土的材料,不能彻底改变基于黑水城文献考证对西夏佛教的整体了解。这就是说,西夏佛教本身为一种“地方传统”,具有其地区特色。与汉传、藏传佛教不同,西夏境内的佛教信仰(包括仪轨、法事等)是一致的,不存在不同“地方传统”(local traditions)之间的分歧。这点为西夏佛教的主要特色,但需要更进一步研究为之佐证。西夏佛教的“地方传统”是否可视为更大“华北”佛教传统的一部分,尚待考证和研究。

西夏政权的历史仅有200年之短,并且有文字记载的佛教史范围更为短暂。据我们初步考证,为西夏佛教史进行“历时性”(diachronic)的研究不为妥当,主要因为西夏材料不提供可以研究其“演进”的材料。依于如此之前提,本研究的初步假设是:藏传和汉传佛教宗派思想文本是在同一个时段传入西夏,并没有先后的情况。现存文本代表西夏末期佛教的情况,即是在原始的西夏材料基础上无法进行“演进研究”。因此,本研究基于“共时性”(synchronic)的立场,但理想的目标在于重构西夏佛教演变过程,即是从“共时性”的研究获得“历时性”的成果。[①] 本

① 迄今西夏佛教“历时性”研究限于早期与晚期佛经翻译之比较,该立场最初是西田龙雄所提,近几年由孙伯君发展。见孙伯君《西夏仁宗皇帝的校经实践》《西夏佛经翻译的用字特点与译经时代的判定》等文章。研究成果可以帮助为不同单独流传的经典断代,但也不能全取代历史考证。

研究有其“抉择性”，即是我们选择研究一批文献，但是有意识的或无意识地忽略其他文献。因此随着研究发展，我们的一部分或全部看法会有所调整、修改，甚至被打破。愿意打破我们观点的学术同仁，也需要做我们的工作才能有足够的理由对我们进行批评。

本研究主要研究法，模仿历史语言学和文献学的方法，即是所谓“历史比较法”（historical comparative method）和“内部构拟”（internal reconstruction）。由于本研究主要对象是文本，而不是语言本身的转变和演进，此研究并不属于正宗“语言学”领域，也不属于传统的宗教史的研究。我们的方案是一种限于文献内容的初步探讨，在解读文本基础上构造西夏佛教传播史的背景，并对一部分独特的文本体系进行探讨。由于本研究中的本子大部分是孤本，我们尚无法进行使用文献学中的“基因”研究，也不能使用“共同错误”（common error）的方法。因此我们选择模仿“内部构拟”的立场，即是从现有的零碎分散的文本，我们企图构拟文本所代表的社会情况和历史过程。即是，我们出发点是：我们手里的西夏文献代表历史的一种“现况”（present state）。为了严格尊重“内部构拟”的标准，我们绝大部分情况下基于西夏语本土材料以及文献的对读，在其基础上试图构造西夏佛教发展史的一些方面。达到此目标需要把文本置于宏观历史框架内，才可以从西夏文本所记载的“现况”演绎出其历史发展趋势。换句话说，在文本整理的基础上我们意图构造历史过程。为了达到此目标，我们必须使用外来的研究资源，因此研究法缺乏语言学之严格。因为如此限制，我们研究成果限于“描述性”（descriptive）的结论，与严格的历史语言学研究法来比，缺乏所谓历史语言学的“必然性”和“机械性”，研究水平尚未达到正宗历史分析的阶段。

这意味着，我们为宗教历史学界提供参考材料，原文材料的选择基于我们任运抉择，但因为西夏佛教文本的“互联性”，我们的成果反映西夏佛教的一种实际情况。其他学者必须依于其不同的抉择标准补充我们的成果，才可以达到客观的历史构建。所以，我们认为本次研究是系统阐述西夏佛教部分材料的初步阶段。下一步则是据此在西夏佛教文本研究成果基础上的“内部构拟”，进行西夏佛教文化与大传统（即是汉传和藏传）的比较研究，基于大规模汉传、藏传佛教史研究为西夏佛教研究创造新的视野。此能帮助显露出西夏佛教文化与汉传、藏传之间的同异。虽然如此，我们认为如此研究立场能过产生一些新成果。由于“内部构拟”研究需要一种作比较的标准，我们选择研究阐述的架构基于索南才让撰《西藏密教史》和 R. Davidson 撰《西藏复兴》（*Tibetan Renaissance*）二书[①]。

---

① 索南才让（许得存）《西藏密教史》，北京：中国社会科学出版社，1998。

主要原因在于此二书中提供藏传佛教密法发展的系统阐述，内容丰富，梳理清晰，有助于核对我们从西夏文材料中解读出来的内容。

本研究认为，现存的西夏译藏传佛教文本并不为抉择标准不明的，具有任意性的一套材料。与此相反，我们的立场是：西夏译的文本反映一种西夏佛教的文本系统；同时也如实代表 11—12 世纪藏传佛教历史发展的实际趋势。此系统是在特殊历史环境和前提之下形成的。为了揭开文本中的历史事实我们进行针对大量文本的解读、对读、初步的文本校对等。由于很多文献表面上缺乏历史信息，我们也注意到了文本内容特色。在此研究中我们仅限于一部分文献的整理和分析，希望将来有更深入以及更广阔的研究，最终的理想目标则是构拟完整的西夏佛教系统。这一点需要更多的研究，本次我们限于几个比较容易发现的文本传统的细节阐述，另外讨论了部分与西夏流传藏传佛教史相关的问题。

本研究为在文本基础系统整理西夏佛教文献的一个首次意图。研究分为两部分：第一部分讨论研究立场并提出我们研究的主要架构：西夏佛教的“系统性”及“西夏佛教史为文本史”。同时，第一部分初步介绍我们在研究中见到的“文本体系”。我们原来打算限于构拟西夏藏传佛教发展情况。随着我们研究工作的进度，出现一些重要材料，我们认为必须讨论。结果第一部分的篇幅不断增加。第一部分的研究成果并非完全由我们创造——其中一部分是学术同仁已经公布的研究成果，一部分属于尚未公布的或在进行中的研究，在下文中会给出相关信息的来源。第二部分是西夏译文印度大成就者吉祥狮子（Śrīsiṃha）传，毗卢遮那译“大圆满”体系核心文本体系，即是所谓的“心部五种”文本整理研究。

此处特别为协助我们的学者致谢：杨杰、魏文、孙鹏浩，杜旭初、曾汉辰、侯浩然、张凌晖、李梦溪、谢皓玥、孙昌盛、段玉泉、聂鸿音、孙伯君、彭向前。国外学者为我们帮助最大的是 Dan Martin 教授。近几年 Martin 教授不断与我们分享其智慧，对藏传佛教史、文本等方面的知识。该研究的一部分主要想法基于 Martin 老师的建议。

一、本研究的“原始材料”

现存的西夏文献分成两种：佛教诸典籍的译文和“非佛经”材料。佛典另可分两种：“佛教圣典”，即是佛经的译文以及“宗派文献”，即代表汉藏传不同宗派文献的译文，以及属于这些宗派的西夏本土著作。本研究以“宗派文献”为其总标题。本研究集中在一部分藏传“宗派文献”，并且我们主要的观点是一个固定“宗派文献”系列代表宗派的存在。严格来说，从西夏文献观之，西夏符合宗派标准的只有汉传华严宗（有文本系列和西夏本土传承），但西夏的“华严宗”与汉地的华严宗并不完全相同。尽管如此，“文献体系”/“宗派”的范畴分配，有助于文献的整理。

西夏僧侣虽然有佛教史的概念，并编辑过类似西夏佛教史的材料，迄今但存零碎痕迹和小引文。汉文材料，如《佛祖统纪》《佛祖历代通载》《释氏稽古略》等，虽然出现西夏国名，但几乎不见相关记载。藏传佛教历史文献中，虽然可见一部分关于“弥药”（མི་ཉག；མི་ཉག）的传法信息，但分散在不同高僧传记和不同的宗教史等文献中。所以，无论是汉传还是藏传佛教史料中均不提供系统的西夏“传法史”的阐述。

此外，西夏本土虽然有编辑佛教史典籍，现存我们可以基于极少数的记载假设这些典籍是“传法记”类的。藏传佛教史文献记载另有其本身限制：绝大部分文献关注的是不同宗派上师在西夏的活动，以及其与西夏朝廷之间的互动，进行护国仪轨等。这些记载均可视为从不同藏传宗派传播史立场讨论西夏佛教情况，并不专门关注西夏本土佛教传播的整体过程。因此，《青史》《洛绒宗教史》《红史》《贤者喜宴》以及新发现的《帝师惹巴传记》等材料中，虽然保留宝贵的历史信息，并且其中一部分能够与西夏本土记载搭配，但是由于藏文文献如上述的内在限制，我们不能从其中抽出西夏佛教文化的系统传播史。同样，我们虽然知道安多康地区早已流传丰富的藏传佛教传统，以及“河西地区”诸“吐蕃部落”早已流传佛教信仰，但我们仍然对于 10—11 世纪中党项所接触佛教信仰的性质缺乏了解。由于历史原因以及凉州一带的人口民族分布，北宋时期的河西吐蕃部落中流传的佛教比较偏于汉传佛教。北宋时代，藏传佛教影响在河西逐渐的增加：如当时在汉文材料中已见“琳布齐”（རིན་པོ་ཆེ）一词等。河西佛教僧团接受北宋时期各种佛教管理（包括“赐师号”“赐衣”）等。① 同时，佛教信仰的性质仍不够明显。

此处需要提出：为西夏国土的“河西”地区早已存在丰富的佛教传统。最有名的河西佛教基地为敦煌，武威、张掖等处皆为禅宗或密宗主要基地。汉传佛教史的典籍，如唐代保唐宗的《历代法宝记》保留关于西夏时期佛教基地贺兰山唐代佛教记载。《历代法宝记》有关于唐代著名禅僧保唐无住的记载如下：

天宝十载。【保唐无住】从西京却至北灵州，居贺兰山二年。忽有商人曹瓌

① 详见：岩崎力《宋代河西チベット族と佛教》，《东洋史研究》1987（46.1）：107 - 142；Iwasaki Tsutomu, “The Tibetan Tribes of Ho-hsi and Buddhism during the Northern Sung Period”, *Acta Asiatica*: Bulletin of the Institute of the Eastern Culture 1993（64）。

礼拜问："和上到剑南识金和上否？"答云："不识。"…… 遂乃出贺兰山，至灵州出行文："往剑南礼金和上。"遂被留。后姚词王不放。大德史和上、辩才律师、惠庄律师等诸大德不放来。至德二载十月，从北灵出，向定远城及丰宁军使，扬含璋处出行文。军使苦留问和上："佛法为当只在剑南？为复此间亦有。若彼此一种，缘何故去？"和上答："若识心见性，佛法遍一切处。无住为在学地，善知识在剑南。"①

从此可见，后世的西夏核心地区在唐代天宝年间（742—756）早已流传过禅宗南宗，并存有出家戒律系统，并且存在于四川禅宗的关系。据载，武威地区曾为密宗大师不空三藏的主要道场之一，是早已为周知事情。尽管如此，我们迄今无法把《历代法宝记》或其他敦煌文献直接与西夏佛教联系起来。元代诸本汉语佛教通史编辑者站在其宗派立场上，比较少关注境外情况，仅限于承认西夏为"佛教宇宙"的主要部分。如《佛祖历代通载》所载"梵天竺国、迦湿弥罗国、勒国、龟兹国、捏巴辣国、震旦国、大理国、西夏国等，诸法王众各于本国兴隆佛法"之类信息。

因此，构拟西夏佛教史的主要信息的来源是不同处出土的西夏文本。"外来材料缺乏"的情况不限于西夏：汉文佛教史料中同样不见关于契丹辽或女真金佛教史的系统记载。辽金时期佛教，虽然与北宋南宋时期的汉传佛教主流有所出入，但大体上不离于汉传佛教大传统的范围，亦处于汉语佛典世界，传播的思想接近于中原佛教主流。尽管如此，编写辽金佛教史也是比较困难的。

西夏佛教文化传统的研究，"内部构拟"研究基于西夏出土文献。本研究中使用的材料可分为"佛教内部"与"外来研究资源"两类。这个架构基于西夏本人心目中的"俗文"和"圣典"之对立。如此之分既为学术方便，又有助于系统的整理材料。针对西夏人而言，"俗文"和"圣典"的对立与本研究中不全同，如西夏"俗文"包括儒家经典，但其内容不为此研究所讨论。

在汉传或藏传佛教研究中，所谓"外来研究资源"（external sources，如中原"正史"类的资料）可视为佛教文化发展的背景，有助于进行比较研究以及更深入了解宗教文化传播史，对此藏语材料的记载价值比较高，汉文材料几乎未存相关信息，因此不可用。针对西夏研究而言，正宗外来材料缺乏的情况下，属于"外来资源"的研究材料大致上包括不同寺院的塔铭、碑文、佛经"御序""题记""发愿文"等材料。这些文献虽然不完全为佛教团队人士所编写，但其反映佛教在社会

① 《历代法宝记》，《大正藏》，51，n2075：186b3－b25.

中的地位，因此也可视之为“内部资源”。西夏现存“外来资源”内容最丰富的是法典，如《天盛改旧新定律令》《新法》等西夏法典。

其中相关章节中所记载的信息，虽然很宝贵，并且代表西夏人本身的佛教观，但其内容限于“佛教团体与政权”互动内容，国家行政机关对佛教团体的控制规则，对佛教团体活动的要求以及期待。据《凉州护国寺感通塔铭》等文献所载可知，西夏惠宗秉常时期（1061—1086）已存在佛塔崇拜，举办大规模法会，以及有所谓佛法“护国思想”“舍利崇拜”等，并且实施大规模译经方案。在相关的佛教内部和外来材料研究的基础上，可以假设，最早翻译成西夏语的佛典是大乘经典和仪轨本子。[①] 为印证如上看法可参考一部分西夏早期记载。早期记载虽然没有仔细讨论佛教信仰的性质，但是可以解释为汉传佛教。如元昊时期西夏大臣张陟撰《大夏国葬舍利碣铭》云：

我圣文英武崇仁至孝皇帝陛下，敏辩迈唐尧，英雄□汉祖；钦崇佛道，撰述蕃文，柰苑莲宫，悉心修饰，金乘宝界，合掌护持。是致东土名流，西天达士，进舍利一百五十畾，并中指骨一节，献佛手一枝，及顶骨一方，罄以银椁金棺、铁甲石匮，衣以宝物，□以毗沙，下通掘地之泉，上构连云之塔，香华永馥，金石周陈。所愿者：保佑邦家并南山之坚固，维持圣嗣同春葛之延长，百僚齐奉主之诚，万姓等安家之恳，边塞之干戈偃息，仓箱之蔬麦丰盈……[②]

碑铭文中的“金乘宝界”为代表佛法的譬喻，具体含义虽然不详，尽可能代表一些与密教仪轨有关。文中所提“西天达士”严格来说，应该代表印度的班智达，此处其具体含义不详。“东土名流”无疑代表汉传佛教僧侣。无论如何，该记载可视为汉传佛教护国信仰有关仪轨早期传入西夏的证明。《凉州感通塔铭》的记载亦不例外，即是为重修佛塔仪轨记载，讨论重修佛塔的瑞像等的阐述。其所提“转颂大藏经”和“烧戒坛”等说法也代表汉传佛教仪轨在西夏统治者之间的流传。考虑感通塔为阿育王八万四千塔之一，以及碑文本身内容，可见西夏初期佛教确实属于汉传护国的范围。以上碑铭与中原类似碑铭内容无大出入，西夏佛教史的困难是在于如此之材料为西夏佛教史的关键信息资源。

现存的西夏教育材料，类书等也有关于佛教的记载。此外西夏文《番汉合时掌中珠》《圣立义海》等材料中也存在佛教信息。这些文献所记载的佛教情况，主

---

① 16－18；下文《目录》。

② 《西夏文存》收录在：李范文主编《西夏研究》第四辑，北京：中国社会科学出版社，2007：877－879。该碑铭抄写时期天庆三年（1196），世纪时代为元昊时期（《夏国传》中的张陟记载为1038年）。

要代表佛教“世界观”已经深入西夏社会和语言中，成为西夏人意识形态的主要因素。判定为“非佛教材料”的《圣立义海》的内容，实际上也反映佛教为西夏官方意识形态的骨干之一。其开头一段诗可视为佛典的“金刚句”，并且其中一部分记载无疑代表佛教在西夏社会的作用和角色。《圣立义海》有如下记载[1]（笔者译）：

[illegible]；　皆活[2]故缘福高低，依业多类禄不等；

[illegible]；　人同财异有贵贱，九品行性人种殊；

[illegible]；　智言俗怒助触乱，圣悲定帝国正礼；

[illegible]。　佛法救法化诸俗，王法安立断民事。

此段中一些词汇语义尚未确定，但可见文中“业”“九品”[3]“行性”“佛法”“心地”等为佛教词汇，常见在《圣立义海》阐述中；另显出“佛教/道教（文中所谓“救教”）”与“王法”（或“王教”）的互助关系的意识形态架构。[4] 如此记载的存在意味着，我们需要重新思考西夏政治制度中佛教的地位，并且需要了解西夏佛教本身的性质。

外来资源《天盛律令》中所记载的佛教内容代表 12 世纪佛教的社会地位以及西夏行政机关对僧团的管理方法。《天盛改律令》中指出的著名的汉僧以及吐蕃和番（党项）必读的经录也代表“护国”思想趋势。因为未知《天盛律令》具体发布时间，只能确定，其中的“经录”记载，说明在 1160—1170 代已有官方指定的“经录”（细见下文）。官方经典分配在“汉语”和“番蕃语言”的僧团中，皆为僧人必读典籍。“番蕃”代表西夏人口的分配，与汉藏佛教对立无关。西夏晚期语言分配情况有变化：《新法》所载僧团包括“番汉”“吐蕃”僧团和寺院，不见“番蕃”的记载。这些文献出现在与西夏举行全国性的“法会”的有关的记载中（如不同发愿文和题款等），即是说明《天盛律令》记载的经录反映了一种社会现实的情况。其次，《天盛律令》指定僧人必须掌握“般若、中道、华严、唯识、起信”，“常做法事”的记载，代表行政机关以及僧团中存在对佛教义理和修行的一种系统的理

① Tang 132，#115：1－2；汉译：克恰诺夫、李范文、罗矛昆《圣立义海研究》，银川：宁夏人民出版社，1995：46－47。

② 李范文考证 kjụ^{1} ŋowr^{2} [illegible]为“装俱”，理由不明；我们建议“皆活”“一切众生”“一切有情”的意思，合乎语义。

③ 据《圣立义海》内容，人类“九品”依于佛教教义分为九类；克恰诺夫和李范文的翻译基本上忽略《圣立义海》的佛教语言。

④ 见：K. Solonin，“The Formation of Tangut Ideology：Buddhism and Confucianism”，in：C. Meinert，H. Soerensen eds.，*Buddhism in Central Asia I: Patronage，Legitimation，Pilgrimage and Sacred Space*.（Leiden：Brill，2019）：124－150.

解。并且从上述义理类别观之，此理解构想基于“大藏经”的概念。《天盛律令》的记载虽然有限，本研究认为该法典的记载实际上反映了西夏佛教的系统架构。在其他西夏法典（如《新法》中）也可见个别关于佛教的记载，本研究参考了一部分。外来资源对重构西夏佛教史的价值虽然有限，但其内容表明主要观点：西夏佛教与整体社会、国家机关、文字、文化等存在密切关系，并且这种文化关联性为西夏人所意识。

因此，本研究主要的研究材料还是为西夏佛教的“内部材料”：不同佛教的典籍。与其他一部分研究的不同在于我们这次不讨论西夏翻译佛经，佛典校勘等内容。主要集中在“祖师”的开示和传承，比较少讨论“佛语”。

二、关于西夏译佛典的假设：“本经”与“宗派”

西夏译“基本大乘经典”大部分基于汉语底本，因此从历史研究角度观之，对佛教历史的研究意义不甚大。本研究认为，为了构造西夏佛教史，我们应该集中在代表不同汉传或藏传佛教宗派思想的文献上。整体来说，西夏译经史可以构拟如下：主要大乘佛教经典是早期翻译，肇始于西夏景宗元昊，西夏文的相关记载可为此作证。自从聂历山、王静如、西田龙雄、史金波等学者的研究成果，学术界早已存在西夏惠宗秉常（1061—1086）时期基本上完成主要经典的翻译工作的公认。

仁宗时期（1124—1193）以及西夏晚期是藏译时期和旧译的校勘。这种观点最早是西田龙雄所提出，此后为史金波和克恰诺夫接受。据克恰诺夫的统计考证，黑水城文献佛经中，共只有 9 部大乘经典题记中的信息显示为是秉常时期翻译，其他大部分佛经是仁宗时期的“校勘”版本。[①] 其中一部分佛经如《法华经》等新旧本并存，足以研究校勘佛经的基本原则。[②] 据克恰诺夫在编辑其《东方研究所藏西夏文佛教典籍》目录内关于西夏佛教史的考证更进一步证明：有题记文本的发布时间主要有如下分配：现在存最早的有发布日期的典籍为 1084 年，最晚则是 1225 年。其中绝大部分题记佛经版本集中在仁宗时期：1143 年，1149 年；1151—1158 年；1168 年，1170 年，1172—1174 年；1178—1180 年；1185—1186

① 《目录》序：16 - 18。

② 初步研究见：孙伯君《西夏仁宗皇帝的校经实践》《西夏佛经翻译的用字特点与译经时代的判定》，收录在孙伯君《西夏文献丛考》，上海：上海古籍出版社，2015 年。西田龙雄研究西夏法华经的一系列文章，见：西田龙雄《西夏語研究新論》，京都：松香堂，2012。

年;1188—1193 年。[①] 克恰诺夫的如此考证关于黑水城文献记载的统记,大致上符合西田的本意。

藏传佛教系统地传入西夏的具体时期虽然无法判断,但由于藏传佛教早已流传在河西地区,我们可以假设,西夏人大量接触藏传佛教的时段,属于西夏崇宗乾顺(1086—1139)合并安多地区的时代。西夏文献见“mji^2 $w\underline{ə}^2$ $phə^1$ 緌𗼇𗊴”(直译:“属番蕃”)即是“属于西夏的吐蕃”反映此情况。与贺兰山汉传佛教一样,从现存的西夏文献我们仍无法了解 11 世纪 50 年代之前的藏传佛教的影响。基于已知代表西夏僧团与藏传佛教互动的西夏文材料,可以推论,西夏大量接触藏传佛教时期集中在 12 世纪 50 年代之后的时段中,或更晚。如《八千颂般若波罗蜜多》(Aṣṭasāhasrikāprajñāpāramitā)《真实经名》的西夏译文属于此年间;[②]此外《圣佛母般若波罗蜜多心经》(Bhagavatīprajñāpāramitāhṛdaya)德慧译文在 1167 年(《目录》: 1165)刊布发行。经文的《御制后序》提道:“寻命兰山觉行国师沙门德慧,重将《圣佛母般若心经》与梵西番本仔细校雠,译番汉本”,说明之前已有译文流传于世。[③]据题记目前流传最广的,是仁宗时期 1168 年的“御勘”版本。同样,西夏译文《大千护国般若经》等“五部经”的西夏译本属于 1180 年等。据此可见,藏传经典的翻译与校勘旧译属于同一时段。所谓宗派文献传入西夏的时段应该也合乎该时段:大部分《金刚经》注释成书或翻译年代不明,但据黑水城的汉文资料来看,也是属于 12 世纪后半叶。可以假设《金刚经》注释的译本也同于本经流传的时段,即 12 世纪后半叶。

三、“佛经的校勘”,“宗派”文献翻译传播及西夏文化背景

上文提道,克恰诺夫统计经典翻译主要属于“主要大乘佛教经典”。克氏的统计虽然相当完整,但我们还可以使用“宗派”文献加以补充。本研究中所谓“宗派材料”代表所有的“非佛经”的典籍。其次,由于我们缺乏西夏本土文本研究或修法传承的记载,本研究把“文本体系”当做“宗派”存在的标记。这些文献时间分配范围并不广阔:迄今未见 1150 年代之前的宗派材料,其最晚的时限接近西

① 《目录》: 25。
② 克恰诺夫目录第 21 号,《目录》: 266 - 267。
③ 《目录》70 - 78 号: 291 - 294。“御制后序”见: 聂鸿音《西夏佛经序跋译注》: 38 - 59。

夏灭亡时段(最晚材料《唯识二十颂》属于1223—1224年间)。[①] 最早翻译或公布的典籍主要是“大乘基本经典”(如《观无量寿经》《华严经》《涅槃经》《摩诃般若波罗蜜多经》等),而所谓“宗派”(即非佛经译本)属于晚期阶段。从此观之,可见所谓“宗派”材料的传播,无论是汉传或藏传的时段符合仁宗时期校勘旧译的时段。

据笔者考证,藏传佛教《大印究竟集》(该材料并非译本,为西夏本土著作)是西夏高僧德慧在1152年左右编辑的,这段时间与汉语《注华严法界观门》公布时期相同。据考证,可以假设,汉传佛教“宗派”如华严宗文献、华严禅文献以及藏传文献(如“大手印”文本等)传入西夏的时段也是12世纪60年代,即是在“整理佛教文献”范围内的时段中。《达摩观心论》(1172年版),即是神秀撰《观心论》,汉语《注华严法界观》属于1152年,《三十五佛名礼忏功德文发愿文》属于1180年,[②]《瑜伽师地论》(1215年版)等所保留的题记可见,这些材料翻译成西夏语的时代为1152—1224年之间的范围内。

虽然许多主要汉传宗派文献的西夏译文如贤首法藏撰《华严金狮子章》(云间本)、《还源观》等缺乏题款,但可以假定其西夏译文的时代与上述文献大同小异。此段大约合乎绝大部分现存的西夏语序跋、题记、发愿文等材料编辑时段(大约1152—1225年),[③]即是天盛、乾祐年间以来的时期。即是说,在西夏宗派文献中所见到的本子(特别是华严文献),虽然传统定为唐代,实际上基于南宋、北宋版本。[④]

至于早已引起学术界注意的西夏“大手印”文献的传播,据元明时期编辑的《大乘要道密集》中的不同文本所保留的记载,以及现存西夏文材料中的信息,可知该材料传入西夏的过程无疑与“玄密帝师”等人的活动有关系。“玄密帝师”身份仍存疑,但由于其人出现在西夏出土记载中可见,其人为西夏仁宗中期的高僧,并认为自己是噶举派高僧冈波巴(1079—1153)的弟子。[⑤] 从上可知西夏宗派(无论汉传、藏传)传入西夏的时期亦为仁宗时期,并且似乎没有“汉先藏后”的断代:汉传、藏传佛教宗派文献在同时传入西夏的。从佛教史的角度观之,在西

---

① 《目录》:452(Tang 200,#2535)。

② 聂鸿音《西夏佛经序跋译注》,第166—169页等处。

③ 见聂鸿音《西夏佛经序跋译注》,译文中针对不同题记内容讨论。当然,现存西夏文本存更早的题记和序跋。

④ 西夏流传的汉传佛教宗派不是唐代宗派而是北宋宗派。

⑤ 孙伯君、聂鸿音《西夏文藏传佛教史料》:30－32。孙博士研究基于之前的陈庆英等学者的考证。

夏晚期一直有"汉藏并行""汉藏圆融"的佛教发展趋势，西夏佛教义学思想似乎从开始就是"汉藏圆融"的特色。西夏官方佛教系统的痕迹见在《天盛律令》指定的佛教行政制度和"汉语""番蕃"僧团指定的经典目录以及义理"法门"中。以上的初步考证告诉我们，汉藏"宗派"材料翻译的西夏时段为12世纪后半叶至13世纪初左右，亦恰恰合乎仁宗时期的"旧译修订"的时段。《天盛律令》的记载反映如此情况，并且法典中所记载的"般若""中道""华严""唯识""百法""起信"等法门，显露西夏12世纪后半已形成所谓"汉藏圆融"情况。

仁宗时期佛经的校勘以及宗派传入和相关文献的翻译并非独立项目：据我们针对整体西夏文化的了解，西夏本土文学皆属于西夏晚期，12世纪后半叶至13世纪初。据现存的佛教典籍和社会文书各种不同题记题跋的记载以及文献的不同版本之比较可知，现存的无论汉传或藏传以及社会文书和西夏的蒙书材料（包括如《文海》《音同》《义同》等辞书，西夏诗歌、《德行集》《圣立义海》《宫廷诗集》、"大雅"等）的整理或重印刊布时段属于12世纪后半叶，即是西夏仁宗时期（1124—1193）的乾祐年间，甚至更晚的时期。① 可以假设，自仁宗乾祐时期以来，西夏进行文化整理和系统化方案，整理佛经的译本属于该计划主要工作之一。由于现存佛典的流传时段也集中在天盛、乾祐时段，可见此工作属于西夏晚期的"文化改革方案"。此"文化改革方案"的具体内容和动机目前无以得知，但其主要表现在于文本整理。依此观之，佛经校勘可视为西夏晚期"文化改革方案"的

① 据知，佛教典籍方案的假设是西田龙雄在研究西夏文《法华经》的基础上提出的，其后孙伯君在不同文章中更系统梳理相关数据。据二位学者看法，整理佛经包括梵文转写整理，涉及到一些用字和语法修改等问题。据相关考证，可以识别西夏早期（惠宗秉常时期）和晚期（仁宗时期）的佛经版本。见：西田龙雄《西夏語訳法華經について》，《西夏語研究と法華經》I－IV，收录在《西夏語研究新論》，东京：松香堂书店，2012年；孙伯君《西夏仁宗皇帝的校经实践》《西夏佛经翻译的用字特点与译经时代的判定》，收录在孙伯君《西夏文献丛考》，上海：上海古籍出版社，2015：30－34。据西夏文《德行集》的序文：[illegible]，[illegible]，[illegible]，即是："大白高国具有西土逾二百年，积善天子绵延八世"，此处"八世"指的从继迁至纯佑的八个西夏朝代；现存《圣立义海》版本为[illegible]（乾祐十三壬寅年五月十日刻字司诸人新起印发），也代表1183—1184之际，指的之前另传"旧本"；今存《音同》新旧本；《三才杂字》新本属于1187年（乾祐十八年）《义同》（甲种本本）属于乾祐十九年（1188）；《掌中珠》新版属于乾祐二十一年（1190）等。关于《圣立义海》的编辑出版保留明确记载：此材料公布年代定为1182年（Е. Кычанов，*Море Значений，установленных святыми*）（СПб：Петербургское востоковедение，1997）：11；据梁松涛考证，《宫廷诗集》编辑时代为12世纪90年代。见：梁松涛《〈西夏文宫廷诗集〉整理与研究》，上海：上海古籍出版社，2018：79－83。西夏文《大雅》《德行集》等材料皆属于12世纪末。据聂鸿音考证，《德行集》为仁宗太子纯佑编写的，见：聂鸿音《西夏文〈德行集〉研究》，兰州：甘肃文化出版社，2000年。

一部分。该方案似乎涉及西夏语的整理，佛经修订以及世俗文学和教育材料的编辑。

以上考证虽未能彻底解决所有问题，但我们得出一个结论：无论是汉传还是藏传宗派文献，传入西夏的时段是仁宗天盛乾祐年间，其传入与“校勘佛经”以及“整理非佛教文献”是同时的。因此，关于佛经的译传，西夏佛教史中确实存在“先后”以及“汉藏”的分歧；针对“宗派文献”而言，汉传和藏传文献传入西夏的时段是同一的。因此，现存的大部分西夏佛教文本不能代表西夏佛教历史的发展演变。无论从其类型或翻译年代和内容，西夏时期汉藏文本属于同一时代，“先汉后藏”的转变假设似乎不能成立①。据此，西夏佛教架构内的汉藏主流之间关系颇为复杂：元代遗僧一行慧觉（？—1319 前）在其撰《大方广佛华严经海印道场十重行愿常遍礼忏仪》的记载中提供如下线索：

此道场仪中集咒印者，即是密法，中末世时修行者，不依密咒助护，难以观行成就也。夫供养有二门：一契本源自性供养；二藉密法助缘供养。此中亦有两种：一宝错供养；二咒印供养，皆依密法。又前即观念性起供养，此即缘起新成供养，皆含摄故。成于缘性圆融供养之海，向下赞叹，敬礼念佛，旋绕诵经并咒等，无不如是，众等应知。②

由于一行慧觉佛学背景是“河西密法”以及华严学，可见其判教观则是“性起”/“缘起”的华严架构，即所谓“自性供养”（“华严法界观”）和“助缘供养”（“密法”“宝错”“咒印”）以成“缘性圆融供”。本研究认为，一行慧觉所记载的情况如实代表西夏晚期“汉藏圆融”的趋势。上述判教架构，虽然代表一行慧觉自己的立场，并反映其佛学教育经历，但考虑到西夏流传大量华严思想文献，此判教观可视为西夏的公认。这一点黑水城出土西夏语的文献，亦可此佐证。

四、西夏佛教史为“文本系统”历史

本研究认为，“外来研究资源”内容限于“护国信仰”，不涉及义理、思想、宗教文化传播问题。西夏佛教史研究自然变为比较“单面”的学科：在绝大部分情况下，我们只能基于内部的信息，即是佛教文本，缺乏佛教体系以外的核对和考

---

① 同样想法见：聂鸿音《西夏佛经序跋译注》：14－15。

② 《续藏经》，CBETA 电子版，X－74，1470：140b13－16。严格说，由于现存的慧觉的本子经过几次修订，我们没法确认此句话来自他本人；由于尚未见到元代版本，只能假设此句代表一行慧觉本人立场。

证。因而西夏佛教史可视为文本的历史。此意味着,不同外文(对西夏而言,是汉语和藏文)佛典文本翻译和传播,以及在本土佛教文本的撰写等问题的研究,是构造西夏佛教史的主要来源,也是比较合理的研究方法。如此研究不同于限于题款解读的所谓"translating history from the Buddhist texts"("从佛教文本抽出历史信息")①的立场:所谓"从佛教文本抽出历史信息"的立场忽略文献内容,因而违背"全面研究"的文献学标准。

如前所说,西夏出土的佛教文本,虽然比较零碎,但同时也反映一种现实的历史局面。即是说,我们虽未能全面构拟西夏汉传或藏传佛教在西夏的传播史,但基于现存材料的内容分配,可以构拟 12 世纪后半叶的现实情况。在此基础上,可以进一步复原西夏佛教文化的传播过程。因为现存文本如实代表了西夏佛教系统,基于此"系统性"架构的构想,可以判断"文本系统"代表社会的现实情况。文本系统可以投影到西夏社会,有助于了解西夏 12 世纪的社会发展方向。

学术界早已发现,现存的西夏文佛教文献之间,所谓"根本文"比较少见,并且注释内容较多,即西夏存在选择翻译佛教圣典的标准。此选择标准虽然不完全明显,但从现存的译文类型可见,其中的标准之一是所选材料的性质:今存不同"宗派"的西夏译文(此初不讨论正宗佛经)属于所谓"注释"著作,而不翻译基础"根本"材料。此结论的背景是现存的西夏佛教文献来源的特色:我们手里的西夏时期(无论西夏语或汉语的)文本可能的来源是黑水城附近的"显出五明伽蓝"([illegible] *Pañcavidyāsaṃghārama,后文"五明伽蓝")的经藏,主要是学习材料和仪轨。② 该寺院为西夏时期翻译中心之一。西夏后期(12 世纪末至 13 世纪)此"五明伽蓝学派"的代表人物是*慧照(zjɨr¹ swew¹ [illegible])译师,其翻译作品均有"显密"材料。③ 此寺院很可能是佛教教育基地,因而黑水城文献之间多见诸本译自汉语的"经论"以及藏传"显教"不同注释和"正理"(因明)的译文。

本研究的主要立场以宗派文献研究为主。本研究认为,文献除了其独特内容之外,还有代表社会史的发展趋势。即某一种文献的存在和流传代表一种历史趋向,因而可视为历史趋势的象征。一类文献的角色不限于其本身内容,更意味着此文献的整体文化的背景(context)以及历史环境。针对西夏佛教史而言,由于我们缺乏外围的比较框架,可以说文献研究即代表历史研究。依于此观点,本研究认为,西夏佛教典籍之间有相互关系。这些关系不限于翻译处,译师等之

---

① Dunnell, R. (邓如萍), "Translating History from the Tangut Buddhist Texts", *Asia Major* (3rd Series) 2009(22.1): 41－78.

② 此假设基于 E. I. 克恰诺夫《目录》中提出"显五明众宫"属于黑水城附近的区域。

③ 《目录》第 634—635 页可见克恰诺夫关于*慧照的译经活动的初步统计。

间的共同性，也涉及内容、传承等问题。也就是说，西夏佛教文献可以分配为几个“文本系统”，对西夏而言，这些系统等于传统佛教史的“宗派”。这些文本系统有内在的统一性，该统一性显露在“文本系统”（本研究偶尔用“文献群”textual cluster 的说法）的结构中。诸“文本系统”代表西夏人学习汉传和藏传佛教的构想，也是吸收佛教文化的管道。由于西夏“文本系统”是外来的，它也代表 12—13 世纪从事弘法的汉藏僧侣的佛教观。从此可知，西夏“文本系统”研究价值不限于西夏学，也代表当时佛教“大传统”（汉传、藏传佛教）的一种认同。基于此，我们希望，西夏佛教文本研究的成果将来可以针对汉传历史研究做出贡献。主要的是，本研究划分“文本系统”的标准是其内容。实际上，据不同文本翻译风格考证可见，同样内容文献很可能是不同的翻译团队完成的，其传入西夏途径非一。即是“相同内容”不代表“基因”关系。

在研究出土文献时，此立场更为重要，主要因为我们在零碎考古成果基础上应该重新构造“文本系统”。在缺乏“外来的研究材料”的情况下，如此“文本系统”的构造等于历史的构造。佛教为一个整体系统的概念早已为西夏人所知，在于不同文献中有所反映。本研究会讨论其中两个比较透明对佛教“系统”的传统记载：《常传杂字同名序》和《天盛律令》。由于官方材料或教学材料与社会实践存在一种“对分”（dichotomy），一部分出土文本代表的“文本系统”非为官方记载所反映。其中重要的是具有许多文本为代表的“藏传佛教”，以及其中以不同“本续”“成就法”等文献为主的“密修”传统。据此可说，虽然记载西夏官方判教观的材料，或未记载藏传“密修”或提到具体“本续”的标题或类型，实际文本的存在证明西夏的确有研究“本续”的传统。

五、西夏佛典文本系统

从对现存的西夏佛教文献的整体理解可见：虽然出土文献比较零碎，但依然显露一种“系统性”的架构。本研究中的“基本经典”和“宗派文献”的对立架构只不过是一种学术方便，助于规范地梳理现存的佛教文献。此系统性是自然现象：西夏从事弘法的僧侣（无论是汉僧或吐蕃僧）都有一种佛教的构想，其构想内容显露在所谓的“宗派文献”（即是非佛教基本经典）中：即是为经典或本续提供的注释译文，相关的修行或仪轨文本等。偶尔也有如“宗教史”或“灯录”的文献以及“宗义书/判教文献”（汉译《诸说禅源诸诠集都序》可视为“宗义书”的一种）。今存西夏佛典的架构恰恰合乎佛教共享的“经，疏，修行文献”或“解行”（教观）的典范，均见在汉传、藏传以及西夏本土佛教著作内部架构中，由于其起源在印度佛教,如此架构为汉藏共相。

由于佛教史是“传法”或“传灯”正统,译经论为佛教史的骨干的看法,与传统佛教史观并无冲突,亦与西夏僧侣对佛教传播史的理解是相应的。学术界早已关注西夏遗僧一行慧觉在《大方广佛华严经海印道场十重行愿常遍礼忏仪》中的“大夏国弘扬华严诸师”,虽然为一个非常宝贵的佛教史研究材料,但也限于《华严经》以及与其相关的“注释”和仪轨在西夏的翻译和传播过程。如此其也限于文本传播记载,但缺乏其他内容(如传记等)。一行慧觉记载如下:

一行慧觉“东土传译华严经诸师”	“大夏国弘扬华严诸师”
《大方广佛华严经》中第三祖,造《法界观》帝心法顺法师 《大方广佛华严经》中第四祖,造《十玄门》云华智俨法师 《大方广佛华严经》中第五祖,造《探玄记》贤首法藏法师 《大方广佛华严经》中第六祖,造《大疏钞》清凉澄观法师 《大方广佛华严经》中清凉门下,得如来知见者,三十八大师等千余法师 《大方广佛华严经》中第七祖,造《华严纶贯》,《注观文》圭峰宗密禅师 《大方广佛华严经》中,造《观》注记者广智大师	《方广佛华严经》中,讲经律论,重译诸经,正趣净戒,鲜卑真义国师 《大方广佛华严经》中,传译经者,救脱三藏鲁布智云国师 《大方广佛华严经》中,令《观门》增盛者,真国妙觉寂照帝师 《大方广佛华严经》中,流传印造《大疏钞》者,新圆真证帝师 《大方广佛华严经》中,开演《疏钞》,久远流传,卧利华严国师 《大方广佛华严经》中,传译开演,自在喻咩海印国师 《大方广佛华严经》中,开演流传,智辩无碍,颇尊者觉国师 《大方广佛华严经》中,西域东土依《大方广佛华严经》十种法行,劝赞随喜一切法师 南无《大方广佛华严经》中,兰山云岩慈恩寺,流通“忏法”护国一行慧觉法师①

不难看出,以上记载为《华严经》以及相关论著(清凉澄观撰《华严经疏》《华严经随疏演义钞》),相关观法(圭峰宗密《注华严法界观门》)及其相关“仪轨”的

① 《大方广佛华严经海印道场十重行愿常遍礼忏仪》,卷42;CBETA版《大藏经》,第74册,no. 1470:356a06－b18。据《西夏译经图》的解释,画中的“[illegible]”(子,明智皇帝)是西夏惠宗秉常(1061—1086)。图左另有“lu^{1} pụ^{2} sjịj^{2} djịj^{2}”即与一行慧觉图中的“鲁布智云”完全同音同义。此人出现在“大夏国弘扬华严诸师”图中,在华严承袭图中第二,即是“《大方广佛华严经》中,讲经律论,重译诸经,正趣净戒,鲜卑真义国师”的第一代弟子。因此,《华严经》首次西夏翻译应该是秉常时期,或更早(史金波《西夏佛教史略》,银川:宁夏人民出版社,1988:316－324;《目录》:14－15)。

传播记载。由于此材料为“华严宗”的文本基础，一行慧觉的记载可视为西夏弘扬华严学和华严宗的记载，同时亦显露出西夏僧侣对“宗派”文本架构的理解：本经/注释/观法/仪轨。如此架构均见在西夏人对汉传或藏传宗派架构的理解中。

“文本”系统的存在是一种基于我们对少数记载含义构拟的直觉构想。从不同文献之间的研究，我们可以发现：传入西夏之后，文本的性质会发生变化。比如节怛哩（Jītari，约950—1000，借用《大乘要道密集》中的汉语转写①）撰《发菩提心常做法事》本来为依于《入菩萨行论》的仪轨本子；传入西夏后则变为一种“核心”文本，并产生其独特的注释传统，如此之发展在藏传佛教主流似乎不得见。汉传文本中，圭峰宗密（780—841）撰《诸说禅源诸诠集都序》为一个判教材料。传入西夏后变为“核心文本”，产生其独特“注释传统”（如《心地法门》《诸说禅源集都序择炬记》）。本研究讨论几个“文本体系”，其中主要的是《入菩萨行论》及《发菩提心常做法事》；“大手印”二文本系统；“喜金刚”文本系统以及“心部五种”的系统。西夏佛教内容并不限于这些，据我们考证有基于阿底峡尊者（982—1054）《入二谛论》文本体系；基于《金刚经》的文本系统，②以及以“正理”为核心内容的文本体系；汉传佛教有基于《华严法界观》和《诸说禅源诸诠集都序》以及其他我们尚未知的文本系统，可成为将来研究的主题内容。了解该传统可以补充我们对西夏佛教传播史的了解。同时，由于文本系统代表一种社会现象以及汉藏不同宗派有“文本”和“传承”的特征比较清楚，我们可以推论，西夏文献中有哪些文本体系，就有哪些宗派。本研究认为西夏佛教史为文本史的含义正在此。

由此可见，现存西夏佛教文献主要分成七种：（1）“基本大乘佛教经典”（本研究不讨论）；（2）属于佛教教育的材料（如此材料虽然不甚多，但不能忽略，本研究不专门讨论）；（3）汉译汉传宗派的经论以及与仪轨和修行实践有关材料（本研究不讨论）；（4）藏译“显教”注释（本研究不专门讨论）；（5）藏传密教“本续”；（6）本续注释；（7）仪轨禅定文本。本研究集中在（5）（6）（7）三类文献。

1.《天盛律令》，《常传杂字同名序》所见“文本体系”

除了“文本内部系统”之外，西夏文本研究还显露出西夏社会和行政机关心

① 《圣像内置总持略轨》汉译，《大乘要道密集》，台北：密乘出版社，1983：353。

② 《金刚经》系列的一部分文献的整理见：荒川慎太郎《西夏文〈金剛經〉の研究》：8－65。据荒川考证，本经的翻译和版本情况比较复杂，但总可以归纳为一个原文；此外，相关文献如《金刚经颂》等入西夏的途径与本经不同。

目中的佛教“系统性”的痕迹,[①]即西夏佛教体系的内部配套架构为官方、民间佛教信仰的两种主要范畴。二者之外,另外有西夏嵬名皇室弥勒信仰的文本。划分“皇室信仰”的理由如下:西夏出土文本间虽然有大量与弥勒信仰的相关文本(主要是《观弥勒菩萨上生兜率天经》不同版本),这些材料皆不含在著名的《天盛律令》的经录中。[②] 这说明该批材料在“官方/民间”架构外,代表西夏佛教的另一种脉络,我们暂定为“皇室佛教信仰”。以上的分配虽然缺乏明确标准,却有助于西夏文献的初步分析:可以假设,因为藏传的不同“成就法”属于写本类,其流传范围限于民间信仰。汉传佛教的“宗派”文献流传其木刻本,说明这些文献在西夏佛教文本结构中地位比较高等,很可能是“官方”的文本。同样,有些文本如节怛哩撰《发菩提心常做法事》均有木刻本和写本类的多种版本以及许多与其相关的“注释”,说明此文献在西夏流传程度高,《发菩提心常做法事》很可能出现在《天盛律令》相关记载中。同样,所谓译自汉语的《唐忠国师光宅精舍大众佛理二十五问答》(即《南阳慧忠语录》)既有刻本也有写本,也说明此文献在西夏佛教中的重要地位。《天盛律令》均有汉传藏传背景的经典西夏译本,说明西夏佛教早已有汉藏圆融趋势。此趋势同样可见在元代汉传佛教文献中,主要显露在元代西夏遗僧撰的“华严忏法”内。[③] 此简略阐述虽然可说为西夏佛教的基本概况,但是无助于重构西夏佛教的发展史。

所谓“显密”之对立,西夏上师尊号虽然常见如“显密大师”之类的说法,并且所谓“密”一般意味着藏传的不同“密修”法门,但“显密”对立本身的起源可能在于汉传佛教判教观:如辽高僧法幢道㲀撰《显密圆通成佛心要集》为西夏人所知,道㲀《镜心录》西夏译文亦流传于世。元代西夏遗僧一行慧觉在《大方广佛华严经海印道场十重行愿常遍礼忏仪》所见的判教架构亦依于汉传佛教中华严宗判教观,同样保存显密之互补搭配。

2.《天盛律令》中的佛教观

从整体上看,研究西夏社会最重要的材料仍是西夏不同时段的法律大典。西夏仁宗(1124—1193)天盛年间的(1149—1169)的《天盛律令》虽然有数章与

---

① 见:索罗宁《西夏佛教之系统性初探》,《世界宗教研究》,2013(04):22－38。此处不特别讨论。

② 《天盛律令》经录的讨论出现在许多学术文章和专著内,此处不特别讨论。其中主要包括《金刚经》《真实名经》《大千护国般若经》《观世音普门品》《普贤行愿品》等,并不含与弥勒相关经典。

③ 索罗宁《西夏佛教“华严信仰”的一个侧面初探》,《文献研究》(3),http://www.ch5000.cn/wxyj/wxyjxq.aspx?id=49(2019.12.07)。

佛教或道教行政管理、国家护法活动等相关的章节，但直接涉及佛教典籍以及国家进行僧侣考核的。

《天盛律令》中，虽然有许多关于佛教的章节，涉及到佛教制度的表述仅有一章。①《天盛律令》中的“经录”列出了西夏政府批准的经典。因为未知《天盛律令》的具体发布时间（可能 1150 年左右），只能确定，其中的经录的记载说明在 1150—1170 年代已有之。据《天盛律令》的记载，12 世纪的西夏佛教团体中已经存在所谓“mji^2 phə^2 ·jij^1 lja̱^{1} lwər^2 rejr^2 tshjɨ̱^{1} lew^2 [illegible]”，即是“番蕃应诵的经颂”和“zar^1 ·jij^1 lja̱^{1} lwər^2 rejr^2 tshjɨ̱^{1} lew^2 [illegible]”，即是“汉应诵的经颂”两种政府批准的汉语和“番蕃语”的经录并行，并且二者之间有一些分歧。金经录有《仁王护国经》《文殊真实名经》《圣佛母》《普贤行愿品》②《三十五佛》《国守护吉祥颂》《观世音普门品》《佛顶最胜总持》《孔雀明王经》“附全颂《金刚般若》”等经典的夏汉藏文本流传于世，并收录在王朝批准的经录中。

至于“转经”的语言，上述的记载虽然不明显，但可以假设“番蕃”僧侣诵经的语言应该是西夏语而非藏语。理由如下：一、西夏国土各处出土文献之间的藏文资料极少，但可见“藏音西夏文献”一类。藏文对音的西夏文献有助于不认识西夏文字的吐蕃僧侣唱诵或解读经典（如《金刚经颂》③）。同时不见配西夏语音的藏语材料。据笔者所知，配藏音的西夏文本之间一部分是密教仪轨，这类文献朗诵的意义和目的待考证。④ 二、西夏流传《金刚经并颂》的不同本子，是基于汉语译本，不存其藏文译文，《天盛律令》反而把此经列在“番蕃”经录中。

《天盛律令》中还提到，出家人之间有所谓“mji^2 zar^1 phə^2 zjɨ̣^{1} lji^2 [illegible]”，即是“番汉蕃童子”，但未提三个民族出家的规则是否有所不同，也未提及西夏汉传、藏传佛教之间是否存在戒律系统的差别。⑤ 此记载反映西夏人口的民族分布和结构，同时也代表西夏不仅有番、汉、蕃的三种民族的僧侣，亦流传过相关

---

① 最早的研究：Е. И. Кычанов，«Правовое положение буддийских общин в тангутском государстве»，*Буддизм, государство и общество в странах Центральной и Восточной Азии в Средние века*（М.：GRVL，1982）。

② *Mahāsāhasrapramardanī*，*Mañjuśrīnāmasamgīti*，*Samantabhadracaryāpraṇidhāna*，*Aṣtasahasrikaprajñāpāramitā*.

③ 荒川慎太郎《西夏文金剛經》：97－106。

④ 一些初步讨论见：Chung-pui Tai，“Tibetan Buddhism practice of inner fire meditation as recorded in Tangut fragments with Tibetan phonetic glosses”，*Journal of Chinese Writing Systems* 2018(2.3)：163－185。

⑤ 《天盛改旧新定律令》（甲种版），收录在《俄藏黑水城文献》第 8 册：245。

语言的佛教经典。

另外，分析西夏结构问题，需要注意《天盛律令》中的关于甄别“座主”候选人的另一段文字（笔者译）：

[illegible]，[illegible]，[illegible]，[illegible]，“[illegible]”，“[illegible]”，“[illegible]”，“[illegible]”，“[illegible]”，“[illegible]”[illegible]，[illegible]，[illegible]，[illegible]，[illegible][…][illegible]，[illegible]，[illegible]①

一，国土番汉蕃中，若有僧众或道术修行童子，或先为僧众道士首座者，精通“般若”“唯识”“中道”“百法”“华严”“起信”，并能演说其中一类之理，能为“常所作法事”②者，则国师及其原处之座主，及其他师主巧智住，应为其人甄量其行[…]。其中番、汉僧众，有不晓切韵者，不许为首座。③

此记载主要指出西夏存在僧侣道士考核制度，其他批准信徒出家的条件，包括其能诵经念咒等。其中指出想要成为“座主”，必须掌握“般若”“唯识”“中道”“百法”“华严”“起信”之间一类理论，以及懂得音韵学的两个关键条件。藏语音韵并不单独流行，而属于西夏语语音范围中，所以出土文献之间有许多配藏语语音的西夏文本。至于文中“常所作法事”的一条，其内容可视为《发菩提心常所作法事》，也可以理解为“法事”文类和相关修行的范围之间文献。

黑水城及他处出土的西夏佛教文献基本上反映了《天盛律令》所记载的情况，即是文献之间许多本子确实属于般若、唯识、中道、百法、华严的不同范畴内。此亦不足为奇：以上的范畴实际上代表大藏经结构，即是大乘佛教提纲。尽管如此，西夏出土文献在此范畴分配问题上，仍存疑问。本研究认为，《天盛律令》的经录代表的不是具体一部经：“般若”“中道”“唯识”“百法”等解释是基于“大藏经”架构的佛教诸学门的标记，即是代表不同佛教义学中的不同领域和脉络。这意味着，将来的研究可以在此架构基础上为现存西夏文本进行以内容为标准的分配。

---

① 《天盛改旧新定律令》（甲种版本），《俄藏黑水城文献》第 7 册，上海：上海古籍出版社，1998：243。笔者译。

② ·ju² ·wji¹ lew² tsjịr¹ tśju¹ [illegible]，字面翻译“常所作法事”，其中“法事”代表藏文ཆོག，“常所作”意义不明。元代西夏僧一行慧觉撰《大方广佛华严经海印道场十重行愿常遍礼忏仪》标题中的“常遍”二字应该的意义应该与西夏文“常做所”接近，不过具体内涵不明显。汉译《新定天盛律令》译“并常知为法事者”不全正确。据笔者了解此处指的是“经常举办的法事”“发菩提心仪轨”之类，如西夏流传《发菩提心应常作法事》（见下文）。

③ 《俄藏黑水城文献》第 8 册：246。

此处的问题是,《天盛律令》中的“学科”或“范畴”与“文本体系”关系的性质问题。理论上,《天盛律令》中的“范畴”架构应该合乎“本经”/“注释”文献系列的架构,以及与其相关的“宗派”典籍和修行仪轨。① 容易发现：西夏出土文本的内容种类超越《天盛律令》所记载的范畴。其中最明显的是《天盛律令》基本上忽视多样的西夏“密法”文献,但记载了“华严”以及其他“义理范畴”等属于所谓“显教”。《天盛律令》的经录,也未提正宗“密法”经典(如无上瑜伽本续之类)。考虑上文所提,汉传藏传宗派传播的同时性,我们得出结论,在西夏官方的心目中,“密法”的文献资格异于“显教”的地位,即不属于官方佛教领域。另一种解释是:《天盛律令》所记载的范畴和经录反映“密法”传入西夏之前的佛教情况。但是由于经录里可见《真实名经》《五部经》,并且也记载了节怛哩撰《发菩提心常做法事》可知,编辑《天盛律令》时期藏传佛教传播的规模比较大。由于此,本研究认为“密法”不属于官方“护国”佛教体系内。据之前的研究考证,“官方佛教”的主体思想是西夏的“华严学”。②

3.《常传杂字同名序》中的佛典

最近出土西夏文辞书《常传杂字同名序》(·ju^{2} de̱j^{1} dji^{2} dza^{1} mjij^{2} lew^{2} bu^{1} [illegible])也保留一部分重要记载,说明我们了解西夏佛教的架构③。《常传杂字同名序》是一篇西夏文字速成材料,据考证其为一种具有浓厚佛教性的西夏字书教材,据该材料“序”之记载,该文本的对象可能是青年僧侣。据由于西夏文字难记、难熟悉,作者为学生提供新的教学方法。文本的主要目标是协助出家人顺利朗诵经典,掌握所谓的“易字”以后进入掌握“难字”的阶段。据文献作者的想法,其新做法助于诵读难度比较高的佛经。《常传杂字同名序》充满佛教内容,其中有口诀记载如下：

…[illegible]…④

① 此处可以提出汉传佛教天台宗典型的文本结构:《法华经》(或三大部)—《法华文句》—《法华玄义》—《摩诃止观》(观心)的文本体系。

② 见:索罗宁《西夏佛教之“系统性”初探》:22－38。

③ 此材料来历不明,本人手里的本子是聂鸿音教授提供参考,据他说明是某一家拍卖公司提供给鉴定。

④ 该材料尚未正式公布,此次笔者参考其手里的影印本,第10张。

……敬拜佛法僧，尔时，释迦如来，药师琉璃光王，应供，“南无”①阿弥陀世尊，白盖，胜相，要门，念续，“华严”，“圆觉”，“起信”，“宝积”，“涅槃”，“集颂”，“五部”，“心经”，普贤，文殊，观音，势至，虚空藏，救度轮母，辟支佛②，罗汉，海会，僧众，唵嘛呢叭𠺗吽③，纥……

此段值得注意的是所谓的“五部”此处翻译不明。“五部”（ŋwə^1 djij^1 [illegible] [illegible]）可视为西夏“五部经”的译文（《天盛律令》中的《大千护国般若波罗蜜多经》《大随求陀罗尼经》《孔雀明王经》以及《大寒林经》和《大密咒受持经》）。“白盖”即指的“大白伞盖”，“胜相”乃是“胜相陀罗尼”。④“五部经”属于西夏官方佛教中的经典，从此可知《常传杂字序》也反映西夏佛教的现况。文中“要门”（可能翻译藏语མན་ངག）和“念续”[可能代表藏语ཉམས་རྒྱུད（?），也可能二字需要分开，即“念定”和“本续”]含义不明。据文本逻辑，二者应该代表某种文本，由于标题简略，我们目前无法为之鉴定标题或原文。

因为藏传前弘期数据流传到西夏，该段落的如此解释也不是完全无理由的。上述二段落比较如实地代表西夏佛教的基本情况。《天盛律令》的记载界定西夏佛教体系的思想主流：“百法”“唯识”“华严”“起信”可以与汉传和藏传佛教宗派思想连起来，《常传杂字同名序》中的“华严”（《华严经》汉译）、“圆觉”（《圆觉经》汉译）、“起信”（《大乘起信论》汉译?）、“宝积”（《大宝积经》汉语）、“涅槃”（《大般涅槃经》汉译）、“集颂”（即是《功德宝集颂》藏译），等代表汉藏传文本体系，同时基于大藏经的架构。由于西夏《心经》汉语和藏语译本并存，我们无法鉴定其具体含义。无论如何，两种材料的记载相当一致。《常传杂字同名序》与《天盛律令》的主要不同，在于前者直接显露出藏传佛教在西夏的传播：文中的“五部”“要门”“念续”则代表藏传佛教文本体系，汉传佛教文学体裁中不见如此类

① 此处 bju^1 · wo^2 na^1 mu^2 [illegible] 分析如下：bju^1 · wo^2 表示“应供”（阿罗汉），即是“应该的时候”，na^1 mu^2 为汉语“南无”的西夏转写，《常传杂字同名序》解释 na^1 全为 na 系列的字；解释 mu^2 全为 mo 系列的音节。此处“南无”可能需要与“弥陀师尊”连上以成“按时南无弥陀师尊”语句。

② 此处西夏语的 pji^1 tśji^2 xjɨ^1 [illegible] 是汉语“辟支佛”的转写，其中 pji^1 tśji^2 为“辟支”音写，xjɨ^1 是汉语“佛”字的音译。

③ 此处 · a mja^1 nji^2 pja^1 mjij^1 xo [illegible] 是观音六字咒的西夏文转写，并且其所代表的语言是汉语，而不是梵文或藏文，另与辽西夏时期的不同：如《显密圆通成佛心要集》“唵么抳钵讷铭二合吽”，《密咒圆因往生集》“唵麻祢钵𠺗铭（二合）吽”，二者保留浊塞音-d；《常传》直接转写比较晚期的汉语的读音；文中“ · jɨr^2 [illegible]”作用不详。

④ 聂鸿音《西夏佛经序跋译注》：76 – 83。《五部经序》译文和注释，感谢高山杉指出“胜相”的准确解释。

型。若此构拟无误，可见西夏佛教体系内的汉藏比例，为汉传内容所控制。

此外，《天盛律令》所载的佛教体系属于所谓“官方佛教”；由于《常传杂字同名序》的性质为佛教内部发行助于学生练习朗读佛经的手册，其所代表的内容是佛教界的内部理解，所以包含了藏传佛教文本因素。据文中的不同记载指出，此材料的编辑时代比其他辞书和法律大典晚，其中反映藏传佛教的传播是很自然的现象。据此可以证明《天盛律令》和《常传杂字同名序》二者皆反映西夏“官方”/“民间”佛教的典范。如前所说，《常传杂字同名序》上引段落的词汇（如“南无”“辟支佛”以及“六字咒”的转写）也显露出高程度的汉化。尽管如此，文中提到的“要门”“念续”类型代表藏传文本体系：这观点符合出土西夏文献的类型：虽然汉译和藏译的材料皆有义学和修行二类，但藏译绝大部分西夏出土文献属于“要门”（upadeśa，མན་ངག）、“念定”（བསམ་གཏན）、“成就法”（即是 sādhana，སྒྲུབ་ཐབས）。

《天盛律令》《常传杂字同名序》两种文本所载系统的共同处，在于二者皆未提“显密”的判教观，两个材料保持以文本为主的立场。《常传杂字同名序》虽然有“要门”和“念续”“五部”诸范畴，因为其含义并不明显，无法获得正确可靠的关于判教立场的结论。因此目前的研究立场限于藏传“密修”可能在西夏佛教“官方系统”之外。此假设与藏文材料所记载的卫藏喇嘛在西夏晚期的朝廷中影响，“帝师”制度等信息与现存的大量藏传密法文本有所矛盾，仍有很大的研究空间。下面是关于西夏流传藏传“本续”的初步考证。

《天盛律令》记载西夏佛教系统有两种：其一所谓“经录”以文本为主，其二以“法门”为标准，二者关联性尚待考证。《常传杂字同名序》记载的内容更为复杂，包含经题、菩萨名、真言、术语等。文中的经题，皆属于汉传佛教领域，但基于文中的“要门”和“念续”“五部”三类材料的标记，我们可以假设，由于《常传杂字同名序》文中包含藏传“密法”材料，其作者对藏传佛教应有所了解。无论从《天盛律令》还是《常传杂字同名序》的记载，我们无法判断藏传佛教在西夏传播的程度。据此可见，两种材料记载与我们从实际出土文本所获得的信息存在着矛盾。

同时西夏语的两种法典，编辑在西夏光定年间的[①]所谓《新法》所记载情况与《天盛律令》不同：文中寺院名录里提出如“番汉五台建福庙”[②]（mji^{2} zar^{1} tśjɨ̱r^{2} njir^{2}？ wejr^{1} tśjow^{1} [illegible]），“大安精舍番汉宝塔”（tha^{2} nej^{2} · ji^{1} mji̱^{1} mji^{2} zar^{1} ljɨ̣^{1} du^{2} [illegible]），“番汉大皇天康”（mji^{2} zar^{1} tha^{2} ŋwər^{1}du^{1} [illegible]

① 此标题翻译俄语的《Новые Законы》（新法），公布者拟的标题。据克恰诺夫考证，《新法》不同部分在1214—1215年公布。

② 西夏语 tśjow^{1} [illegible]代表汉语“庙”，是聂鸿音建议。

[illegible])的“番汉”僧团，亦不见《天盛律令》所提及的“番蕃”僧团。[①] 如上“番汉”精舍和僧团，不见于《天盛律令》中。如此，《天盛律令》《新法》中的部分记载以及《常传杂字同名序》皆可以视为西夏佛教系统的指针，但三种材料信息之间存在一定的矛盾，三者中抽出的内容与一部分出土文献类型不合。具体来说，藏传佛教（主要是所谓“密法”）似乎被判定在系统之外。因此我们可以判断：外来的研究资源虽然保留了西夏佛教系统的痕迹，但其与出土文本代表的实际情况有些出入，需要更深入的考证。

---

① *Новые Законы Тангутского Государства*. Издание текста, пер. с тангутского введение и комментарий Е. И. Кычанова. (Москва: Наука—Восточная литература, 2013): 465 – 466. 据克恰诺夫告诉笔者的考证结果，《新法》所记载内容只属于西夏南部，藏语人口比较少。寺院名号笔者构拟，待考证。

第二篇

“新译密咒”在西夏传播

第一章　藏传显教文本系统：宗义书等文献

一、藏传佛教传入西夏的初步考证

本研究认为，西夏的文本体系所反映的历史现实情况，需要参考藏传佛教文化在西夏传播的历史背景。由于历史材料中未存有关于党项人最早接触吐蕃文化的记载，我们依于晚期的记载做出了初步判断。毫无疑问，藏传佛教文化在西夏晚期的传播规模相当的大，西夏西边诸州城与吐蕃进行了各方面的交流。同时，西夏与吐蕃广泛的经济交流，在西夏法律典籍中也有所反映。西夏光定年间的《新法》记载如下：

[illegible]，[illegible]，[illegible]，[illegible]①，[illegible]，[illegible]，[illegible][…][illegible]，[illegible]，[illegible]，[illegible]，[illegible][…]

（拟译）西界蕃地等边境早已归于［我国］，牲畜、吐蕃僧众，水内水外，在边堂一般检查其［到来］原因，有为马买卖的情况，汉人在边境有各种往来，成交者不少于万人。［…］吐蕃地类遍寻找，关于其通入有何理，进行询问查询，［若其语］有可识可信，则［出入］无有障碍［…］②

此记载虽然不够明显（基本上记载西夏吐蕃边境上吐蕃人与汉人的商业交接），但其能表明，在 12 世纪末至 13 世纪初，西夏西方边境为夏汉藏以及回鹘人交流汇点，并且在此交流中，吐蕃僧人的角色是很明显的，不限于传法护国宗教法事，而且涉及经济以及文化等领域的更广大的交流。当时西夏西部与卫藏和安多地区的各方面的交流相当活跃，其中藏传佛教传播为其内容之一。《新法》的记载虽然属于晚期，但其所反映的情况，却属于更早的时段，因此我们可以判断，西夏与吐蕃不同地区之间早在 12 世纪中期以来，就有所交流。

---

① 二字不明，据克恰诺夫译本。

② *Новые Законы Тангутского Государства*：130－131；374－376。笔者译。

藏传佛教传入西夏的时段可以定为12世纪中叶，可能与胜喜(Jayānanda)及其弟子们抵达西夏有关。胜喜在西夏的活动集中在译经，他之到来可能引起校勘“旧译”的工作。其中值得注意的是一种传承矛盾：胜喜为“正理”上师，但西夏流传的正理文献基本上属于恰怕法狮子(ཕྱ་པ་ཆོས་ཀྱི་སེང་གེ་,1109—1169)及其弟子系列文本。①

至于藏文的不同佛教史或宗教史，虽然偶尔有与西夏传法相关的记载，但缺乏系统的阐述，并且内容最丰富的是吐蕃喇嘛传记中的记载。迄今为止，关于西夏佛教史最有研究价值的藏文材料，大概是涉及噶玛噶举派的主要人物包括都松钦巴弟子藏布巴(？—1219)，止贡噶举吉格贡波(འཇིག་རྟེན་མགོན་པོ,1143—1217)弟子和巴绒噶举派与帝师慧巴(ཏི་ཤྲཱི་རས་པ་ཤེས་རབ་སེང་གེ,1164—1236)等上师的活动，以及与西夏国王和朝廷的互动。不难看出，现有的关于吐蕃僧侣入夏的记载限于噶当派的上师。此情况在现存的西夏文本中有所印证：藏传佛教文献的夏汉译本，大部分属于“大手印”(包括噶当派主要人物，喇嘛祥的著作)和“六法”两种体系，即是所谓“解脱道”及“方便道”的互助系统。西夏虽然存在其他大手印体系，如以德慧上师《大印究竟要集》为代表的文本体系，在西夏晚期为“噶举”所取代。此假设需要进一步探讨，本研究在“结论”中提出初步想法。

其中最详细的资料涉及帝师慧巴在西夏陷入政治军事危机的时段中，建寺院以及其他护国活动相关的活动。② 至于吉格贡波弟子在西夏活动的记载比较有限，不过黑水城出土的吉格贡波著作的藏文本残片说明他的“大手印”法门曾在西夏流传过。③ 这些资料，特别是帝师慧巴的不同传记，大致上合乎学术界所了解的西夏藏传佛教的基本情况，与西夏文材料也能对上。其中包括汉语材料金刚座撰《成就八十五师祷祝》收录 不同赞颂需要更进一步研究。④

---

① Ma Zhouyang, “The *Nyāyabindu* in Tangut Translation.” *Journal of Indian Philosophy*, *49*(5)：779－825；马州洋，《西夏译〈正理除意之暗〉初探》，《中国藏学》，2021(03)：138－145。

② 西方学术界最早注意巴绒噶举的材料是E. Sperling。见：E. Sperling, “Lama to the King of Hsia”, *Journal of the Tibet Society* 1987(7)：31－50；“Further remarks apropos ’Ba’-rom-pa and the Tanguts”, *AOH*, 2004(57－1)：1－26；噶玛噶举关于西夏佛教史的记载比较早有所知。此外见：Sperling, “Lama to the King of Hsia”，注3－5。

③ 据武内绍人、井内真帆撰《大英图书馆所藏斯达因黑水城藏文文献目录》(*Tibetan Texts from Khara-Khoto in the Stein Collection of the British Library*, Tokyō：The Toyō Bunko, 2016：149)，噶举派文献有四种：#102,232,270,274文，其中102是传承记载，其他三种暂定为《吉格贡波语类》(འཇིག་རྟེན་མགོན་པོ་གསུང་སྒྲོས)，西夏译文迄今未见。

④ 《大乘要道密集》中收录《成就八十五师祷祝》只记载了“藏布巴”一人(《大乘要道密集》颂文：“游历二十四妙宫，善行空界振巴陵，其名号为藏布巴，上师尊处我敬礼”)。文中“二十四妙宫”可能指的二十四位空行母，“振巴陵”是藏语འཛམ་བུའི་གླིང་的汉语转写，即Jambudvīpa·。

重要的是，西夏出土的藏传密法（如“大手印”“金刚亥母”，噶举派的“道果法门”等）与藏布巴、帝师惹巴、雅砻斯巴（ཡར་ལུང་གྲགས་པ་སེང་གེ，？—13世纪中）等上师修行背景一致，确认我们对晚期西夏流传的藏传佛教的了解基本属实。以上诸上师为代表的噶举派与西夏王朝互动的时间范围大致上属于西夏仁宗（1124—1193，1139年即位）晚期及其后纯佑、安全、遵顼等西夏晚期国君的阶段，即是藏传佛教史书提供的最丰富的数据集中在西夏灭亡前最后30年左右。

比较详细记载始于帝师惹巴在“兔年，八月十七日”（1195年8月24日）抵达西夏国土内。[1] 虽然吐蕃上师在西夏活动时期建立“帝师”官号尚存问题，毫无疑问的是噶举上师在西夏享受崇高地位，[2]并且帝师惹巴抵达前，西夏已经有噶举派僧侣。除了著名的藏布巴之外，帝师惹巴弟子惹巴噶波（རས་པ་དཀར་པོ）撰帝师惹巴传记《大宝上师众生祜主帝师惹巴传》（བླ་མ་རིན་པོ་ཆེ་འགྲོ་བའི་མགོན་པོ་ཏི་ཤྲཱི་རས་པའི་རྣམ་པར་ཐར）记载如下：“此后，国王（桓宗纯佑，1177—1206，1193年在位）前往噶儿，[3]我去了雅儿谷汝巴寺，诸噶举上师、本尊、空行母，以及诸护法神喜悦欢迎我，因而彩虹的明光遍布天空。”（དེ་ནས་རྒྱལ་པོ་འགར་བཞུད། །ངེད་ཡར་གུ་ཙུབ་དགོན་དུ་ཕྱིན། །བཀའ་བརྒྱུད་བླ་མ་རྣམས་དང་།།ཡི་དམ་མཁའ་འགྲོ་རྣམས་དང་། །ཆོས་སྐྱོང་སྲུང་མ་རྣམས་མཉེས་པས་བསུ་བ་བྱས་ནས་ནམ་མཁའ་འཇའ་དང་འོད་ཀྱིས་གང་བར་བྱས།།）[4]从此记载可知，西夏不同地域早已有噶举派僧侣。因为信息比较零碎，噶举派最初传入西夏的时段难以鉴定，其活动的详细情况和内容亦尚待考察。西夏灭亡后吐蕃帝师，如帝师惹巴以及西夏文本中常见的雅砻斯巴上师回归卫藏地区继续弘法活动，或继续与蒙古统治者互动，对本研究无巨大意义。据上记载可见，西夏流传的藏传密法几乎全属于噶举派的不同法门。如上情况恰恰合乎现存的西夏文本的内容分配。

---

① Sperling E.，“Further remarks apropos 'Ba'-rom-pa and the Tanguts”：14－15。这个日期在所有材料是一致的，据Sperling以及笔者一部分考证，帝师惹巴在西夏活动的阐述大部分基于其自传的记载。

② 据Sperling所引用的藏文材料，他认为帝师惹巴在西夏活动属于西夏ཆོས་རྒྱལ་པོ་ཐའི་ཧུ即是“ta'i hu法王”即是嵬名纯佑（Further remarks，21），聂鸿音认为不正确，提出“ta'i hu”为西夏仁宗，也不提供理由。据本人判断，Sperling考证接近正确。整体来说，西夏存在“帝师”称号，但藏语ཏི་ཤྲི来自汉语，问题待考证。见：聂鸿音《西夏帝师考辩》，《西夏文献论稿》，上海：上海古籍出版社，2012：240－255。

③ “噶儿”，为藏语“夏”的转写，此处可解释为“夏城”或“夏都”；翻译基于才让太教授的建议。

④ 西夏后裔惹巴噶波（རས་པ་དཀར་པོ）撰帝师惹巴传记：བླ་མ་རིན་པོ་ཆེ་འགྲོ་བའི་མགོན་པོ་ཏི་ཤྲཱི་རས་པའི་རྣམ་པར་ཐར，帝师惹巴（1164—1236），此数据是巴绒派内部发行数据，公布在《成就传承：巴绒诸无上成就者解脱传·古例集》。《སྒྲུབ་བརྒྱུད་འབའ་རོམ་པའི་གྲུབ་བརྙེས་གོང་མ་རྣམས་ཀྱི་རྣམ་ཐར་དཔེ་རྙིང་ཕྱོགས་བསྒྲིགས》，刘国威教授提供给笔者参考。见本资料抽印本：112。

依于上文可见，西夏缺乏佛教传播的系统记载，现存许多材料集中在藏传噶举派传入西夏后的不同情况。若如此信息与本研究所提“文本系统”搭配则为我们研究西夏佛教史的基本范畴。下文试图介绍西夏的几个文本系统；其中重要的是《入菩萨行论》系统以及密法中的“喜金刚”文本系统。与其相关的是西夏“噶举大手印”等系统。西夏文本不限于这三个文本系统，我们的抉择基于对原始材料掌握的程度。

帝师慈巴、雅砻斯巴等人尚在卫藏时，已经属于祥仁波切（ཞང་གཡུ་བྲག་པ་བརྩོན་འགྲུས་གྲགས་པ，1122—1193）的弟子圈内，皆是噶举不同派别的代表高僧，其中至少雅砻斯巴前往西夏弘法的原因和动机是受到祥仁波切“授记”的影响，①其人在西夏弘法与喇嘛祥、噶啰（ར་ལོ་ཙ་གཞོན་ནུ་དཔལ）等人的计划有关系。帝师慈巴前往西夏的原因以及整体情况比较复杂，此初步讨论。所以诸上师来西夏之前应该早已存在相互密切关系，②可以说成立一种噶举弘法护国团队。即是说，我们现在了解的噶举上师在西夏的活动集中在一个比较确定的时段中，所以与诸高僧在白高大国的活动相关的西夏文献的出世时间范围也限于 12 世纪末，此现象显露在西夏文献藏译文本的题记内容中。因为许多西夏译的藏传文献显露比较一致的内容，我们可以进一步假设，现存的绝大部分西夏藏传佛教密法传承以及相关文本是由同一个卫藏僧侣团队所传。此团队活动的痕迹可见在西夏流传藏译文献的内容上。

另一套材料属于以西夏上师德慧为代表的“大印”传承传入西夏的记载。据

---

① 《贤者喜宴》（《ཆོས་འབྱུང་མཁས་པའི་དགའ་སྟོན》）（北京：人民出版社，1986 年，第一册，第 810 页）关于雅隆巴的记载如下：

།།ཡར་ལུང་གྲགས་པ་སེང་གེས་ཞང་རིན་པོ་ཆེའི་ལུང་བསྟན་བཞིན་མི་ཉག་གི་ཡུལ་དུ་སྒྲུབ་པ་མཛད་དེ་རྒྱལ་པོའི་བླ་མར་གྱུར་ནས་གོ་ར་དགོན་མོ་ཆེ་དང་བྷ་ཏི་སོགས་མི་ཉག་གི་ཡུལ་དང་འཕྲིན་ལས་དང་ཧོར་ཡུལ་དུའང་དར་ཞིང་རྒྱས་ལ་ཕྱིས་རྒྱལ་པོ་སེ་ཆེན་གྱིས་ཚལ་པ་སྒོས་མི་དང་གུང་ཐང་སྒོས་ཀྱི་ལྷ་ཁང་དུ་བྱས་ནས་ཞབས་ཏོག་བྱེད་ཅིང་གཙུག་ལག་ཁང་ཟླ་མེད་པར་གྱུར་ཏོ།།

雅隆巴狮子称，如祥仁波切授记，在弥药领地上有所成就，因为作为国王喇嘛，在弥药国土造了郭慈（Go-ra）大寺院以及巴哈底（Bha-ti）等，后来霍尔（Hor）国土扩大延长，薛禅皇帝（元世祖，1215—1294）把蔡巴作为自己的人，把贡当作为自己的寺院，此处变为无比的寺院。

感谢 Dan Martin 教授提供信息；翻译基于才让太教授的建议。在《贤者喜宴》，帝师慈巴和雅砻斯巴的传记在同一页，二者被认为喇嘛尚的弟子。如《洛绒史籍》（《ལྷོ་རོང་ཆོས་འབྱུང》）（拉萨：西藏藏文古籍出版社，1994：213）关于帝师慈巴（《洛绒》文中称：འགྲོ་མགོན་ཏི་ཤྲཱི་རས་པ）相关记载：“慈巴十三岁时候，遇见巴绒尊者，十五岁时候由尚仁波切和明满禅者（སངས་རྒྱས་སྒོམ་པ）以及拉隆唐巴（ལྷ་ལུང་ཐང་པ）等听受许多法要语”（“［慈巴］ལོ་བཅུ་གསུམ་ལ་རྗེ་འབའ་རོམ་པ་དང་མཇལ།ལོ་བཅོ་ལྔ་ལ་ཞང་རིན་པོ་ཆེ་དང་།སངས་རྒྱས་སྒོམ་པ།ལྷ་ལུང་ཐང་པ་རྣམས་ལས་ཆོས་མན་ངག་མང་དུ་གསན།”）。

② 西夏后裔慈巴噶波撰帝师慈巴传记：བླ་མ་རིན་པོ་ཆེ་འགྲོ་བའི་མགོན་པོ་ཏི་ཤྲཱི་རས་པའི་རྣམ་པར་ཐར，刘国威教授提供给笔者参考。

载，德慧所传法门12世纪前、中半叶在西夏流传。该传承内容与冈波巴和喇嘛祥脉络中所传内容有带量不同（见本研究第六章）。不同“大印脉络”关系可见从《大乘要道密集》的记载：西夏末期和元代西夏只流传冈波巴体系，并且曾翻译成汉语，德慧传承虽然在西夏时期是比较盛兴的脉络，12世纪末则消失无踪。总而言之，汉传和藏传佛教宗派在西夏的流传时期不存在“先后”分歧，均为12世纪中、后半叶时期。

二、夏译宗义书一种

西夏藏传佛教可分为两种内容范围：“显”和“密”二教。本研究准备讨论集中“密教”文本体系之前，需要解释几种“显教”文献的体系。此范畴有不同材料，标题上有“诸宗”（rjur[1] mər[2] [illegible]）二字。据内容考证，西夏语“诸宗”符合藏传的གྲུབ་མཐའ，即是这些西夏文献材料属于藏传“宗义书”类型。数量最多的是不同的“注释”文，均分为“中观”和“瑜伽”以及“正理/因明”三体系，其中前者和后者占优势，文本数量最多。

文本系统之间的关系尚待考证：比如西夏“显教”文本体系中，印度高僧阿底峡尊者（982—1054）所撰《入二谛论》（Satyadvayāvatāra）及其注释与其他显教本文关系为何尚未确定。① 阿底峡文本体系有不少注释文本，诸注释内容虽然亦待考证，从对于这类不同文献含义的了解可知，该材料内容上接近西藏早期《入二谛论》的诠释脉络。② 虽然《入二谛论》的藏文版迄今未见在黑水城藏文材料中，但阿底峡的其他著作（主要与《菩提道灯论》相关材料）可见在黑水城藏文材料内，可以确定西夏相关义学脉络的存在。阿底峡所建立的“噶当派”在西夏的广泛流传，早已为学术界所发现，并有相关文章研究，此初步特别讨论。③ 西夏现存的大量“因明”著作尚未为学术界系统整理过，但似乎与藏传11—12世纪的

① Solonin, K., Kuowei Liu, “Atiśa's *Satyadvayāvatāra* (Bden pa gnyis pa'i 'jug pa) in the Tangut Translation: A Preliminary Study”, *JIP* 2017(45-1): 121-162；现存的西夏文噶当文献总论见在：Solonin K., “Dīpaṃkara in Tangut Context. Part 2”, *AOH* 2017(69-1): 1-25.

② Apple, J. “An Early Tibetan Commentary on Atiśa's *Satyadvayāvatāra*: Diplomatic Edition with Introduction and Notes”, *JIP* 41(5)2013: 501-533.

③ 据武内绍人、井内真帆撰《大英图书馆所藏斯达因黑水城藏文文献目录》（*Tibetan Texts from Khara-Khoto in the Stein Collection of the British Library*: 149），噶当派文献有四种：#102，232，270，274文，其中102是传承记载。阿底峡《菩提道灯论》黑水城藏语文献：153号文献。Iuchi, M. “A note on the relationship between the Bka' gdams pa school and Mi nyag / Xixia”，《藏学学刊》2012(08): 58-62；井内真帆，カラホト出土のカダム派关系写本（作者提供的抽印本）。

“正理”发展有关系。据初步考证，西夏文献中可见恰巴却吉僧格（ཕྱ་པ་ཆོས་ཀྱི་སེང་གེ，1109—1169）。① 至于无著菩萨《究竟一乘宝性论》（*Ratnagotravibhāga*）文本体系，其痕迹限于黑水城的藏文文献，迄今尚未发现相关的西夏译本。② 西夏藏传的“显教”需要进一步系统学习，本研究限于一个初步结论：西夏藏传显教主要基于阿底峡的传承，即是“噶当派”的基本思想。

此处需要提出的是黑水城另出了一个比较残破的文本，Tang 464 #5878，标题为“[illegible]”rjur^{1} mər^{2} njɨ^{1} dźjị^{2} ·wo^{2} kjij^{1} tshji^{1} śio̱^{1} la^{1}，直译《诸宗二谛理释要集记》，也可译作“据二谛理释诸宗要集记”，其中“宗”为梵文 siddhānta（གྲུབ་མཐའ）或 darśana（ལྟ་བ）。文标题中有“记”字，说明该文献为某种《诸宗二谛理释要集》的注释。下文集中讨论二者之间的关系③。该资料是前弘期典型的宗义书，与毗卢遮那等人所造的宗派颇为接近。在汉语材料中与法成所撰《大乘稻芊经随听疏》（《大正藏》2782）最为接近。以下是录文和翻译。该材料藏文原文尚未发现。改材料未存全文，由于此难以判断其宗派属性。虽然我们定之为“显教”类，但有可能其实际宗派属性是西夏的“大手印”文本体系，下文有初步讨论。

[illegible]	诸宗二谛理显要集记
[illegible] [illegible] [illegible]□ [illegible] [illegible]□□ [illegible]《[illegible]》[illegible]，二[illegible] [illegible]，[illegible]④[illegible]： [illegible] [illegible]□□ [illegible] [illegible]	敬拜无比上师 无住中道为所成 为外执邪宗所遮 各自所拜之二谛 在其他集有所释 即将说此《诸宗二谛理释要集记》时 二分 先偈颂宗名，后长句说明。先偈颂宗名： 如来因宿命悲愿 菩萨所学典□□ 融合力而出世间 说 治脑病之法药

① 据哈佛大学马洲洋的考证，IOM RAS 所藏 Tang 235（#4851，5923，5933）文献[illegible]为恰巴却吉僧格撰ཚད་མ་ཡིད་ཀྱི་མུན་སེལ（马洲洋口头讨论，2020 年 6 月 21 日），待考证。

② Kazuo Kano，*Buddha-Nature and Emptiness*：rNgog Blo-ldan-shes-rab and A Transmission of the Ratnagotravibhāga from India to Tibet. WSTB 91（Wien：Universitaet Wien：Abreitskreis für Tibetische and Buddhistische Studien，2016）有充分的讨论《宝性论》在西夏的传承。

③ 该章节内容基于：索罗宁、谢皓玥《西夏宗义书〈诸宗二谛显理要集记〉初探》，《中国藏学》，2020（01）：150－160。

④ 原文用“[illegible]”mjij^{2}，与 mjij^{2}“[illegible]”通假。

续　表

[illegible]	诸宗二谛理显要集记
[illegible] [illegible] [illegible] [illegible] [illegible] [illegible]①[illegible] [illegible] [illegible]②[illegible] [illegible] [illegible]③[illegible] [illegible] [illegible]④[illegible] [illegible] [illegible]⑤[illegible] [illegible] [illegible] [illegible] [illegible]⑥[illegible] [illegible] [illegible]□□[illegible] [illegible] [illegible] [illegible] [illegible]□□	若综说一切宗则 正邪二断见常见 正宗中亦有两种 即是大乘与小乘 大乘中又有两种 即是因乘及果乘 因乘中又有两种 即是中道及唯识 中道中又有两种 即是无住及如幻 唯识中又有两种 即是有相及无相 总说小乘之要则 分别部及 经量部 邪宗虽然有多部 综说其则有五部 此者句句顺胜论 及无衣数论正理 假若综论此五部 乃常断二宗□□ 顺句独受持断宗 余四外道是常宗 执体性为实之说　释典以识遮□□ 然后长句解释 五分 一 转法轮者 二分 先实理者 三分 三轮 十分 一，约说人主⑦，释迦牟尼佛。二，约说处者，波罗奈国内，仙人住处鹿苑城林。

① [illegible] niow[1] ·u̱[2]，藏语：རྒྱུའི་ཐེག་པ hetuyāna；[illegible] mja̱[1] ·u̱[2]，藏语：འབྲས་བུའི་ཐེག་པ phalayāna。

② [illegible] gu[2] tśja[1]，藏语：དབུ་མ Mādhyamika；[illegible] lew[1]sjij[2]，藏语：སེམས་ཙམ Vijñānavāda。

③ [illegible] dźjij[1] mjij[1]（无住），藏文：མི་གནས་པ anadhiṣṭhāna；[illegible] ·wji̱[1]dzji[1]（幻术）སྒྱུ་མ་ལྟ་བུ *Māyopamavāda（据 Orna Almogi 构拟），藏传佛教早期中观判教的两种类型。

④ [illegible] ·jij[1] dju[1]，[illegible] ·jij[1]mjij[1]，即是“有相”“无相”རྣམ་བདེན་པར་སྨྲ་བ 和 རྣམ་པ་མེད་པར་སྨྲ་བ，Sākaravāda，Nirākaravāda；二种唯识主流，据其他文本内容，此判教系统为西夏人所知。

⑤ [illegible] phjo[2] kar[2] djij[1]（分别部），藏语：བྱེ་བྲག་ཏུ་སྨྲ་བ vaibhāṣika（毗婆沙）；下半句应该是“经量部”，即 sautrāntika，因不知西夏语译语，录文没有构拟。

⑥ 文中所提五种邪宗：[illegible] gjwi[2] gjwi[2] śjwi̱[2]，[illegible] bu̱[2] lji̱[1]，[illegible] lhwu[1] mjij[1]，[illegible] ŋewr[2] lji̱[1]，[illegible] tśhja[2] · wo[2]，即是“顺句”འཇིག་རྟེན་རྒྱང་འཕེན་པ（lokāyata，见：莲花生大师造，沈卫荣译，《口诀见鬘》，载敦珠法王著、谈锡永等译《宁玛派四部宗义释》，北京：中国藏学出版社，2012：141），“胜论”代表བྱེ་བྲག་པ vaiśeṣika；“无衣”即གོས་མེད་པ（གཅེར་བུ），Nirgrantha（Jaina），ŋewr[2] lji̱[1] 直译“数论”，即 sāṃkhya གྲངས་ཅན་པ。最后“邪宗”中的“正理”无疑代表梵文的 nyāya རིགས་པ。西夏文本的“胜论”“数论”“无衣”“正理”等术语来源暂无法判断，汉藏来源均有可能（出现在《华严经》《入楞伽经》，玄奘译不同“对法”文本等处）。另见：Thuken Losang Chokyi Nyima，*The Crystal Mirror of Philosophical Systems*，（Boston：Wisdom Publications，2009）：38 et passim。

⑦ 译文中第一个“者”代表原文“[illegible]”mjijr[2]，作者标记，第二个“[illegible]”tja[1]（者）是句子主题标记；“主集”见西夏录文脚注 28，杨杰建议译文作“约”。

续　表

[illegible]	诸宗二谛理显要集记
[illegible]①[illegible]②[illegible]③[illegible]	三,约利益,是五下根人,[阿若]憍陈[如]等。四,约时间者,是初始成正觉。五,约法者,所谓"圣谛俗谛实有差别",是四谛,三转,十二行,此如《四谛经》所说:④"比丘⑤,苦者是胜谛,集者是圣谛,灭者是胜谛,道者是圣谛。一转四谛者,复次善起,是苦者应知,集者应断,灭者应证,道者应修",所说一转四行。复次善起,苦者应知,知无所知;集者应断,断无所断。灭者应证,证无所证,道者应修,修无所修⑥,是一转法论四圣谛。六,约受利益者,执

---

① [illegible] pjɨ¹ rjar¹ nja²sji¹,即是 Varaṇāsi,波罗奈,西夏语是梵文或藏文音写。

② [illegible] dzju¹dzjɨ̣²,直译"主集",代表藏语དབང་དུ（从某一个角度）。[illegible] śji¹ dzjwo¹ kha¹ dźjij¹ tji¹无疑与汉语佛经"仙人住处鹿苑"同义,即藏语དྲང་སྲོང་སྨྲ་བའི་རི་དྭགས་ཀྱི་གནས。文中"[illegible]"kha¹待考,kha¹ dźjij¹可以解释为音写 Kāśī,即印度 Varanasi 城(西夏文《金刚亥母耳传记》有"[illegible]"kha¹ tśjij¹,孙伯君、聂鸿音《西夏文藏传佛教史料:"大手印"法经典研究》:344)。

③ [illegible] kju¹ ljwĩ̵¹,此处讨论的无疑是佛陀第一转法轮的"五人",其中第一"阿若憍陈如"Ajñāta Kauṇḍinya,西夏文的 kju¹ 为汉语中古音"憍"的转写,西夏 ljwĩ̵¹ 来自僧伽提婆汉译《增一阿含经》等处的"拘邻"(Kodañña)即是 Kauṇḍi。如此转写与西夏语音完全相应,求那译《增一阿含经》二音写通用。据此 kju¹ ljwĩ̵¹ 是佛陀第一个弟子阿若憍陈如名字转写。

④ 此处《四谛经》的经题是笔者构拟,实际应该是《转法论经》。"四谛,三转,十二行"较早见于求那译《杂阿含经》,如有"此处鹿野苑,如来转法轮,三转十二行,五人得道迹"等说法。四谛各有"示劝证"三方面来表达其含义,则成 12 行。如天亲撰,毘目智仙译《转法轮经忧波提舍》所说:"又复世尊几转几行。转法轮者,彼义今说:法轮三转有十二行:此苦圣谛,此集圣谛,此灭圣谛,此苦灭道圣谛,此第一转。此苦圣谛应知,此苦集应断,此苦灭应证,此苦灭道应修,此第二转。此苦圣谛已知,此苦集已断,此苦灭已证,此苦灭道已修,此第三转。此说三转如是。[…]此如是说有十二行"(大正藏,26n1533_p0357c20 - c5)。此段与西夏文特别接近。如此段落见于多处,因经题较残,暂没法鉴定引文来源,但与汉传诸本小乘经典颇为相似。目前假设本引文接近义净译《佛三转法轮经》(大正藏,n110)。

⑤ 即是དགེ་སློང,比丘,译文保留西夏语字面翻译。

⑥ 该引文来源尚未鉴定。

续　表

[illegible]	诸宗二谛理显要集记
[illegible]	实⑥妄智浓厚，一切法［…］，为有恐惧者，按次第引入于正法，据圣谛，境识实有。十，约宗趣，按真实俗谛［…］，趣于，据圣义，实有境识之差别。 中间时法论者，十分 一说者，与前同；二，约说处者，是王舍城附近耆阇崛山。三，围绕者，是［ ］一千二百五十大比丘众及慈氏等［ ］菩萨众会等。四，约时间者，是中间时，“［…］据世俗谛，虽有如幻境识之差别，据圣谛，境识最二，实自性不可得”。自从［…］乃至［…］，一切所有法，似广大虚空中之华，《般若经》等契经所说。六，约利益者，住诸上根人之法体，了悟一切法空义，故说“依圣谛，心境识最二，实自性不可得。”［…］。七，约宗趣者，一切法一多等，趣于［…］，起于色，乃至一切相智，一切法［…］后末时法轮，十分 第一如前；二，约说处者，是楞伽城；三，约围绕者，是中根人，如无量声闻众，［…］中会。四，约时间者，是末时。五，约法者⑦，据世俗谛，虽有境

---

① [illegible] khji¹ śja¹ khjwɨ¹，即“耆阇崛”gṛdhrakūṭa，藏文：བྱ་རྒོད་ཕུང་པོའི་རི།。

② 藏文：འཁོར་དང་བཅས་པ།。

③ [illegible] mjɨ² sjij² zji² njɨ¹，字面汉译“境识最二”，应该表达藏语ཡུལ་སེམས་རབ་ཏུ་གཉིས་ཡིན。

④ [illegible] śia̱² śjij¹，汉语字面译“意顺”，此处暂译为“宗趣”，གྲུབ་མཐའ，siddhānta，据西夏 tśhja² zjɨr¹ [illegible] 德慧撰《大印究竟要集》（[illegible] tha² tjɨj² njɨ² dźjwa¹ tshji¹ śio̱¹）的注释（Tang 345，2858）第 8 页，śia̱² śjij¹ [illegible] 的解释是“[illegible]”（意顺者，是宗发起理），与“宗趣”解释相符。其他藏译文此语句代表དགོངས་པ

⑤ 这段落的表达接近玄奘译《大般若波罗蜜多经》不同处的记载，不过具体来处尚未鉴定。

⑥ 执着境界有实际存在者。

⑦ 该段落原文较残，总体意义可以构拟如下：“虽然按照世俗谛，境和识之间似乎存在着差别，二者实际不二，为此有自证分，即是识具有一定的存在，如《楞伽经》所说；第六，利益者，是已经闻到一切法空的人，一时掌握一切法空的世俗谛，因为这些人会发起断见，说一切法唯识，然后据圣谛如此人有境识不二自证，识仍有一定的存在。宗趣乃是真实世俗谛，也产生境识不二的自证。”如上三转法论理说竟。

续 表

[illegible]	诸宗二谛理显要集记
[illegible]	识相似差别，据圣谛，境识别不二，唯显明自证，是识少实有［…］所说，《楞伽经》中。六，约利益者，［…］，“闻一切法空理人，一时据世俗［…］也”“为引导起断见人，一切法［…］，据圣义谛，唯显明不二自证，识实少有。”七，约宗趣者，据真实世俗谛，显明自证，虽以趣于慧识［…］，唯显明自证，识实少有［…］. 在此上理说竟。 后解摄受［…］，其三时法轮者，八万四千烦恼成［…］八万四千苦。说之亦有二义，先对治［…］，即所说八万四千法门，其如也。三百五十波罗蜜多体上，所说八万四千法门。其三百五十波罗蜜多者，第一行法修习波罗蜜多，乃至第三百五十分布舍利，一一有六种波罗蜜多，［…］成二千一百波罗蜜多。其二千一百者，对治贪多烦恼，故二千一百，对治嗔多烦恼，故二千一百，对治痴烦恼，故二千一百，三毒力等［］，八万四千，一样成八万四千波罗蜜多。其二千一百，一一于地界，水界，火界，风界，色界，声界，香界，味界，触界，自性不可得，［…］，则总是八万四千。④

① [illegible] lẽ^{1} khja^{2}，汉语“楞伽”。

② [illegible] ·jij^{1} tśjɨ^{1}，汉语直译“自觉”，代表藏语 རང་རིག，自证分。

③ [illegible] dźjɨ^{1} tsjir̠^{1} djo̤^{2} dzjij̠^{2}，[illegible] śja^{1} lji^{2} kjɨ^{1} dji̠^{1}，直译“行法修习”，“分布舍利”，出自《贤劫经》介绍三百五十“无极”（波罗蜜多）的章节。

④ 三百五十波罗蜜多源出《贤劫经·八等品》，不过西夏文的算法与《贤劫经》不全同。据西夏本，三百五十波罗蜜多各有六波罗蜜多修行（《贤劫经》所谓“六事”：布施，持戒，忍辱，精进，一心，智慧），则成二千一百，二千一百皆为贪嗔痴的对治以及共同对治贪嗔痴，则成八千四百；最后八千四百各有十境界，最终成八万四千对治法门。

续　表

[illegible]	诸宗二谛理显要集记
[illegible]	后对治，[…]所说烦恼者，如此也。贪嗔痴，无明，慢，疑，身见，边见，邪见，取见，取戒禁，十种根本烦恼，各自[…]各九助烦恼，共成百种烦恼。[…]，因过去有百种，因现在有百种，因未来有百种，共成三百。过去烦恼中，[另]过去百种烦恼者，各自成[…]千。未来百种亦同此成千。因为不肯现在烦恼，方便烦恼，定为百，与过去未来同成[…]二千一百。其二千一百烦恼者，随着多贪，二千一百，随着嗔多，二千一百，随着痴多，二千一百，三毒综合[…]，成八千四百，八千四百烦恼者，一一执着于地，水，火，风，色，声，香，味，触，著于法界，[…]成八万四千烦恼。③ 后说明归分，三分 一[…]摄顺者，佛转三时法轮，说八万四千法门，十二部所摄。此十二分者，一契经，二应颂，三记别，四讽颂，五自说，六因缘，七譬喻，八本事，九本生，十方广，十一未曾有，十二法论议经。④ […]十二分中，佛按三时所说轮，八万四千法门[…]，

① [illegible] gji² bjij²，西夏 gji² 意义不详，bjij² 直译“助”，汉传文本此处用“方便”或“随泯方便”。

② [illegible] ·wjɨ² rar²，[illegible] mjor¹ dźjij¹，[illegible] mjij² ljij²，直译汉语“过去”，“现在”，“未来”，汉传佛教文本相应处使用“已起”，“未起”或“前分”“后分”的说法。

③ 西夏文本可以构拟如下：十个根本烦恼：贪嗔痴，无明，慢，疑，身见，边见，邪见，取见，戒禁取，各有其随泯方便，则成一百，烦恼有过去，现在（汉本作“本成”），未来，总三百。过去中过去，未来中未来（汉本用“兼本”）各二百烦恼，现在（汉语“置本”）则一百，成二千一百（含随泯方便）。据烦恼中贪多，嗔多，痴多或三毒综合，成八千四百，各烦恼有其在十法界的表现，则成八万四千。汉传文本相关算法较多，最接近西夏本的则是唐良贲撰《仁王护国般若波罗蜜多经疏》卷中（《大正》3n1709_p0458c02 – c18；此本基于天台智者对《仁王经》的解释）以及唐法宝撰《俱舍论疏》（《大正》1n1822_p0492c06 – c18）。所有汉文本皆无“十法界”的算法，与波罗蜜多的算法同。

④ “十二部经”标题翻译基于法成撰《大乘稻芉经随听疏》。原文记载不全，只存 10 标记，其外二者（应颂，法译）为笔者拟。

续　表

[illegible]	诸宗二谛理显要集记
[illegible]	归摄小乘、大乘者，佛三时所转法轮，不过[…]。三藏者如此也。一经藏者，佛三时转法轮中，以定力为主而说，以戒慧二力为随从而说，则是经藏。律藏者，佛三时转所法轮中，以戒力为主而说，以定慧二力为随从而说，则是律藏。三论藏者，佛三时转法轮中，以慧力为主而说，定戒二力为随从而说，则是论藏。[…]二藏所摄者，佛三时转法轮中，归分大乘及小乘菩萨及声闻二藏。佛三时转所法轮中，为有情之利益，发大菩提心，修行六度，[…]，说得佛道者，皆是[…]菩萨乘。佛三时转所法轮中，独自[…]生老病死苦海中，说修戒定慧者，皆是声闻乘。 此[…]所说一样，依两种理，一所说转法轮者[…]分别者，佛初时转法轮为下根所说者，[…]一，境识差别者，分别演说。依[…]宗，初时法轮之义者，胜义[…]，无分刹那，实有差别。今唯识之[…]多，以微尘体者，境之外另[…]识，[…]，许为体也。

① 法成撰《大乘稻芊经随听疏》（大正藏，2782）的相关内容属于"归分"章节；西夏文"[illegible]" ɣjiw¹ śjij¹（摄顺）应与汉语"归分"同。

② 据考证，西夏文使用的"十二部经"标记基于玄奘《大般若波罗蜜多经》翻译体系，此体系亦见《大乘稻芊经随听疏》。西夏译文均用法称的汉译，另提供《祖庭事苑》里的梵文转写。翻译 adbhuta 为"未曾有"，西夏文似乎接近法成，玄奘译为"稀有"。[illegible] lwər² rejr²，"契经/素怛揽"，མདོ་སྡེ（经类）、sūtra（修多罗）。

③ [illegible] la¹ sjwij¹，直译"显记"，"记别"，ལུང་བསྟན་པའི་སྡེ（授记，和伽罗），vyākaraṇa。

④ [illegible] śjwi² lja¹，直译"和颂"，"讽颂"ཚིགས་སུ་བཅད་པའི་སྡེ（伽陀），gāthā。

⑤ [illegible]・jij¹ tshjij¹，直译"自说"，"自说"，ཆེད་དུ་བརྗོད་པའི་སྡེ（优陀那），uddāna。

⑥ [illegible]・jiw¹ niow¹，直译"因缘"，"因缘"，གླེང་གཞིའི་སྡེ（尼陀罗），nidāna。

⑦ [illegible] dzjo¹ dza²，直译"譬喻"，"辟喻"，རྟོགས་པར་བརྗོད་པའི་སྡེ（婆陀），avadāna。

⑧ [illegible] mər¹ da²，直译"本事"，"本事"，དེ་ལྟ་བུ་བྱུང་བའི་སྡེ（伊帝目多），itivṛttaka。

⑨ [illegible] mər² we¹，直译"本生"，"本生"，སྐྱེས་པའི་རབས་ཀྱི་སྡེ（闍陀伽），jātaka。

⑩ [illegible] tśhja²・wa²，直译"方广"，"方广"，ཤིན་ཏུ་རྒྱས་པའི་སྡེ（毗舍略），vaipulya。

⑪ [illegible] dju¹ mjij² djij²，直译"未曾有"，"未曾有"，རྨད་དུ་བྱུང་བའི་ཆོས་ཀྱི་སྡེ（阿浮达磨），adbhutadharma。

续　表

[illegible]	诸宗二谛理显要集记
[illegible]	二，分别三性者，[…]无等，先依于因，后果续续，因[…] //⑥ […] 则于境识二性，本来人我常有，[…]于境识二性，本来无人我者，圆成实性[…]，依他，圆成是胜义谛，遍计独自[…]是世俗谛，不许真实世俗谛也。四，尘识刹那无分等者，依胜义不[…]于二，依胜义无有人、我、常，[…]故是中。五，说不定义者，初时[…]所成，说离于二遍中道义，故[…]如。至此，初许境识差别，宗说[…]，转法轮，许境识双空，宗者[…]双空者，依中道宗，转中间时法轮[…]，二实自性不可得。依世俗谛，境识[…]遍计性分别者，如幻造，境识最[…] //⑦ 建立者，遍计圆成

《集记》语言显露出汉藏圆融趋势：文中词汇可以分类为汉语和藏语两种，

---

① 原文此处有小字注释，笔者无法识别。

② 原文删掉此二字，有二小字补上，笔者无法识别。

③ [illegible] njwo² njij²，直译“从前”，此处解释为“本来”。

④ [illegible] njɨ² dza²，[illegible] mjɨ¹ bju¹，[illegible] ·io̱¹ śjɨj¹，即是“三性”，遍计所执 parikalpita ཀུན་བརྟགས།，依他起 paratantra གཞན་གྱི་དབང་，圆成实ཡོངས་སུ་གྲུབ pariniṣpanna。

⑤ [illegible] thu¹ phjij¹，直译“建立”，རྣམ་པར་བཞག་པ vyavasthāna。

⑥ 文中有隔，不能直接缀上。

⑦ 宗义书内容：小乘和中道。

如：[illegible] pjɨ^{1} rjar^{1} nja^{2} sji^{1} Varaṇāsi，波罗奈，汉语直译；[illegible] khji^{1} śja^{1} khjwɨ^{1}，即"耆阇崛"gṛdhrakūṭa，汉语直译；[illegible] śjwi̱^{2} lja̱^{1}，直译"和颂"（汉语直译），"讽颂"ཚིགས་སུ་བཅད་པའི་སྡེ（伽陀），gāthā；[illegible]·jij^{1} tshji̱j^{1}，直译"自说"（汉语直译），"自说"，ཆེད་དུ་བརྗོད་པའི་སྡེ（优陀那），uddāna；[illegible]·jiw^{1} nio̱w^{1}，直译"因缘"（汉语直译），"因缘"，གླེང་གཞིའི་སྡེ（尼陀罗），nidāna；[illegible] dzjo̱^{1} dza^{2}，直译"譬喻""辟喻"，རྟོགས་པར་བརྗོད་པའི་སྡེ（婆陀），avadāna；[illegible] mər^{1} dạ^{2}，直译"本事"，"本事"，དེ་ལྟ་བུ་བྱུང་བའི་སྡེ（伊帝目多），itivṛttaka；[illegible] mər^{2} we̱^{1}，（汉语直译"本生"），"本生"，སྐྱེས་པའི་རབས་ཀྱི་སྡེ（阇陀伽），jātaka；[illegible] tśhja^{2}·wạ^{2}，（汉语直译"方广"），"方广"，ཤིན་ཏུ་རྒྱས་པའི་སྡེ（毗舍略），vaipulya；[illegible] dju^{1} mjij^{2} djij^{2}，（汉语直译"未曾有"），"未曾有"，རྨད་དུ་བྱུང་བའི་ཆོས་ཀྱི་སྡེ（阿浮达磨），adbhutadharma的词汇全依于相关的汉语版本；同时文献整体架构和内容为藏传佛教文献。该材料显露出所谓"汉藏"佛教词汇的特色。

《集记》文中比较特殊部分是"摄受"和"对治"二分中的八万四千烦恼，以及对治八万四千法门的算法。笔者所了解的藏文宗义书未见此分，西夏文的来源似乎在《贤劫经》的汉文本以及其他汉传典籍。《贤劫经》为西夏流传范围特别广的一部佛经，由于《集记》广引这部经，我们推断《集记》为西夏本土著作。《集记》以三转法轮、真俗二谛、三性、小乘、中道、唯识为讨论架构，即是传统的"宗义书"的架构。偈颂段落介绍圣道、外道基本情况，接近其他宗义书的基本内容：正教、邪教，正教有大乘、小乘，大乘又分因果二乘，因乘分中道唯识，中道分为无住如幻二宗；唯识则是有相和无相二派；小乘则是分量部和经量部。邪教则分顺句、圣论、数论、无衣、正理五宗，其中"顺句"为"断见"（ucchedavāda），其他四为"常见"。现存文本未涉及果乘以及金刚乘。文中所谓"长句"部分结构有"十条"："说者"、"说处"、"利益者"（即不同法门的对象）、"说法时间"、"法"、"受利益"（这点文中似乎重复）、"宗趣"等，但文中阐述顺序似乎不一。《集记》对宗派的解释相当接近西夏本土的《大印究竟要集记》之说明。本研究有理由认为《大印究竟要集记》为西夏本土的著作，我们进一步推论，《集记》亦为西夏本土的材料，但还需要更多地具体文字考证。其他汉文数据而言，现存的《诸宗二谛理显要集记》内容接近法成撰《大乘稻芉经随听疏》。我们了解汉语材料之间，最接近《集记》是法成撰《大乘稻芉经随听疏》，但由于现存《集记》缺乏《大乘稻芉经随听疏》中的"经中观宗"（Sautrāntika Madhyamika）、"唯识中观宗"（Madhyamika Yogācāra）、"依论中宗"（法成提次脉络基于《中宗庄严论》，即 *Madhyamakālaṃkāra*）的讨论，二文本之间关系性质难以判定。

《集记》与莲花生撰《口诀见鬘》，耶协德撰《见差别》以及迦瓦吉祥积撰《说见次第》以及后弘期宗义书之间的地位难以鉴定。此处需要注意的是“无住”和“如幻中道”的对立。二者对立的起源见在铭得哩斡（Maitrīpa，慈氏）的主要主张：慈氏认为“无住”中观与“大手印”以及“不作意”（K-D. Mathes 翻译：“mentally disengaged”；西夏文献“无念”，amanasikāra）相互搭配。① 考虑西夏“大手印”材料一律与铭得哩巴“无念”的直接的或间接关系，可以假设《集记》为“后弘期”宗义书。如本研究下段的考证，西夏流传铭得哩巴的“大手印”时期与冈波巴“大手印”在 12 世纪 50 年代之后有关系，因此《集记》的编纂时期不应该早于 1150 年代左右。中观判为“无住”和“如幻”二体系见在 11 世纪以来的宗义书，如宁玛派绒宋却季桑布（1012—1088）等“后弘期”佛教学者的判教观。② 考虑以上内容，本研究认为《集记》为西夏本土著作，并认为其内容与以《大印究竟要集》为代表的西夏大手印文本系列之一有关系。此外，其内容也如实代表 11—12 世纪的藏传佛教教义的转变。

三、西夏语《入菩萨行论》以及相关“仪轨文本体系”

西夏佛教体系中无疑问存在所谓“汉藏脉络”，此脉络核心文献为《金刚经》及其注释③，但此脉络在西夏佛教的具体位置尚未确定。此外，西夏流传范围极为广的显教文本是寂天（Śāntideva）撰《入菩萨行论》（*Bodhicaryāvatāra* ）以及与其相关的注释文和“法事”。其中最为常见的文献是节怛哩（Jītari，950—1000?）在《入菩萨行论》基础上所造《发菩提心及应常做法事》（*Bodhicittotpādasamādanavidhi*，བྱང་ཆུབ་ཀྱི་སེམས་བསྐྱེད་པ་དང་ཡི་དམ་བླང་བའི་ཆོ་ག）。此文献的流行程度与阿底峡尊者所创造的噶当

---

① Mathes，K-D.，*A Fine Blend of Mahāmudrā and Madhyamaka*：Maitrīpa's Collection of Texts on Non-conceptual Realization（Wien：osterreichische akademie der wissens-chaften，2015）：1；11 - 12 等处。

② 见 O. Almogi，*Rong-zom pa's Discourses on Buddhology: A Study of Various Conceptions of Buddhahood*. Studia Philologia Buddhica，Mongograph Series，XXIV（Tokyo：The International Institute of Buddhist Studies，2009）：39 - 42；O. Almogi，“Māyopamavāda and Sarvadharmāpratiṣṭhānavāda：A Late Indian Subclassification of Madhayamaka and its Reception in Tibet”，收录在：国际佛教达学院研究纪要 14（东京：2010）：135 - 212；D. Seyfort Ruegg，“The Svātantrika-Prāsaṅgika Distinction in the History of Madhyamaka Thought”，收录在：T. Tillemans ed.，*Buddhist Philosophy of the Middle*（Boston：Wisdom Publications，2010）：159 - 194 以及他处的讨论。“无住”和“如幻中道”与后期“自续派”和“应成派”关系虽然不明，二范畴的形成及其相连性与胜喜（Jayānanda，11—12 世纪）及其弟子团队在 12 世纪 40 年代以后在西夏的活动。藏传佛教“无住”和“如幻中道”相互关系的论辩集中在 11—12 世纪。一般认为，胜喜前往西夏的主要理由之一与恰巴却吉僧格辩论不顺。

③ 李梦溪《西夏文金刚经注疏〈灯炬记〉研究》（北京：中国人民大学博士学位论文，2020）。

派义理思想有关。值得注意的，迄今西夏藏传显教材料语言分配限于西夏语，尚未发现其汉文翻译或藏文原典。

上文所提西夏佛教文本体系中“本经，经疏，修行仪轨”的结构可见在于《入菩萨行论》为中心文本体系中。为了阐述方便，本研究为之定名为“发菩提心”文本体系。西夏“发菩提心”数据似乎以寂天（Śāntideva）《入菩萨行论》为核心文献，与其相关的仪轨法本为节怛哩①所著《发菩提心及应常作法事》②，[illegible]，下文简称《常做法事》。为了梳理方便，笔者将把这些文本按照核心文本、注疏本、修行本分为三大类。

根据笔者整理，与“发菩提心”以及菩萨修行理想和次第的文本之间，最流行的材料应为《入菩提勇识之行》（略称：po^1 tjɨj^1 kjir^1 sjij^2 · jij^1 dźjɨ [illegible]），亦即寂天之《入菩萨行论》及其注释③。据在该典籍西夏译标题为《po^1 tjɨj^1 kjir^1 sjij^2 · jij^1 dźjɨ kha^1 · o^2 śjij^1 [illegible]》（直译：“菩提勇识之行中入顺”）。其中西夏语“[illegible]”（“顺”）是名词化标记，即同与藏语“-pa”名化缀字。下面是我们对于一部分西夏文《入菩萨行论》的考证。

《入菩提行论》在俄藏黑水城文献发现多件，印本、写本均有，如：Tang 118 # 781 本《入菩提勇识之行》，#788 本《入菩提勇识之行中》，Tang 118 # 944 本《入菩提勇识之行中（入菩萨行）》，另有#5096 本《入菩提行第一》和稍残一印本 Tang 118 #5891 本《菩提勇识之德智守护品第五、第六》。④ 笔者尚未针对 #5096 本进行考证，关于#781 本和 # 944 本的了解如下：

#781 为卷装刊本，据西夏译本排版，此文献属于西夏译本的“第一卷”。现存内容初步考证如下⑤：

po^1 tjɨj^1 kjir^1 sjij^2 · jij^1 dźjɨ^1 kha^1 · o^2 śjij^1《[illegible]》：po^1 tjɨj^1 njij^1 tśhja^2 · io̱w^2 tshjij^1 tjij^1 lew^1 tsew^2《[illegible]》；直译：“菩提心功德说品第一”，即བྱང་ཆུབ་ཀྱི་སེམས་ཀྱི་ཕན་ཡོན་གྱི་བཤད་པ，所有藏译本第一品。

---

① 西夏原文为西天大巧健菩提勇识节怛哩（[illegible]）：“西天大善巧（班智达）菩提勇识节怛哩”的字样。

② 北京版藏文大藏大藏经 5363，5406 号。此次不讨论节怛哩传记及其与阿底峡的关系。《常做法事》藏文版依于中国藏学研究中心《大藏经》版：《中华大藏经 · 丹珠尔（对堪本）》（藏文）第 65 册，北京：中国藏学出版社，1995：657 − 666。

③ 此章节内容初步发表在：索罗宁、谢皓玥《西夏文佛典体系两种：“心部五种”与“发菩提心”初探》，《复旦学报（社会科学版）》2020（03）：83 − 92。

④ 《目录》400—403 号：493 − 495。

⑤ 此处限于初步考证，使用的是 University of Oslo “Bibliotheca Polyglotta”的电子对照版，未进行文本考证。https://www2. hf. uio. no/polyglotta/index. php? page = fulltext&vid = 24&view = fulltext（2020/03/07）。

《[…]》dźjị^{2} rewr^{2} tjij^{1} njɨ̱^{1} tsew^{2}《[illegible]》；直译：“忏悔品第二”，即སྡིག་པ་བཤགས་པ。

《[…]》po^{1} tjɨj^{1} njij^{1} zow^{2} ·jị̈j^{1} tjij^{1} sọ^{1} tsew^{2}《[illegible]》；直译：“菩提心受持品第三”，即བྱང་ཆུབ་ཀྱི་སེམས་གཟུང་བ。

《[…]》mji^{1} śja^{1} ·wją^{2} tjij^{1} ljɨr^{1} tsew^{2}《[illegible]》，直译：“不放逸品第四”，即བག་ཡོད་བསྟན་པ的西夏文翻译。

#944 亦为卷装刊本，据其标题 po^{1} tjɨj^{1} kjir^{1} sjij^{2} ·jij^{1} dźjɨ^{1} kha^{1} ·o^{2} śjij^{1}□ sọ^{1} tsew^{2}《[illegible]》，即为《入菩萨行论》第三卷全文；品章标题为“入菩提勇识行，说寂思品，第八”，对应藏文བསམ་གཏན་པ་ཞེས་བྱ་བ་སྟེ་ལེའུ་བརྒྱད་པ。该文献译师为“译传知理主，解说经论律国师沙门德源奉诏译”，据文中皇帝尊号，文本的校勘时期为西夏仁宗皇帝时代。据此记载，可以假设，西夏曾存在新旧译本，新本则为在仁宗时期修订校勘的版本。

今另存西夏文注释本 #899 本，标题为 po^{1} tjɨj^{1} kjir^{1} sjij^{2}·jij^{1} dźjɨ^{1} ɣa$^{2?}$ ·o^{2} śjij^{1} la^{2} njɨ̱^{1} tsew^{2}《[illegible]》，直译：“入菩提勇识之行记，第二”。标题中用介词毋（直译：“于”）为代表藏语的ལ；此用法与西夏译本《入二谛论》相同。仁宗时期本子均用 kha^{1} [illegible]，直译：“中”。这一点是否能代表仁宗时期校勘成果，尚待考察。现存文献内容可以总结如下：文献是卷装写本，一部分内容为草书，一部分为西夏行书，比较容易解读。

文中有两个小标题：其一如下：“[illegible]”，即“菩提心皆真受持品第三竟”；其二，“[illegible]”，即是“菩提心意不放逸品竟”，说明现存部分文献是《入菩萨行论》第三、第四品的注释。此处品章标题与仁宗时期《入菩萨行论》有所不同，可见其底本为不同西夏译本，不过是否反映原文特点，尚待考察。该西夏文献为藏语译本还是本土著作亦尚待鉴定。这些文本呈现内部的系统性，均是理论性文本，是实修类文本的基础。此处我们不讨论西夏译本历史，其新旧本的存在等问题。据目前考证可见，西夏译本《入菩萨行论》由堪布须摩底吃哩底（Sumatikīrti，约 11 世纪）和大译师罗丹喜饶（བློ་ལྡན་ཤེས་རབ，1059—1109）最终整理的翻译本，与敦煌本差异比较大。①

另外，#2621v 本《菩提勇识之入行记第二》只保留标题，文献内容为噶举派“道果”法门文本。西夏佛教文献中，大部分属于法事仪轨类的材料。其中版本较多的是印度成就者节怛哩所著《常做法事》的西夏译本。此文本亦为堪布须摩

① 北京版藏文大藏经 3099 号，中国藏学研究中心《大藏经》对勘局对勘、编辑：《中华大藏经·丹珠尔（对勘本）》（藏文），北京：中国藏学出版社，第 61 册，1995：951－1048。本文章不讨论《入菩萨行论》藏译问题。

底吃哩底和大译师罗丹喜饶翻译，从而可见《入菩萨行论》与《常做法事》藏文翻译的起源是一致的；在西夏佛教文化中二者也同步流传。该本有藏文本传世，通过文本内容的翻译比较，可确定西夏文本译自藏文本，内容几乎一致。①

据载，此文献在西夏可能被翻译过两次，因此才见“新译”的说法（见下文）。此仪轨文本可视为依于《入菩萨行论》的修行仪轨文献。据白崎显成的考证，《常做法事》引用《入菩萨行论》接近20次，证明二者之间关系之密切。② 该文本绍循《入菩萨行论》，加以实修的次第仪轨，可以说这两个文本是理论实践相依的文本。

1.《常做法事》为核心之系列文本

以《常做法事》为核心的系列文本是一组阐释“发菩提心”以及相关佛教术语的仪轨文。这些文本有印本和抄本，数量众多，形成内容略有差异的一个文本群，可以想见此类“发菩提心”法在西夏之深入和周遍。在此体系中核心文本为节怛哩造 po^{1} tjɨj^{1} njij^{1} ljɨ̣^{1} · ju^{2} · wji^{1} lew^{2} tsji̠r^{1} tśju^{1}《[illegible]》（直译《发菩提心应常做法事》，下文《常做法事》）。标题中“lew^{2} [illegible]”可以代表汉语“应”（情态动词）或“所”（名物化标记）。

该文献系统的核心文本《常做法事》，今存有八种之多。③《常做法事》大致刊行于西夏晚期。因为#6510本尾署为“应天丙寅元年十月初一日”（[illegible]），由此可知该刻本的刊行时间为西夏襄宗应天丙寅元年（1206），距离西夏灭亡的1227年仅有21年。#6966本为手抄本，尾署为“天庆丁巳四年月日刻毕”（[illegible]），可知此本是依照桓宗天庆四年（1197）刻本所抄写。刊行年代的确定，也让我们可以判定《菩提心及常作法事》的年代属于西夏晚期，这为研究西夏晚期藏传佛教的流行情况提供了非常有价

① 西夏文标题与藏文标题及梵文标题均有些许不同。藏文标题的字面可译为“发菩提心及接受本尊法事”，其中未见与“常做”相应的词语。梵文标题 *Bodhicittotpādasamādanavidhi* 可拆分为 bodhicitta-utpāda-samādana-vidhi，同样可译为“发起菩提心接受法事”。西夏文标题为何与梵文及藏文标题均不同，尚不得而知。

② 白崎显成《Jitāri と Śāntideva と Prabhākarakīrti》，《印度学佛教学研究》1981（29－2）：896－897。

③ 经笔者对勘，这八个文本内容几乎壹致，只有细节处的一些差异。比如#0801本在正文侧边有注释小字，其他文本未见，可能为阅者批注。#4585本相比#0801本有五处字词或咒语的遗漏，比如第2拍48列，相比#0801本少一字咒语 rjar^{1} [illegible]。#6510本与#0801本有三处差别，比如第六拍相比#0801本多出二字 tsjụ^{1} ljɨ^{1} [illegible]。#6966本与#6510本有两处差别，均可归为误抄或漏抄，比如第七拍，[illegible]二字颠倒，应为误写。相比其余各本，#5128本、#6346本、#4756本在个别字词上出现了特有情况，比如#5128本第三拍一处咒语 · a ba^{2} dzjɨ^{1} rjar^{1} · wu tja^{1} kja̠^{1} xo [illegible]（* oṃ vajra udaka hūṃ）等。

值的参考材料①。

至于作者名字，西夏文本中另可见 tśhja² dwewr² sjịj² rewr² [illegible]字样（直译："正觉智足"，* Bodhijñānapāda，图 2）。

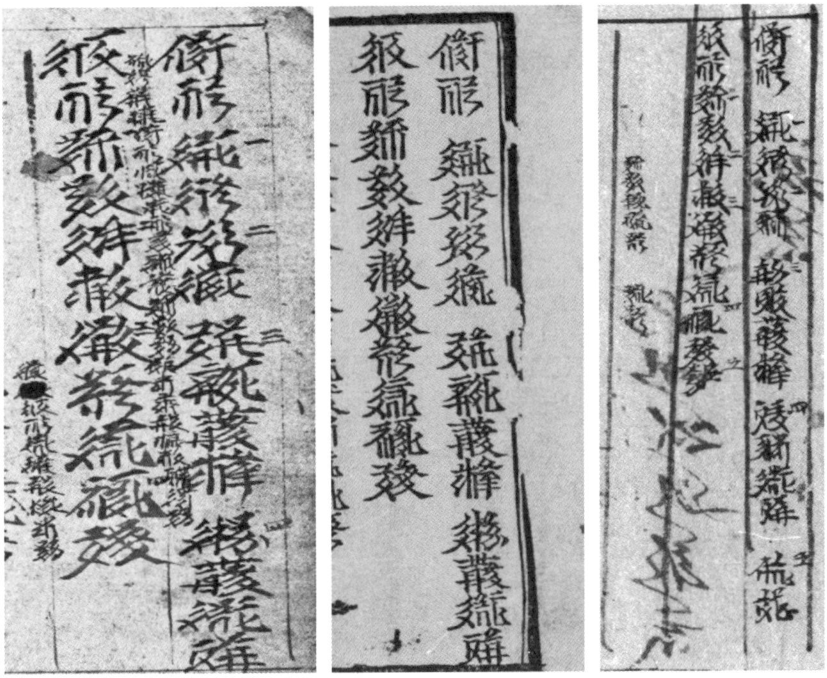

图 2 《常做法事》标题不同写法

此名号的起源待考察。IOM RAS Tang 280，4359（《目录》629 号：571）②《[illegible]》（直译：《新译应常做略记》）有"师德"章节的一部分记载如下：

[illegible]，[illegible]，[illegible]。[illegible]，"[illegible]"[illegible]，[illegible]；"[illegible]"[illegible]，[illegible]。"[illegible]"[illegible]，[illegible]，[illegible]。"[illegible]"[illegible]，[illegible]；[illegible]。[illegible]。"[illegible]"，[illegible]。[illegible]：[illegible]。[illegible]，[illegible]，[illegible]，[illegible][…][illegible]：[illegible]？[illegible]。[illegible]

① 参见孙伯君、胡进杉《西夏文〈菩提心及常作法事〉：藏传佛教实修仪轨的罕见译刻本》，待刊。

② 《目录》中为此本子提供的题款为讹。此段讨论的文本非为《目录》里全收，因此我们限于其标号，#符号为之。

[西夏文]。[西夏文]？[西夏文]：[西夏文]，[西夏文]，[西夏文]，[西夏文][…]

第三，说师功德者，乃所谓“西天大善巧菩提勇识节怛哩造”者。此言语中，“西”者，即是“离于他方”；所谓“天”者，语言同与天上人①之故也。“大善巧”者，是智慧无比，五明中之上。所谓“菩提勇识”者，是梵语；番语是菩萨之谓。是因为其为勤于求菩提之人之故。“节怛哩”②是梵文，番文：“胜于敌帝”。“胜”者，三界中胜帝，四魔诸敌上君之故，而得此名。[…] 问：此师五国间，是何国之人？则是东邦噶辣国人。四种中，则是王种婆罗门之子。有如何功德？则有四种功德：一，见本尊面；二，神足成就；三，眼药成就；四，少闻多了悟等 […]。

图 3　#2874 本《发菩提心常做法事注》

以上文献中只解释“节怛哩”名号，未说明“正觉智足”名号的来源。

西夏译本不同版本的标题有所不同，主要差别在于有本子标题中有“śjwo^{1} [西夏文]”（“gu^{1} śjwo^{1} [西夏文]”，藏语བསྐྱེད་པ），有本子不见此语。如 1206 年木刻板，则无此字。此外，西夏译文标题通用“[西夏文]”（直译：“常所作法事”，即是“应该平常进行的法事仪轨”）的说法，与藏译“ཡི་དམ་བླང་བ”（“本尊获取”）以及梵文原文中的“*samādana*”不全同，其原因待考证③。至于西夏的翻译的来源，目前的考证如下：东方文献研究所藏#0801 提供该文献梵文标题如下（图 3）：bo^{2} dji^{2} tsji^{2} tja^{1} sja^{1} mu^{2} dja^{2} pja^{1} · a dja^{2} bji^{2} thji^{1} [西夏文]。为其拟梵文大概是：* Bodhi（一）citta（二）samadapa（三）adavidhi（四），如此梵文音节的断法似乎无意义（图 2）。标题中“[西夏文]”字样标中文数字“三”，即是符合西夏语“[西夏文]”（“当常做”，“常所作”）。据其他文本的考证，西夏现存 *Bodhicittotpādasamādanavidhi* 的西夏译本皆有如此番梵对照内

① 即是印度的梵文，同与诸天（deva）语言。

② 笔者中文构拟；文中对节怛哩名号说明基于藏语的དགྲ་ལས་རྣམ་རྒྱལ。

③ 若 J. Hopkins, *Tibetan-Sanskrit-English Dictionary*（台北：法鼓佛教学院，数字典藏，2011）1848—1849 的考证是正确的，藏译的翻译似乎基于梵文 samādānatva（“本尊”）的理解。此解释虽然适合西夏文本，但“本尊”梵文的词是否为 Hopkins 营造仍是问题。西夏语标“四”* apadavidhi 亦无意义，实际该与标题三连接。

容，如图 2，#7890 为 1206 年官方木刻板，亦有如此记载。西夏人为何有如此对梵文的理解需要进一步考察研究①。据西夏文材料《[illegible]》（直译：《菩提心及常做法事等总合记并文》，# 5811），西夏人为“[illegible]”（“当常做”）提供解释如下：

“[illegible]”[illegible]，[illegible]，[illegible]。“[illegible]”[illegible]，[illegible]。[illegible]：[illegible]，[illegible]，[illegible]。[illegible]，[illegible]，[illegible]，[illegible]。

所谓“我显示常所作者”，则菩提心者，是获得究竟菩提因。所谓“常应做”者，方便之缘助是法事之缘。与萌芽出于土地一样：其如种子虽在地，若不以水火风为协助，则萌芽不能出。虽发起获得究竟菩提之因缘，不以应常做之六度万行之缘，在一切时间中之协助，不能获得究竟菩提。

从此可知，西夏人的理解与藏文标题中的“ཡི་དམ་བཟུང་བ”（“选取本尊”）似乎无直接关系。

2.《常做法事》注释文本

如上所说，传入西夏后，本子的性质会发生转变，《常做法事》的西夏译文亦不例外。据我们目前的考证，IOM RAS 所藏文本之间有诸本《常做法事》的注释。迄今我们尚未鉴定其藏文版，暂定为藏语失传本子，或西夏本土著作。

（1）标题中有明显“注”字样

标　准　版	菩提狮子版
bo² dji² tsji² tja¹ [illegible]	bo² dji² tsji² tja¹ [illegible]（字形不同，音全同）
sja¹ mu² dja² pja¹ [illegible]	sã¹ mo² dja² pja¹ [illegible]（标准版：三等字改为一等字鼻音化元音）
·a dja² bji² thji¹ [illegible]□□	·a tja¹ bji² thji¹ [illegible]□□（清浊转变，·a 全同）

① 西夏语标“四”* apadavidhi 亦无意义，实际该与语标三连接：* samadapadavidhi。其中西夏语“bji² thji¹”基于藏语，为梵文 vidhi 的转写，西夏语 pja¹ · a dja² [illegible] * pada 为 utpāda 的转写。其中 pja¹ · a 应该为二合字，代表原文的长元音。最后，* samada 在西夏译者看来，与梵文基于 sama（“regular，normal，straight”等）之类的词语有关系。“常”（“平常”）字的起源可能在此，待考证。https://www.sanskrit-lexicon.uni-koeln.de/monier/sama（2020.03.06）。

分别为#2874 本《发菩提心常做法事注》([illegible]);作者信息为:"[illegible]",即"菩提狮子师所造"。文中梵文转写为:"bo² dji² tsji² tja¹ sã¹ mo² dja² pja¹ · a tja¹ bji² thji¹ tji² kja̱¹ [illegible]□□[illegible]"(即 * *Bodhicittotpādasamādanavidhi ṭīka*,图 3),尚未发现其藏文原文。由于文献保留梵文标题的西夏语转写并且夏梵的西夏时期的对读无意义,我们认为此本子是依于藏语,并为见其梵文本。不难看出,菩提狮子所用梵文转写代表《常做法事》的修订版本。

因为《常做法事》不同版本中的梵文标题转写比较一致,菩提狮子注释的原文版基于不同藏文版,同时也代表西夏早期梵文转写的原则。但《常做法事》为西夏比较晚期的译本,菩提狮子(བྱང་ཆུབ་སེང་གེ)身份也需要更进一步研究。因此我们在此限于指出此问题的存在,暂时不深入讨论。由于不清楚标准版和菩提狮子版译者所见到梵文或藏文本具体面目,我们尚无法以梵文转写标准解决菩提狮子与其他本子的关系问题。该文献保留内容主要集中在佛陀的传记,未保留对于《常做法事》的注疏部分。文开头偈颂与标准西夏语版以及现存版不同标准版汉译:"敬礼大悲者,敬礼如来一切知识,柔软上尊;我乃显说《发菩提心应常做》。"菩提狮子版:"敬礼出有坏语自在。谁生喜舍之思及具有悲知,究竟修行之胜帝,并为行中尊①;依于其所说法及此之子所问,敬礼后我乃显说《发菩提心应常做》。"不难看出,标准版比较符合藏文版:

||ཐུགས་རྗེ་ཆེན་པོ་ལ་ཕྱག་འཚལ་ལོ|སངས་རྒྱས་ཀུན་གྱི་མེས་པོ་ནི|

|འཇམ་མཆོག་མགོན་ལ་རབ་ཏུ་བཏུད་ནས||བྱང་ཆུབ་ཏུ་ནི་སེམས་བསྐྱེད་ནས|ཡི་དམ་གསལ་པོ་བྲི་བར་བྱ||

因为菩提狮子版为"注"而非"本",可见发愿偈颂为本文的解释。以上是初步的考证,需要更进一步的研究。

#4913 本《发菩提心常做法事注》([illegible])。该文献虽然较全,但因为缺乏开头部分,无法判断其与菩提狮子本《常做法事注》的关系。据内容初步考证,现存部分从《常做法事》西夏译文"[illegible],[ ][illegible],[illegible],[illegible]"一句(藏文版:||ཕྱོགས་བཅུ་བཞུགས་པའི་སངས་རྒྱས་བཅོམ་ལྡན་འདས་རྣམས་དང་||བྱང་ཆུབ་སེམས་དཔའ་དང་ཐུགས་རྗེ་ཆེན་པོ་ཅན་རྣམས་ཀྱང་བདག་ལ་དགོངས་སུ་གསོལ||)的注释开始,其后对原本的注释保留完整。注释的顺序与原本内容架构不一:文本绝大部分注释可以与原本连接,但其顺序不同。文献具体内容需要进一步处理。#4691 本《发菩提心常做法事注一卷》([illegible])和 #6755 本《发菩提心常做法事注》([illegible])与 #4913 是同一本材料。虽然三者内容需要进一步对读,但

① 即是"佛陀",此处"行"即藏语 འགྲོ་བ,即是"众生"。

目前可见三篇材料文尾偈颂和其他文字是一样。三篇材料文末偈颂的字面翻译为：

> [illegible]　[illegible]
> [illegible]　[illegible]
> 顺和两种理造此教诫，依未满不缚无属说之
> 福诸行永常依此修行，获地而为世中皆之尊①。

据此可知，此三篇文献为同一本，此外考虑 #6755 与 #2874 笔迹特色一致，我们可以把四种文献缀合一起，皆为菩提狮子所造《常做法事注》的不同本子。由此我们可以假设，西夏曾流传以菩提狮子注释为主的《常做法事》文献系列。菩提狮子所注释的《常做法事》原文与现存的西夏译本是否存在差异需要进一步考察。

（2）标题中有“合文”字样

“合文”为西夏语特别的词汇，其具体内容待考察。此类资料分别为 #5515 本《菩提心及常做法事等综合记合文》（[illegible]）和 #5011 本《菩提心及常做法事等综合记合文》（[illegible]）。据初步考证，二本文末内容与相同。#5011 保留比较完整：目前考证该本内容为标准版《常做法事》的注释，从标题的解释一直到文末偈颂。#5515 保留的部分内容与 #5011 文字记载完全一样，二本无疑问是同一个材料的不同抄本。二文献中同见“《入菩萨行》”及“《诸经所学总集》”（*Sūtrasamuccaya*，[illegible]）等文献名，二本可进行对勘比较，更确定的结论待进一步研究。#5011 内容比较完整，文中“缘起”部分介绍了与旃陀罗吃哩底（Candrakīrti）和旃陀罗瞿酩（Candragomin）辩论记载相关的典故，并简要说明了佛教基本概念以文本传承情况。

（3）标题有“略说”字样

此类文献篇幅多，内容丰富，此初步特别讨论。#4359 本《新译应常做略记》（[illegible]）一部分内容虽然在上文已有引用，但尚未确定文献性质。该文献问题比较多，文本似乎有三个人笔迹，文中保留一些关于文献作者等记载。关于#4713 本《应常做法事略说解记文》（[illegible]），据现存一部分内容的考证，该数据解释了《常做法事》中的一些术语，并且说明其他重要佛教用语，如“六渡”和“三十七菩提分”等。该文献亦提及《入菩萨行》《诸经所学总

---

① “获地”意为从修行而得菩萨地，“普之尊”意为“一切众生之间最为受尊重”。

集》及其他与文中另有对佛学理论的讨论，并引用了不同法师的看法与见解。该文本较为系统地阐述了《常做法事》的内容。开头是佛陀礼赞，之后为介绍判教体系、题记、成书情况和作者生平。#4718本《发菩提心法事之诸典》，该文本为《常做法事》章句解释，包括问答形式讨论，内容十分丰富，待深入研究。

以上阐述所接触的内容尚未彻底介绍了与《入菩萨行论》以及《常做法事》的内容。不过，甚至从上述的略论可知，西夏佛教文本系统里，《入菩萨行论》占比较重要地位。与其相关仪轨法本《常做法事》也十分流行。可以说在西夏佛教文化《常做法事》也逐渐作为"核心文本"在西夏佛教界中产生一种"注释系统"。此系统似乎可分成二主流：标准版注释系统以及菩提狮子《常做法事注》的系统。其二者关系需要进一步深入研究。目前可以判断，《常做法事》在西夏产生一种文本系统。其流传范围与《入菩萨行论》有直接关系，但此文本系统在西夏佛教体系中的角色需要更深入的研究。

第二章　西夏佛教传播史记载与“密法”和“本续”的传承

一、西夏文“佛教史”残片

如上所说,西夏藏传佛教文献可以分成两种:“显”和“密”。藏译材料语言分配的主要特色在于西夏译本均有“显”和“密”文献;至于汉语的本子迄今所见的内容限于“密修”。现存汉语“显教”及佛教义理材料皆属于汉传佛教文献。此现象可能是偶然的,即是为考古工作成果有限而界定。但笔者认为如此“语言分配不均”的情况并非偶然,而是由于西夏密修在社会的角色形成的:所谓“密修”为西夏民间佛教的一个重要成分,并且党项人、汉人均修。

据现存文献可见西夏僧侣虽然有“传法史”和“判教”的两种概念。从出土文献类型的综合分析可以知道,西夏人对藏传佛教中的“传法史”或“法源”(ཆོས་འབྱུང)以及汉传佛教创造的“传灯”,“承袭”或“僧传”的不同体裁的概念有所了解[①]。比如,西夏译本《灯要》(tjij^{1}tshji^1 [illegible],今存第三卷)为《景德传灯录》卷第五的略本,很可能是北宋时期《灯录》某一种本的翻译。同样,西夏只有流传圭峰宗密(780—841)《诸说禅源诸诠集都序》以《中华心地法门承袭图》中虽然充满“佛教史”和“判教”的内容。尽管有如此文献的西夏译文,在西夏人心目中如《灯要》之材料并不是佛教史的记载,而是学禅的导书。

迄今关于西夏人标记佛教史的记载可见在西夏文资料《大印究竟要集》(tha^2 tjɨ̣j^2 njɨ^2 dźjwa^1 tshji^1 śio̱^{1} [illegible])的“注释”文中。第二种具有“佛教史”(或“宗派史”)内容的材料是所谓《帝洛巴心性说》(即是 2885 号文献,见下文)。《帝洛巴心性说》为西夏编辑的“捺啰巴六法”的传承记载,其主要内容为不同上师自传,并且记载帝洛巴六法以及本续的传承,即是为噶举派在西夏传播的主要材料。文中包括冈波巴锁南邻真尊者(སྒམ་པོ་པ་བསོད་ནམས་རིན་ཆེན,1079—1153)自传

---

① 如黑水城文献间有汉文版《景德传灯录》,另有所谓《灯要》第三卷,是《景德传灯》略本西夏译本等。

的一部分内容，此外有著名的西夏时期的吐蕃僧雅砻斯巴①(ཡར་ལུངས་པ)传记以及帝洛巴上师的“四种本续传承”脉络的阐述。由于雅砻斯巴主要活动属于西夏末期，与著名的帝师惹巴该文献编辑时段可能为13世纪初。

图4 #2851《正法入记》记载

《大印究竟要集》是以问答形式介绍“大手印”法门的内容及其传承的文献，据文献内容其为西夏德慧国师在1152年在宗哥地区向“勤进”(བརྩོན་འགྲུས)求法的记录，即是记载德慧个人与“勤进”上师的交流经历②。其“注释”使用“三性二谛”(胜俗二谛，遍计所执、依他起、圆成实三性)典范，来介绍佛教不同法门(如外道、人天教、大小乘、中观、唯识等)内容及相互关系③。从此可见该材料属于最少一部分内容属于“宗义书”类的。

#2851的“注释”随其本文内容的顺序，阐述大手印法门起于释迦牟尼本尊乃至《大印究竟要集》的作者，仁宗时期西夏译师高僧“兰山沙门德慧”④。师资传承过程中，提出本法门传入西夏的所谓“五事具足”的标准架构，同时也提供文献作者“兰山沙门德慧”的基本材料。文中记载内容如下：

[illegible]，[illegible]，[illegible]，[illegible]，《[illegible]》[illegible]。

第二，至于作者师，文中所说：“兰山沙门德慧集”，关于此师所有的众十种功德上理⑤，据《入正法次第记》中所说均可知。⑥

---

① 曾汉辰在《西夏觉照国师法狮子之教法来源与身份考》，《中国藏学》，2020(01)：180－186。该段落的直译见：孙伯君、聂鸿音《西夏文藏传佛教史料》：42－43。由于2885记载与现存藏语记载出入比较大，雅砻斯巴的身份仍存疑。

② 初步研究见：K. Solonin，“Mahāmudrā Texts in Tangut Buddhism and the Doctrine of No-thought”，收录在：沈卫荣主编《西域历史语言研究集刊》，2009(02)：278－305。聂鸿音全文汉译见：孙伯君、聂鸿音《西夏文藏传佛教史料》：295－335。

③ Zhang Linghui，“Grounding Tantric Praxes in the Mahāyāna Meaning and Modes：A Tangut Mahāmudrā formulation of Buddhist means to non-conceptual realization”，*AOH*，forthcoming：2019(72－3)：373－389.

④ 崔红芬《西夏僧人“德慧”师号考》，《宁夏社会科学》，2010(02)：87－91。夏汉问不同佛经题记的记载属于1166左右，说明德慧是12世纪后半人。

⑤ 即是所谓“上师十德”。

⑥ 东方文献研究所所藏Tang 345，#2851；克恰诺夫目录#662：582－583。汉译：索罗宁《西夏大手印文献杂考》，沈卫荣主编《汉藏佛学研究：文本、人物、图像和历史》，北京：中国藏学出版社，2013：263－264。

从而可知,西夏语曾有《入正法次第记》(tśhja[1] tsjir[1] · o[2] tśjɨ[1] la[1] [illegible])的“传法史”。该材料未存,但从其标题内容,可以假设:题记中的“正法”(西夏语词代表汉语“正法”和同义藏语“རྣམ་དག་པའི་ཆོས”)指的佛教;文中“次/次第”代表藏语[illegible]的意思。文中所提“上师十德”(基于《入菩萨行论》以及《上师五十颂》)以及所谓“五具足”之架构,说明《入正法次第记》为不同诸上师的传记集成。

由于德慧上师为西夏仁宗时期的高僧,可知《入正法次第记》为西夏本土编纂佛教史材料,主要内容应该是关于藏传佛教传入西夏的记载。即是该材料不属于汉传佛教史典籍体系中。① 虽然《正法入次第记》全文迄今未发现,《大印究竟要集》的如上记载指出此材料发现的可能性。由于《正法入次第记》属于西夏的藏传佛教范围,可以假设西夏流传的“佛教史”的概念基于藏传佛教的立场。

二、西夏“上乐轮”及“喜金刚”系统和西夏的噶举派

从藏传佛教在西夏传播史角度观之,则是西夏曾流传几个“体系”(ཆོས་སྐོར),其结构则是“核心文本/注释文献/仪轨”。此外不同体系文献中,另可见接近“宗教史”内容的材料。这个架构可见在藏传佛教判教或目录研究中:可知西夏密续传承也

---

① 据《大印究竟要集》“注释”所载的信息,《正法入次第记》内容集中在不同法门传承的正确性,因此文中提到所谓“五事具足”(ŋwə[1] dạ[2] ŋowr[2] lhə [illegible])的标准:“所听的上师,周围听法的人群,传法所在处(西夏语用 mji̱[1] [illegible]“宫/位”),传法时节,所传法的名称”(nji[2] tjị[2] dzji̱j[2] [illegible], · wio̱[1] tśjɨ̣[1] nji[2] mjijr[2] [illegible],dzji̱j[2] tjị[2] mji̱[1] [illegible],dzjɨj[1] kiẹj[2] [illegible],tsji̱r[1] [illegible])。此“五事具足”透过记载传法具体情况,代表该成就法传承是正确的。如上“五事”来源可追索到印藏佛教编辑佛经的“总体略说”(མདོར་བསྡུས)的五个项目:“引语”(因缘,གླེང་གཞི),“起语”([illegible], 说经的具体情况,包括时妥当时间地点,弟子等),“明满传承续不断”(སངས་རྒྱས་གདུང་རྒྱུན་མི་འཆད་པར་བྱ་བ),“成就自性”(སྒྲུབ་པའི་མཚན་ཉིད)以及“其位”(དེའི་གནས)的“五项”。以上“五项”在西夏的流传与松巴(Sumpa,su[1] bo̱[2] [illegible])译师所“集”《圣金刚能断胜慧到彼岸大经显理—灯炬记,śjɨj[2] ɣjɨ̣[1] njij[2] phja[1] bu̱[2] zjɨr[2] tji̱j[1] rewr[2] njɨ[2] tha[2] lwər[2] rejr[2] · wo[2] dźju[1] sji[2] tjij[1] zjur[2] la[1] [illegible]—[illegible]》的西夏译文。文中松巴译师引用莲华戒(Kamalaśīla,740—795)撰《金刚经广释》(*Vajracchedikaṭīka*)的相关段落并在引文直接提莲华戒的名字和引文来源。莲华戒的“五项”与《正法入次第记》虽然不全同,但二者之间存在密切关系,足以证明西夏的历史记载属于藏传佛教史著作体系中(见:莲华戒相关的说法:Pema Tenzin, *Prajñāpāramitāvajaracchedikāsūtram with Prajñāpāramitāvajaracchedikātīkam of ācārya Kamalaśīla* (Central Institute of Higher Tibetan Studies: Sarnath, 1994):232-233;李梦溪《西夏文莲华戒〈金刚经广注〉复注研究——以序言所摄之“证悟三阶段”为中心》,未登稿)。

是具有其系统性。[①] 除此外，藏传佛教另存判教架构，助于研究西夏的藏传佛教流传。即是所谓“解释续”（义学）（བཤད་རྒྱུད）和“成就续”（སྒྲུབ་རྒྱུད）（实修）二体系。[②] 从文本性质观之，“义学/实修”典范可以为整理西夏文本的一个重要架构。

虽然文本体系以及“宗派”体系具有如此之理想架构，但不难看出，黑水城流传的藏传文本，大致上属于“宗教实践”领域，即为各种修法和念定类别文献。这一点虽然证明西夏佛教的基本主张在于“实修”，但由于“系统性”的关系，仍存传播“根本续”的要求。若采用“解释续”“成就续”的典范，似乎可以解释西夏缺乏“根本续”和佛教义学的译本。尽管如此，“根本本续”（རྒྱུད）在西夏的传播问题，仍然有待深入研究。据不同文献中的引文，可见西夏人对一部分“本续”有所了解。如元代西夏遗僧一行慧觉撰《大方广佛华严经海印道场十重行愿常遍礼忏仪》中提到“前三本续”以及“第四本续”即代表密教中的四种本续的判教体系：“事部”（kriyā），“行部”（caryā），“瑜伽”和“无上瑜伽”（或西夏语：“瑜伽阳”和“瑜伽阴”）四种本续。[③] 西夏文《金刚亥母耳传记》记载中有“四种本续”和“二种本续”的判教。其中“四种本续”包括 [illegible]（“大默有本续”瑜伽本续），据文记载“空行母所撰圣教者，四种本续”；“瑜伽本续中”分“方便”和“圣慧”二种本续。[④] 据西夏文《[illegible]》（《大师龙树中真中行状》，本研究“中真”翻译藏语སྙིང་པོ）龙树菩萨为“治利”一切众生之故，收集四种本续中的一切修行。[⑤]

实际据考证证明，一行慧觉所了解的本续包括：《金刚空行本续》《不动本续》《吉祥上乐本续》《最明了悟本续》《金刚尖本续》《威德王本续》《密集本续》《真实名经》等。其中《金刚尖本续》代表 *Vajraśekara-mahāguhya-yogatantra*，《威德王本续》代表 *Yamāntaka tantra* 系统材料之一（*Vajrabhairavatantra*）；《吉祥上乐本续》则是 *Cakrasaṃvaratantra*；《密集本续》是 *Guhyasamājatantra*。严格来说，此处“四本续”具体含义需要考证，暂无法说，以上本续在一行慧觉心目中是否为一个体系。

---

① 在介绍所谓“喜金刚六乘”（见下文）J-U. Sobisch 提道：“At the core of each of the ‘great chariot systems’ is an Indian commentary on the basic *Hevajratantra* plus a number of fundamental tantric rituals such as those pertaining to the maṇḍala (*dkyil 'khor*), the evocation of deities (*sādhana*, chiefly Hevajra and Nairātmyā), completion practices (*niṣpannakrama*, *rdzogs rim*), tantric feasts (*gaṇacakra*, *tshogs 'khor*), torma and so forth, some of them with their own commentaries”. J-U. Sobisch, *Hevajra and Lam 'Bras Literature of India and Tibet as seen through the eyes of A-mes-zhabs*, (Wiesbaden: Ludwig Reichert, 2008): 3-4.

② Martin, D. “Lay Religious Movements in 11th and 12th century Tibet: A survey of sources”, *Kailash:* Journal of Himalayan Studies, (1996) Vol. 18, No. 3/4: 24.

③ 四种“本续”分类见：索南才让《西藏密教史》：17-21。

④ 聂鸿音全文汉译见：孙伯君、聂鸿音《西夏文藏传佛教史料》：266-267。

⑤ 《目录》755-613，Tang 336 #807。

至于《金刚空行本续》《不动本续》《最明了悟本续》的具体原文材料待进一步考证。除了属于“众生受中有身业忏悔”中的《吉祥上乐本续》引文之外，一行慧觉所引用的其他“本续”文句极为简略，并且其之引文集中在“不报四恩忏悔”章节中（与上师瑜伽相关的段落），难以追索其原文。这些本续的西夏文迄今未发现，因此一行慧觉引文到什么程度能代表西夏晚期流传的藏译本续文本的问题尚待深入考察。据今存1314年一行慧觉的《故释源宗主宗密圆融大师塔铭》：

时西北之俗，笃信密乘，公服膺既久，深得其道，[…] 励精禅想，既而曰：密乘固修心之要，非博通经论，不足以究万法之源，穷佛道之奥，闻先宗主赠司空护法（龙川行育—笔者注），传一乘圆极之说，风偃秦洛[…]。[①]

塔铭未记载慧觉在卫藏求学，反而有“时西北之俗，笃信密乘”语句，说明密法在西夏早已流传。所谓“禅想”同样属于其在西北所学密教“观想”实修。最终，“宗密”之号可以解释为“显”（宗）和“密”圆融的意思。[②] 以上记载说明一行慧觉对“密乘”的了解属于他在西北的学法背景，因此其在《海印道场忏法》的无上瑜伽本续在西夏流传过。

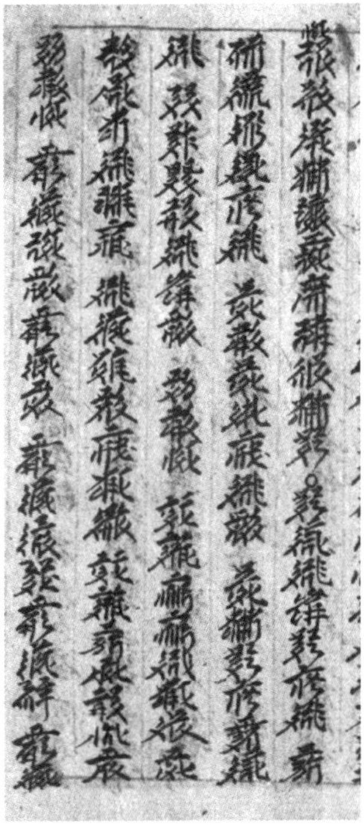

图5
#3823《喜金刚本续》引语

其中指的注意的是一行慧觉忏法中的《金刚尖本续》引文接近《大乘要道密集》中的铭德哩斡（Maitrīpa）撰《新译大手印不共义配教要门》中的引文。一行慧觉引文：“若比千佛上师胜，应依于上师”同与《大乘要道密集》所引：“比于千佛上师胜，是故应须依上师；如或不依上师者，无由诸佛出世间。”[③] 虽然两种引文有差异，但也有明显的相似之处。据目前了解，《大乘要道密集》中的可以追索到西夏时期的文本中，所用不同典籍的引文中有许多重复的段落。这可能意味着西夏曾流传如《集经》或《集本续》的佛教丛书。此特色需要系统的梳理，在本文中不深入讨论。此外，需要对堪一行慧觉引用的“本续目录”和

① 竺沙雅章《宋元佛教文化史研究》，东京：汲古书院，2000：212。
② 如此对“宗密”解释虽不同于唐代以及辽佛教对“宗教”的理解，可视为西夏元佛教说法之特色。
③ 《大正藏》，X74，1470：342b5－6；《大乘要道密集》：278。

《大乘要道密集》同样的西夏时期的不同文本。

据初步考证，西夏流传范围最广的二部本续体系是《上乐轮》以及《喜金刚》。虽然现存材料之间少见"本续"本文的西夏或汉语译本，据"系统假设"可以判断，西夏无疑问曾流传一部分无上本续的西夏或汉语译本。据此，关于西夏语义密法本续在西夏流传的痕迹能有如下分配：（1）本文、注释文、相关仪轨全存；（2）仅存注释文和仪轨；（3）仅存西夏译本续或注释的标题以及在其他文献中的引文。其中第一、第二范畴明显地代表相关脉络（如"喜金刚""上乐轮"等）的存在，至于其他"无上瑜伽"本续在西夏流传的情况，迄今信息较少。以上的架构基于偶然的考古发现，则其意义限于代表西夏出土文本现况，无历史意义。此外，不同文献中所见到的根本续的引文也需要我们进行考证。

下段主要集中在与《喜金刚本续》以及与其相关材料传承研究的讨论，《上乐轮》以及《吉祥编至口合本续》的材料仅为参考用。在讨论西夏时期材料时，我们不以文献的语言为其属性标准：无论是汉语或西夏语材料皆为相关思想或修习体系存在的证明。即是说，从佛教史研究角度观之，针对西夏佛教研究而言，西夏语和汉语文献的研究价值是一样的。下文一部分内容为学术界早已了解内容的总结，与《喜金刚本续》相关信息为本人以及学术界同事们所造比较新的研究成果，皆为初步研究，需要更进一步深入考证。

三、西夏根本续译文

因为本研究重点在于在问题系统，需要关注"根本续"西夏译文存在的问题。因为西夏藏传佛教所谓"根本续"译文颇为少见，学术界早已怀疑这些译文存在与否。关于这一点，本研究有少数初步考证。基于一行慧觉《大方广佛华严经海印道场十重行愿常遍礼忏仪》文中提到基本本续标题，并且考虑《大乘要道密集》所提的本续的标题，以及西夏不同文献中出现"四种本续"总题以及诸本续的标题，我们可以假设西夏佛教界对藏文根本续有所了解。另外，今存"解释本续"（vyākhyā）的译文（见下章）也支持此考证。因此本研究认为西夏曾流传根本续译文，并皆依于藏语本子。更进一步证明这一点我们有如下理由。

IOM RAS 所藏文献之间有译本 tśja^1 · jij^1 zjạ^1? śjij^1 tshji^1 ŋwu̱^{1} [illegible]。据西夏译文《冈波巴传》（见下文），西夏语 zjạ^1 phja̱^{1} [illegible]（直译："间断"）是藏语 བར་ཆད的直译，该材料标题可译为《除道中障碍要门》①。据题记，该材料为

① Tang 252 # 3823；《目录》574：551－552。

“大度民寺中国觉照国师法狮子传，出家功德司提点沙门德妙译”。此处“觉照国师法狮子”即是著名的噶举上师雅砻斯巴①。

该材料共收录五篇文章，皆与“道之障碍”有关系，《除道中障碍要门》为其总标题。此文献中我们发现几句属于《上乐轮本续》以及《喜金刚本续》的引语。目前所见《喜金刚本续》有四个小段落，其中三个录文如下：

#3823 原文	《喜金刚本续》藏文原文②	西夏文汉译
1. [illegible]③[illegible]④。[illegible] 2. [illegible]⑤。[illegible] 3. [illegible]⑥[illegible]⑦[illegible]⑧。	‖འཆད་པོ་པ་ང་ཆོས་ཀྱང་ང་‖རང་གི་ཚོགས་ལྡན་ཉན་པ་ང་‖‖འཇིག་རྟེན་སྟོན་པ་བསྒྲུབ་བྱ་ང་‖འཇིག་རྟེན་འཇིག་རྟེན་འདས་པ་ང་‖‖ལྷན་ཅིག་སྐྱེས་དགའི་རང་བཞིན་ང་‖ ‖ང་ལས་འགྲོ་བ་ཐམས་ཅད་འབྱུང་‖ང་ལས་གནས་གསུམ་པོ་ཡང་འབྱུང་‖ང་ཡིས་འདི་ཀུན་ཁྱབ་པ་སྟེ‖འགྲོ་བའི་རང་བཞིན་གཞན་མ་མཐོང་‖ ‖བདེ་བ་ནག་ཅིང་བདེ་བ་སེར‖བདེ་བ་དམར་པོ་བདེ་བ་དཀར‖‖བདེ་བ་ལྗང་ཁུ་བདེ་བ་སྔོ‖བདེ་བ་རྒྱུ་དང་མི་རྒྱུ་ཀུན‖‖བདེ་བ་ཤེས་རབ་བདེ་བ་ཐབས‖དེ་བཞིན་ཀུན་དུ་ཙ་སྐྱེས་བདེ‖‖བདེ་བ་དངོས་པོ་དངོས་མེད་བདེ‖རྡོ་རྗེ་སེམས་དཔའ་བདེ་བར་བརྗོད‖	[此]《喜金刚本续》中说： 1. 我为所说为说者，我为持自意之众在世出世皆是我，世中说者及所求我实是俱生喜智。又说： 2. 一切诸行者⑨从我出，诸三位亦从我生，我者周遍此一切，行者自性无他见。又说： 3. 乐者是黑亦是黄，乐者色红乐者白， 乐者色蓝乐者绿，乐者皆行及不行， 乐者方便乐者慧，如此谷堵噜起乐， 乐者实有实无乐，金刚勇识由乐造。

① 关于雅砻斯巴见：曾汉辰《西夏觉照国师法狮子之教法来源与身份考》，《中国藏学》，2020：180－186。

② 藏文基于 D. Snellgrove, *The Hevajra Tantra: a Critical Study* (Bangkok: Orchid Press, 2010)相关段落：第一段：II. ii，第 39 偈颂：49—50；英译：92；第二段：I. vii，第 41 偈颂：31 英译：77；地三段：II，ii，第 32 偈颂：49，英译：91。

③ 二行顺序相倒。

④ 西夏译文异于藏文版：藏文“本身为俱生之乐”，夏译“俱生乐智”。

⑤ 此行异于藏文：藏文版“不见为他”，西夏译文“他知见”，似乎无意义。同时，西夏语 nwə[1] ljij[1] [illegible]（直译：“知见”）正确代表此处梵文的 dṛṣṭam。由于其他译文是藏语的直译，我们排除西夏译者参考范文版的可能；建议此行的 nwə[1] [illegible] 为 mji[1] [illegible]（不）的错误。

⑥ 西夏语 kjwĩ̵[1] dju̱[2] rjur[2] [illegible]正确表达梵文 kunduru 的藏语转写。据 Snellgrove《喜金刚本续》中“密语”的说明，此语句代表“和合”（union）意思。据文中西夏语的注释：[illegible]（蕃之石华之言）。

⑦ [illegible]（直译：“实有// 实无”）= དངོས་པོ// དངོས་མེད (bhāva / abhāva)。

⑧ rejr[2] ɣjiɨr[1] lew[2] [illegible] 被动架构，“金刚勇识由乐而造”，与藏文“说金刚勇识为乐”同。

⑨ 即“众生”。

关于上段文字我们有如下解释：该段落与现存卓弥译师（992—1072）和伽耶达啰（Gayādhara）译文颇为相似。本研究基于 Snellgrove 的“精校版本”，未能参考“桂路拶哇枯巴拉拶”（འགོས་ཁུག་པ་ལྷས་བཙས）的译文，因此尚无法判断该段落具体属性。尽管如此，西夏译文正确的表达藏文的意义。此外，据我们对《心地法门》中佛典引语的考证可知，西夏语佛典中的其他典籍引文依于已存西夏译文，而不是据语感随口翻译的。即是“德妙译师”翻译雅砻斯巴“传”的《除道中障碍要门》可能参考了其手中《喜金刚本续》的西夏译文。《除道中障碍要门》是雅砻斯巴所“传”的“文集”，即是意味该材料是在西夏编辑的，文中的“本续”引语是雅砻斯巴据记忆而说的，其准确的西夏译文是德妙译师据西夏译文译出来的。由此观之，可以假设西夏曾经流传《喜金刚本续》译文，《吉祥上乐轮本续》亦不例外。

四、《吉祥遍至口合本续》和《金刚帐本续》在西夏传播情况

此类材料西夏译文迄今唯见《吉祥遍至口合本续》（*Saṃpuṭanāma mahātantra*，另译为《真实相应本续》）文本。据印藏佛教判教传统，该本续与《空行金刚帐本续》（*Ḍākinī vajrapañjara tantra*，《大乘要道密集》标题译文为《空行金刚帐》），即是代表藏语（མཁའ་འགྲོ་མ་རྡོ་རྗེ་གུར）为《喜金刚本续》（*Śrihevajra tantrarāja*）和《上乐轮本续》“共不共”的“解释本续”（vyākhyā）两种。其中《吉祥遍至口合本续》为“共”，其他为“不共”的注释本续。从《金刚帐》和《口合本续》与《喜金刚本续》的关系观之，则有所谓“喜金刚三本续”的说法。① 迄今，有“根本续”和“注释”全套内容材料的西夏文献是《口合本续》。据沈卫荣、孙昌盛、侯浩然等学者，基于拜寺沟考古发现的研究，西夏曾同时流传《口合本续》本文的翻译以及其不同的注释，②则可以构

---

① 见：J-U. Sobisch, *Hevajra and Lam 'Bras Literature of India and Tibet*：28 – 29. 虽然“喜金刚”非为正宗翻译，依于语言习惯本文一律用之。

② 孙昌盛《西夏文佛经〈吉祥遍至口合本续〉略考》，《元史及民族与边疆研究集刊》2007 年第 1 期，第 62—73 页。沈卫荣《西夏文藏传续典〈吉祥遍至口合本续〉源流、密义考述》，《西夏学》，2007（02）：92 – 98。关于本本续西夏译文的研究综述见：Hou Haoran，“Notes on the Translation and Transmission of the *Saṃpuṭa* and *Cakrasaṃvara* Tantras in the Xixia Period（1038 – 1227）”in：Y. Bentor，M. Shahar eds.，*Chinese and Tibetan Esoteric Buddhism*（Leiden：Brill 2017）：355 – 367. 迄今学术界缺乏现存的西夏文本与黑水城出土藏文材料之比较。如英藏黑水城藏文材料目录中第 50 号文献（编辑者定为“本续注释”）中提到《口合本续》（སཾ་བུ་ཏའི་རྒྱུད）［武内绍人，井内真帆，*Tibetan Texts from Khara-Khoto in the Stein Collection of the British Library*. Studia Tibetica 48（Tokyo：The Toyo Bunko，2016）：42 等处］。

拟西夏藏传佛教文献中的《口合本续》“文本体系”。从整体文献体系架构角度说起，《口合本续》本续的西夏译文意味着，西夏国土曾有研究《喜金刚》和《上乐轮》二本续的脉络。西夏存大量上乐轮法门的仪轨等，证明此假设属实，并符合从西夏图像研究所获得成果。尽管上乐轮体系大量见于西夏时期文本之间，至于《喜金刚》体系文献以及相关的修习法门，学术界迄今了解有限。黑水城出土的藏文材料也证明《口合本续》在西夏的流传。

据学术考证，西夏时期拜寺沟西夏方塔遗址出土的《口合本续》的西夏译文基于“西天大班智达迦耶达啰”（Gayādhara）和“大宝桂路拶哇枯巴拉拶”（འགོས་ཁུག་པ་ལྷས་བཙས，11 世纪）所译藏文本，即是我们见到的西夏时期的译文本基于所谓“藏文第二译本”①。据孙昌盛、侯浩然的考证，拜寺沟出土《口合本续》不同注释本皆有题款记载“集者”②的名号为：[illegible]③［直译：“西番中国大善知识俄愤怒金刚师”］，此人可以确定为俄协当多吉（རྔོག་ཞེ་སྡང་རྡོ་རྗེ，1090—1167），俄噶举派上师俄秋谷多吉（“法身金刚”，རྔོག་ཆོས་སྐུ་རྡོ་རྗེ，1036—1102；རྔོག་ཆོས་རྡོར）的儿子俄多德（རྔོག་མདོ་སྡེ）。如上考证合乎对其他藏传佛教法门在西夏出土的文献研究成果，即是证明，西夏 12 世纪流传的藏传佛教不同宗派之间，大部分属于不同的噶举派传承是占优势的，其中之一为“俄体系”（རྔོག་ལུགས）。此处值得注意的是，依于大宝桂路拶哇枯巴拉拶所译《口合本续》版可视为“俄体系”法门的特征之一④。据此可知，《口合本续》在西夏的传承特色显露西夏境内“俄体系”的传播⑤。

如上所说，由于《口合本续》不代表独特修习脉络，其西夏译文的存在意味着，西夏从事密法的僧侣曾针对其“根本续”《上乐轮》和《喜金刚》二本续有所了解，同时认识《空行金刚帐本续》本续内容。实际情况恰恰如此：《上乐轮本续》《喜金刚本续》《吉祥遍至口合本续》以及《空行金刚帐本续》之间关联性为“河西僧”（西夏僧侣）早已有所了知。如所谓《演揲儿法残卷三种》所记载萨迦派“道

① 孙昌盛《西夏文佛经〈吉祥遍至口合本续〉略考》：68－69。沈卫荣《西夏文藏传续典〈吉祥遍至口合本续〉》：96－97。

② 西夏题记中常见的“集”（śio̱^{1} [illegible]）的解释不一：一般理解为“在不同文献基础上编辑的材料”（一部分汉文文献解释为“录”），我们理解此字起源在于梵文“samāptā”（集造）。

③ 孙昌盛《西夏文佛经〈吉祥遍至口合本续〉略考》：74。

④ Ducher, Cécile. “A Lineage in Time: The Vicissitudes of the rNgog pa bka’ brgyud from the 11th through 19th centuries”, PhD Thesis (Paris: l’École Pratique des Hautes Études, 2017): 412.

⑤ 俄体系概述见：索南才让《西藏密教史》：424－427。索南转写：俄顿 曲格多结。

果法门”相关传承记载皆明显记载了这一点①。《大乘要道密集》中不同本续引语的分配尚待仔细统计，但现在也可见，《上乐轮》(《大乘要道密集》似乎作《大喜乐本续》)，《金刚帐》的引语也可见在《大乘要道密集》收录不同时代文献中。此处比较值得注意的是，《口合本续》引文迄今尚未在《大乘要道密集》收录的西夏时期文献中的引文间发现，对该本续的重视，可能是西夏时期佛教的一种特色，没有承袭在元明时期在内地流传的藏传佛教体系中。此外，《口合本续》为了解《上乐轮》和《喜金刚》的“解释本续”的流传范围比较广大，这一现象也符合西夏佛教出土文献可以视为“教学材料”的假设。

《口合本续》相关内容的汉文记载保留不多，《上乐轮本续》的情况则相反。西夏译文《上乐本续》或其注释虽未见流传于世，但西夏时期的汉语材料反而丰富。其中重要的是拜寺沟方塔发现的《吉祥上乐等虚空本续》以及国家图书馆所藏《吉祥饮血王集乐无比休息母一切中最胜上乐集本续》(基于《上乐轮本续》异译的版本)。据考证此二者可定为“根本本续”的汉译本。同时尚存该本续注释文《最上乐轮本续显示记》，据其题款是西夏皇建年间(1211—1223)汉文版。虽然《上乐本续》西夏译文的正文或其他注释未见于世，但黑水城出土文献中，不同和修行次第法仪材料和仪轨法本颇为常见②，足以假设西夏的确存在“上乐轮”修行体系。此外，《上乐轮》在西夏流传的原因非一，并且有比较明显历史背景：据文献考证，西夏流传上乐轮密法与须摩底吃哩底译师(Sumatikīrti)在西夏的传法活动有关系③。因为《上乐轮本续》为一行慧觉所记载，并且其之引语可见在《大乘要道密集》西夏时期的文献中，可以进一步假设，西夏语亦曾有此本续“本文”的汉文译文。至于西夏译文，据目前研究情况尚无法确定其存在与否。现存西夏时期佛教图像似乎也可以为此点佐证。与《口合本续》同样，西夏流传的《上乐轮》体系也与“俄体系”的噶举派有密切关系④。

① 沈卫荣《宋、西夏、明三种汉译〈吉祥喜金刚本续〉的比较研究》，沈卫荣主编《汉藏佛学研究：文本，人物，图像和历史》，北京：中国藏学出版社，2013：150－151。

② 据魏文提供的初步统计，黑水城文献中总可见24种不同的“上乐轮”修习次第等文献。材料主要集中在#2521，6795，6607，5191，874，4589。这些材料性质不一，其中2521为“仪轨集”，可能为一种“核心文本”。

③ 魏文《〈最上乐轮本续显示记〉译传源流考——兼论西夏上乐付法上师》，沈卫荣主编《汉藏佛学研究：文本，人物，图像和历史》：301－330。相关内容见第316—320页。

④ 此观点基于侯浩然和魏文研究：据魏文考证，《最上乐轮本续显示记》“集者”为“释迦比丘庄嚷法幢”即是ཚོག་རོ་ཆོས་ཀྱི་རྒྱལ་མཚན(魏文《最上乐轮本续显示记》：308－313)；侯浩然进一步假设其人与《口合本续》“传者”米辣无生金刚存在着关系，二者与俄噶举有关系的人物。

《口合本续》《上乐轮》在西夏流传的情况早已为学术界所关注，此初步深入讨论。需要补充的是，据黑水城文献考证，西夏流传范围最广的成就法是以卢一巴成就者(Lūipa)的传承。

此处需要提出，据《目录》记载 IOM RAS 另存材料 śjɨj^{2} ŋa^{1} dźjij^{1} mja^{1} ɣjɨ^{1} njij^{2} ·jɨj^{2} twẹ^{2} ·jij^{1} tshjij^{1} ljɨ^{1} [illegible]。今存部分限于所谓“卷第一，第一品”，该材料文句体裁。标题可以直译为“圣空行母金刚帐续之相说疏”，即是 *Ḍākinīvajrapañjara-mahātantrarājakalpa* 的注释[①]。此标题能代表藏语：མཁའ་འགྲོ་མ་རྡོ་རྗེ་གུར་གྱི་རྣམ་བཤད་或མཆན་བསྡུན。我们认为西夏语的“[illegible]”(直译：“相说”)为藏语རྣམ་བཤད(vivaraṇa，解明)的直译。我们拟标题为《圣空行母金刚帐续之〈相说疏〉；其藏语原文可拟为མཁའ་འགྲོ་མ་རྡོ་རྗེ་གུར་གྱི་རྣམ་བཤད་པའི་འགྲེལ。虽然我们尚无法鉴定西夏文《金刚帐注释》的具体属性，其存在无疑问的证明西夏曾有系统学习《上乐轮本续》以及《喜金刚》的脉络。由于俄体系噶举中的《金刚帐》，不同上师撰的注释较多[②]，我们目前无法把西夏译文与某种具体本子连上，包括俄协当多杰撰《金刚帐之相说：“月光”》(མཁའ་འགྲོ་མ་རྡོ་རྗེ་གུར་གྱི་རྣམ་བཤད་ཟླ་བའི་འོད་ཟེར)。

五、《喜金刚》体系文本在西夏的传播情况

在不同密修系统中，喜金刚(Śrihevajra)体系早已引起学术界的注意。自从 D. Snellgrove 在 1959 发表我其 *The Hevajra Tantra: a Critical Study* 之后，研究密教传承和文本历史的学者一律关注此本续内容，以及与其相关的宗教史的问题。如上所说，据传统判教观，《吉祥编至口合本续》不为单独流传的本续，而是为《上乐轮》和《喜金刚》二本续的注释，即是据“文本系统”的假设，我们应该在西夏文献之间找到与《喜金刚》相关的注释和仪轨文献。据传统判教和宗教史记载，为无上瑜伽“母本续”的《喜金刚》的法门在印度和西藏流传过程存在不同记载。达拉那塔尊者(Tāranātha, 1575—1634)认为“本续本文”是“海生大成就者”(mahāsiddha Saroruha)和噶巴辣(Kampala/Lavapa)所发现[③]，但最早对其有兴趣的是钟必兮噜葛(Ḍombīheruka)[④]。海生金刚为《喜金刚本续》编辑“成就法”和

① Tang 71 #5501，《目录》499：524；西田氏有初步鉴定，待考证；根本续宇井伯寿等编辑《德格版西藏大藏经总目录》：419。

② Ducher，“A Lineage in Time”：426 et passim.

③ *Tāranātha' History of Buddhism in India*(transl. Lama Chimpa, A. Chattopadhyaya)，(Delhi: Motilal Banarsidas, 2004)：246。

④ D. Snellgrove, *The Hevajra Tantra*: 12 - 15.

注释，其后传承一律不断达到帝洛巴（Tilopā）和捺啰巴（Nāropa）。据晚期藏传藏传判教记载，可以分为所谓“六乘”：（1）钟必兮噜葛（Ḍombīheruka）；（2）海生金刚（Saroruhavajra／莲华金刚／Padmavajra）[1]；（3）黑记句金刚（Kṛṣṇa Samayavajra，《喜金刚本续》主要注释 *Yogaratnamālā* 属于此“乘”）；（4）宝护寂（Ratnākaraśānti）；（5）名誉贤（སྙན་གྲགས་བཟང་པོ）；（6）不二金刚（Advayavajra／Maitrīpa）[2]。除此外，另有两种喜金刚两种“要门”（མན་ངག）传承体系，其中第一基于玛尔巴译师（1012—1097）从捺啰巴获得的“喜金刚三本续”；另一个体系基于觅鲁巴（Virūpa）要门传承[3]，共有八门本续传承脉络。如上系统的判教属于晚期学者整理工作的成果（主要是郭亲昆噶赞波，ངོར་ཆེན་ཀུན་དགའ་བཟང་པོ，1382—1456）；其后阿美夏（1597—1659）[4]，从萨迦派立场的整理。西夏时期（11—13世纪）藏传佛教判教体系是否存在如此规范的架构，仍待考证；无疑问的西夏佛学界内的对与《喜金刚》不同修行仪轨有比较深入了解。六乘（或八门）皆具有其代表性的本续注释，修习及成就法等文献和传承。

传入吐蕃后，“喜金刚六乘”中，四个为萨迦派范围。这些是诺弥、海生金刚、黑记句（“不二金刚”系统早已切断）以及觅鲁巴要门，除后者，其他为卓弥译师所传[5]。噶举派则主要依于玛尔巴“要门”体系。据此与我们研究相关的是玛尔巴体系的传承：玛尔巴把捺罗巴的修行要门传给俄秋谷多吉，则为俄噶举主要法门之一。英藏黑水城出土藏文材料第102号似乎可为此佐证，此文献中一句话如此：

དེའི་བླ་མ་གོ་མ[6]རྣམས་སུ་ཡིན་བྱས་པ་ལ།།དེའི་བླ་མ་དེ་མར་པ་ལོ་ཙ་བ་ཡིན་ཟེར།།དེའི་བླ་མ་ན་ར་པ་ཆེན་ཡིན་བྱ་བ་ཡིན་ཟེར།།ཆོས་གསུངས་བྱས་པ་ལ།ཆོས་དེ་ནཱ་རོ་པའི་ཆོས་དྲུག་བྱ་བ།།དགྱེས་དོར[7]གདམས་ངག་ཡིན་ཟེར་བ་གཅིག་གསུང་ཟེར།

拟译：谁作为前辈诸师？其中有上师玛尔巴译师，其之上师名号大捺啰巴。

---

① Torsten Gerloff，“Saroruha's Hevajra-Lineage：A Close study of surviving Sanskrit works”，（PhD. Thesis，University of Hamburg，2017）：9－15.

② 据J-U. Sobisch的研究，喜金刚的六乘传承颇为复杂，J-U. Sobisch所依据的是阿美夏（ཨ་མེས་ཞབས）的阐述。在其阐述中对于六乘亦存不同的解释，昔见：J-U. Sobisch，*Hevajra and Lam 'Bras Literature*：3－4：30－32等处，及本文脚注3。《喜金刚》不同注释概述：M. J. Shengde，*Ṣaṭsāhasrikā-Hevajra-ṭīka*（Delhi：Pratibha Prakashan：2004）：357－362.

③ J-U. Sobisch，*Hevajra and Lam 'Bras Literature*，46－47.

④ J-U. Sobisch，*Hevajra and Lam 'Bras Literature*，1；20等处。

⑤ 同上：3－5.

⑥ 据杨杰建议，此处གོ་མ改为གོང་མ，“前辈诸师”；翻译基于杨杰建议。

⑦ 武内绍人，井内真帆，*Tibetan Texts from Khara-Khoto*：102：68；编辑者定为“噶举仪轨”。藏文转写为“dgyes dor”似乎没有意义，笔者建议改为དགྱེས་རྡོར。

其之法为何？其法为捺啰巴六法，其是一种名号为《喜金刚教诫》法门。

此段文字虽然不能视为某一种宗派的文献，但其证明西夏僧侣具有关于“六法”和“喜金刚”的基本了解。据载“喜金刚”与“六法”圆融，是捺啰巴传玛尔巴核心要门之一，西夏似乎也流传如此学说。捺啰巴上师“喜金刚”仪轨体系的传播，虽然不限于“俄噶举”的宗派，而为萨迦及其他宗派所接受，但基于下面针对文本的梳理，和西夏整体的藏传密法的背景，容易看出，西夏相关文本是“俄体系”以及所谓“让体系”，缺乏与萨迦派的传承的明显关系。下面我们讨论一部分黑水城出土的“喜金刚”体系的材料。①

六、《喜金刚之解》西夏文本初步研究

据载，俄秋谷多吉撰《喜金刚》的注释《圣二部之解：宝庄严》基于上师的口传，而不随从其他上师的注释②。该材料来历不明：现存的材料为俄秋谷多吉之子，俄多德（俄协当多吉）在《圣二部解：宝庄严》的基础上转写的《圣二之部之解：宝庄严类》（དཔལ་བརྟག་པ་གཉིས་པའི་འགྲེལ་པ་རིན་པོ་ཆེའི་རྒྱན་དང་འདྲ་བ）。俄多德的《口合本续》注释虽然在西夏文献中流传，但是《喜金刚本续》在西夏的情况有所不同。如上所说，西夏文本译本维持“根本续/注释/仪轨”体系。为此主要例子是西夏译传“喜金刚”系列文本。本研究针对现存西夏译文“喜金刚”系列文本进行了初步探讨。结果可以暂定，西夏确实存在喜金刚修习系统；并且与《口合本续》一样，该系统属于早期噶举派体系内。更具体来说，西夏喜金刚文本全属于“俄”和“让”的噶举脉络内。西夏文献中虽然尚未发现单独流传《喜金刚本续》“根本续”译文，但现存相关汉文材料之间最重要的是《喜乐金刚空行母网禁略略集大密本续》，卷第五③。同时，西夏时期流传的文本中有《喜金刚本续之解》二批材料。此外，我们迄今鉴定最少三本依于《喜金刚本续》的不同仪轨。

据克恰诺夫目录，IOM RAS 所藏文献中有不同本材料与《喜金刚本续》以及“喜金刚法门”有关。其中两种为同一标题 $\mathrm{ŋwej}^{1}$ $\mathrm{ɣjɨ}^{1}$ njij^{2} $\mathrm{mər}^{2}$ twe^{2} · jij^{1} la^{1}《[illegible]》④。标题的翻译无疑问的是《喜金刚本续之记》，现存部分为原文

---

① 西夏语“喜金刚”材料不限于黑水城，据魏文博士提供的信息，亥母洞出土一部分材料也属于“喜金刚”的体系。由于笔者对这些文献的了解有限，此处不讨论。

② 即是བརྟག་པ་གཉིས་པའི་གྲེལ་པ་རིན་ཆེན་རྒྱན་འདྲ，因为俄秋谷多吉撰注释失传，其子忿怒金刚在其基础上编辑现存本子（J-U. Sobisch, *Hevajra and Lam 'Bras Literature*：47，注 121）。

③ 沈卫荣《宋、西夏、明三种汉译〈吉祥喜金刚本续〉的比较研究》：156 - 162。

④ 《目录》354—355 号：475 - 476。

的“卷五”最初二页和封面；“卷七”是全文，蝴蝶装，共 75 单页。

至于 ŋwej^{1} [illegible]字，据西夏藏文转写方法之一，鼻牙音能代表藏文送气清牙音，即是西夏语 ŋ-代表藏语 kh-。即是西夏语的 ŋwej^{1} [illegible]字代表藏语 *khei 之类的音节。因而可以推论标题为《歌金刚本续之记》，也就是 Hevajra tantra（ཀྱེ་རྡོ་རྗེ་རྒྱུད）的某一种注释材料（其藏文可以拟为ཀྱེ་རྡོ་རྗེ་རྒྱུད་ཀྱི་བཤད་པ）。另一本材料标题为 ŋwej^{1} njij^{2}gjɨ̱^{1} tha^{1} gu^{2} tśjɨ̣^{1} bju^{1} dzju^{2} lhjịj śjij^{1} tśjɨ̱^{1}《[illegible]》，蝴蝶装，共 73 单页①。标题中的 ŋwej^{1} njij^{2}[illegible]指的ཀྱེ་རྡོ་རྗེ；所谓“gjɨ̱^{1} tha^{1}”（[illegible]，直译：“九佛”），据文本考证所代表的藏语是ལྷ་དགུ，即是喜金刚及其周围“八神”（空行母）。标题其他词汇颇为常见：gu^{2} tśjɨ̣^{1} [illegible]（直译：“中围”）基于藏文དཀྱིལ་འཁོར；dzju^{2} lhjịj [illegible]（直译：“主授”）即是藏语དབང་བསྐུར（abhiśeka，“灌顶”，藏语直译）的西夏语翻译；śjij^{1} tśjɨ̱^{1} [illegible]（直译：“顺次”，修行次第）代表藏语的རིམ་པ（krama，“修行次第”）。据此，该文献标题可以拟为《依于喜金刚及九神曼达辣的灌顶次第》（藏文：*ཀྱེ་རྡོ་རྗེ་དང་ལྷ་དགུའི་དཀྱིལ་འཁོར་གྱིས་དབང་བསྐུར་རིམ་པ）。此外有两种文献为“仪轨集”，标题未见“喜金刚”字样，内容即是与喜金刚以及“九佛”“十五空行母”等喜金刚体系基本成就法相关内容的不同材料，下文有比较仔细的讨论。

七、《喜金刚之解》作者考证

据现存题记，《金刚本续之记》是翻译藏语版。现存题记记载如下：[illegible] [illegible] [illegible]/[illegible]，可译为：“西番中国三藏班志达 rjar^{1} mjɨ^{1} lju^{2} ko^{1} ŋə^{1} ·wa^{1}集；番译主善起慧尊译。”至于译者“善起（དགེ་སློང）慧尊”，西夏材料似乎无记载；“集者”（“录者”）有一下考证：名字为转写，其中 rjar^{1} mjɨ^{1}和 ko^{1} ŋə^{1}为“二合字”；其中 mjɨ^{1}在西夏“二合”字样为双唇鼻音的尾音-m；ŋə^{1}在“二合”中的鼻音韵尾-ng。则是第一组二合达标 Ram，[illegible]的写法亦为真言中的梵文 raṃ 种字的固定写法。第二组为 kong / gong 之音。据考证，西夏文《五类法界都序》提 [illegible] sjɨ^{2} tja^{1} kə^{1}- lju^{1} ko^{1}ŋə^{1}（*stag lu gong）表现 ko^{1}ŋə^{1} 的用途。此二者为赤松德赞官员名号的西夏语转写，所代表的人物是历史有名的ཏ་ར་ཀླུ་གོང。不难看出，《喜金刚本续之解》的“集者”名号中的 ko^{1}ŋə^{1} [illegible]部分是一样的；[illegible]/[illegible] lju^{2}/ lju^{1} 为同音字。据此，“集者”名号拟为 *Ram Klu

① 《目录》682 号：589。

gong wa (རམ་ཀླུ་གོང་པ),让鲁贡巴,“来自‘鲁谷’ 的让氏”。①

据西夏《喜金刚之解》题款,“让鲁贡巴”是一位“西番中国”(卫藏)三藏班志达。即是西夏语的“让鲁贡瓦”基于藏文རམ་ཀླུ་གོང་པ,即是“让氏”在“鲁贡”所成立的学派,并非具体上师的名号。② 据不同零碎的记载,此学派创始人物为让仓勤(རམ་ཙན་ཅན)或其弟子群。其中可以提出让仓勤的儿子让鲁贡巴金刚名称(རམ་ཀླུ་གོང་པ་རྡོ་རྗེ་གྲགས་པ)。其人为忿怒金刚的弟子,有其人收到《圣空行母金刚帐本续》等密续的传承。③

据载,“让”的学派基于《喜金刚》和《真实名经》的“圆融研究”,并且基于玛尔巴路拶瓦的传承,则异于“俄体系”(རྔོག་ལུགས)纯《喜金刚》的诠释传统。据不同记载(包括《青史》)的信息,俄秋谷多吉曾向让鲁贡巴(让仓勤)求教,特别要求其纯粹“喜金刚”的注释。即是说,让仓勤虽然本身为俄秋谷多吉弟子之一,后者认为让对《喜金刚》的理解超越他自己的,因而向他求学。④ 据《洛绒史籍》所载,“让”(此处名号为རམ་ཚན་ཅན)以“祥”(ཞངས)地区为其基地,广说《喜金刚》本续法义,弟子不可胜数,最后被三世噶玛巴让琼多杰(1284—1339)认定为“让体系”(རམ་ལུགས),为人广学。⑤

让鲁贡巴再传弟子西绕塔尔丹(ཤེས་རབ་མཐར་ཕྱིན)撰《喜金刚本续释》(ཀྱེ་རྡོར་རྒྱུད་བཤད)记载,让鲁贡巴有四位弟子,其中让鲁贡巴的直接弟子策班德本擦(མཚེའི་བན་དེ་དབེན་ཚ)尚存。⑥ 同时,《青史》《洛绒史籍》以及西绕塔尔丹(ཤེས་རབ་མཐར་ཕྱིན)撰《喜金刚释》相关段落未提让鲁贡巴(让仓勤)曾编辑《喜金刚之解》成书的一事。

为本次研究我们选了西夏译文《喜金刚本续》二小段,为读者提供参考材料,相关材料见本研究《附录》一。我们对上西夏文注释与根本续的相应段落的关系

---

① 此考证的初步动机来自 Dan Martin 的建议。

② Ducher, Cécile. “A Lineage in Time”: 236 – 237.

③ Ducher,同上书: 237;276。

④ Ducher,“A Lineage in Time”: 237;《青史》(俄语版),Гой-лоцава Шоннупэл. *Синяя Летопись*: История Буддизма в Тибете. (СПб.: Евразия,2001): 230.

⑤ Ducher,“A Lineage in Time”: 238。《洛绒宗教史》: རྔོག་ཆོས་རྡོར་སློབ་མ་རམ་ཚག་ཅན་ནི།དགྱེས་རྡོར་གྱི་བཀའ་བབ་ཡིན་ཅིང་།ཞངས་སུ་ཆོས་གཞི་བཙུགས་ནས་ཉན་བཤད་མཛད་པས།སློབ་མ་ཡང་མང་དུ་འཚོར་ཞིང༎ཁྱད་པར་དུ་རྗེ་ཐམས་གཞུངས་ལ་རྒྱ་བཤེས་གཉེན་ཐུགས་ངེས་དགྱེས་རྡོར་གྱི་ཆོས་སྐོར་རྣམས་རྗེ་རང་བྱུང་བ་ལས་བརྒྱུད་པ་རམ་ལུགས་སུ་གྲགས(《洛绒史籍》,拉萨: 西藏藏文古籍出版社,1994 年,第 65 页)。此外,“让鲁贡巴”与阿美夏(ཨ་མེས་ཞབས)《喜金刚》不同的注释所提的“让定巴”(རམ་སྡིང་པ)是否为同一人似乎待更进一步考证。据笔者理解,“让鲁贡巴”名号不出现在阿美夏著作(见: J-U. Sobisch, *Hevajra and Lam 'Bras Literature of India and Tibet as seen through the eyes of A-mes-zhabs*)。

⑥ 见:《俄派师徒文集》(北京: 中国藏学出版社,2011),第 24 册: 23;Ducher,“A Lineage in Time”: 238.

并提供初步翻译。由于翻译仍存不确定之处，我们把译文列在《附录》中，供为学者参考。

据目前考证，西夏译本《喜金刚本续之解》的藏文版未存。文中的词汇和语法明显标识西夏文献为藏译本，但我们迄今所见到与《西金刚本续之解》的“让体系”诸《喜金刚本续》之注疏内容与西夏译本颇为接近，但暂无法进行直接的文字比对。① 由于《青史》等材料的记载限于“让鲁贡巴”有讲述《喜金刚》，但未提其成书之一事，我们假设此本在卫藏地区早已失传，但存西夏译本。据上译文可见，西夏译文有一些特色难以解释：藏语བྱ་རྒོད 译为“野禽”②（西夏语本身有代表“鹫”词语）；另如 tjị[1] mjiw[2]□□以及 lha[1] gja̱[1] □□的词汇，暂时本人无法解释；其来源和具体含义待考证。

据目前考证，西夏译本《喜金刚之解》比较详细；内容虽然接近“俄体系”的主流，足以证明晚期卫藏学僧认为“俄”和“让”二体系圆融合并的趋向，但需要更深入的考证以及与其他《喜金刚本续》注释的更深刻比较。目前我们所见的西夏“喜金刚诸根本续”的情况可以有如下总结：《口合本续》有本文以及存不同注释本子，皆为“俄噶举体系”的本子。《喜金刚本续》的根本文，西夏译文尚未发现，但存汉语本子一段以及不同仪轨文献中的引文，可证明西夏曾有诸根本续的译文。

相关注释本子迄今只见“让体系”的版本。此本子虽然与“俄噶举体系”典型注释《圣二部解：宝庄严》内容上存在差异，但由于俄秋谷多吉曾为之有所肯定认同，可视为 12 世纪权威注释，并与“俄噶举”体系有密切历史关系。因此本研究认为，针对西夏流传藏传佛教传播史而言，“俄”“让”二者可视为同一个文本和修习体系。至于现存《金刚帐本续相解》的残卷，其风格与《喜金刚本续之解》颇为相似，尽管尚未确定其藏文原文，但可以假设此本子也属于俄噶举系统内。由于“俄/让”体系中存在《金刚帐》之相互传承情况。③ 我们可以关于西夏文本的背景做出初步假设。

---

① 迄今我们参考的本子包括：策班德盆拶（ཚེའི་བན་དེ་དབེན་ཚ）撰《喜金刚之释》（ཀྱེ་རྡོ་རྗེ་རྒྱུད་བཤད）收录在《俄师及其所传弟子全集》（རྔོག་སློབ་བརྒྱུད་དང་བཅས་པའི་གསུང་འབུམ）在《先哲遗书》丛书（北京：中国藏学出版社，2011），第 23 册：244；相关段落见：183－186；其二，喜绕塔尔丹（ཤེས་རབ་མཐར་ལྡན）撰《喜金刚之释》（ཀྱེ་རྡོ་རྗེ་རྒྱུད་བཤད）收录在《俄师及其所传弟子全集》第 24 册（245）；同丛书：273－279；俄秋故多杰撰《圣二部解》：如《宝庄严》（དཔལ་བརྟག་པ་གཉིས་པའི་འགྲེལ་པ་རིན་པོ་ཆེའི་རྒྱན་དང་འདྲ་བ）；同处第三册（224）：251－252。

② 关于藏语བྱ་རྒོད译为“禽兽”可以有如下解释：西夏语 njijr[1] □本意为“野”或“野兽”，即是与藏语རྒོད同。如此，西夏的“野禽”为藏语བྱ་རྒོད的直译。

③ Ducher，“A Lineage in Time”：276 等处讨论。

八、西夏《金刚帐本续》注释

虽然西夏译者见到的材料与现存《金刚帐本续》藏语译文大致上相同，西夏译者见到的本续本子（或藏文《相说疏》的底本），似乎与存在的本续文本有细节上的差异，需要进一步探讨。

在研究西夏语的《金刚帐本续之相说疏》我们主要参考俄协当多杰撰《金刚帐本续》注释《月光》①以及假定为“让体系”上师谛乐波多杰贡布（ཏི་ཕོ་རྡོ་རྗེ་མགོན་པོ）撰《解释本续金刚幢相解》（བཤད་རྒྱུད་རྡོ་རྗེ་གུར་རྣམ་བཤད）②；后者标题与西夏文献是一致的。不难看出，现存的西夏文的注释忽略了本续原文中ཀྱེ་བོ་འདུ་ལས་ནག་པོར་བྱས།。此外，藏语为：“།གལ་ཏེ་སྟོང་པ་ཐབས་ཡིན་ན།།དེ་ཚེ་སངས་རྒྱས་ཉིད་མི་འགྱུར།།འབྲས་བུ་རྒྱུ་ལས་གཞན་ མིན་ཕྱིར།།ཐབས་ནི་སྟོང་པ་ཉིད་མ་ཡིན།”（拟译：“若空性是方便，则此时不成明满性，由于果不异于因，方便不为空性”）的西夏文注释集中在“正觉”因为有为“他人”创造利益，神变为“色身”说法。

此外，《月光》中的关于“宗趣”（翻译据西夏文“见顺”）之说明比较详细，西夏文几乎不会如此。西夏文中提出“示为空之利益者”“诸见顺”云云。此段相当本续原文：“།།ལྟ་བ་རྣམས་ལ་ལོག་རྣམས་དང་།།བདག་ཏུ་ལྟ་བ་ཚོལ་རྣམས་ཀྱིས།།བདག་ཞེན་བསམ་པ་བཟློག་པའི་ཕྱིར།།སྟོང་པར་རྒྱལ་བ་རྣམས་ཀྱིས་གསུངས།།”（拟译：“诸宗趣中之违背，依于诸寻求我之宗趣，为打破对‘我’执之意，一切胜者说一切为空”）。

同时《相说疏》核心内容似乎为“乐空”，与《喜金刚本续之解》相当接近。据我们初步考证，《月光》和《相解》在相关段落讨论的少；但《喜金刚本续之解》相关内容反而比较多（我们尚未进行全文解读，基于初步了解）。由于西夏语二本注释有类似之处，我们暂定二者代表同一个传统。总而言之，我们尚无法把《相说疏》与目前所了解的“俄/让”体系《金刚帐》注释系统连上。

从文献的初步比较可见：西夏《相说疏》内容与两种“俄/让”体系现存文献不同。如西夏文《相说疏》关于“珠宝”譬喻记载：“譬‘宝珠’者，犹如其变为绿。然则，‘为道’，唯开示独一法而教为圆满。”《月光》：དཔེར་ན་ནོར་བུ་ཤེལ་གོང་རྣམ་པར་དག་པ་རས་སྔོན་པོའི་སྟེང་དུ་བཞག་ན་ཤེལ་གོང་སྔོན་པོར་འགྲོ་ལ་དམར་པོའི་སྟེང་དུ་བཞག་ན་དམར་པོར་འགྲོ་བ་བཞིན་དུ།（比如，犹如清净的宝晶

---

① 《月光》收录在《俄派师徒文集》卷 4/34（北京：中国藏学出版社，2011）；与西夏文献相关的注释文段落见在《月光》：33 – 38。

② 《俄派师徒文集》卷 4/34（北京：中国藏学出版社，2011 年）；与西夏文献相关段落在《相解》：222 – 224。关于谛乐波多杰贡布与让体系关系：Ducher，“The Lineage in Time”：63 – 64 等处。

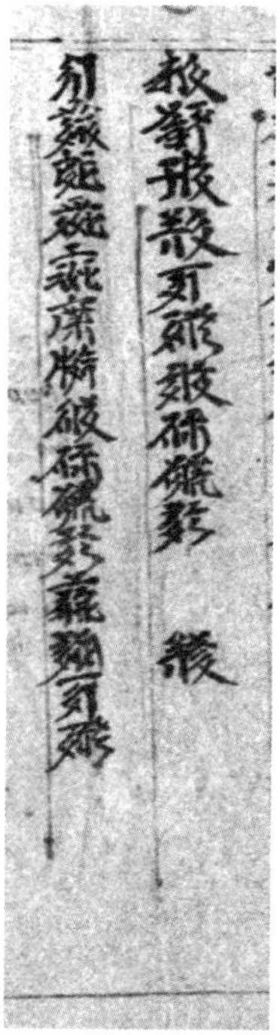

图6　西夏《金刚帐》注释标题

求，处与青色布上，晶球则会变为青色；若在红色之上，则变为红）①。易知，西夏注释文内容有比较明显的差异。此外，协当多结相关段落的解释集中在“生起次第”和“究竟次第”（བསྐྱེད་རིམ/རྫོགས་རིམ）（如西夏文“何道及如何”段落）。据此，我们假设，西夏文本《相说疏》与《月光》有小部分类似内容：西夏文常见 ljij[1] dzja[1] tśjɨ[1] 一词。据词源分析：tśjɨ[1]（直译：“次、次第”等）比较代表藏语རིམ（krama）一词。ljij[1] dzja[1]（直译：“增加”“增盛”等）。该词汇另可解释为“加行”“筹备条件”等意思，依于此解释，我们假设在《相说疏》《喜金刚本续之解》中，该词汇代表藏语“发起次第”（བསྐྱེད་རིམ）西夏译语。据我们解读，《相说疏》把本续相关内容归于“生起次第”（utpattikrama），与《月光》主要差异。

谛乐波多杰贡布相关段落介绍捺啰巴“六法”等内容；与《相说疏》内容主要差异在于西夏文注释不出现“大手印”的词汇以及相关的讨论。无论《相解》或《月光》中“中围为轮”语句的解释篇幅多，而《相说疏》此段十分简略。

由于俄体系《喜金刚》《口合本续》《金刚帐本续》的研究集中在俄多德（忿怒金刚）的著作中，西夏《相说疏》的作者是否属于“让”体系中的《金刚帐》的研究系统，我们需要更进一步考证。因为文本未记录作者名号，我们只好从文本内容出发。据上文的初步分析，我们仍无法判断《相说疏》的宗派属性。由于《喜金刚本续之解》明显的“让”体系的本子，考证《相说疏》作者也需要考虑“让”体系中诸上师对《金刚帐》的研究和注释。

基于我们所了解的西夏藏传佛教环境以及藏文宗教史记载，让鲁贡巴金刚名称（12 世纪中，晚于俄多德）作为《相说疏》作者是一种自然的选择。让鲁贡巴金刚名称为俄多德弟子，主要从事《金刚帐》的研究。在此情况下，《相说疏》内容应该接近《月光》的阐述。据初步考证，《相说疏》的内容与《月光》颇有出入；同时与现存“让”体系一部分文本亦有明显不同。最后，由于让鲁贡巴金刚名称生卒时间不确定，我们无法与其他信息进行搭配。基于此，我认为《相说疏》为迄今未存的“让”体系的本子。由于《相说疏》内容异于《月光》的说法，我们认为其作者属于与“俄体系”不同的研究脉络。由于我们认为《相说疏》与《喜金刚本续

① 《月光》：34。

之解》内容上存在类似之处,我们暂定《相说疏》为“让体系”的文本,此结论是否属实,待进一步考证。与《喜金刚》一样,我们考证西夏译文所注释的根本本续的段落,我们初步翻译见在本书的《附录二》。

九、西夏译文依于《喜金刚本续》仪轨材料

黑水城诸本出土仪轨材料之间,有几种本子可以与喜金刚体系连上。值得注意的,黑水城西夏文材料与藏文材料之间有一定的相符性:即是一部分喜金刚成就法有西夏文、藏文并行的情况。本研究未进行夏藏相关本子比对,限于指出如此情况之存在。

1. Tang 327,#2877,《依于喜金刚九佛中围灌顶次第》

迄今我们鉴定的与《喜金刚本续》相关的仪轨有几种不同材料,我们讨论限于以下三类,相关西夏文材料的实际数量比较大,西夏文喜金刚信仰痕迹可见在元代西夏译文中①。本研究讨论一部分 IOM RAS 所藏西夏文喜金刚材料。其中第一本材料是上文已提《依于喜金刚九佛中围灌顶(主授)法次》(ŋwej^{1} njij^{2}gjɨ̱^{1} tha^{1} gu^{2} tśjɨ̣^{1} bju^{1} dzju^{2} lhjịj śjij^{1} tśjɨ̱^{1}《[illegible]》)②。其标题上文已有初步考证。该文献题题款未全存,作者名称记载如[illegible][ ],即是“西番中国三藏善巧让鲁贡[ ]”,即是与上文《喜金刚本续之解》作者同一人。据知,黑水城未存藏文版。

我们假设此段与《喜金刚本续之解》的作者名称是一样的,即是代表“让鲁贡巴”,未标译者。如前所说,据西夏译该材料藏文标题可拟为《ཀྱེ་རྡོ་རྗེ་ལྷ་དགུ་དཀྱིལ་འཁོར་གྱིས་དབང་བསྐུར་གྱི་རིམ་པ》③之类,汉译《依于喜金刚九佛中围灌顶次第》。据材料封面记载《[illegible]》(《依于喜金刚九佛灌顶次上卷》,最后页存同样题记),该材料为一种西夏语的“喜金刚仪轨集成”译文的第一卷。这个假设的关键理由见在 Tang 241,#2543《药光海生金刚文两种》封面版式同:两种材料明显属于同一个“文本系统”。

所谓“九佛”(“九尊”)代表藏语“ལྷ་དགུ”,即是《喜金刚本续》中的八位空行母以及喜金刚本尊。此法门为所谓“喜金刚”次第道的基础修习,藏传主要起源是

---

① 李若愚《西夏文〈喜金刚现证如意宝〉考释》,北京:中国社会科学院研究生院博士学位论文,2017。

② 《目录》:589。

③ 据西夏语译,俄体系文献中用དགྱེས་རྡོར་ལྷ་དགུ;见:Ducher,“A Lineage in Time”:438 等处。

玛尔巴译师，此后传在“俄体系”中。① 文献中虽然尚未发现“传承”记载，但最后页中有提 nja^{1} ror^{2} pja^{1} [illegible]，即捺啰巴（Nāropa）上师为此仪轨之“护法”的记载，从此可知该仪轨基于捺啰巴传承，尽可能属于捺啰巴传给玛尔巴的法门。据载玛尔巴洛拉格巴承袭捺啰巴“喜金刚要门”体系，此后有不同传承，其中有一部分要门以及“本续注释”传给俄秋谷多吉等，其后为“俄体系喜金刚注释”的基础。② 传统记载未存关于“让体系”中的“喜金刚”独特成就法的存在，西夏境内“让体系”的优势流传可视为西夏“噶举”的特色。

据 Ducher 博士总结分析关于“俄体系”中不同密法传承的传统记载，噶举尝试任务玛尔巴在印度获得的“喜金刚”传承有几种，包括捺啰巴、铭得哩斡（Maitrīpa）、钟必兮噜葛（Ḍombīheruka）、海生金刚（Saroruhavajra）等，皆为其传给俄秋谷多吉的核心内容。其中关于玛尔巴传“九佛”以及“十五空行母”的成就法等传给俄秋谷多吉及其子多德有仔细记载。③ 据此可以假设，西夏译文《依于喜金刚九佛灌顶次》为“让/俄体系”中的材料，代表西夏流传“俄噶举”的修习体系。由于该材料但存“上卷”，目前无以得知其后“中卷”“下卷”内容为何。

2. Tang 241，#2543

IOM RAS 所藏的另一本子 Tang 241，#2543。据材料封面内容，《目录》为之定的标题是《tser^{1} bji^{1} ŋjow^{2} we̱^{1} ɣjɨ̣^{1} njij^{2} · jwɨr^{2} njɨ̣^{1} djij^{1} [illegible]》④，直译：《药光海生金刚文二种》，共 52 页。该材料由二篇文献组成：第一材料标题为：[illegible]：·ja^{1} mjɨ^{1} rjir^{1} tja^{1} phji^{1} rjar^{1} bja^{2} nja^{2} mja^{1} sja^{1} dja^{2} nja^{2} [illegible]⑤。据魏文博士考证该材料梵文转写标题代表原文：*Amṛtaprabhā nāma sādhana*。⑥ 如此，西夏译文标题[illegible]准确译文为：《甘露光明成就法》；该文献另名称为 *Nairātmayayoginī sādhana*（《无我瑜伽母成就法》），⑦为钟必形噜葛（文中提作者为“[illegible]”）“喜金刚体系”的主要成就法之一。⑧ 该材料缺乏仔细题款，记载限于“三学院提点沙门慧照李番译”。

第二材料存题款（《目录》未译全文）如下：“[illegible]

---

① 索南才让《西藏密教史》：425。另见该书中的玛尔巴传。

② J-U Sobisch, *The Hevajra and Lam 'bras Literature*：46－47，脚注 114 等。

③ Ducher, “A Lineage in Time”：133.

④ 《目录》：711，599－600.

⑤ 对应梵文当为 amṛta prabha nāma sādhana，译言即“甘露光成就法”。

⑥ 德格版 1306（宇井伯寿等编辑《德格版西藏大藏经总目》，台北：华宇出版社，1984：210）。

⑦ J-U Sobisch, *The Hevajra and Lam 'bras Literature*：34 以及他处。

⑧ 此处感谢魏文博士提供其未登稿为笔者参考。

[illegible]，[illegible]/ [illegible] [illegible]。”据魏文博士翻译：“西天大班弥怛 pjɨ¹ rjar¹ nja̱¹ pja¹ rjɨr² mja¹（ * Prajñāvārman）面前，善起宝贤蕃译/功德司正府三学院提点沙门慧照 李番译。”其中，“西天大班弥怛 * Prajñāvārman”暂无材料，尽可能此处西夏译者使用 Prajñākaravārman 的简写①；“善起宝贤”无疑问代表著名的译师仁钦桑布（958—1055）；李慧照为西夏时期“显五明伽蓝”的有名的译师。《药光海生金刚文两种》中收录的第二篇材料，即是 sjɨ² rjir¹ xa bja² dzjɨ¹ rjar¹ nja² mja¹ sja¹ dja² nja² [illegible] [illegible]。

这个材料（魏文博士未讨论）的梵文转写如下：sjɨ² rjir¹ xa bja² dzjɨ¹ rjar¹ nja² mja¹ sja¹ dja² nja² [illegible] [illegible]。如此转写准确表达梵文：*Śri Hevajra nāma sādhana*，合乎西夏译文：[illegible]（吉祥喜金刚之成就法）。② 据文中的题记，材料的作者定为：[illegible]，其中[illegible]代表“西天”；ɣjɨ̱¹ njij² [illegible]直接翻译梵文 Saroruha（མཚོ་སྐྱེས）或“海生金刚”（Saroruhavajra）或“莲华金刚”（Padmavajra）等。该材料无疑问可定为“海生金刚”撰《喜金刚成就法》的西夏译本。下面为读者方便提供小段落对照。

西夏《喜金刚成就法》原文（Tang 241，#2543：12－13）	藏文版③	西夏文汉语拟译
[illegible]！ [illegible]！ [illegible]，[illegible]。 [illegible]，[illegible]，[illegible]，[illegible]，[illegible]	དཔལ་དགྱེས་པའི་རྡོ་རྗེ་ལ་ཕྱག་འཚལ་ལོ།། དཔལ་ལྡན་དགྱེས་པའི་རྡོ་རྗེ་དང་།།བདག་མེད་མ་ལ་གུས་ཕྱག་འཚལ་ལོ།། རྡོ་རྗེ་སློབ་དཔོན་བཀའ་དྲིན་གྱིས།དེ་ཡི་སྒྲུབ་ཐབས་ཆོ་ག་བཤད།། དང་པོ་ཁོ་ནར་རྣལ་འབྱོར་པས།སེམས་ཅན་ཐམས་ཅད་ཀྱི་དོན་དུ་བློ་བསྐྱེད་ནས།བླ་མ་བཅོམ་ལྡན་	敬礼吉祥喜金刚！ 恭敬礼拜无我母，及吉祥造喜金刚，依于金刚上师恩，演说此成就法事。 最初，瑜伽行者发起为一切众生利益之勤进心，应如实亲近上师出有坏。据其所用④法事之仪，入于吉祥喜金

① 藏译版不提供译者和“传者”的名称（德格版 1218 所载“释迦勤进”ཤཱཀྱ་བརྩོན་འགྲུས）的记载是基于其他文本信息考证出来的；另一个本子为 Gayādhara 和卓弥共译。西夏语记载似乎提供正确的信息。见：Gerloff，T. “Saroruhavajra's Hevajra-Lineage：A Close Study of the Surviving Sanskrit Works”（PhD. Thesis：Universitaet Hamburg：2017）：31－32；卓弥译本定为“非经典”（同处）。

② 武内绍人，井内真帆，*Tibetan Texts from Khara-Khoto*：49：41.

③ 基于 Gerloff 博士的“精校本”（critical edition），见：Gerloff，T. “Saroruhavajra's Hevajra-Lineage”：117－118（英语翻译：131－132）。Gerloff 博士版本为 Wylie 转写，此处藏文转写属于笔者。西夏语录文是魏文博士提供的，西夏语断句和翻译属于笔者。

④ thjij² sjo² tji¹ [illegible] 在此翻译 ཇི་ལྟ་བར་བཞིན་དུ，据西夏语：任何方法。

续　表

西夏《喜金刚成就法》原文（Tang 241，#2543：12－13）	藏文版	西夏文汉语拟译
[illegible]	འདས་ཡང་དག་པར་བསྟེན་ཏེ།ཚ་ག་ཇི་ལྟ་བར་བཞིན་དུ་དཔལ་དགྱེས་པའི་རྡོ་རྗེ་དཀྱིལ་འཁོར་དུ་ཞུགས་ཤིང་རིམ་པ་ཇི་ལྟ་བར་བཞིན་དུ་དབང་བསྐུར་ཏེ།ཡང་དག་པར་རྗེས་སུ་གནང་བ་ཤིན་ཏུ་རྣམ་པར་དག་པའི་དེ་ཁོ་ན་མ་ནོར་བའི་ཡེ་ཤེས་ཐོབ་ཅིང་མཚན་མ་རྙེད་པ་དང་།བདུད་རྩི་ལྔ་ལ་སོགས་པའི་དམ་ཚིག་བསྟེན་པ།དཔལ་དགྱེས་མཛད་རྡོ་རྗེ་བསྒྲུབ་པར་འདོད་པས་རིག་མ་དང་ལྡན་གཅིག་དུར་ཁྲོད་ལ་སོགས་པ་ཡིད་དུ་འོང་བའི་གནས་སུ་འདུག་ནས་མཆོད་པ་དང་།གཏོར་མ་ལ་སོགས་པ་བྱས་ཏེ།རང་གི་སྙིང་གར་རཾ་ལས་བྱུང་བའི་ཉི་མ་ལ་ཧཱུཾ་ཡིག་སྔོན་པོ་བལྟས་ཏེ།ཧཱུཾ་ཡིག་དེ་ལས་འོད་ཟེར་རྣམ་པ་ལྔ་ནམ་མཁའི་ཕྱོགས་སུ་ཡོངས་སུ་སྤྲོས་ནས།འོད་ཟེར་དེས་བཅོམ་ལྡན་འདས་རྡོ་རྗེ་ལས་བྱུང་བའི་སྐུ་མདོག་སྔོན་པོ་ཕྱག་དང་ཕྱག་མཚན་འོག་ནས་འབྱུང་བ་བཞིན་དུ་ཕྱག་བཅུ་དྲུག་པའམ།ཕྱག་དྲུག་པའམ་ཕྱག་བཞི་པའམ།ཕྱག་གཉིས་པ་ཡང་རུང་སྟེ།རང་གི་རིག་མ་ལ་འཁྱུད་པ་སྤྱན་གསུམ་པ་དབུ་སྐྲ་ཁམ་པ་གྱེན་དུ་འགྲེང་བ།ཕྱག་རྒྱ་དང་ལྡན་པ།ལྷ་མོ་བརྒྱད་ཀྱིས་ཡོངས་སུ་བསྐོར་བ།སྐུ་རྣམས་སྤྲོ་བ་དང་སྡུད་པ་མདུན་གྱི་ནམ་མཁའི་ཕྱོགས་སུ་བཀུག་སྟེ་བསྒོམ་པར་བྱའོ།།	刚中围内，依于与其相应次第而得如实灌顶，［上师］给予许可，乃得最深清净真性无谬慧及其相。依于五甘露等誓言。欲修喜金刚成就者，与明妃俱，居山墓等如意之所，准备供养及食子。修者应观从心中 raṃ 字，发起日中围，日中围上观见青色 hūṃ 字。从 hūṃ 字发出五色光线，射入虚空。由此光明，生金刚出有坏，身玄青色，手作手印，如下文所说，十六臂，或六臂、四臂、二臂皆可。抱持明妃，三眼，头发红黄而往上立，具有六种印，八天母为其眷属，或展开或汇集自身，面前自性虚空中召请。

① wja̱¹ khjow¹ [illegible]“给予许可”：གནང་བ，依于西夏文翻译。

② la¹ gjwi² [illegible] 藏语དམ་ཚིག samaya（三昧耶），此处指“誓言”。

③ bju¹ de̱¹ [illegible]（直译：“明阴”）翻译藏语རིག་མ（明妃）。

④ ·a·we² [illegible]（直译：“一处”）此处为藏语ལྡན་གཅིག 翻译。

⑤ tji̱¹ mji̱¹ [illegible]（直译：“食施”）翻译藏语གཏོར་མ，暂构拟为食子。

⑥ dzjɨ¹ djɨ² [illegible]（直译：“准备”），暂译为“准备”，与藏语བྱས语义相同。

⑦ 此处西夏译者把藏文语句分成西夏语的两个句子。藏语原文：“从此‘hūṃ’字的五色光明，往虚空方向圆满展开。”西夏译者切开双音节动词 thjwɨ¹·wja̱¹ [illegible]（拟译：“开释”，接近藏语སྤྲོས），把藏文原句翻成二句。

⑧ śjwa¹ wjijr² [illegible]（直译：“执抱”）藏语འཁྱུད་པ。

⑨ ɣu¹ pi̱əj¹ njij¹ nər² phju² lhjo̱r¹ [illegible] 语句分析如下：ɣu¹ pi̱əj¹ = 头发（དབུ་སྐྲ）；[illegible] njij¹ nər² = 红黄（ཁམ་པ，翻译不十分正确）；phju² lhjo̱r¹（直译：“陈上”）虽然可以直接对上གྱེན་དུ་འགྲེང་བ（“往上立”），但词源不明。

据排版来看，以上二材料均属于统一文本系列：封面的设计是完全一样，说明这两个写本曾为同一人抄写。

3. Tang 87，#2883

IOM RAS 所藏本子中有 Tang 87，#2883 写本，共 61 页，性质为不同成就法“集成”。《目录》为之拟标题为 ɣạ² ŋwə¹ ŋwə¹ mja¹ bjịj¹ · jow¹ [illegible]，直译为“十五天母赞”，据题款作者定为 tha¹ dzjịj² dow¹ mjijr² xa rjur¹ kja̱¹ [illegible]①，无疑问代表钟必形噜葛（Ḍombīheruka）尊者。据胡进杉考证，该材料为《无我母十五佛母赞》之西夏译文②。实际上，该材料为一种成就法“集成”，其中所录《无我母十五佛母赞》为一篇完整的并易鉴定的材料。其中开头文本为“沙门慧照译”，

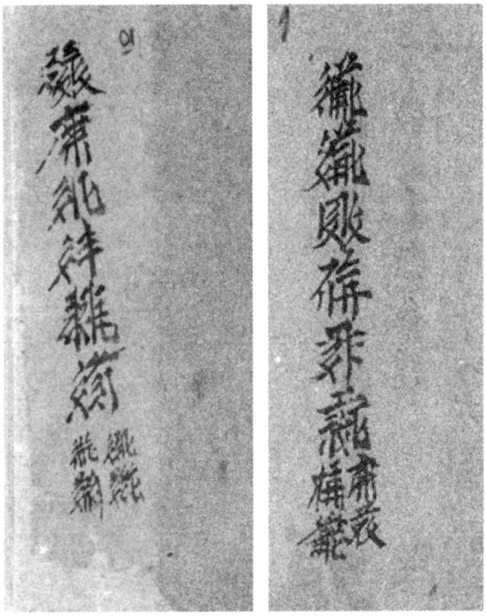

图 7　2543，2877 封面之比较
（二本属于一个系统）

《 nja¹ ror² pja¹ tśja¹ tśjɨ̱¹ [illegible]》（直译：《捺啰巴师道次》）可以拟为藏语 སློབ་དཔོན་ནཱ་རོ་པའི་ལམ་རིམ，（原文 1—8；主要内容为“八面十六手四足喜金刚”的观想法），该材料是否同与黑水城藏文 102 号文献捺啰巴《喜金刚教诫》尚待考证；其次一篇标题未存“无我佛母成就法”（8—13）；第三篇为《无我母十五佛母赞》（13—16）；接下一篇《dzju² lhjịj¹ phji¹ śjij¹ tshji¹ ŋwu̱¹ [illegible]》（直译：《灌顶法要门》，16—24），文末题款记载标题全文：[illegible]（直译：《依于解脱道灌顶法要门》）③；最后一篇材料亦为“密主授”（秘密灌顶）的成就法。以上文献内容虽有待进一步考证和对读翻译，但从其内容可见其为“喜金刚”“十五佛母”“无我佛母”等本尊和明妃的相关修行仪轨。虽然本子未存其传承记载，由于基本文献来自捺啰巴的体系中，并且考虑上文所说西夏“俄/让噶举”法门的流传，我们假设此文献为“俄/让体系”中的基于《喜金刚本续》的“成就法集成”。

---

① 《目录》#385：487。

② 胡进杉《西夏佛典探微》，上海：上海古籍出版社，2015：199－232。

③ 据初步考证，此材料不同萨迦派大师扎巴坚赞撰 མཆོག་དབང་གསུམ་གྲོལ་བའི་ལམ་ལ་རྟེན་ཏེ་བསྐུར་བ།。

小　结

综上所述，西夏文献显露，12 世纪的西夏有完整“喜金刚”修习体系。虽然目前尚未发现喜金刚“根本续”的西夏译文，但由于《口合本续》文本系统流传于世，并有《喜金刚本续之解》，我们可以假设，西夏曾存在《喜金刚本续》的研究传统。此外，虽然尚未发现与《空行金刚帐》本续有直接关系的文本，据现存修习材料以及因为在不同汉语和西夏语文本中出现该本续标题和引语可见，西夏最少有与《空行金刚帐》所记载的仪轨有所了解。

据本研究以及其他同仁研究成果可知，西夏流传的“喜金刚”信仰和修习的起源是“俄体系”和“让体系”的噶举派，即是捺啰巴传给玛尔巴的体系。如上所说，西夏流传的《口合本续》研究传统来自俄协当多吉（俄秋谷多吉之子）；学习《喜金刚》以及关键的“喜金刚”成就法文本文本属于与“俄体系”关系密切的“让鲁贡巴”体系。这一点可视为西夏藏传佛教的比较明显的特色。

从文本流传以及部分文献排版设计角度观之，西夏曾似乎存在完整的“喜金刚仪轨集成”，迄今存其中量册。上文所提《药光海生金刚文两种》和《依于喜金刚九佛中围灌顶次第》曾属于这个“集成”中；Tang 87，#2883（含《捺啰巴师道次》的文本）是否属于此体系，则不得而知。考虑以上文献内容，可以假设，12 世纪的西夏已有部分主要的印藏流传的“喜金刚”修习仪轨译本，包括钟必兮噜葛，海生金刚所撰成就法，以及藏文早已失传的“让体系”中的《依于喜金刚九佛中围灌顶次第》。

据 Ducher 等研究成果可知，基于玛尔巴的三次传承，“俄体系”的创始人承袭玛尔巴的“喜金刚传承”，其中包括“九佛”和“十五天母”的曼达辣，喜金刚为其本尊。此外，据《洛绒宗教史》的记载以及学者的考证，俄秋谷多吉从玛尔巴所获得传承包括：“根本续”，《空行金刚帐》以及五个“成就法”等。[①] 其中《海生金刚成就法》《甘露光》《十五天母赞》有西夏译文，并且据文本的流传情况，在西夏人心目中为相互搭配两种材料。这一点又恰恰同于玛尔巴所传的帝洛巴和捺啰巴的“喜金刚”成就法之一。从此观之，西夏“喜金刚”文本体系以“俄/让”体系为基础，并跟从玛尔巴的传承。玛尔巴所得“喜金刚”成就法的主要来源是捺啰巴和铭得哩巴，其中捺啰巴的传承见在西夏文献中。从此可了知西夏“喜金刚”体系基于玛尔巴传给俄秋谷多吉的要门以及本续的注释体系。

---

① Ducher，“A Lineage in Time”：90－92.

同时,值得注意另有二点:其一,俄秋谷多吉同时也承袭玛尔巴的《喜金刚》传承以及“捺啰六法传承”。从此观之,西夏流传“捺啰巴六法”的修习,传播源流之一可能在于其与“俄体系”的噶举派的关系。其二,据载,“让体系”的学说基于《喜金刚》和《文殊师利真实名经》的“圆融”教学。从此观之,西夏流传《真实名经》的原因之一可见在此典籍与西夏流传“让体系”学说的关系。以上而问题需要更深入的考证,此初步特别讨论。

至于“俄体系”《喜金刚本续》的研究,西夏流传的“让鲁贡巴”的《喜金刚本续之解》在卫藏早已失传。传统记载证明俄秋谷多吉向“让体系”的喜金刚研究给予可定。此一点符合“俄体系”对所有《喜金刚》研究法门的不满。学术界早于注意俄协当多吉撰《圣二部之解:如宝庄严》开头的一句话[①]:

如宝庄严	汉　　译
།།སྙིང་པོའི་རྒྱུད་རྒྱལ་དགྱེས་པའི་རྡོ་རྗེ་ལ།མཚོ་སྐྱེས་མིང་བཟང་ཤཱནྟི་ལ་སོགས་པ།གྲུབ་ཐོབ་མཁས་སུ་རེ་དང་མཁས་པས་ཀྱང་།འདི་དོན་ཕྱོགས་རེ་ཙམ་ལས་མ་རྟོགས་པས།བླ་མའི་མན་ངག་ཉི་མའི་འོད་འདྲ་འདིས།འགྲེལ་པ་སྐར་མ་ཟླ་འོད་ནུབ་པར་བྱས།དེ་ཕྱིར་སློབ་མ་མཆོག་གིས་གསོལ་བཏབ་ནས་རིན་ཆེན་རྒྱན་འདྲ་ཚིག་གི་རྒྱན་བཤད་བྱ།།	据心要本续之王《喜金刚》、海生、明赞、夏谛(Śāntipa,即 Ratnākaraśānti)等,为有成就之善巧者,虽然是善巧,除其义少许分外,未能尽解,因此上师(玛尔巴——译者注)如日光之此要门,被星月光芒般之批注所湮没[②]。因此,由于殊胜弟子之请求,当说此《如宝庄严》之庄严词句。

此记载虽然不够明显,但代表“俄噶举”中,针对不依于玛尔巴口述《喜金刚》的不同注释之轻视:“俄噶举”认为玛尔巴要门反映《喜金刚本续》的最正确的理解。俄秋谷多吉撰《圣二部解:宝庄严》未存或未成书或失传[③]。据现存西夏语记载,西夏人不了解“俄体系”中的《喜金刚本续》的单独注释,西夏流传的《喜金刚》注释体系基于“让”的注释。尽管如此,由于“让”和“俄”体系之间有密切关系,二者基于玛尔巴口传。我们虽然尚无法确定西夏语流传的《金刚帐》注释文献的具体来源,但据我们目前对西夏语的《相说疏》内容的理解,以及其与《喜金刚本续之解》内容上的关系,我们暂时认为,西夏《相说疏》文本也属于“让”或“俄”体系。总而言之,西夏研究《喜金刚本续》《口合本续》《金刚帐本

① 如 Sobisch, *The Hevajra and Lam 'bras Literature*: 47,脚注 121;原文见:《རྔོག་སློབ་བརྒྱུད་དང་བཅས་པའི་གསུང་འབུམ》,《俄上师全集》,北京:中国藏学出版社,2011,第三册:1。

② 据才让老师建议修改译文。

③ Ducher, “A Lineage in Time”: 92－93;Sobisch, *The Hevajra and Lam 'bras Literature*: 47,脚注 121。

续》的体系如实反映藏传佛教12世纪中叶噶举的情况，即是与西夏流传噶举派思想和实修无矛盾。《上乐轮本续》的情况可能也不例外，本研究未讨论。

由此可知，西夏流传的不尊重非玛尔巴和俄体系的其他注释，选择"俄体系"的"让鲁贡巴"的注释。"让体系"中《喜金刚》注释的藏文本未存，但黑水城藏文文献所谓"本续注释"（tantric commentaries）文本中尚存发现其残片的可能性。如上有许多问题待更进一步考证，目前只能肯定西夏藏传佛教的传播与"俄/让噶举"的密切关系。

第三章　大印系列文献与噶举要门在西夏的传播

西夏流传《喜金刚》《口合本续》《金刚帐》等本续的传承体系，基于12世纪中叶的噶举传承。此情况如实反映12世纪的藏传佛教的噶举派发展趋向。据历史逻辑，西夏其他藏传佛教思想和实修应该也属于不同噶举派的体系或派别。

西夏流传藏传佛教的一大部分文献属于阿底峡“噶当派”，另一部分材料则为“大手印”的体系。可以说，西夏藏传佛教在一定程度上表现为冈波巴锁南邻真尊者（1079—1153）提出的“二流”ཆུ་བོ་གཉིས框架，也代表冈波巴个人的佛学经历。整体来说，学术界对西夏藏传佛教的认识，西夏藏传佛教基于大手印等“无相观”法门，以及“六法”的“有相观”的体系（解脱道/方便道），其义学基础则为“噶当”教学。据我们最近研究成果可知，噶当派典籍在西夏流传范围最广的是阿底峡撰《入二谛论》。在西夏流传噶当派系列文本体系中，《入二谛论》为核心文本。此外，西夏产生以此《论》为核心的“注释”系统①，又反映11—12世纪中叶的藏传佛教局面。冈波巴尊者撰《妙法如意宝解脱庄严论》所阐述法门的两种源流（所谓“二流”བཀའ་ཕྱག་ཆུ་བོ་གཉིས་的框架），即是阿底峡的经学以及铭啰辣啰悉巴等人的“大手印”和捺啰六法。其中第一“流”是阿底峡噶当派显教，另一个“流”则是铭啰辣啰悉巴（Milaraspa，1052—1135）等上师“大手印”的传承。由于西夏同步流传“噶当”义学和“噶举”实修，我们可以假设，二者之间的关系

① 西夏流传的噶当派资料见：K. J. Solonin，“Dīpaṃkara in Tangut Context：an inquiry into systematic nature of Tibetan Buddhism in Xixia，part 2”，2016（69－1），1－25；K. Solonin，Liu Guowei，“Atiśa's *Satyadvayāvatāra*（Bden pa gnyis la 'jug pa）in the Tangut Translation：A Preliminary Study”，2017（45－1），121－162；注4。孙鹏浩和杜旭初最近假设彼得堡藏西夏文2885号文献实际为冈波巴传记，这虽然有待考证，但其可能性很大。此文献“传承章节”（原文5—6页）的汉译文见孙伯君、聂鸿音《西夏文藏传佛教史料：“大手印”法经典研究》，北京：中国藏学出版社，2018：42－43。这段文字是孙伯君翻译，但译文有一些错误和猜测。另外，2885的一部分英译见在K. J. Solonin，“Dīpaṃkara in Tangut Context：an inquiry into systematic nature of Tibetan Buddhism in Xixia，part 2”，注24—27，不过此译文也存在一些问题。对噶当派与噶举派早期关系的问题分析见：Ronald M. Davidson，*Tibetan Renaissance: Tantric Buddhism in the Rebirth of Tibetan Culture*，（Delhi：Motilal Banarsidass，2008）：278－281；282－289。

如藏传佛教中的“实修传承”(སྒྲུབ་བརྒྱུད)和“讲说传承”(བཤད་བརྒྱུད)的架构。阿底峡本人的“大手印”信仰和修行可为此佐证①。以上材料可视为完整的文本体系，其背景为11—12世纪卫藏噶举派。“冈波巴体系”不限于纯“大手印”内容，但包括许多其他不同实修法门，如“灌顶法”“集轮”等，但其核心内容仍为“大手印”法门。除此文本体系，西夏另存“大印”文献体系，该文献起源在“宗哥”地区的12世纪中叶的藏传佛教，其代表著作为德慧上师《大印究竟要集》及其相关的注释。

一、《大印究竟要集》系统

据黑水城“大手印”文献的初步考证，我们认为西夏流传的“大手印”材料可分成二种系统。其中第一个系统基于冈波巴“经大手印”；第二种是基于 tśhja^{2} zjɨr^{1} [illegible](德慧) 撰《大印究竟要集》(tha^{2} tjị̈j^{2} njɨ^{2} dźjwa^{1} tshji^{1} śio̱^{1} [illegible])，后者今存二种本子：官方刊本和写本，目前所知有五六不同版本②。该材料在西夏的广泛流传无疑与德慧在西夏僧团中的最高的“国师”职位有关。《大印究竟要集》虽然有学者进行汉译以及初步研究，学术界对此文献内容了解不足③。主要原因在于研究和翻译不参考现存的西夏注释。《大印究竟要集》内容可以如下整理：缘起，“解题”以及法门的传承；正文，内容可分成为(1) 依于因果二乘修人根器之分别，(2) 因乘修行九道，(3) 果乘修行九道，(4) “因乘”“果乘”道之解释，(5) 上师修行法门(基于德慧与“精勤上师”问答记录)，(6) 八道三门，(7) 个别讨论三门的内部架构等。

至于《大印究竟要集》的注释，今存本子包括 Tang 345 #2858、2851、7163 以及 3817 本号文献。其中，Tang 345 #2858，7163(2858 有二本子，均同)为同

---

① 索南才让《西藏密教史》：399－400；此处不讨论阿底峡大手印思想问题。

② 《目录》：582－583；由于写本比较完整，聂鸿音汉译基于写本。

③ K. J. Solonin，“Dīpaṃkara in Tangut Context：an inquiry into systematic nature of Tibetan Buddhism in Xixia，part 1”，2015(68－4)，425－451；《大印究竟要集》的初步翻译研究见：K. J. Solonin，“Mahāmudrā texts in Tangut Buddhism and the Doctrine of No-thought”，载沈卫荣主编《西域历史研究集刊》：278－305。文献全文拟译见聂鸿音《西夏文〈大印究竟要集〉考释》，孙伯君、聂鸿音《西夏文藏传佛教史料：“大手印”法经典研究》：295－335。在同书第45—47页，孙博士也讨论了《大印究竟要集》中的师资传承，特别提到了“精勤上师”与德慧的关系，但未注意到西夏文注文中关于“精勤上师”在“宗哥”道场为德慧传法等记载。

一文献抄本，二者的标题与“本文”相同，即是《大印究竟要集》，但内容为“根本文”的注释。Tang 345 #2851 标题为《tha[2] tjɨj[2] njɨ[2] dźjwa[1] tshji[1] śio̱[1] la[1] 敽氄緷覆叕敞緳》，即是《大印究竟要集记》，为《大印究竟要集》文句注释，下文均称《记》。3817 号文献标题为《敽氄緂覆叕敞緳緧緫》，即《大印究竟要集显卷》。据王荣飞考证，以上文献均为同一本不同卷子，曾属于同一个材料的“上、中卷”①。

从佛教史角度观之，“冈波巴”体系“大手印”是卫藏主流噶举的传承，而《大印究竟要集》的法门是德慧上师亲自在“宗哥地界”从某一位“精勤”（བརྩོན་འགྲུས）上师的摄受而获得的。所以文中有一部分信息直接反映德慧与“精勤上师”沟通。比如：“纎絥叝荗藊腞敳瓾，緌緌菝弢②，敠敠緕虃［…］”（翻译：“于是愚弟子屡屡投顶于祖师足下，世世归命”）等说法以及注文的记载证明了这一点。③《大印究竟要集》产生单独“注释系列”。由于该材料原文是西夏语，而非为翻译本子，其语言比较透明易懂。

严格来说，《大印究竟要集》不使用“大手印”这一词语，一律用“大印”为之。据文中记载“大印”与“无念”为同义词。由于其传承接近“冈波巴大手印”文献中的传承，我们把它视为“大手印”系列文献中。此文本与其他“大手印”系列文献的主要差别之一是《大印究竟要集记》不见 tshji[1] ŋwu̱[1] 叕蔬一词（直译：“要语”，藏语མན་ངག）。《大印究竟要集记》用的是 ɣiej[1] tshji[1] 蕔叕一词（直译：“真要”）。本词汇不出现在其他文献中，可视为《大印究竟要集》的特色。

从内容的角度观之，现存的《大印究竟要集》的《记》主要讨论本文《大印究竟要集》中的前段内容：本师释迦传法的情况，“大印”和“无念”核心内容，此外有从本师如来乃至沙瓦哩（Śavaripa）传记的比较细节说明。据初步考证，《记》内容不包含传记材料，集中在“无念”概念的解释，文末另提供关于《大印究竟要集》传入西夏记载。《记》也有与“大印”在西夏传承相关记载。3817 中的卷中另提到传承体系中的其他上师信息。

二、《大印究竟要集》中的“大手印”性质以及传承

德慧上师的“大印”传承发起于释迦明满，释迦如来后，共有“八祖

---

① 笔者曾认为以上材料为不同注释本，见：索罗宁《西夏德慧上师两种传承与汉藏佛教圆融》，《中国藏学》，2021（03）：1－8；据此修改。

② rejr[2] njɨ[1] 菝弢，此处“菝”为 tśjiw[1]“蕔”（顶）之讹。

③ 索罗宁《西夏“大手印”文献杂考》：245，263－264。

师"：维摩（Vimalakīrti），萨啰曷（Saraha）、龙树、沙瓦哩巴（Śavaripa）、慈氏（此处指的铭得哩斡，Maitrīpa）、智称（* Prajñākīrti）、巴波国语主上师（Vagīśvara；此人可能同与其他文本中的"巴波无生"，བལ་པོ་སྐྱེས་མེད），"勤进上师"（见下文）。由于根本文以及《记》中收录的"萨啰曷偈颂"特别指出萨啰曷所造《三那曷》（Dohā）据《记》所载，后者为西夏德慧上师的祖师。不难看出，《大印究竟要集》中的传承与萨啰曷所造《那曷》（此文依于《大乘要道密集》写法）传承颇为相似①。但与此不相应的是，《大印究竟要集》以及其注释在其对正文的说明中不提《三那曷》内容，《大印究竟要集》中的不同譬喻异于萨啰曷大作中的。总而言之，《大印究竟要集》与《三那曷》关系需要更进一步研究。

据传统藏文记载以及《大乘要道密集》所收的汉文材料，萨啰曷的大印法门是从空行母的直接传承。因此西夏文《大印究竟要集》与传统记载主要不同即是在于"释迦如来、维摩、萨啰曷"的传承，与萨啰曷直接由于空行母摄受而得"大印"传承不合。迄今保留此文献的写本以及官方木刻本，并且另存完整的写本注释体系。

《记》中有如此针对"释迦"名号解释显露其作者佛教基本教育基于汉传传统。《记》中关于释迦如来"名号"有如下记载：[illegible]，[illegible]"[illegible]"[illegible]②（直译："释迦者，是梵语，番语曰'能仁'"）。由于汉语"能仁"为"释迦牟尼"汉传佛教中的一种特殊翻译，我们推论，《记》的编辑者基础佛教教育基于汉传佛教的语言习惯。

《大印究竟要集》的《记》注释的开端显示"大印"和"无念"的关系，据《解》记载，"无念"为"大印"的核心内容，二者可视为同义词。虽然学术界存在西夏语"无念"概念代表梵文 amanasikāra（"不作意"，ཡིད་ལ་མི་བྱེད་པ），《大印究竟要集》注释的解释值得我们注意。Amanasikāra 为铭得哩斡"大手印"体系中的关键的概念，但《大印究竟要集》及其注释中其为诸佛证悟之源，真一法界的状态，超越"动静""执著""取舍"之究竟不二境界。

---

① K. Schaeffer, *Dreaming the Great Brahmin:* The Tibetan traditions of the Buddhist Poet-Saint Saraha（NY：Oxford University，2005）：129－130. Schaeffer 的讨论基于 13—14 世纪藏文不同注释的总结，其中主要是《那曷庄严华》。

② 西夏语 dźjwu^{1} [illegible]（直译：人）与 dźjwu^{1} [illegible]（直译："仁"）为通假关系。

Tang 345（所有版本均有的段落）	汉语拟译
[illegible]	文中谓《大印究竟要集》，乃此六字指无念之体也。释之者，“无念”者“大”，无念者“印”，乃至无念者“集”①，六字当各别解释。为令其显明，则“无念大”者，“体大”故大、“相大”故大、“用大”故大也②。无念之体，是法身。此法身离有无边，无往来之相，非言语可说，以计度难量。与虚空等境，圆融法界也。无念之相者，是报身。此报身，根尘皆遍一切法界也。无念之用者，是化身。此化身，此报身之一毛孔内，出微尘数之化身，随种类之不同，差别引导，故能显示无念之理。

从这段文字可见，《大印究竟要集》注释的编辑者，大量依于《大乘起信论》中的“体大”“相大”“用大”架构。据此标题中的“大”代表“大印”之“体大”“相大”“用大”。《大乘起信论》中的“三大”与《大印究竟要集》对于“三大”与“三身”关系问题待深入考证。据目前的了解，西夏《大印究竟要集》对“无念”的“三大”同与“三身”的主张颇为明显。此外文末“此报身之一毛孔内出如微尘数之化身，随着种类之不同，有开示之别”语句与汉译《华严经》不同的语句皆能对上。如《入法界品》（实叉难陀唐译本）：“一一毛孔中，出佛化身海，十方皆遍满，随应说妙法”等。因此我们假设《大印究竟要集》虽然无疑问是藏传“大手印”文献并包括“六法”的法门，其《记》中对“大手印”的说明吸收了一部分汉传佛教华严宗义理诠释的影响。据《解》的个别记载，我们可以假设，《大印究竟要集》中的法门的另一种名称为“真空心习”，此内容代更进一步考证。

《记》性质难以判断：现存本子内容可分二段：《记》基本上是介绍“本师释迦牟尼”颂的“[···][illegible][···]”（[佛陀]因此先解释“境识（ཡུལ་སེམས）俱有”；次说“境识双空”，后显明“境泯识存”，乃至“归本还原”）的一段话。其中“归本还原”代表释迦如来世间弘法结束后，其所回归的状态：“如来所证悟之根本”即是“大手印”。[3] 由于如

① 《大印究竟要集》的标题的解释：“大”、“竟”（西夏“究竟”第二字），“集”。

② 西夏语 [illegible]，[illegible]，[illegible]“大缘”修饰“体大”“相大”“用大”。

③ 根本颂译文见：孙伯君、聂鸿音《西夏文藏传佛教史料：“大手印”法经典研究》：297，与笔者译大同小异。

此,《记》的开头部分为介绍“三转法轮”的解释。解释的主要架构为传统宗义书的架构,即是 从“二谛”“三性”两个角度分析三转法轮“小乘”“唯识”和“中道”。①《大印究竟要集》的出发点是佛陀据众生的“小乘”“中道”“唯识”三种根性而设教,其中“境识俱有”是“[illegible]”phjo² kar² nji²②,可翻译“分别部”。此处似乎指的是佛教小乘([illegible] ·ụ² tsəj¹ nji²)以及外道([illegible] tśja¹ nu¹ nji²)诸派,总称བྱེ་བྲག་ཏུ་སྨྲ་བ(说分别)。此法门属于第一转法轮的“小乘”;其二“境识双空”作为执着空有二极端对治而言,其中重要的是提出了“假名”(ཐ་སྙད vyavahāra),此法门是第二转法轮,属于“中道”学说;其三,“境泯识留”大致上属于“唯识宗”,乃是第三转法轮。实际三者是佛陀为配合三种根性(小乘、中道、唯识)提出的三种诠释方法,与实际宗派无直接关系,是宗义书内容大致同于《解深密经》的判教。③ 此处的讨论合乎三转法轮的说法,即反映所谓“小乘”“中道”“唯识”三宗判教体系。最后,释迦如来传“最上一乘”大印法是他进入“大寂定”而“归本还原”大手印三昧。其中有与上文所提同样问题,即是“归本还原”语句是否可以与华严思想连接,仍待深入考察。

三、《大印究竟要集记》中关于“大印”的记载

如上所说,《大印究竟要集》中共有“八祖师”,现存《解记》中保留维摩(Vimalakīrti),萨啰曷(Saraha④)、龙树、沙瓦哩巴(Śavaripa)、慈氏(此处指的铭得哩斡,Maitrīpa)、智称(*Prajñākīrti)、巴波国语主上师(Vagīśvara;此人可能同与其他文本中的“巴波无生”,即是《青史》以及其他藏文材料中的“巴波阿素”,巴波无生བལ་པོ་སྐྱེས་མེད),“精勤上师”的传承脉络。现存《记》中保留维摩、萨啰曷、龙树、沙瓦哩巴传记的解释,新发现的 3817 号文献是《记》的第一二卷全文,材料比较齐全。该材料内容鉴定时,本研究已经完成,因此使用比较少。基于我们初步了解,《大印究竟要集》以及《记》中记载大约与《维摩诘所说问经》中关于维摩“默然”等信息相同。从此可见,传承分为三段:印度、吐蕃和番国(西夏)。《大

---

① “宗义书”类型,结构等问题的讨论见:Katsumi Mimaki, *Blo Gsal Grub Mtha'* (Zinbun Kagaku Kenkyusyo, Universite Kyoto: 1982), 5 – 12; 30 et passim. Zhang Linghui, “Grounding Tantric Praxes in the Mahāyāna Meaning and Modes: A Tangut Mahāmudrā formulation of Buddhist means to non-conceptual realization”: 373 – 389; Tang 345, #2858: 9。

② 此处西夏语“[illegible]”nji²(复数人称标记)修饰“分别”,直译“诸分别者”。

③ Zhang Linghui, “Grounding Tantric Praxes in the Mahāyāna Meaning and Modes”: 373 – 389.

④ K. Schaeffer, *Dreaming the Great Brahmin*: 62 – 63.

印究竟要集》及《记》虽然保留了诸位上师的传记及其注释，我们尚无法把西夏文记载与主流印藏材料勾结，因此以上鉴定仍属于假设。

《记》现存部分未收录“祖师传承”以及传记记载。《记》中的相关文字基本上是《大印究竟要集》开头偈颂的文句解释。关于“释迦如来—维摩—萨啰曷”的传承，《记》中关于佛陀向维摩传大印的记载如下：

[illegible]

至于维摩大人者，由于他是最上一乘传人之根性，维摩大人有一乘法界之证悟，如来依于言语一乘无念法界心性传给他。[…]问曰：“传一乘无念心性者，是诸佛如来。基于此，应是如来称为第一本师，维摩大人作为第一本师者，其故何在？”答曰：“如来者，是果人。维摩者是因人。由于因果人有差别，不可有混杂，因人之间，维摩者是最初作为第十地住者，此故称维摩为第一本师。”

关于维摩诘和萨啰曷之间的师资关系，《记》有如下记载：

[illegible]

大士，由于此无念法界，为三世诸佛所证悟之本源，欲未来有情利益长时处于位故[1]，为婆罗门种萨啰曷传无念真要，为师主弟子。

由于文中存在其他比较接近传统萨啰曷的记载（如其与空行母之互动等），我们可以了解，《记》的编辑者了解萨啰曷的传记记载。同时，为了创造“大手印”未间断的传承脉络，把维摩诘作为萨啰曷的本师。我们暂时视之为德慧大手印脉络“汉化”的表现。我们假设，维摩之所以为“大印”祖师之一的原因，是《维摩诘经》中的“维摩无言”的典故，其故事为《记》中所录。据《记》所说，维摩“默然”能破“外道”以及“小乘”中的“实我”的执着。总而言之，据我们所知，藏传佛教“大印”传承未录维摩，更无维摩与萨啰曷师资关系的记载。

据我们初步判断，《大印究竟要集》以及《解》中的萨啰曷传记符合传统的藏语记载：其“通晓五明[…]、明证流通[…]”，与诸空行母以及仙女之“共法乐”，

---

[1] “长时处于位故”为西夏语直译，我们理解：“维摩诘希望未来众生的利益长期处于世间中。”

最后《三那曷》的编纂①。《记》中记载颇为详细，此处我们限于《那曷》相关记载：

[illegible]

拟译：所谓三《那曷》者，大师住因得啰二合部底天子宫殿，依于其殊胜慈悲，为利益印得啰王及其皇后之故，入于大道，以无念偈颂，说二类《那曷》，各自悟见，[以及]心习法。后来，居住市场，庶民爱见，教化彼等。以大道真空之偈颂，如《那曷》一部等一起，共造作《国王》《皇后》《庶民》三类《那曷》。其中"入悟无念大道见"，明明显显，偈句为一颂。

从此可知，《那曷》为印得啰部底王及其皇后所造，与传统记载所提"Mahāphāla"或"Ratnapāla"（宝护）③等不相应。据西夏文所载，三类《那曷》内容为"无念"、"心习"（禅修或瑜伽）、"真空"三类。此三种内容各有其偈颂。据我们所知，如此记载不见在其他与萨啰曷相关的材料中，可视为德慧上师所学到的特别传说。据《记》相关记载，此传承起源在"宗哥区"，下文有讨论。《记》中的龙树需要专门研究，此处我们不讨论。此处限于《大印究竟要集》"龙树赞"中的"诸国禅师，痛以焚堂断索；各个论主，哀而折笔弃研"④一句的解释。据我们初步分析此语句反映西夏人对大乘佛教的基础了解。《大印究竟要集》本文如下（图8）：

[illegible]

---

① 孙伯君、聂鸿音《西夏文藏传佛教史料》：297。

② ɣiẹ^{1} tjɨ^{1} rjar^{1} po^{1} tjɨj^{1} [illegible]，Indrabhūti（Indrabodhi），《大乘要道密集》：因得啰二合部底。

③ 如《八十四成就者传》，见 J. Robinson 译：*The Buddha's Lions: The Lives of Eighty Four Siddhas by Abhayadatta*（Berkeley：Dharma Publishing，1979）：42－43.

④ 聂鸿音翻译。

⑤ ŋo^{2} djij^{2} ɣa^{1} sjwɨ^{1} [illegible]（直译："悲伤忧愁"），据西夏译文《大庄严论经》代表汉语："喟然长叹"。

此第三本师者，是西天国南印度王种人。童子出家，止思于五明之学①；少壮入山②，心悟于三圣道③；教化七众，敬礼梵释四王；调伏九龙④；震动乾坤八海⑤；诸国禅师，痛以焚堂断索；各个论主，哀而折笔弃研；六地现前，乘中道慧之舟，渡四边流，乃至圣慧彼岸。后为山墓师之本师；为之传真要⑥。

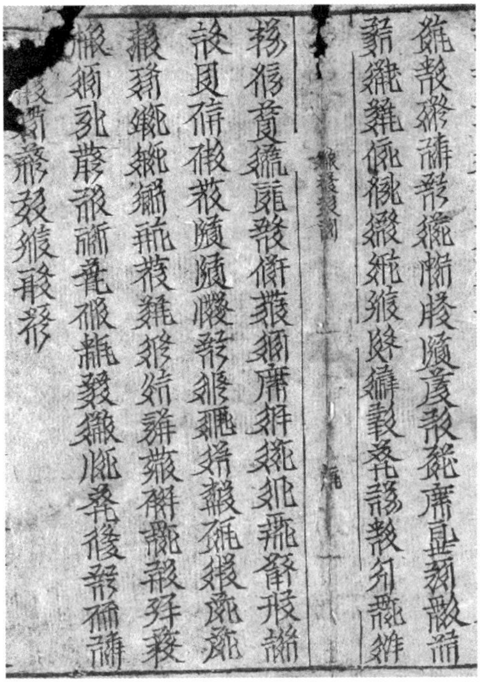

图 8　《大印究竟要集》龙树颂

从上可知，《大印究竟要集》认为龙树菩萨身份为"南印度王种"，汉语藏语龙树传记材料一般认为龙树为婆罗门种（如 Abhayadatta 撰《八十四成就者传》认为龙树为东印度梵志）不合，此现象我们目前难以解释。同时，《记》记载亦异于西夏时期的金刚座撰《成就八十五师祷祝》所载内容。⑦ 龙树教育记载大致上与传统记载接近，修行得"第一地菩萨"。⑧ 龙树对医学和药物研究信息集中在萨啰曷传记中，关于此事《记》记载如下：

[illegible]，[illegible]，[illegible]。[illegible]

① sjij² ta̱² [illegible]（直译："止思"）我们理解为"专心求学"。

② 据《记》"山"指的是"寂净山"（[illegible]），待考证，Śrīparvata？

③ 据《记》"三圣"为"声闻，独觉，菩萨三圣果"。

④ 《记》：[illegible]（九龙者，无稻、无边、烙护、有物、莲华、大莲华、水神、置者、力者等，是一切龙之主者）。其中，无稻、无边、莲华、大莲华个别出现在汉文佛典中，不个别讨论。

⑤ "乾坤八海"指的"围绕小龙"。

⑥ 比聂鸿音译语：孙伯君、聂鸿音《西夏文藏传佛教史料》：299。

⑦ 《大乘要道密集》中的《成就八十五师祷祝》龙树赞："虔诚渴仰而祷祝，具大慈悲愿摄受，比五身相获成就，林中天母奉甘露，其名号为龙树藏，上师尊处我敬礼"（《大乘要道密集》：317）。其中"五身相"可解释为"五种法身"，"林中天母奉甘露"语句可解释为龙树在"寒林"修行，从度母（Tārā）获得成就等。

⑧ 迄今最完整的龙树传记不同材料概述和分析，见：Ye Shaoyong，"Nāgārjuna"，in：J. Silk et al. eds.，*Brill Encyclopedia of Buddhism*. Vol. 2（Leiden：Brill，2019）：335－340.

[illegible]

于时龙树出世间，由于其善巧于混合长寿之药，萨啰曷师向龙树学混合药物。由于萨啰曷晓乐器，为龙树所学，多日教导，渐渐萨啰曷师弹时，用无念大道偈颂，纯说宗趣及观法，则因为龙树师亦最初向个别师欲寻求道心顺和法，向萨啰曷求学，大师为龙树传无念真要。

从此记载可知，龙树和萨啰曷为相互求学的关系：萨啰曷向龙树学“长寿药”，龙树向萨啰曷学音乐，并以歌颂方式接受“大印大道”传承，变为萨啰曷弟子。由于萨啰曷撰《那曷》为偈颂体裁，以及他处有萨啰曷善于唱歌的验证，其以歌颂传法一事为可信。同时，据我们所知，龙树学音乐一事难以确定，以上典故可视为《大印究竟要集》中独特内容之一。

关于“诸国禅师，痛以焚堂断索；各个论主，哀而折笔弃研”一句，《记》中相关记载如下：

Tang 345 原文	汉 语 拟 译
[illegible] ①[illegible] ②[illegible] ③[illegible] ④[illegible] ⑤[illegible]	所谓“诸国禅师”者，大师龙树所住处，南印度内有上百不同国，其他印度内（即印度其他处——译者）多住寂净边禅师修习者。其中或爱上厌下而修四禅定，或修无边空等四定，或出入息、不净骨尸等观；或修一切法为空之定⑥，有不少如此修习者。大师龙树，先演说从本师所受“无念道调心法”，其坐禅多日，言：“诸禅师，合乎真如佛心？”此处（即前者“观法”——译者）与“无念真心”相互测量，则“不及本源，持邪道而修，定心不渡三界”。［龙树有如此］悲优病患，烧毁所住堂屋，拔除禅床而

① mjij^1 sej^1 bju^2 [illegible] “寂净边”为印度地名，保留直译，假定为 Śṛparvata。
② ɣię^2 śjwɨ^1 [illegible]（直译：“气息往来”），暂译为“出入息”。
③ 此处“法”代表西夏语 śjij^1 [illegible]，名词化标记，下文同。
④ kjɨ^1 mja^1 śjwi̱^{1} [illegible]（前缀+疑问词+动词词根）解释为疑问句。
⑤ ɣiwəj^1 tśja^1 [illegible]（直译：“横道”），据 ɣiwəj^1 [illegible] 为汉语借词，我们理解为“邪道”。
⑥ 即是“四念处”以及“不净观”，小乘佛教观法。

续　表

Tang 345 原文	汉 语 拟 译
[illegible]	间断④。 所谓“诸论主”者，了悟三乘，诸五明论主，或依于小乘作疏论，经义果实，以论置正；或持大乘有相唯识宗⑤，说“一切诸法随识而显，虽如幻，所幻境者实是识”，并造疏论以赞显己宗；或依于无相唯识，“所幻诸法许为假”，并造疏论以显义趣。此论主各自理趣宗趣，以宗因喻⑥三安立而成。于时，出大师龙树，离于“四边”（即是“四句”——译者），演说自性不可得之中道，破前诸论主一切宗，唯中道宗，独令其显。诸方论主，低头收眼，语不能出，了悟各自意趣，全然为误，见解竟处，异宗即有之故⑦，说：“我辈集造果实论典，心意虽疲劳，但无所用。”身心散乱，坐立不安，取笔文具，各自舍离，舍墨覆磨，分别放弃，窃窃流流，学中道宗。初其诸论主，各个名称皆大，后以中道遮盖诸宗者，犹如大日光遮蔽小星及月亮之明。[…]所谓“流渡四际”者，于“有边”，“无边”，“有无俱非边”，“有无俱是边”⑧等无有执着心，渡于四边，以无执圣慧智，达于彼岸真空无念。于时大师龙树师超越大众，犹如狮子王。所谓“心习无念，乃要门师次也”，尽皆名扬故，南吉祥山⑨中修道人沙瓦哩，番语“山墓”，向诸师恳求道心修法，闻大师龙树正名，沙瓦哩师向大师龙树侍奉供养。

① khiej[1] mja[1] [illegible]（直译：“结果”），为西夏语词汇，此处保留直译，“果实”。

② 此处西夏语 dja[2] [illegible]（动词前缀）似乎不成其意，我们暂假设其为[illegible]（显示）之讹。

③ 藏语[illegible]。

④ 西夏语的[illegible]，[illegible]为本文“[illegible]”（直译：“断索”）的注释。其中“dzuu[1] dźjwi[2] [illegible]”，据上下文暂译为“禅床”，其他保留直译，待考证。目前龙树“草片断头”的记载见在布端《佛教史》中。俄语版：Будон Ринчендуб, *История Буддизма*, пер. с тиб. Е. Обремиллера, с англ. С Донца（СПб.：Евразия, 1999）：211－212.

⑤ “有相唯识”及下文“无相唯识”代表 Sākaravāda，Nirākaravāda，唯识宗两个主要脉络。

⑥ “宗因喻”：pakṣa, hetu, dṛṣṭānta（[illegible]）。

⑦ 即是“唯識宗”最高的境界在“中道宗”早已有。

⑧ 即所谓“四句法”。

⑨ Śrīparvata。

“诸禅师”段落大致上符合《八十四成就者传》中所载，与龙树对于自己修行不满意比较接近。“诸论师”段落所载，龙树以中道打破“有相”及“无相”二种唯识论师的信息似乎为西夏文本独有。同时“有相”“无相唯识宗”的典范符合西夏本身流传的针对唯识宗的理解①。基于《记》中的记载，我们可以进一步推论，针对德慧上师的“大印”而言，所谓“无念”及“真心”的佛法究竟内容：同时为修行领域中的“心习法”亦为最高端“义学”。即是“无念”同与“不二中道”，超越唯识宗的观念范围。西夏文中虽然未提“无住中观”说法，但我们可以假设，《记》中对中道理解与铭得哩巴“无住中观”大致上一直。据我们初步理解，文中一部分词汇（若“真心”）有汉传佛教的背景，其他如“心习”可追至西夏译藏传佛教材料，因此《大印究竟要集》以及其《记》可视为“汉藏圆融”文献，其具体性质尚需要更深入研究。

因为我们目前尚未鉴定《记》中对龙树如此了解的藏传佛教的背景，暂视之为“宗哥区”特殊的龙树传记体系。至于沙瓦哩巴传记特别简略，文中提供其梵文名号的西夏转写：śja̱^{1}·wa^1 rjir^1 [illegible]，Śavari[pa]。由于《记》未录其他上师传记，我们尚无法进行深入考证。

四、《记》记载与“宗哥”和“贺兰山”相关记载

与西夏“大印”传播关键记载属于“慈氏”“智称”和“语主”（“语自在”）以及之后的“勤进上师”的记载。这些记载本身需要专门研究，此处限于初步考证。“智称上师”从“慈氏”所学的内容属于“四种印”，即是：“三昧耶印”（samayamudrā，[illegible]），“业印”（karmamudrā，[illegible]），“法印”（dharmamudrā，[illegible]）和“大印”（mahāmudrā）。

3817 号文献中保留的关于“语主上师”的记载，可以理解为《大印究竟要集》的修行传承与西夏关系的证明。因为这些记载尚未进行全面翻译研究，此处限于简略的引用部分记载（72—73 页）：

[ ][illegible]

① 索罗宁《西夏唯识宗及阿毗达磨文献初探》，收录在徐忠文、荣新江主编《马可波罗扬州丝绸之路》，北京：北京大学出版社，2016。

[illegible]

[…]语主师在西天国住时曰：某甲闻，东北隅有一个国，名曰“番国”。其中有一座大山，名号“贺兰山”。其山中住两个空行母，“有金齿”和“金色鹖”[…]（拟译，译者注）。因为语主师有来其山修行的心愿，来“藏国”（拟译）有西番中国人，名号“勤进万常”，小时出家，戒行清净，通晓三乘，学为梵文吐蕃译主而归，觉悟修道之心。因为听闻西天东印度智称要门善巧之名而即将前去。到藏国遇见语主师，[…]勤进师曰：“因为有修道之心，愿意去西天，寻找修道成就法要门。”语主师曰：“勿去他国！修道成就法要门勤于我（拟译）。”语主师说其前往番国的原来意图。勤进师乃归，听取其语，为其奉上曼达辣，传此《无念究竟要门》，作为师主的弟子而归。来到吐蕃“索国”，语自主师已达“不常”（圆寂，译者注），[　　]勤进上师来，番中国那曷国[1]内，自然显出黑色天女（Mahākalī）。[勤进师]在玉帐四年多修习此“无念定心”。

文中部分地名、空行母名号等尚待考证，但关键的考证在于“语主上师”早已了解“贺兰山”（xẽ^{2} lã^{1} ŋər^{1} [illegible]）为重要修密法的基地，空行母所在地。因为“勤进上师”为德慧的上师，以上情况是上师本人告诉德慧的。3817 记载中的信息不够明显：不得知“语主”是否实际去了“番国”（西夏），还是只有如此之打算。虽然记载有如此不明显，可知德慧“大印”传承与西夏本土密教有密切关系，西夏密法中心在贺兰山。“语主”在西夏有些流传：除了 3817 号注释以及《大印究竟要集》，3817 号文献正面有所谓“上师赞”（12 页）的记载如下：

[illegible]，[illegible]
[illegible]，[illegible]
吉祥塔宫勤进施身支，坛城尊内实见本尊面
持诫受记得大印成就，敬高赞巴辣上师之身

此处“[illegible]”（“巴辣”bja̱^{1} ror^{2}）与《大印究竟要集》所录“语主”上师俗姓全

---

① tsə̣^{1} lhjịj [illegible]，直译“秋国”，假设 tsə̣^{1} 为音写，“藏国”；so^{2} lhjịj [illegible]，拟译“索国”，dọ^{2} ɣa^{1} [illegible]，该地名与“Dohā”著作标题全同，待考证。

同。据此可见“巴辣上师”在西夏的知名度。“上师赞”中的其他上师身份尚未确定，唯一文中可见 pja[1] rjir[1] [illegible]，即是“巴日上师”（1040—1111）。

据《大印究竟要集》，“勤进上师”俗姓 sji[1] ŋə[1] [illegible]“星”（sing），3817《记》发现“第八师”传记记载，可以进行初步考证。上师“俗姓”，“Sing”代表梵文的 siṃha 或藏语的སེང་གེ①。其中关于“勤进”（བརྩོན་འགྲུས）的记载如下（图 9），据 3817 的记载，名字为“万常”：

大印究竟要集	汉 语 拟 译
[illegible]	此第八本师，是吐蕃人；俗姓 Sing。身持三衣，破三毒而心觉；修四摄法，[为]发度四生之愿；“正理”七部，建立宗因喻三②；“中道”六聚③，分别真妄二谛；说经论律，日日纯译梵本；修戒定慧，夜夜纂集蕃文；心心顺觉，筹集觉道资粮；念念离尘，调伏尘染烦恼；后作为德慧本师，乃传真要④。

据《大印究竟要集》，“勤进上师”为吐蕃人，精通梵文，为“正理”和“中观”译师学者。其中“正理”和“中观”解为西夏文本属于常见的内容。虽然未见龙树“六聚”西夏译文，据现存西夏文本考证以及《天盛律令》经录研究，可以假设此二义学脉络为西夏佛教教育基础。

3817 的《记》关于勤进上师传记部分解释如下（75—77 页）：

[…] [illegible]“[illegible]”[illegible]. [illegible][[illegible]] [illegible]；[illegible]，[illegible]“[illegible]”[illegible][…] [illegible]，[illegible]，[illegible]。[illegible]，[illegible]，[illegible]“[illegible]”，“[illegible]”[illegible]，[illegible]，[illegible]，[illegible][…]

---

① “Sing”与其他文本所见 sji[1] ŋa[2] [illegible]是的写法相同的；无论 ŋə[1] 或 ŋa[2] 为鼻音韵尾。如：śji[1] rjir[1] sji[1] ŋa[2] [illegible]，Śrīsiṃha，见下文。

② 法称“因明七论”：《释量论》《定量论》《正理一滴论》《因滴论》《观相属论》《成他相续论》《诤正理论》。

③ 龙树中道六论རིགས་ཚོགས་དྲུག：《中观论颂》《精研论》《回诤论》《七十空性论颂》《六十正理颂》《中观宝鬘论颂》。

④ 笔者据西夏原文翻译；另见聂鸿音翻译（孙伯君、聂鸿音《西夏文藏传佛教史料》：297 - 302）。与 3817《记》所载全同。

八，说勤进师之功德者，文中一条文：“第八祖师”：其第八祖师是蕃尼（即西番，译者注）中［国］那曷人。俗姓“Sing”，名号“万常”。［…］勤进师修行中，如语主师，前往贺兰山修行，依于觉心而来。府城州地界住时，德慧上师始终在蕃国（西藏，译者注）讲“正理”和“中道”，因为听闻勤进上师功德之殊胜，前往府城州勤进之处，作供养而归，来到＊西灵州北下＊ phja[1] tśja[1] 地界上。［…］

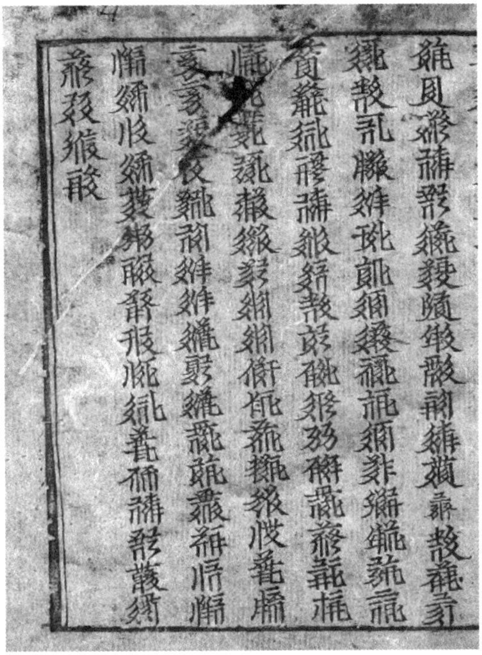

图 9　《大印究竟要集》“勤进上师”颂

该段落需要更进一步的解释，据目前的了解可有以下初步考证：“语自主”上师实际有至贺兰山修行，“勤进上师”从之。二者活动集中在“府城州”区域（xu[1] we[2] tśjiw[1] [illegible]）。此地名可能指的是兴庆府，即是西夏首都一带。“勤进上师”在贺兰山修行时，德慧吐蕃讲说“正理”和“中道”。了解“勤进上师”功德，发心而归。

据《记》的初步解读可以判断，德慧大手印脉络的起源在安多（原文作“宗哥”）地区。《记》中相关记载如下（图 10）：

Tang 345，2851《大印究竟要集》注释原文	汉 语 拟 译
[illegible]，[illegible]①[illegible]，[illegible]②[illegible]，[illegible]③[illegible]，[illegible]，[illegible]。[illegible]④[illegible]，[illegible]⑤，[illegible]	其意曰：“德慧上師在宗哥地界上多学，演说旧之中道正理时，从勤进上师受无念圣义，显明了悟意趣理见，不忘报师恩，为说法而归。入于寂山清宫，无念顺和，已过很多日”。

---

① tsow[2] ka[2] [illegible]无疑代表藏語ཙོང་ཁ的西夏语转写。
② 我们认为此处西夏语 tśhja[2]・wo[2] [illegible]（正义）为 tśhja[2]・wo[2] [illegible]（正理）。
③ khu[1] dźjij[1] [illegible]（直译：“奉精”）即是“勤进”。
④ mjij[1] ŋər[1] sej[1] mji̱[1] [illegible]（直译：“寂山清宫”），西夏语“清宫”为寺院的标记比较少见。
⑤ 字义不明。

续　表

Tang 345,2851《大印究竟要集》注释原文	汉 语 拟 译
[illegible]	至于三根文聚集者，“乃至本来文，乃至聚集根文①”，是一条文。其意：［德慧］原来在宗哥地界上奉事，从勤进祖师受此《无念真要》。后来念归命，欲为未来众生作利益，故说：“据师之问答，我收集此《大印究竟根文》。”

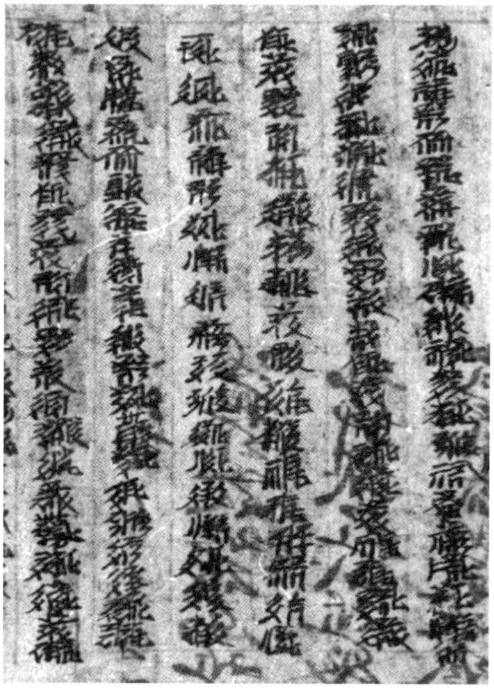

图 10　#2851“宗哥”传承记载

从上可见，德慧的活动在“宗哥地区”，非在卫藏②。德慧专业学术法门为正理和中道。整体来说，此两种学科合乎西夏藏传佛教文本的内容分配。归西夏后，德慧上师承袭其“大手印”圣理。据文中其他记载（此处未列）与《大印究竟要集》原文中所说，“大印”传承为德慧亲自为“勤进”上师所摄受而传授。然后归西夏本土如“寂山清宫”寺院，就在此处编辑《大印究竟要集》本文。此处西夏语[illegible] tsow^2 ka^{2}无疑问代表“宗哥”地名的西夏语转写。此说明下文的以及其他文献常见的“属于弥蕃”的语句也代表现在的安多地区，西夏管辖西藏东部。此外，该段落记载德慧上师关于《大印究竟要集》编纂的言语，说明该材料的确为他个人所造。从此可见，笔者原来认为德慧在宗哥地收到“勤进上师”传承的看法需要修改：二位上师之互动应该发生在西夏国土。德慧回归番国之前，勤进上师传法的情况目前不得而知，同时德慧“正理”和“中道”的研究与“勤进上师”的关于法称和龙树思

① 此处原文似乎有误。

② ljɨ^2 tjij^2[illegible]（直译：“地图”）；我们翻译为“地界”。

想背景待考证。

《记》Tang 345，#2858 关于《大印究竟要集》传承记载原文如下(图 11)有如下说法：

Tang 346，#2858 原文	汉 语 拟 译
[···][illegible]，[illegible]①[illegible]，[illegible]，[illegible]，[illegible]，[illegible]，[illegible]②[illegible]③[illegible]④[illegible]，[illegible]⑤[illegible]，[illegible]，[illegible]⑥[illegible]，[illegible]⑦[illegible]。[illegible]，[illegible]；[illegible]；[illegible]；[illegible]；[illegible]，[illegible][···]	所闻师具足者：是蕃中国人(卫དབུས)Sing 啰拶瓦；周围闻人具足者，是德慧上师以及其他杰出蕃法师十五人余。闻处具足者，番属蕃中 phja¹ tśja¹ 地界上，* 普拶神宫内，由于 * 款氏帝师召请，闻此无念究竟法。* 西灵州城北下，乃是“日道卧”。时间具足者，岁在壬申，月在十一月，日在二十五日，时在亥时；法具足者，是此“究竟要集”法⑧。

与德慧的其他材料相比即可知《大印究竟要集》传入西夏的时间为 1152 年，即西夏仁宗天盛年间。至于文中地名，[illegible] phja¹ tśja¹，* 普拶 [illegible] phu¹ zar¹ 寺院也需要考证，但无疑问此处在安多地区。文中“西灵州城北下，乃是‘日道卧’”记载与 2851 中“寂山清宫”是否相符，目前不得而知，并且 2851 尚未发现关于 * 普拶寺院以及“款国师”相关记载。3817 此处是“[illegible]”，语音全同。虽然仍存不明确的情况，我们可以知道：德慧“大手印”起源在安多，另外与“中道”和

① phə¹ gu² lhjij [illegible]，直译“蕃中国”，即是《大乘要道密集》中的“西番中国”，卫藏地区。

② mji² wə̱¹ phə¹ [illegible]，直译“属于弥的吐蕃”，番人管辖的吐蕃地区，暂时解释为属于西夏边境内的西藏东部，即安多地区，但该词汇实际意义待考证。

③ phja¹ tśja¹ [illegible]，西夏音写，第一个字存疑，暂定为 phja¹，待考证。

④ phu¹ zar¹ mjijr¹ · jɨj² [illegible]，直译：“phuzar 神宫”。“神宫”暂定为藏语ཕུ་ཁང，以及汉语“精舍”。

⑤ khjwã¹ zjɨ̣¹ djij¹ śja² rjɨr² [illegible]，此处暂定为人名，khjwã¹ 可以解释为藏文འཁོན * khön 的西夏转写，zjɨ̣¹的意思是“子，氏”(李，5070)。djij¹ śja² rjɨr²[illegible]，暂解释为主字加二合字，疑为藏文ཏི་ཤྲི ti śri 的转写，则全名拟音འཁོན* khön 氏 di shri，* 款氏帝师。此构拟关系到文本提到的 nej² · wji̠¹“[illegible]”(壬申)为 1152 年，“款帝师”只能是萨迦派祖师款氏萨钦贡噶宁波(1092—1158)ས་ཆེན་ཀུན་དགའ་སྙིང་པོ。西夏文本的相关记载待考证，贡噶宁波的“帝师”尊号似乎无法得以验证。

⑥ sjij¹ ljɨj¹ tśjiw¹ we²[illegible]，音写“细灵州城”，为西夏地区地名，待考证。

⑦ ·ja̱r² tśja¹ gjwɨr¹[illegible]，直译“日道卧”，待考证。

⑧ 最初翻译：索罗宁《西夏文“大手印”文献杂考》：264。“款”的讨论见：孙伯君、聂鸿音《西夏文藏传佛教史料》：20－21。

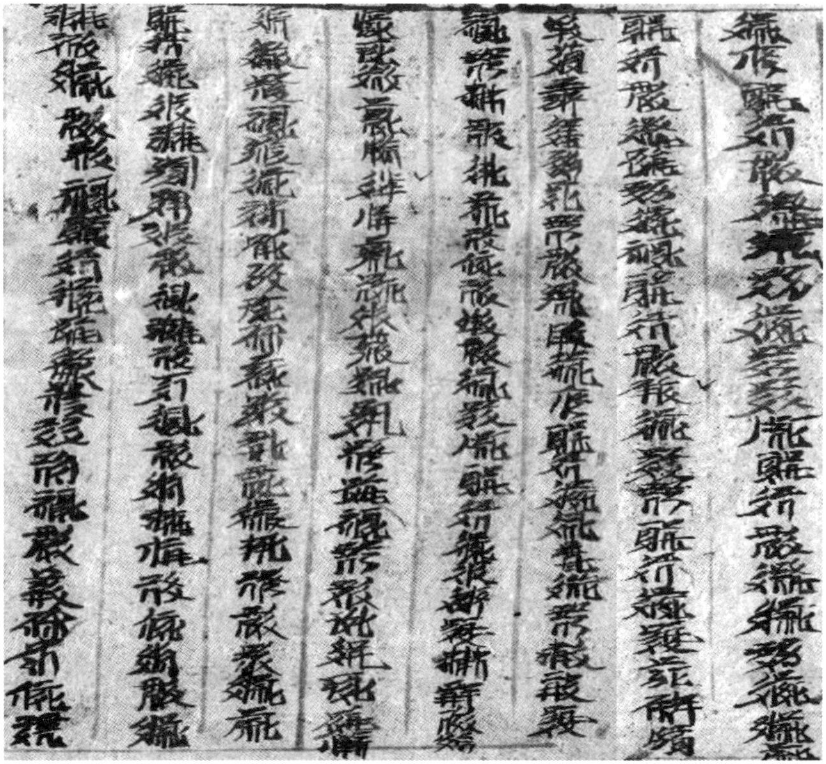

图 11　第八祖师传法记载，Tang 345 #2858

“正理”法门有关系。2851 所谓“旧中道”意义待考证，我们暂定其为“大中观”即是藏传前弘期流传的并与“大圆满”修习相关思想。《记》记载无疑问描述同一个情况。《记》中信息虽然不很仔细，但证明《大印究竟要集》为德慧上师所造，起源在宗哥地界。《记》虽然颇为仔细，难以解释。目前假设《记》中的“清宫”为《解》中细心差异在于《记》提到德慧所建成“清宫”。《记》中的记载需要更进一步的考证，主要我们迄今无信息证明款氏萨钦贡噶宁波（1092—1158）ས་ཆེན་ཀུན་དགའ་སྙིང་པོ 与西夏的关系。该记载与 3817 所提“勤进”和德慧之间互动发生在西夏的情况不符，待更进一步考证。

此记载虽然为上师的高赞，但其内所提“文本系统”大致上与现存的文本系统是相应的：“正理七部”即是西夏语的“正理”体系文献；“中道六聚”为西夏文“中道”体系文献；“二谛真妄”可视为阿底峡《入二谛论》的相关思想和本子。如我们之前的考证，“勤进上师”的祖师“巴波国语主”应该代表最早流传萨啰曷“三那曷”（Dohā）的巴波阿素（《大乘要道密集》中《成就八十五师祷祝》中的“巴辣素”）。

虽然研究缺乏可靠证据，我们暂时假设《大印究竟要集》的第八祖师应该是活跃在12世纪中噶举上师巴普罗珠僧格（ར་ཕུ་བློ་གྲོས་སེང་གེ）。据《青史》等记载，巴普上师为恰巴却吉僧格主要弟子；此后收到巴波阿素大手印的“三那曷”传承；最后作为帕木竹巴大弟子之一。[①]《大印究竟要集》中的第八上师高赞直接指出其为“中观学”背景。“正理七部，建立宗因喻三；中道六聚，分别二谛真妄”记载合乎其在恰巴却吉僧格门下的学术经历。现存藏语材料未提巴普上师为“译师”的情况，并且巴普并非巴波阿素的直接弟子。[②] 虽然仍存疑，以上考证的主要结论是德慧上师《大印究竟要集》为一个特殊文本系统以及修习系统的代表著作。由于有其两种“注释”本子可见，西夏曾有学习研究德慧“大手印”的正宗架构。同时，德慧所传“大手印”为12世纪中，宗哥以及西夏地区的“大方传承”。其与卫藏的大手印不同法门的关系待更进一步研究。

---

① 《青史》，俄文版：306 – 307；K. Schaeffer, *Dreaming the Great Brahmin*：72 – 73；M. Passavanti, “The Great Seal and the Path of Means according to Phar Pu pa Blo gros sengge”, *RET*, 2019(51)：275 – 300（感谢侯浩然介绍此文章）。

② M. Passavanti, “*The Bla ma rgyud pa'i rim pa:* a thirteenth-century work on the Dohā lineage of Saraha”, in：O. Almogi ed., *Contributions to the Tibetan Buddhist Literature*（IITBS：Halle/Salle, 2008）：443 – 445.

第四章 冈波巴大手印系统与西夏藏传佛教

据前人的研究成果可见，西夏国土流传的“大手印”传承主要基于铭得哩斡（Maitrīpa，1007—1085），铭啰辣啰悉巴；此外有帝洛巴（Tilopā，988—1069）和捺啰巴（Nāropa，1016—1100）①的“六法”传承。西夏“金刚亥母”（Vajravārāhī，རྡོ་རྗེ་ཕག་མོ）主要可以追溯到“小黑行师”（Kṛṣṇācārya，ནག་ཆུང་ཞབས）以及帕当巴桑杰。不过，西夏人心目中“黑行师”的形象比较特别：西夏人把“黑行师”，和印度的莲华戒佛教史人物看成为同一个人物，恰恰如西夏语鸠摩罗什传所说。西夏流传的“大手印”文献，无论是汉语或西夏语，所显露的情况与此无异：所有大手印传承记载表示西夏“大手印”属于噶举派的系统内，似乎皆以铭啰辣啰悉巴和“辣征”（据沈卫荣考证《大乘要道密集》以及西夏文献中对冈波巴的称呼，基于藏语དྭགས་པོ་ལྷ་རྗེ）为核心②。

部分西夏“大手印”文本集中在圣彼得堡藏 Tang 348 #2841 中，另有一部分单独流传的文本皆来自此“集成”中，大致上可以归纳为“冈波巴”体系。学术界早已发现，西夏文所见的大部分“大手印”材料与《大乘要道密集》收录的“大手印”汉文文献颇为接近。另一个主要问题，即是西夏大手印不同脉络与那啰六法文本的关系。该问题的研究仍在初级阶段中，本研究暂不讨论③。

藏传佛教传入西夏的历史过程存在许多问题。黑水城“大手印”可分成二类：其中一类为与《大乘要道密集》中所收录资料重复的西夏文献体系；另一种为但存西夏语版，即是西夏国师德慧撰《大印究竟要集》体系的文献。从其语言特色以及文献传承记载而言，《大印究竟要集》似乎为西夏本土著作，非为

---

① 文中使用《大乘要道密集》人名的写法。见：K. Solonin，“Dīpaṃkara in Tangut Context”，Part 1：433 - 35 et passim.

② 藏传“大手印”传播史见：索南才让《西藏密教史》：414 - 453。

③ 见：索罗宁《西夏文“大手印”文献杂考》，沈卫荣主编《汉藏佛学研究：文本、人物、图像和历史》：235 - 266。据魏文博士提供的信息，有部分单独流传材料。Tang 348，#2841 收录的材料为孙伯君、聂鸿音《西夏文藏传佛教史料》一书的主要研究内容。西夏“六法”文本概述见：喻晓刚《俄藏黑水城出土两篇西夏文藏传“拙火”文献的对勘研究》，《中国民族语言学报》，北京：商务印书馆，2022。

藏语译本①。至于与《大乘要道密集》核对的西夏文献可知，该文献群的来源可见在 IOM RAS 所藏 Tang 348#2841 文献。该资料架构如下：文献第一页（1b）为残片，可见一位 khja̱^{2} rar^1 㭾祇上师语句，暂定为扣膩嚕巴（སྐོར་ནི་རུ་པ）。其他资料如下（图 12）：

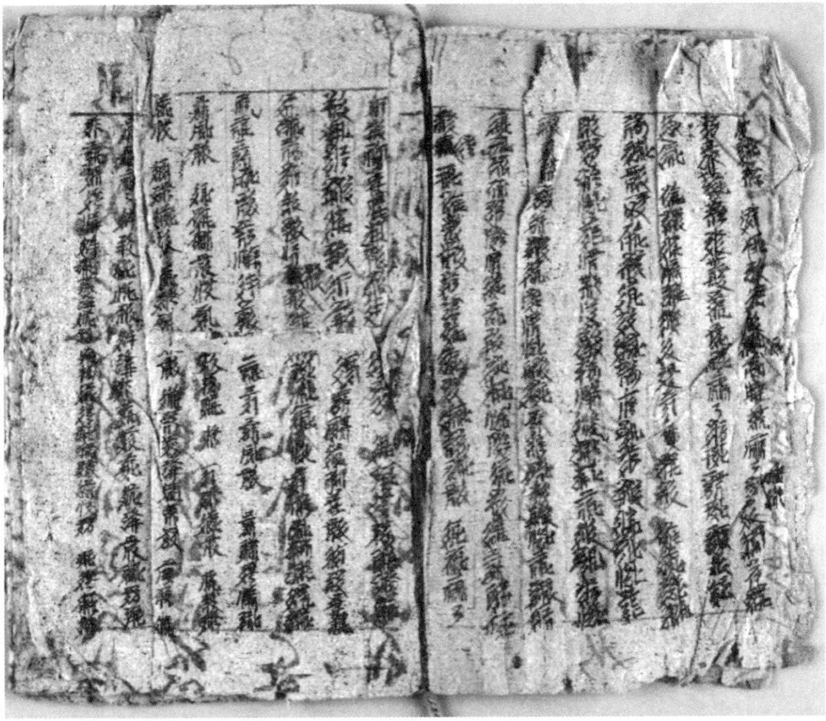

图 12　Tang 348，#2841

一、大手印要门小集

1. Tang 348，#2841：大手印要门小集

（1）2a—5b（3a—b 为空白）𗍫𗏁𗥃𗫂𗹙𗆔（拟译："三十七种惑障"）。该数据同于《大乘要道密集》中的《大手印伽陀支要门》。"三十七惑障"的部分内

① 该文献初步研究见：K. Solonin，"The Mahāmudrā Texts in the Tangut Buddhism and the Doctrine of No-thought"：278－305。此后聂鸿音进行全文翻译：孙伯君、聂鸿音《西夏文藏传佛教史料："大手印"法经典研究》，北京：中国藏学出版社，2018：295－335。

容虽然尚未发现在《大乘要道密集》，但文献后部与《大乘要道密集》中的《于大手印渐入顿入要门》以及其后的“问答”以及“玄密帝师引用辣征”引文内容。①

（2）5b—6b [illegible]（直译：“大手印之静思八种法”）同与于《大乘要道密集》中的《大手印静虑八法》。②

（3）6b—7a [illegible]（直译：“大手印九喻九理要语”），同与《大手印九喻九法要门》。③

（4）7a—9a [illegible]（直译：“大手印增加灭害减遣要语”）。该材料大致同于《大手印除遣增益损减要门》。此材料与《大乘要道密集》中的文本相同段落在 Tang 348#2841 页 7a—7b；其余 8a—b 段落不见在《大乘要道密集》中。④

（5）9a—9b [illegible]（直译：“于大手印所失十两种”）同于《于大手印十两种失道要门》。⑤

（6）9b—12a（10—11 为草字社会文书）[illegible]（直译：“依于大手印柔定明见受要门”）同于《大乘要道密集》中的《大手印湛定鉴慧觉受要门》。⑥

（7）12a—14a（13 为草字文书）[illegible]（直译：“大手印八种明镜”）同于《大乘要道密集》中的《大手印八镜要门》。⑦

（8）14a—b [illegible]（直译：“大手印九种光明”）同于《大手印九种光明要门》。⑧

（9）14b—16a（15 为草字文书）[illegible]（直译：“真实心大手印之理十三种喻要门”）同于《大手印十三种法喻》。⑨

（10）16b 西夏语无标题，同于《大乘要道密集》与《大手印修行人九法》。⑩

（11）16b—18a（17 为草字文书）[illegible]（直译：“大手印之三种

① 《大乘要道密集》：400－402。
② 《大乘要道密集》：402－403。
③ 《大乘要道密集》：403－404。
④ 《大乘要道密集》：404－405。
⑤ 《大乘要道密集》：405－406。
⑥ 《大乘要道密集》：406－407。
⑦ 《大乘要道密集》：407－408。
⑧ 《大乘要道密集》：408－409。
⑨ 《大乘要道密集》：409－410。
⑩ 《大乘要道密集》：410－411。

理喻”）同于《大手印三种中法喻》。①

（12）18a—18b [illegible]（直译：“大手印默有者九种障碍”）文献同于《大手印修习人九种留难》。②

（13）18b《大手印顿入真智一决要门》（西夏标题未存）。③

笔者所见到的 Tang 348#2841 版本限于以上内容，孙伯君所见到本子另外考证出《大手印顿入要门》《大手印四种收心》的西夏译本。值得注意的，现存的西夏文论著在 Tang 348#2841 的顺序与《大乘要道密集》全同，可以假设此文章为比较完整的“大手印”文献集章节，并且文献的如上顺序具有其内在逻辑。从文献学解读角度观之，针对西夏不同单独流传的“大手印”文献而言，Tang 348#2841 为底本，其他文献皆是自 Tang 348#2841 抽出来的本子。此外，Tang 348#2841 文章的顺序与《大乘要道密集》全同说明二者基于同一个起源或底本。至于二者之间的关系，目前难以做出判断，但能提出初步假设：《大乘要道密集》汉文版是经过深厚润文的西夏文翻译。其理由如下：

2. Tang 348，#2841 与冈波巴口传

据杨杰考证，文中的“辣征”引文可追索冈波巴尊者的开示中，此外杨杰的考证证明，Tang 348#2841 中的许多文字皆见在《冈波巴全集》中。由此可见，黑水城出土西夏文或汉文的一部分大手印材料与噶举派“大手印”流传背景有关系。西夏藏汉对照文如下：

Tang 328#2841	《冈波巴全集》（依杨杰录文）④	西夏本新译（笔者）	《大乘要道密集》版
[illegible]：“[illegible]： 1 [illegible]，[illegible]. [illegible]，[illegible].2 [illegible]，[illegible]，[illegible].3 [illegible]，[illegible]，[illegible].4 [illegible]	1སྣང་ཞིང་སྲིད་པའི་ཆོས་ཐམས་ཅད་སེམས་ལས་ཕྱི་རོལ་དུ་གྱུར་པ་མེད་དེ། སེམས་སྐྱེ་བ་མེད་པར་གོ་ན་ལྟ་བ། 2[དེ་ལྟ་བུའི་དོན་དེ] །ནང་དུ་སེམས་ལ་ཤར་ན་རྟོགས་པ། 3རྟོགས་པའི་དོན་དེ་ལ་སེམས་རྩེ་གཅིག་ཏུ་འཛིན་པ་སྒོམ་པ།	上师说：“实际，我师辣征说：1 一切显有法不能渡至心之外。若能了悟心实离于生灭，则谓‘见’。2 其无生灭理，显出在内心中，则是‘解’。3 缘愿在其所了悟之理，则谓‘定’。4 若心不散	玄密帝师云：吾师辞征作如是说：“一切诸法不离于心，1 若了本心离生灭者，名之为见；2 其无灭理，内心现者，名之为解；3 于所解理，专心缘者，名之

① 《大乘要道密集》：411－412。

② 《大乘要道密集》：412－413。

③ 以上考证基于：索罗宁《西夏文“大手印”文献杂考》：238－239。上述西夏文献的录文以及与汉文对照研究，见：孙伯君、聂鸿音《西夏文藏传佛教史料》：201－248。

④ 杨杰《西夏对藏传佛教的吸收与融创——以〈大乘要道密集〉所收数篇大手印文本为例》，《中国藏学》2020（2）：56－65。

续 表

Tang 328#2841	《冈波巴全集》（依杨杰录文）	西夏本新译（笔者）	《大乘要道密集》版
[illegible]	4དེ་ལ་མ་ཡེངས་པ་སྤྱོད་པ་ཡིན་གསུང་།དེ་ཉམས་སུ་ལེན་པའི་དུས་སུ། 5དོན་སྤྱིའི་ཚུལ་དུ་བསྒོམ་པ་དང་།དོན་དངོས་བསྒོམ་པའོ། 6།དང་པོ་ནི།ཆོས་ཐམས་ཅད་སྟོང་ཉིད་སྐྱེ་བ་མེད་པ། 7ཅི་ཡང་མ་ཡིན་པ་ལ་བློ་འཇོག་པ་ཡིན་ཏེ། དེ་བློས་བྱས་པ་ཡིན།དོན་དངོས་ནི།སེམས་ལྷན་ཅིག་སྐྱེས་པ། 8.འོད་གསལ་བ་རིག་པའི་ངོ་བོ་དེ།ཆོས་སྐུ་ཡིན་ཏེ།དེ་ཉིད་མ་བཅོས་པ་གསལ་བའི་ངོ་བོ་དེ།དོན་དངོས་སོ།།དེ་ལྟ་བུའི་དོན་དེ།རྟེན་དང་བྲལ་བ། ཕྱོགས་སུ་མ་ལྷུང་བ་དཔེས་མཚོན་དུ་མེད་པ།བརྗོད་པའི་ཚིག་གང་གིས་ཀྱང་ཐོག་ཏུ་མི་ཐེབས་པ། རྟོག་གེ་བའི་སྤྱོད་ཡུལ་མ་ཡིན་པ་སྟེ།གང་གིས་ཀྱང་ནི་དེ་མི་ཤེས། །བླ་མའི་བྱིན་རླབས་སྒོམ་པ་ཡིན། །ཤེས་རབ་མིག་གིས་དེ་མཐོང་འགྱུར།	乱而住其理，则谓‘行’。”修行时，5 则有两种：依于“共义”仪之念定及依于“实心”仪之念定。在其中，依于“共理”仪之念定者，是：一切法空及无生，为处于无任何所成之理，乃不作意。“实心”仪之念定者，是心俱生。所谓“俱生”者，则有两种：一，譬喻有二理，一譬喻有两种：一“内”，二“外”。一，“外”者，其犹如日与日光。二“内”者，即是执着道之四种欢喜。 二，理俱生，即是心与显明俱生；是觉受与心俱生；是空与心俱生，是乐与心俱生。 所谓“显照”者，体虽空，离于沉掉故，谓为“显照”。觉解之体有两种：有觉解与无觉解，是法身等。“有觉解”者是有情，“无觉解”者是无情。是法身。实际不修造，显照自性 俱生现照离于觉解，尽无所思量，则谓“不修造”。心不修造，[心犹如]透明之水，不扰动则澄清时显现。理离于其所依之处，则不堕边［见］。不堕边[见]：不堕于有无与唯识中道一边[之见]。无论如何谈[心性]，总不可得，中道，正理，法音等，虽然有许多记载，皆非其境界。非多分别者之境界非意之境界。无论有谁不能了悟此理，依于上师摄受之旨趣，可用圣慧眼而见之。	为定；4 即于彼理，不乱住者，名之为行；所修禅定，而有两种，为共义禅定、本心禅定。6 共义禅定者，于 7 诸法空及于无生无灭所成理而安其心，不应作意也。本心禅定者，即俱生也，俱生有二，谓喻俱生、理俱生也。喻亦有二，外及内也，外者如日与日光也。内者，即依着道所生四喜也。理俱生者，心与明显俱生，觉解与心俱生，空与心俱生，乐与心俱生也。言明显者，体则虽空，离沉掉故，谓之明显也。觉解之体，即是法身。觉解有二，谓有觉解法身、无觉解法身。有觉解者，即是有情，无觉解者，即无情也。即此不修整明显自性不修整者，俱生明显，理于觉解，无所思故，名不修整，心不修则自明，水不动则自澄而显现也，理离所依，不落其边不落有无、唯识、中道等边也，总能谈论，亦不可得中道正量及因名等，虽解多种，亦非其境 而无能了解之者，依师摄受之旨趣，以圣慧目能得见。”①

① 《大乘要道密集》，台北：密乘出版社，1983：401－402。藏语依于杨杰博士录文。此处讨论基于笔者与杨杰讨论结果。

图 13　西夏语：上师说："实我师辣征说"

我们初步考证可以如下总结：西夏文本与《大乘要道密集》版本关系密切，二者与现存《冈波巴全集》中的本子有差别。其中重要的差异在于西夏语本子是比较如实的藏语的翻译，而汉语版本显露出针对西夏文版的润文痕迹。不同文本之间的关系需要有更仔细的考证。下面初步的文字比对，似乎可以为汉文本子是西夏译本的重译佐证。夏汉藏三文初步比对如下：

a. 西夏文：译文注 1：[illegible]，[illegible]（直译："一切显有法，不出心之外"）与《大乘要道密集》"一切诸法不离于心"不全同（汉语略有润文）。藏文版：སྣང་ཞིང་སྲིད་པའི་ཆོས་ཐམས་ཅད་སེམས་ལས་ཕྱི་རོལ་དུ་གྱུར་པ་མེད་དེ（一切现有的法不能变为心的外边）。西夏文"dźju[1] dju[1] [illegible]"（"显有"）为藏语"སྣང་སྲིད"的正确翻译，不见在汉译中。则是西夏语（"除心外不渡"）直接代表藏语的སེམས་ལས་ཕྱི་རོལ་དུ་གྱུར་པ་མེད。可以假设，《大乘要道密集》本子是西夏语译文的润文版。

b. 译文注 2：西夏文：[illegible]（直译："无其生灭理"）；《大乘要道密集》"其无生灭理"。《冈波巴全集》：དེ་ལྟ་བུའི་དོན་དེ（如此之理），夏汉通，藏异。

c. 译文注 3：西夏文：[illegible]（直译：愿缘在彼所了悟之理）；《大乘要道密集》"于所解理，专心缘者"；《冈波巴全集》རྟོགས་པའི་དོན་དེ་ལ/སེམས་རྩེ་གཅིག་ཏུ་འཛིན་པ（"在所了解理上，把心守持为一"）。此处文本之间关系难以判断，因为西夏语的 tjị[1] thju̱[1] [illegible]（直译："愿缘"）含义不明，直译"愿缘"可以解释为"专心思虑"，夏汉同。藏语རྩེ་གཅིག 为佛教术语（直译："一顶"）"一点"（eka+agra），梵文 ekāgratā 的翻译，大手印四种瑜伽之一，西夏文不表达，汉语"专心缘"，为诠释翻译。

d. 译文注 4：藏语：དེ་ལ་མ་ཡེངས་པ་སྤྱོད་པ་ཡིན་གསུང，西夏译文：若心不散乱而住其理，则谓'行'；《大乘要道密集》：'即于彼理，不乱住者，名之为行'。夏汉通用'心不乱住其理'之说法，代表藏语'དེ་ལ་མ་ཡེངས་པ'（"在此不乱"）。

e. 译文注 5：藏语དོན་སྤྱི；西夏语文："共义"，《大乘要道密集》"共义"三者同；དོན་དངོས（如实），西夏语文："实心"（如此心），《大乘要道密集》"本心"，近西夏译本。

f. 译文注 6：藏文版དང་པོ；夏汉皆"共义禅观"之类的语句，相互接近；异于现存藏文版。

g. 译文注 7：藏文版：ཅི་ཡང་མ་ཡིན་པ་ལ་བློ་འཛོག་པ་ཡིན་ཏེ（在非何物而安住心）；夏译："在何以无所成理，令（使动缀）住心"；《大乘要道密集》："无所成理而安其心"。汉译缺ཞི་ཡང;“无所成理”语句依于西夏语而补，为西夏语句的直译。

h. 译文注 8：夏汉相互接近，异于现存藏文版。

无论汉语还是西夏语材料，该资料群皆基于某一种藏文材料，或属于同一种口传的传统。虽然西夏大手印的源流极为难寻，最近杨杰透过大量汉文、藏文文献的考证证明，大量西夏时期大手印文献可追索到冈波巴以及其门下的传承（如上文）。汉文材料“辣征师”正如前人所假设，代表冈波巴尊者的“དྭགས་པོ་ལྷ་རྗེ”称号。此外，西夏著名的“玄密帝师”很可能是冈波巴尊者的直接弟子，即是说明西夏流传的藏传佛教体系中有明显的噶举派的因素。[①] 据上文初步考证，我们有足够的理由可以假设，《大乘要道密集》中的大手印材料的汉语本子基于西夏文本，是经过大量润文而成书的。

黑水城的其他一部分藏传文献以及《大乘要道密集》收的本子（包括“金刚亥母”，其他“大手印”，不同“集论”仪轨等）所录的师资传承记载，显露一个共同特点：这些材料的传承与铭唲辣啰悉巴、冈波巴、喇嘛祥等噶举祖师有关系。这观点与帝师惹巴的传记记载的情况颇为相应，也符合现存零碎藏语历史记载。由于此情况早已为学术界发现，此处不特别讨论。[②] 从其传承的角度观之，西夏大部分“大手印”材料，“金刚亥母”，“集轮”仪轨有明显的相连性，据学术考证其中不少文本基于雅砻斯巴、玄密、玄照等上师的传承。[③] 据以上考证，该“大手印”体系的起源之一是冈波巴（西夏材料作“辣征”）上师的噶举法门。据我们现在所了解的西夏时期的藏传佛教文献类型，其中大部分内容分配在“大手印”“法”等体系之内，与冈波巴的判教观无不妥。[④] 文献传承表格如下[⑤]：

标　　题	最终传者
《依于瑜伽母大手印烧施要门》	雅砻斯巴
《金刚瑜伽母念定法》	雅砻斯巴
《集轮供养次第》	雅砻斯巴（依于喇嘛祥）

① 杨杰《西夏对藏传佛教的吸收与融创——以〈大乘要道密集〉所收数篇大手印文本为例》，《中国藏学》2020(2)：56－65。

② K. Solonin, “Dīpaṃkara in Tangut Context”, Part 1；索罗宁《西夏文“大手印”文献杂考》；孙伯君、聂鸿音《西夏文藏传佛教史料》为全部材料提供录文和翻译：9－60。

③ 孙伯君、聂鸿音《西夏文藏传佛教史料》第 9、13 页的初步讨论。

④ 西夏佛教文献概述见：K. Solonin, “Local Literatures: Tangut/Xixia”, vol. 1：844－859.

⑤ 孙伯君、聂鸿音《西夏文藏传佛教史料》：22－44（笔者对标题稍作修改）。

续　表

标　　题	最终传者
《大手印伽陁支要门》	玄密（承冈波巴）
《金璎珞要门》（大乘要道密集）	玄密—智金刚—玄照

重要的是，就基于“雅砻斯巴”传承中的“大手印”及其他材料翻译成汉语并收录《大乘要道密集》之内。考虑到收在2885号文献（《帝洛巴心性说》）的基于“雅砻斯巴自传”的记载，直接确定雅砻斯巴为冈波巴的弟子，可见以上文献属于同一个“冈波巴”脉络。也就是这些文献的一部分曾翻译成汉语。其中一些收在《大乘要道密集》中，其他但存黑水城出土的汉译。这说明，西夏存在着“大手印”藏传佛教如实代表卫藏地区11—12世纪前半的情况，并且与噶举派中的不同流派有密切关系。如此历史考证结果与现存大部分西夏文以及西夏时期汉文佛教文献的类型和内容分配分析成果是一致的。西夏本土文献所保留的“传承”记载也证明西夏藏传佛教与噶举派的关系。据文献考证，与此“冈波巴”脉络有关系的西夏译师是“五明伽蓝”的慧照。

《大印究竟要集》所代表的“大手印”无论从其传承或内容来看与“冈波巴”系统不同。据我们目前考证，梳理《大印究竟要集》的历史背景需要从其内容出发，比较迫切《大印究竟要集》与《那曷》本文以及巴普上师的注释之比较，文中“譬喻”背景之考证等。

二、2885号《帝洛巴师心性说》与西夏噶举派传播

据前人的研究成果可见，西夏国土流传的“大手印”传承主要基于铭得哩斡（Maitrīpa，1007—1085），铭唦辣啰悉巴（Milaraspa，1052—1135）。此传承脉络皆与帝洛巴（Tilopā，988—1069）和捺啰巴（Nāropa，1016—1100）[①]的“六法”实修体系有关系。西夏流传的“大手印”文献，无论是汉语或西夏语，所显露的情况与此无异：所有大手印传承记载表示西夏“大手印”属于噶举派的系统内，似乎皆以“铭唦辣啰悉巴”（Milaraspa）和“辣征”为核心。据本研究“文本体系”的假设，我为此“大手印/六法”脉络找到“宗教史”文本。

① 文中使用《大乘要道密集》人名的写法。见：K. Solonin，“Dīpaṃkara in Tangut Context”，Part 1：433－35 et passim.

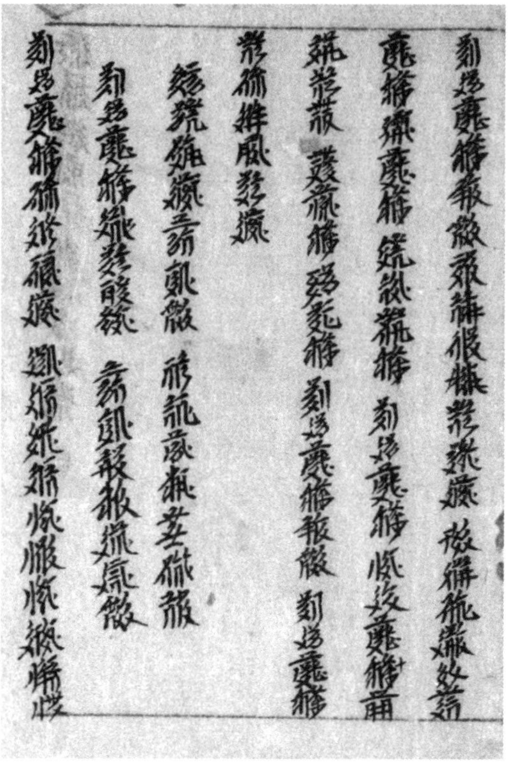

图 14　#2885 帝洛巴传承,《心性说》

IOM RAS #2885(笔者暂定标题为：tjɨ¹ rjijr² lo¹ pja¹ dzjịj² · jij¹ njij¹ tsjịr² tshjịj¹ [illegible]《帝洛巴师心性说》)文献所载。此处"帝洛巴"名字的西夏文转写"tjɨ¹ rjijr² lo¹ pja¹"拟为 * Trilopa,与《大乘要道密集》中所见的"啰吟浪巴"等转写颇为接近。#2885(图 14)可以分成三部：其中第一部(现存版 1a—3a 页),因为许多语句中的谓语皆有第一人称动词呼应标记,可以假设其段为某一位上师的"自传",据内容考证此师无疑问是冈波巴上师。第二段为有名的西夏晚期噶举派上师雅砻斯巴(ཡར་ལུངས་པ)的传记。其中一些句子也见第一人称呼应标记,可推论最少一部分内容基于其自传。第三段为噶举派上师的赞颂,以及上述的"阴阳本续"(即ཕ་རྒྱུད和མ་རྒྱུད)的传承(见上文)和所谓的"帝洛巴师心性说"。文中的"雅砻斯巴传"(即是西夏"觉照国师")因为其所载内容与现存藏文材料不相应,需要另外考证。①

1.《帝洛巴心性说》考证

2885 号文献虽然比较简略,以及未全存,其为西夏藏传佛教传播史的一个非常重要的材料。文中左后一段保留噶举派"本续"传承系统如下：

[…] 5a [illegible]

① 孙伯君"雅砻斯巴传"的初步翻译中只限于其所为"传承"部分和一些学习经历,未注意其为自传(孙伯君《西夏文藏传佛教史料》：43)。曾汉辰在《西夏觉照国师法狮子之教法来源与身份考》一文(《中国藏学》,2020(01)：180－186)中收集藏语与雅砻斯巴相关记载,构拟其生平的活动经历。据曾博士考证,2885 号文献与藏文材料不合,假设西夏有二位号"雅砻斯巴"上师。此需要进一步考证。

[illegible]，[illegible]. [illegible]，[illegible]·we^{1} phu^{2} [illegible]，mja^{1} tã^{1} khwa^{1} [illegible]，tjɨ^{1} rjijr^{2} lo^{1} pja^{1} [illegible]. [illegible] dow^{1} bji̱^{2} mjị^{1} rjur^{2} kja̱^{1} [illegible]，bji^{2} nja^{2} bja^{2} dzjɨ^{2} rjar^{1} [illegible]，lja^{2} ·wa^{1} pja^{1} [illegible]，tjɨ^{1} rjijr^{2} lo^{1} pja^{1} [illegible]. 5b [illegible]，sju^{2} mja^{1} tji^{2} njɨ^{2} me̱^{2} [illegible]，śjiw^{1} lo^{1} pja^{1} [illegible]，thã^{1} lo^{1} pja^{1} [illegible]，kja̱^{1} nja^{2} rjir^{1} pja^{1} [illegible]，tjɨ^{1} rjijr^{2} lo^{1} pja^{1} [illegible]. [illegible] sja^{1} rjar^{1} xa [illegible]，lju^{1} ·ji^{1} pja^{1} [illegible]，djịj^{2} kji^{1} pja^{1} [illegible]，tjɨ^{1} rjijr^{2} lo^{1} pja^{1} [illegible].

[illegible]
[illegible]①[illegible]
[illegible]
[illegible]
[illegible]

[illegible]，[illegible] 6a [illegible]

夫此师虽具无量功德，略说之则本性柔软，无有我慢、嫉妒、愤怒等，是大乘之种。有大悲心，智慧深广，定心殊胜，觉悟杰出，了三藏义，持众多要门，不着名利，一心修行。［诸师］为多众生之所依处，是不可思议师。

凡帝洛巴师所获得要门的渊源有四种。据“阳本续”（即ཕ་རྒྱུད）的师传次第：大师龙树师（Ācārya Nāgārjuna），马腾伽（Mātanga）②，帝洛巴；又钟必兮噜葛（Ḍombīheruka），必捺莎瓦拶啰（Bhina［sa］vajra）卖酒母，辣斡巴（Lawapa），帝洛巴。据“阴本续”（即མ་རྒྱུད）的师次第：须玛吃普贤（*Sumatī Samantabhadrī），施罗巴（*Shilo pa）③，塔葛巴（*Tangpa）④，葛捺哩巴（Karṇaripā）⑤，帝洛巴（Tilopā/Trilopa）；又婆罗门萨啰曷（Saraha），鲁兮巴（Lūipa），丁吉巴（Ḍeṅgipā），帝洛巴（Tilopā/Trilopa）。

帝洛巴师之《心性说》者：
Kyei Ho 此者即是觉

① kjij^{1} xwo^{2} [illegible]，据藏文版为感叹词转写，keyi ho；见下文。

② 这些传承讨论见：索南才让《西藏密教史》：404－405。Mātaṅgīpā，龙树弟子，F. Torricelli，*Tilopā: A Buddhist Yogi of the Tenth Century*，（Dharmsala：LTWBA，2018）：150.

③ F. Torricelli 拟为 Parṇa，Shing lo pa. F. Torricelli，*Tilopā:* 168 等处；此人无其他记载。

④ Thang lo pa，F. Torricelli，*tilopā:* 168 等处；此人无其他记载；《西藏密教史》同上处。

⑤ Karṇaripā；F. Torricelli，*Tilopā:* 164－165 et passim.

实远离①言说境界

我帝洛巴未曾说

已以证悟应了知②

帝洛巴师之《六法》：无受，无思，不测，不虑，无定可念，心性自然而住。竟。

不难看出，#2885 的师资传承是比较典型的噶举派中的系统。③ 更具体，文中的“阴阳本续”的四种传承记载（རྒྱུད་པ）可以解释为帝洛巴的所谓“圣教的四种传承”（བཀའ་བབས་བཞི）（即是“喜金刚”“上乐轮”“六法”等法门），曾为帝洛巴在其《六法要门》（ཆོས་དྲུག་གི་མན་ངག）亲自讨论。据《六法要门》所载，六法传承起源在于龙树，拶哩雅巴，辣斡巴及须咯悉帝（Sukhasiddhi）④，合乎玛尔巴在《瑜伽自主帝洛巴传记》的记载。据考证，西夏 2885 号文献“四种传承”个别传承可以见在诸“四圣教传承”的不同版本中，但尚未见到与西夏语本子完全一致的藏语材料。虽然可以说，2885 号信息比较接近《瑜伽自主帝洛巴传记》所载的传承，但由于

① rejr² dzjij¹ [illegible]直译“多渡”。

② 此语句见西夏及汉语版《能照无明》（沈卫荣建议）：[illegible]，[illegible]，[illegible]（直译：“是真实理我不说，无论发起之慧有多殊胜，[拙火] 远离于语言之境界。”——笔者译）。黑水城汉译本：“我今不说是真实，于内胜解所生境，非是语言可宣说”（笔者断句，原文录文见：孙伯君、聂鸿音《西夏文藏传佛教史料》：106，114）。西夏语译比汉译更实于藏文版。

③ 该文献解读的困难度比较高，迄今缺乏学术界能接受的翻译。传承见：Chökyi Nima Thuken Losang, *The Crystal Mirror of Philosophical Systems*：A Tibetan Study of Asian Religious Thought（Somerville, Wisdom Publications：2009）：117－118 的传承与西夏文献大约一致。他处也出现类似记载，在此不一一说明。此段西夏文详细讨论见：Solonin, “Dīpaṃkara in Tangut Context”, Part 1：432－433. 实际文中的传承记载如实的代表的隆巴的传承。细见：F. Torricelli, *Tilopā*：137 et passim 。西夏语的 Mātanga 实际为的隆巴传统记载的 Mātaṅgīpā，龙树弟子之一（Torricelli, Op. cit.：150－151 et passim）。此上师似乎为噶举派中管体系的特征。卖酒母 Bhinasavajra 的讨论见 Torricelli, Op. cit.：144 et passim；西夏文的“须玛谛普贤”基于藏语 སུ་མ་ཏི་ཀུན་ཏུ་བཟང་པོ，即是“Sumatī * Samantabhadrī”空行母（Torricelli, Op. cit.：158－159）。此外，见：Ulrich Time Kragh, “Prolegomenon to the Six Doctrines of Nā ro pa：Authority and Tradition”, in：R. Jackson, M. Kapstein, eds., *Mahāmudrā and the Bka' brgyud Tradition*. PIATS, 2006（IITBS：2011）：131－132.
该资料是西田氏发现较早，并提供初步讨论（E. Кычанов, *Каталог Тангутских буддийских памятников*：xxxviii-xxxix）；此后孙伯君数处发表了相关研究，如：孙伯君、聂鸿音《西夏文藏传佛教史料：“大手印”法经典研究》：42－44。孙博士译文中“死亡本续”应该改为“阴本续”。

④ TBRC, 00JW501203；'*bri gung bka' brgyud chos mdzod chen mo*,（Lhasa：'bri gung mthil dgon, 2004）. Vol. 3：152－154；F. Torricelli, *Tilopā:* 137.

西夏文缺乏 Caryāpā 拶哩雅巴的名号，不能视为全同①。尽管如此，2885 号无疑问属于帝洛巴噶举"六法"系统。

文中的最后句："帝洛巴师之《六法》：无受无思，不测不虑，无所念定，心性随其任运而住位"无疑问的是帝洛巴给捺啰巴所谓的"要点六钉"（གནད་ཀྱི་གཟེར་དྲུག）：མི་མནོ།མི་བསམ།མི་སེམས།མི་དཔྱོད།མི་སྒོམ།རང་བབས་གཞག②（"不思，不念，不虑，不分别，不观，自然住"）。此段来源可能见在帝洛巴撰《空行母要门：圣教正量》《བཀའ་ཡང་དག་པའི་ཚད་མ་ཞེས་བྱ་བ་མཁའ་འགྲོ་མའི་མན་ངག》中的语句。由于《བཀའ་ཡང་དག》流传时期比较晚，我们无法判断西夏僧侣了解帝洛巴的著作。更接近西夏 2885 号的文末偈颂的文字出现在帕木竹巴（ཕག་མོ་གྲུ་པ，1110—1170）撰众生之护者，《圣帕木竹巴金刚王所造〈大手印要门〉》（འགྲོ་བའི་མགོན་པོ་དཔལ་ཕག་མོ་གྲུ་པ་རྡོ་རྗེ་རྒྱལ་པོས་མཛད་པའི་ཕྱག་རྒྱ་ཆེན་པོའི་གདམས་པ་）。③

#2885	《大手印要门》	藏文汉译	西夏语汉译
[illegible]	རྗེ་བཙུན་ཏེ་ལོའི་ཞལ་སྔ་ནས། ཀྱེ་ཧོ་འདི་ནི་རང་རིག་སྟེ། ངག་གི་སྤྱོད་ཡུལ་ལམ་ལས་འདས། ། ཏེ་ལོ་ང་ཡིས་བསྟན་དུ་མེད། རང་གིས་མཚོན་ཏེ་ཤེས་པར་གྱིས། ། ཏེ་ལོ་པ་ཡི་ཆོས་དྲུག་ལ། མི་མནོ་མི་བསམ་མི་སེམས་དང་། དང་། མི་བསྒོམ་དང་ནི་མི་ དཔྱོད་དང་། རང་བཞིན་དག་ཏུ་ གནས་པའོ།།	帝洛巴尊者亲自言： Kyei Ho，此自觉智； 超越言语境界之道； 我帝洛未曾讲说， 己以证悟令了知。 至于帝洛巴六法， 不思，不念，不虑， 不观，不分别，自然而住。	说帝洛巴师之心性者， Ki Ho 此者即是觉， 实远离言说境界， 我帝洛巴未曾说， 己以证悟应了知。 帝洛巴师之《六法》： 无受，无思，无测，无虑，无所念定，心性自然而住。

不难看出，西夏译文，除其开头句子"帝洛巴师之心性说者"有差异，其他语句与藏文段落是全同的。由于帕木竹巴《大手印要门》其他内容与 2885 不同，我

① F. Torricelli, *The Life of Mahāsiddha Tilopā by Mar-pa Chos-kyi bLo-gros*, (Delhi: LTWA, 1995): 34 - 35. 据记载，帝洛巴的上师为：Nāgārjuna, Cāryāpa, Lavapa, Subhaginī.

② 第一句：西夏文 lhjịj（直译："受，取"）来自西夏语的"觉受"[illegible]一词，可翻译为"受持在思念中"，与མནོ接近；第三句：sẹw² [illegible]（直译："测，察"）实际为"遍计"意思。第六句为解释性的翻译：西夏语 njij¹ tsjịr² [illegible]（直译："心性"）似乎为西夏译者所加；· jij¹ śjij¹ bju¹ [illegible]（直译："自随顺"，即是"随其自然"）为 རང་བབས（"自然"，"任运"）的准确翻译。最后"住位"即是གཞག的翻译，西夏语可翻译为："心性本身处于其任运之位。"

③ Phag mo gru pa, *Gro ba'i mgon po dpal phag mo gru pa rdo rje rgyal pos mdzad pa'i phyag rgya chen po'i gdams pa bzhugs so*, 收录在 *Gdams ngag rin po che'i mdzod* (Delhi: Shechen Publications, 1999). Vol. 9: 349 - 367. 该段落在第 361—362 页。此处特别感谢沈卫荣教授提供的建议。另见索南才让《西藏密教史》相关讨论。

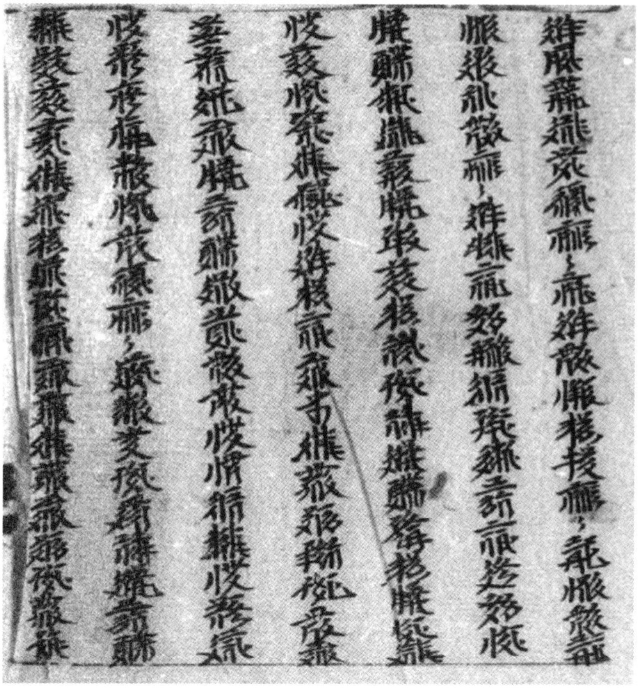

图 15　#2885“冈波巴传”第一页

们目前无法把此偈颂直接连上到帕木竹巴。同时，由于帕木竹巴的《中有身要门》西夏汉译本皆存，此可能性仍在。实际，本偈颂不同版本可见在许多噶举派材料中，可视为对帝洛巴师“六法”的基础总结。由于此，西夏译文偈颂具体来源。同时，以上内容明显标识西夏流传基于帝洛巴教义的“六法法门”。由于帕木竹巴为冈波巴大弟子之一，此段文字可为西夏冈波巴传承佐证。

2. #2885 号文献中的冈波巴传

至于#2885 文献的第一段，杜旭初和孙鹏浩在一篇未发表的文章《西夏大手印传承上师雅砻斯巴考》中提出文中的口述者（即是所谓的“我”）是冈波巴的假设，并为文中所见不同上师的名号进行考证。[①] 本人，孙伯君博士在不同时间为其中一部分提供翻译。[②] 此后，笔者与杨杰博士共同进行深度西夏文、藏文不同文献之比对，结果肯定#2885 的前一段内容合乎冈波巴传记的记载。正如杜孙二位博士的考证，文中的“我”无疑的是冈波巴上师，由于文中多见第一人称呼应，

① 杜旭初、孙鹏浩《西夏大手印传承上师雅砻斯巴考》（2019. 09. 14）未登稿。

② K. Solonin，“Dīpaṃkara in Tangut Context”，Part 1：432 – 433；孙伯君、聂鸿音《西夏文藏传佛教史料：“大手印”法经典研究》：43。

该段落基于冈波巴自传,或问答类的文献。其后的雅砻斯巴传也是自传形式,由于上述诸问题,本研究不考证内容。与本研究关键的信息则是据#2885 记载,雅砻斯巴为冈波巴的弟子。

据 U-T. Kragh 的统计,现存冈波巴传共存 17 本,可分为三组:1130—1176 年间是“零碎传记记载”;此外有晚期的系统的传记。据西夏史观之,本研究参考早期的传记记载,所谓的《都松钦巴所问之答》(དུས་གསུམ་མཁྱེན་པའི་ཞུས་ལན)。① 该文献非为正宗传记,而是基于都松钦巴的提问,记载上师的入定经验的文献。其中一部分内容恰恰合乎#2885 的记载。下面为相关段落的西夏录文,汉语翻译以及我们为其鉴定的藏文的参考材料。②

#2885	དུས་གསུམ་མཁྱེན་པའི་ཞུས་ལན	西夏文汉译
[⋯] 1a [illegible]。 [illegible],[illegible].“[illegible]③[illegible],[illegible]”[illegible]④[illegible]⑤.[illegible]⑥[illegible],[illegible]⑦[illegible],[illegible]⑧[illegible].[illegible],[illegible]	[བསྒོམ་པ་གཏུམ་མོ་ཁོ་ན་བསྒོམས] ཐམས་ཅད་རྟོག་པར་འདུག །རྟོག་པ་སྒྲོ་བུར་བར་འདུག །དེ་ཐམས་ཅད་སེམས་སུ་འདུག་སྙམ་པ་ཅིག་ནང་ནས་ཤུགས་འབྱུང་དུ་བྱུང་། དེ་ནས་ཤེས་པའི་ངོ་བོ་དེ་ལ་སྔར་འདྲིས་ཀྱི་མི་དང་ཕྲད་པ་འདྲ་བ་ཅིག་བྱུང་། རང་གི་ངོ་བོ⑨དེ་ཡེར་གྱིས་མཐོང་། སྔ་མའི་སྒོམ་དེ་དང་མི་འདྲ་བར་སེང་ངེ་ཡེར་རེ་བ་ཁ་ན་ཡེ་རེ་བ་ཅིག་བྱུང་། དེ་ནས་སྔར་གྱི་ཆོས་ཀུན་དང་བླ་མའི་མགུར་ཀུན་དང་། ཡོ་སློ་ལ་	1a 我得心性。 上师曰:“断‘一切法皆是心’之怀疑”;并且无勤自然发起“皆是是分别,一切是分别,一切分别是忽尔而起于心”。其后,于识体,犹如遇见以前认识的人,如实了悟本觉体。与我之前念定不同:发起显照之定心;有

① 收在《冈波巴尊者全集》;*Khams gsum chos kyi rgyal po dpal mnyam med sgam po pa 'gro mgon bsod nams rin chen gi gsung 'bum yid bzhin nor bu*,(Kathmandu:Khenpo Shedup & Lama Thinley Namgyal, 2000) Vol. 2:103 - 228;与本研究相关段落:149 - 153. 本研究另使用李佳宁提供的《冈波巴全集》电子版。

② Ulrich Timme Kragh, *Tibetan Yoga and Mysticism:* A Textual Study of the Yogas of Naropa and Mahāmudrā Meditation in the Medieval Tradition of Dags po. Studia Philologica Buddhica, XXXII(Tokyo:The International Institute for Buddhist Studies of The International College for Postgraduate Buddhist Studies, 2015)。本研究参考 Kragh 的相关英文翻译(第 100—103 页)。

③ zjiw[1] rjar[2] [illegible]为藏语སྒོ་བུར。据黑水城汉文本《能照无明》翻译“忽尔”。

④ 此处 [illegible] 为 [illegible](无)之讹。

⑤ 西夏文与现存藏文不同:[illegible](直译:“无勤自然自起”)的原始藏文可拟为:རྩོལ་མེད་དེ་བཞིན་དུ་རང་འབྱུང;西夏语缺“ནང་ནས་ཤུགས་འབྱུང་དུ་བྱུང”(“从内强烈发起”)。

⑥ sjij[2] kwər[2] [illegible](直译:“識体”)藏語:ཤེས་པའི་ངོ་བོ。

⑦ śji[1] sjɨ[2] sjij[2]dzjwo[2] [illegible](直译:“初知识人”)=སྔར་འདྲིས་ཀྱི་མི的直译。

⑧ mər[2] dwewr[2] kwər[2] [illegible](直译:“本觉体”)= རིག་པ་རང་གི་ངོ་བོ(直觉自性);[illegible](直译:“实”)相当ཡེ་གྱིས(清楚)。

⑨ 有版本为:རིག་པ་རང་གི་ངོ་བོ(Kragh:100, 注 205)。

续 表

#2885	དུས་གསུམ་མཁྱེན་པའི་ཞུས་ལན	西夏文汉译
[illegible]①[illegible]。[illegible]②[illegible]③[illegible]，[illegible]④[illegible]，[illegible]．[illegible]，[illegible]⑤[illegible]．[illegible]，[illegible]⑥．[illegible] 1b [illegible]⑦． [illegible]，[illegible]⑧． [illegible]⑨[illegible]，[illegible]⑩[illegible]．[illegible]？[illegible]⑪[illegible]．[illegible]，[illegible]⑫，[illegible]．[illegible]	བརྟུལ་པ་བཞིན་བགྲོ་ལམ་གྱི་བྱུང་། ⑬ རེས་ཀ་ནི་སྣང་བ་ཡང་སྒྱུ་མ་ལྟ་བུར་ཞལ་ཞལ་བྱུང་། རེས་ནི་ཅོག་གེ་བ་ལྟ་བུ་ཡང་བྱུང་། རེས་ནི་ཤེས་པ་རང་གི་ངོ་བོ་ཅིག་ཕུར་སོང་། དེ་རང་བསྒོམ་དུ་སོང་ནས་བསྒོམ་རྒྱུ་མི་འདུག །བསྒོམ་དུ་སོང་ནས་བསྒོམ་མི་འདུག །བསྒོམ་མཁན་མི་འདུག།ཕྱར་གྱི་ཆོས་ཐམས་ཅད་ཕྱི་ཤུན་དུ་སོང་ནས། རིག་པའི་ངོ་བོ་རྟེན་མེད་དུ་སོང་ནས་སྣང་བ་ལ་བློ་གཏད་མ་དགོས་པ་ཞིང་བྱུང་། རེས་ནི་སྟོང་པ་རེས་ནི་སྒྱུ་མ་ལྟར་འཆར་ཡིན་འདུག །སྣང་བ་ལ་རྟོགས་དཔྱོད་བྱ་མ་དགོས། རེས་ནི་ཉམས་ལ་རྒྱངས་རྒྱངས་སོང་བ་སྙམ་བྱེད་པ་སྐྱེ། དེ་ཉམས་རང་དུ་འདུག །རྟོགས་པ་བརྟན་དུ་སོང་བ་ལས། བོགས་འདོན་རྒྱ་ཆེར་མི་གདའ།ཁར་སྐབས་སུ་རོང་ཕུའི་གནས་བརྟན་མཁར་ཕུར་ནི། རྟོགས་པ་ལ་བོགས་ཅིག་བྱུང་། ཇི་ལྟར་ན་སྤྱར་ཀུན་གྱི་རྟོག་པ་བན་བུན་བྱུང་ཙ་ན། མེད་ན་དགའ་སྙམ་བྱེད་པ་འབྱུང་བ་ལ། དེ་ནས་རྟོག་པ་འོད་གསལ་འབབ་ཞིག་ཏུ་སོང་ནས། དེར་རྟོག་པས་མི་གནོད་པ་ཅིག་བྱུང་། ད་ཡོང་གང་གིས་ཀྱང་	时见“现有”为如幻，有时思之为“实有”⑭；有时独见⑮之为识之自体。由于无有非念定⑯，所作定、作定者二种亦不见。明显地了悟：一切法者，犹如“外皮”，本觉自体，离于其所依之处。诸法时显示为空，时为如幻；此 1b“现有”不需释析。有时觉受变为广阔，即是觉受本身。除觉受变稳定外，无可增加也。 师曰：“后来在 lhow¹ phu̱² 地界，[我的]觉慧增加，如何增加？原来，发起分别时，[我认为]无之为好”。无则欢喜，今唯发起光明故，此分别入于光明中，分别不可障碍也。从彼迄今，光明

---

① dźju¹ swew¹ [illegible]（直译：“宣照”）= ཤིང་ངེ་ཡེར་རེ་བ།

② sjwa¹ tsjɨ¹ [illegible] = རེས་ཀ་ནི།

③ dźju¹ śja² [illegible] 藏语སྣང་བ直译。

④ zjɨr¹ dju² [illegible]（直译：“实有”）藏语版：ཅོག་གེ་བ；Kragh 翻译：freely flowing（Kragh：100）。

⑤ [illegible]，[illegible]“所作定”，“作定者”。

⑥ 西夏语译似乎为现存藏语略版：无相应藏语；སྣང་བ་ལ་བློ་གཏད་མ་དགོས་པ་ཞིང་བྱུང（不应该针对“现有”有相依）[illegible]，似乎为之。

⑦ tśhji² kjij¹ [illegible]（直译：“根释”）= རྟོགས་དཔྱོད།

⑧ 西夏译文中 dwewr² lhjij [illegible]（直译：“觉受”）代表藏语的རྟོགས和ཉམས。此外，西夏译文使用 mjɨ¹ djij² [illegible]（“让步架构”）与藏文似乎不合。

⑨ 西夏译文地名为 lhow¹ phu̱² [illegible]；与藏语地名རོང་ཕུའི་གནས་བརྟན་མཁར་ཕུར 不同。

⑩ [illegible]（直译：“觉慧”）代表རྟོགས་པ。

⑪ 西夏语法结构：djij² mjij¹ śjow¹ [illegible]。表示欲望动词前缀，动词词干+ śjow¹，表示说话者愿意达到的情况。西夏语缺བན་བུན་བྱུང་ཙ་ན。

⑫ 西夏译文缺འབབ་ཞིག་ཏུ。

⑬ 西夏文缺此段。

⑭ 藏语一律用བྱུང；西夏意译使用不同谓语，如“见”，“思”等。由于句子缺乏动词呼应的标记，难以判断，行动属于“诸现有”还是冈波巴对其的观念。

⑮ 藏语此处：སོང་ནས།

⑯ 藏语无此语句。

续　表

#2885	དུས་གསུམ་མཁྱེན་པའི་ཞུས་ལན	西夏文汉译
[illegible]①,[illegible].[illegible],[illegible].[illegible] 2a [illegible],[illegible].[illegible],[illegible].[illegible],[illegible].[illegible],[illegible]②[illegible]. [illegible]③[illegible].[illegible]④[illegible]:"[illegible]"."[illegible]⑤.[illegible],[illegible],[illegible],[illegible]"[illegible],[illegible]"[illegible]"[illegible],[illegible],[illegible]. [illegible] 2b [illegible],[illegible]⑥[illegible],[illegible]⑦[illegible].[illegible]:"[illegible]⑧[illegible]⑨[illegible]".[illegible],	མི་གནོད་སྙམ་པ་ཅིག་བྱུང་། དེ་ནས་འོད་གསལ་འབབ་ཞིག་ཏུ་སོང་ནས། དུས་ད་ལྟ་ཡན་ཆད་དུ་རྒྱུན་ཆད་མེད། དེ་ནས་ཉིན་མཚན་མེད་པར⑩་རྒྱུན་མ་ཆད། རྣལ་འབྱོར་པ་ལ་ཤི་མ་ཤི་མེད། བར་དོ་མེད་སྙམ་པ་ཅིག་བྱུང་། ཕྱིས་ནི་སྐྱིད་དུ་ཆོར་བ་ཅིག་བྱུང⑪།སྔོན་ཅ་ན་བཟླས་པ་མང་པོ་བྱས་ཀྱང་འདྲེ་ཚུར་གནོད། ད་ལྟ་བཟླས་པ་བཏོག་ཅིག་མ་བྱས་ཀྱང་འདྲེས་གནོད་པ་ཅིག་ཀྱང་མི་ནུས་པར་འདུག⑫ །སྔོན་ཆོས་མཁན་དགེ་ཤེས་ཀུན་དང་ཕྲད་ཙ་ན། ཉམ་ང་བ་སེམས་བྱེད། ད་ལྟ་ནི་སངས་རྒྱས་བྱོན་ཀྱང་ཉམ་མི་ང་⑬། ད་ལྟ་ཇི་ལྟར་མཁས་པ་ཅིག་དང་སྤྲོའི་ཟེར་ཡང་ཤེས་རབ་ཀྱི་གོ་ཕྱི་ནས་ཉམས་ང་མེད། རྨི་ལམ་ན་བསེའི་གའུ་ཅིག་རྙེད་པ་ལ། བསྒོམ་པ་བཀྲས་གཡུང་ན་རེ། ང་ལ་སྟོན་ཟེར་བ་ལ། མི་སྟོན། འདི་ན་ཇོ་བོ་རྗེའི་གདུང་རིང་བསྲེལ་དང་བཀའ་གདམས་ཀྱི་མན་ངག་ཡོད་པ་ཡིན་བྱས་པ་ལ། ཁོ་ནན་ཆེ་བས་ཁ་ཕྱེ་བ་ཅིག་རྨིས་ཏེ། ད་ལྟ་མི་ལ་བག་རེ་ཕན་པ་འདི་	常续不断。 我明白：瑜伽修习者，断与未断，不可有假名施设，亦无"中有"。过去时，我虽多念咒颂，仍惧鬼神。现在虽 2a 全不念咒，无畏惧之心。现在我发起思念："谁也不能损害我"。又，昔日，若遇见法师巧智者，我乃害怕；现在无论遇见如何巧智者，我无有"外心"。 又我梦中获得金瓶及漆箧，某一位相识说："示给我"，[我]说"不可示。此中收藏底邦噶辣师之骨舍利、圣教依⑭，修法，要门等"。由于[我如此说]我梦见：[相识]重重恳求，说"示给我"，所以我示给他⑮。此事即是为利益今世诸众生，应该依于

① 藏语版缺 [illegible](不可有安立)，即是没有言语之教。

② djɨr² njij² [illegible]（直译：外心）= ཉམས་ང་།

③ kiẹ¹ kwã² [illegible]，dze¹khu² [illegible]，金瓶及漆箧，异于藏文版（皮盒）བསེའི་གའུ。

④ 相识名号为བསྒོམ་པ་བཀྲས་གཡུང。

⑤ 西夏语架构 [illegible] 待考证，拟译。

⑥ 此段内容与藏语版比较接近，只是不够明显：rər² lo² [illegible]（直译"铜罗"）即是为"螺"的翻译。xu¹[illegible] 为音译字，由于 tshjɨj¹ mja̱² [illegible]（粗细）相当藏语སྦོམ་ཕྲ，据藏文版 xu¹钵相当གདུང་མ"梁，柱子"。

⑦ [illegible]（施动标记）= བཙུག་པ

⑧ tsar¹ lhjịj [illegible]（臧国）= Tsang

⑨ 脚注 499。

⑩ 西夏译文缺དེ་ནས་ཉིན་མཚན་མེད་པར（从此无有日夜）。

⑪ 西夏译文缺 ཕྱིས་ནི་སྐྱིད་དུ་ཆོར་བ་ཅིག་བྱུང（此后一直幸福）。

⑫ 西夏译文缺འདྲེས་གནོད་པ་ཅིག་ཀྱང་མི་ནུས་པར་འདུག（任何魔鬼不能伤害我）。

⑬ 西夏译文缺ད་ལྟ་ནི་སངས་རྒྱས་བྱོན་ཀྱང་ཉམ་མི་ང（今天甚至遇见明满）。

⑭ 藏语：བཀའ་གདམས་ཀྱི་མན་ངག；即是"噶当派的要门"。据下文，zur² bju² [illegible]（直译："圣教依"）为"噶当"的翻译。

⑮ 西夏译文故事有其特色：据西夏文本，"相识"一直请求冈波巴给他看盒子的内容，结果冈波巴允许他。

续　表

#2885	དུས་གསུམ་མཁྱེན་པའི་ཞུས་ལན	西夏文汉译
[illegible]①. [illegible] [illegible] [illegible] [illegible] 3a [illegible]②. [illegible]③[illegible]④[illegible]⑤[illegible]	བཀའ་གདམས་ལ་བརྟེན་ནས་ཕན་ཐོགས་པ་ཡིན།ནཱ་རོའི་གདམས་ངག་བཤད་པ་མང་སྟེ། བཀའ་གདམས་དང་མ་འབྲེལ་བར་ཕན་པ་བག་ཞུང་⑥།ཉུབ་ཅིག་གི་རྨི་ལམ་ན་མི་གཉིས་ལ་ཟངས་དུང་གཏད་ནས། འབུད་དུ་བཅུག་པ་ལ་སྒྲོམ་ཕྲ་གདུང་མ་ཚམ་དུ་འདུག་ནས། ད་ལྟ་ཡང་དབུས་གཙང་གི་རྒྱལ་ཁམས་ན་ཟངས་དུང་འདི་ཙམ་ཡོད་དེ་མི་ཡོང་། བུས་པ་ཅིག་རྨིས་ཏེ་དེ་ཁོ་ན་བཞིན་དུ་བྱུང་། འོལ་ཀ་བསྒུབས་ན་བཞུགས་ཙ་ན⑦་མི་ནག་པོ་ཅིག་བསད་པ་ཅིག་རྨིས། ང་ཡོངས་བདུད་ལ་སོགས་པའི་བར་ཆད་ཀྱིས་མི་ཚུགས་སྙམ་པ་ལ་དེ་ཁོ་ན་བྱུང་། ཉུབ་ཅིག་རྨི་ལམ་ན་བུ་ཅིག་ཡོད་པའི་མགོ་བཅད་པ་ཅིག་རྨིས། འཇིག་རྟེན་ན་བུ་ལས་གཅེས་པ་མེད་པ་སྟེ། དེ་ལ་ཡང་མ་ཆགས་བྱ་བ་ཡིན་ནམ་སྙམ་པ་ལ། དེ་ཁོ་ན་བཞིན་བྱུང་། དེ་རྩུན་ཆད་རྒྱབ་པ་དང་བསད་པ་རྨི་མ་མྱོང་། བཀའ་གདམས་པ་ཀུན་གྱི་ཞལ་ནས། སྟོང་པ་ཉིད་རྟོགས་ན་ལས་འབྲས་ལ་འཛེམ་དུ་འགྲོ་གསུང་བ་ལ། དེ་མེད་པར་འདུག །ད་ལྟ་ཉམས་སུ་བབས་བཀའ་གདམས་པ་ལ་ཆོས་ཀྱི་བབས་ཅིག་འདུག་གསུང་ངོ་།།	"教诫修法要语"之瑞相。 又一夜 2b 有梦：我让二人吹一双如 xu[1] 大小之铜螺。［有人］说："今藏国中可能无如此之螺"。我向弟子阐述此梦，并问："弟子，此梦是否属于你们？"。诸弟子乃说："不属于我们，［此梦］属于上师您。"现在即是如其梦［之所见］。 "又我梦中，梦见杀某位大黑人，现在即是不可为魔鬼等所损害。 又梦中，梦见有一位孩子的头为我所断。世界所爱惜，胜孩子者无，而我甚至于其亦无所执着。又近时未曾有梦中杀以及打击之梦。" 又 3a "依教诫修行者"

① 藏语版缺与弟子对话的段落。

② 《都松钦巴所问之答》藏文版到此。

③ nju[1] rjur[1] bja[1] [illegible]=ཉུག་རུམ་པ; 见：Trungram Gyaltrul Rinpoche Sherpa, "Gampopa, the Monk and the Yogi: His Life and Teachings", PhD. Thesis (Harvard University, 2004): 48, 脚注 130；孙鹏浩、杜旭初《西夏大手印传承上师雅砻斯巴考》。其为噶当僧侣，冈波巴诸师直译。传统记载判定冈波巴在其门下七个月(Kragh, *Tibetan Yoga and Mysticism:* 212)。

④ ·jar[1] ·jow[2] · dja[1] [illegible]= རྒྱ་ཡོན་བདག;Trungram, "Gampopa, the Monk and the Yogi": 48,脚注 131；此善事为冈波巴的主要噶当教授。Kragh, *Tibetan Yoga and Mysticism:* 95,13,317 等。西夏 · jar[1] 声母为喉塞音，可以代表 -ar, r-等音，发音接近 g-之类。由于鼻音韵尾在西夏语早已删掉，· jow[2] 为 yon 亦无疑。dja[1] 为 bdag 自明。冈波巴在其门下三年符合其他记载(Kragh, *Tibetan Yoga and Mysticism:* 212)。

⑤ tśja[1] rjir[1] ko kja[1] [illegible]=ལྕགས་རི་གོང་ཁ; Trungram, "Gampopa, the Monk and the Yogi": 48. 此诸上师另见 Kragh, *Tibetan Yoga and Mysticism:* 146;317，等诸处，传统记载定冈波巴在其门下时间为七个月(Trungram, "Gampopa, the Monk and the Yogi": 295 - 296 提供冈波巴诸师的系统表格)。

⑥ 西夏译文缺ནཱ་རོའི་གདམས་ངག་བཤད་པ་མང་སྟེ། བཀའ་གདམས་དང་མ་འབྲེལ་བར་ཕན་པ་བག་ཞུང་།(我虽然多次说明捺啰巴的要门，若不联系噶当要门，其用处不大)。

⑦ 西夏语不标地名。

续　表

#2885	དུས་གསུམ་མཁྱེན་པའི་ཞུས་ལན	西夏文汉译
[illegible]?" [illegible]. [illegible]①[illegible]. [illegible].		诸师②有说法:"若觉悟空理,则信因果"我今实有觉受,的确如实[藏语语句是否定的,西夏语为肯定,含义同]。又,需依于师续传承誓言未有失坏者"(噶当-译者注)。 师曰:我依于奴噜巴师一月;依嘎永怛师三年;依察哩贡噶师二月。其诸师说:"您为多人作修治者,为何?您实是犹如二瓶器相注[受]要语。"[后]我随意依于铭拶辣啰斯巴师为十四月。 我见师后,则立刻将所有的要门,全传予我无余③。

西夏文冈波巴传的记载虽然接近《都松钦巴所问之答》,但不可视为其翻译本。从上文翻译可见,西夏文本记载的"梦"的版本虽然从其顺序和基本内容接近传统藏文记载,仍存细节差别。一部分藏文本记载似乎不见在西夏译本的底本,其中包括关于捺啰巴要门与噶当学说互助搭配必要性的段落不见在西夏译本。由于《都松钦巴所问之答》记载了冈波巴自己的回忆,并西夏语文本的来源无疑问同于《都松钦巴所问之答》之故,如此矛盾难以解释。此外,西夏译文忽略(或其藏语底本缺)一部分人名,地名也有所不同。

如上所说,现存#2885 的架构是:1. 冈波巴传;2. 雅砻斯巴传;3. 帝洛巴本续传承;4. "帝洛巴心性说"偈颂。由于文中含雅砻斯巴传我们可以假定#2885 文献为西夏本土著作,由不同的藏文本子以及上师的口述组成的。"冈波巴传记"无疑问基于某一种接近《都松钦巴所问之答》的版本,不过西夏译文的藏文底本异于笔者所见到传统记载。西夏的记载基于西夏本土流传的某种藏文版本或口述。据笔者所知,雅砻斯巴自传的藏文版尚未出现于世,由于#2885 记载许多雅砻斯巴译其他上师对话和梦见内容,并常见二人称动词呼应,本研究假设,西

① mji^{1} zjɨ^{1} lja^{1} rjar^{1} sjɨ^{2} pja^{1} [illegible] = མིད་ལ་རས་པ 铭拶辣啰斯巴(Midla 写法见在《都松钦巴所问之答》),即是 Milarepa。

② 即是"噶当派"。

③ 冈波巴传记类似记载部分翻译见:索南才让《西藏密教史》:441-443。

夏文本依于西夏时期所记录的该上师的传记。值得注意的，雅砻斯巴西夏译文传记相当简略：限于讨论其求法、入定经验、梦见内容，但未提其在西夏的活动。与其他西夏大手印系列文本，#2885 显露出明显的“汉化”趋向：sjij² kwər² [illegible]（直译：“识体”）代表藏语：ཤེས་པའི་ངོ་བོ；mər² dwewr² kwər² [illegible]（直译：“本觉体”）代表རིག་པ་རང་གི་ངོ་བོ 为典型例子。

从其内容观之，本研究认为#2885 文献证明冈波巴噶举派修习在西夏的流传，因此与上文所提的（以及未提的）西夏大手印和六法文本有互补关系，即可视为西夏冈波巴法门在西夏的传教史。该文献之存在可视为噶举派不同脉络在西夏系统传播的证明。在冈波巴“六法”体系中是否存在核心文本的问题我们尚未无法解决。主要的原因在于吐蕃本土佛学传统中所提为“六法权威经典”，如《六法论》（*Ṡaddharmopadeśa*）等材料，实际上属于噶举的晚期阶段，并不出现在早期传承中，以及不为 12—13 世纪噶举学者所知。西夏流传“六法”脉络似乎集中在“拙火”系统上。早期藏语“拙火”材料皆与冈波巴有关系，并收录在其全集中①。上文所提 2885 号文献显露冈波巴在西夏的重要性。同时最少一部分西夏大手印材料为冈波巴口诀或与其系统有关系。由于此如此本研究认为西夏噶举系统之一是以冈波巴为主的“大手印/六法”传承。该体系暂定为“冈波巴”体系（也许“喇嘛祥体系”更为正确）。我们认为，冈波巴文本体系在西夏的主要文本是#2885 材料。

---

① U-T. Kragh, “Prolegomenon to the Six Doctrines of Nā ro pa”: 148 – 152.

第五章　喇嘛祥与西夏的噶举派

如上所说，西夏晚期弘扬噶举体系修法的上师之间，帝师惹巴以及雅砻斯巴等，皆属于喇嘛祥的弟子群。据祥仁波切自己的判断，其人传法主要脉络，有两种最重要的：马啰雅儿巴瓦（མལ་ཡེར་པ་བ，生卒不明）和噶啰拶瓦迅鲁怕（རྒྭ་ལོ་ཙ་བ་གཞོན་ནུ་དཔལ）①等。至于噶啰咯拶瓦材料在西夏的流传，早已有初步研究②。由于我们缺乏噶啰师与西夏互动的具体记载，可以假设噶译师及马啰雅儿巴瓦文本流传的原因在于其与喇嘛祥的师资关系。由于祥仁波切对二位上师的崇拜（祥曾为二上师编辑传记，收录其《全集》中），以及西夏弘扬噶举实修高僧为喇嘛祥弟子，喇嘛祥材料也自然传入西夏。由于其弟子关系，喇嘛祥本人以及其所传法门在西夏自然有影响力。据喇嘛祥《全集》“目录”以及 Martin 教授研究题款考证可见，喇嘛祥的许多仪轨，成就法等，皆为马啰雅儿巴瓦和绕译师所传的“略本”。

IOM RAS 所藏西夏文本的初步考察的结果是：西夏文本之间的确有部分材料，是喇嘛祥基于雅儿巴瓦和噶啰拶瓦传法而编辑的仪轨的诸“略本”。此外喇嘛祥文本体系中可见两个重要的本子：“祥余巴啰噶巴师所造《究竟道要门》”[illegible]《[illegible]》，即是ཕྱག་རྒྱ་ཆེན་པོ་ལམ་ཟབ་མཐར་ཐུག་ཞང་གི་མན་ངག（“大手印究竟深道：祥之要门”）。③ 据《目录》所载，IOM RAS 另存 6972 号文献亦喇嘛祥所造，五明加蓝觉照国师（雅砻斯巴）传的《求岸顺略要门》。④ 由于未见该文献原文，暂无法鉴定其性质。

---

① C. Yamamoto, *Vision and Violence*: Lama Zhang and the Politics of Charisma in twelfth-century Tibet, (Leiden: Brill, 2012): 57 – 62；西夏转写代表 rGwa；此处从 Yamamoto 等。

② *Буддийские ритуальные тексты: по тибетской рукописи XIII в.* пер. с тибетского, вступит, статья, примеч. и приложение А. В. Зорина.（М：ГРВЛ, 2015）.

③ 该文献存在不同版本，标题稍微有出入，见：Martin, D. “A twelfth century Tibetan Classic on Mahāmudrā: *The Great Seal Instructions of Zhang*”, *JIATS*, 1992(15): 244 – 319. 我们翻译考虑 Martin 的英文翻译以及文字校对。《目录》，612：565。最初该材料是曾汉辰鉴定的。曾汉辰《西夏觉照国师法狮子之教法来源与身份考》：181。

④ 《目录》618：567；Tang 469，6972.

一、Tang 182 #821：灌顶仪轨

第一本子是所谓的《集轮供养次第》。① 该材料实际为"集成"，据题记书中收集五种不同材料，皆为祥仁波切在黑足师成就者(ནག་པོ་པ)所造，噶啰师所传仪轨的"略本"。由于题记全存，该材料藏文容易找 。② 据目前考证，该"集成"所收录的材料为：

1. 1a—3a：dzju² lhjij nio̱w¹ dzju¹ · ju² śjij¹ [西夏文]（直译："为主授（灌顶）之请求"），基于内容该材料与《喇嘛祥全集》中的《为主授之请求》全同。该材料与噶啰所造《法菩提心法事》的关系到考证。③ 至于《为主授之请求》（དབང་བསྐུར་བའི་དོན་དུ་གསོལ་བ་འདེབས་པ），其藏文版之一收录在《喇嘛祥全集》。④ 西夏文与《喇嘛祥》全集中本子一律缺乏题记，故无从得知此为喇嘛祥所造，或为其所"传"。文尾有记载如下：[西夏文]⑤[西夏文]：[西夏文]《[西夏文]》[西夏文]，[西夏文]，[西夏文]，[西夏文]，[西夏文]。[西夏文]，[西夏文]。[西夏文]⑥[西夏文]，[西夏文]，[西夏文]（擦弥啰拶瓦说："至于此《发菩提心法事》者，依于《等持为主授请求》时虽然不以四等持所说，我为初学者心之欢喜喜乐，引入此段。其他诸随从者，你们何以随喜而为。"至于大吉祥噶啰师，有时如此作，有时如此不作。阿谛）。此语句记载了喇嘛祥或"传者"雅砻斯巴的话。

---

① 《目录》384：486；Tang 182 #821. 本子初步讨论：Solonin，"Dīpaṃkara in Tangut Context. Part 1"；孙伯君、聂鸿音《西夏文藏传佛教史料》：122 - 125。此文献初步的正确鉴定介绍：曾汉辰《西夏觉照国师法狮子之教法来源与身份考》为此材料确定藏文原典并正确解读题款，对本研究帮助巨大。

② 据 Martin 的考证 *The Works of Zhang Rinpoche*：Tables of Contents to the Collected Works（Bka'-'bum），Partial Works（Bka' 'Thor-bu），and the Sealed Teachings（Bka'-rgya-ma）of Zhang G. yu-brag-pa Brtson-'grus-grags-pa（1123 - 1193），（Jerusalem，2012，抽本，23，94），现存的西夏题记属于 བསིལ་བ་ཚལ་མ 为一种很简略材料，西夏文比较长，待考证（题记译文：孙伯君、聂鸿音《西夏文藏传佛教史料》：122）。

③ Khenpo Shedup Tenzin and Lama Thinley Namgyal（eds.）*dpal ldan tshal pa bka' brgyud kyi bstan pa'i mnga' bdag zhang g. yu brag pa brtson 'grus grags pa'i gsung 'bum rin po che*（Kathmandu：Shree Gautam Buddha Vihar，2004）kanga：379 - 384；385 - 414；C. Yamamoto，*Vision and Violence*：284（no 3 - 4）.

④ C. Yamamoto，*Vision and Violence*：331. Khenpo Shedup Tenzin and Lama Thinley Namgyal 主编《喇嘛祥全集》中 vol. cha pa：602 - 606.

⑤ 此处为我们目前唯一提到著名的西夏上师 ཙ་མི་ལོ་ཙ་བ་སངས་རྒྱས་གྲགས་པ；其与噶啰存在师资关系。

⑥ ·jwar¹ lo¹ [西夏文]，据材料考证，·jwar¹ 为喉塞音，读音接近 x-；说明西夏人读音为 * golo。

由于擦弥译师(ཙ་མི་ལོ་ཙཱ་བ་སངས་རྒྱས་གྲགས་པ)暂定为西夏人，以及其与西夏佛教的关系早已为学术界所观之，值得注意的是，这句是我们迄今所知的唯一关于擦弥译师的西夏语记载，并且此记载也非西夏语本土著作。由于擦弥译师暂定为西夏人，以及其与西夏佛教的关系早已为学术界所观之，值得注意的是，这句是我们迄今所知的唯一关于擦弥译师的西夏语记载。并且此记载也非为西夏语本土著作中。

[illegible]	དབང་བསྐུར་བའི་དོན་དུ་གསོལ་བ་འདེབས་པ་བཞུགས་སོ	为主授之请求
1a [illegible]①："[illegible]②[illegible] [illegible] 1b [illegible]③[illegible]④[illegible]"[illegible]⑤，	དབང་བསྐུར་བའི་དོན་དུ་གསོལ་བ་བཏབ་པར་བྱ་སྟེ།འཆི་དང་སྐྱེ་དང་ན་བ་ཡི།།ཆུ་སྲིན་ལ་སོགས་ཀྱིས་འཇིགས་པས།།སྲིད་པའི་མཚོ་ལས་སྒྲོལ་བྱེད་ཅིང་།།སྟོན་པ་ཁྱེད་ནི་དགའ་ཆེན་ཏེ།བྱང་ཆུབ་ཆེན་པོའི་ཚུལ་བསྟན་པ།།མགོན་པོ་ཆེན་པོ་བདག་འཚལ་ལོ།། །དམ་ཚིག་དེ་ཉིད་བདག་ལ་སྩོལ།བྱང་ཆུབ་སེམས་ཀྱང་བདག་ལ་སྩོལ།།སངས་རྒྱས་ཆོས་དང་དགེ་འདུན་ཏེ།།སྐྱབས་གསུམ་དག་ཀྱང་བདག་ལ་སྩོལ།།ཐར་པ་ཆེན་པོའི་གྲོང་མཆོག་ཏུ།།མགོན་པོས་བདག་ནི་གཞུག་ཏུ་གསོལ།།།ཞེས་ལན་གསུམ་དུའོ།། །ཁྱོད་ནི་ཐེག་པ་ཆེན་སྣོད་ཡིན་པས།ཚུལ་ཆེན་འདི་ལ་བུ་ཚུལ་ཉོག །གསང་སྔགས་སྤྱོད་ཚུལ་ཆོ་ག་ནི།།ཁྱོད་ལ་ཡང་དང་བསྟན་པར་བྱ།།དུས་གསུམ་འབྱུང་བའི་སངས་རྒྱས་ནི།སྐུ་གསུམ་ཐུགས་ཀྱི་རྡོར་འཛིན་གྱིས།རྡོ་རྗེ་སྔགས་ལས་རབ་བྱུང་བས།།ཡེ་ཤེས་མཉམ་མེད་ཐོབ་པས་ན།སྔགས་ཀྱི་སྦྱོར་བ་མཉམ་མེད་པས།།གང་གིས་སྟོབས་ཆེན་བདུད་ཀྱི་སྡེ།ཤཱཀྱ་སེང་གེ་སོགས་མཆོག་གིས།།ཆེན་པོ་མི་བཟད་རྣམ་བཅོམ་ནས།།འཇིག་རྟེན་རྗེས་འཇུག་ལ་བརྟེན་ཏེ།།འཁོར་ལོ་བསྐོར་ནས་མྱ་ངན་འདས།།དེ་ཕྱིར་ཤིན་ཏུ་བུ་ཁྱོད་ཀྱིས།།ཐམས་ཅད་མཁྱེན་ཉིད་ཐོབ་པར་མཛོད།།ཅེས་བརྗོད་པར་བྱའོ། །དེའི་རྗེས་སུ་བདག་མིང་འདི་ཞེས་བྱ་བ་དུས་འདི་ནས་བཟུང་སྟེ།སྙིང་པོ་བྱང་ཆུབ་ལ་ཐུག་གི་བར་	生以及老病死亡，恐惧水鬼等之故，令⑥渡出轮回之海； 导师汝为大喜乐，开示大菩提之仪，我敬礼世尊大人。 此发誓者赐与我，菩提心亦施予我，明满法以及大众，三皈依亦赐予我。世尊给我者进入，大解脱之城堡内。应诵三番。 次师说："汝者为大乘之器，故为听大仪弟子。密咒行仪法事者，我为汝如实演说。 出于三世之正觉，是身语意金刚持，本身生于金刚语咒并获得无比真智。依于无比咒加行，无论何故集魔鬼，释迦狮子为最上。灭坏无尽诸大人，世界随从者所依，大人转法轮圆寂。汝为最上弟子故，令获得一切所智"。说已，其之次，我名某某，自此时起乃至菩提，具有

① 藏语无此句。

② dźjɨ tjɨj² [illegible]（直译："行仪"）སྤྱོད་ཚུལ།

③ ɣie¹ bju¹ [illegible]（直译："力随"）此处相当藏语"具格"，为"何故"意思。ljɨj² djij¹ [illegible] 直译"鬼类" = བདུད་རིགས。

④ śjwɨ¹ · o² [illegible]（直译："随从进入"）为藏རྗེས་འཇུག 的直译。

⑤ 藏语："遇见菩提真心之间"。

⑥ 西夏语施动结构。

续　表

[illegible]	དཔང་བསྐུར་བའི་དོན་དུ་གསོལ་བ་འདེབས་པ་བཞུགས་སོ	为主授之请求
[illegible]①[illegible]②[illegible]③[illegible]"[illegible]《[illegible]》[illegible] [illegible]:"[illegible] 2a [illegible]④[illegible]⑤[illegible]⑥[illegible]⑦[illegible] [illegible]⑧[illegible]	ཏུ།།རྐང་གཉིས་རྣམས་ཀྱི་མཆོག་སངས་རྒྱས་བཅོམ་ལྡན་འདས་ཐུགས་རྗེ་ཆེན་པོ་དང་ལྡན་པ།།ཐམས་ཅད་མཁྱེན་པ།།ཐམས་ཅད་སྟོན་པ།།འཇིགས་པ་ཐམས་ཅད་ལས་འདས་པ།།སྐྱེས་བུ་ཆེན་པོའི་སྐུ་དཔེར་མེད་པ།།བླ་ན་མེད་པའི་སྐུ་ལ་སྐྱབས་སུ་མཆིའོ།།འདོད་ཆགས་དང་བྲལ་བ་རྣམས་ཀྱི་མཆོག་ཞི་བའི་ཆོས་ལ་སྐྱབས་སུ་མཆིའོ།།ཚོགས་རྣམས་ཀྱི་མཆོག་ཕྱིར་མི་ལྡོག་པའི་བྱང་ཆུབ་སེམས་དཔའི་དགེ་འདུན་རྣམས་ལ་སྐྱབས་སུ་མཆིའོ།།དེ་བཞིན་དུ་ལན་གསུམ་དུའོ།།ཞེས་སྐྱབས་སུ་འགྲོ་བ་འི་ཚོ་གའོ།། །དེ་རྗེས་སུ་སངས་རྒྱས་དང་བྱང་ཆུབ་སེམས་དཔའ་ཐམས་ཅད་བདག་ལ་དགོངས་སུ་གསོལ།།བདག་ཆེ་གེ་མོ་ཞེས་བྱ་བ་དུས་འདི་ནས་བཟུང་སྟེ།།བྱང་ཆུབ་སྙིང་པོ་ལ་མཆིས་ཀྱི་བར་དུ།།ཇི་ལྟར་དུས་གསུམ་མགོན་པོ་རྣམས།།རྫོགས་སངས་རྒྱས་ངེས་བྱས་པ།བྱང་ཆུབ་སེམས་ནི་བླ་ན་མེད།དམ་པ་བདག་གིས་བསྐྱེད་པར་བགྱི།།སངས་རྒྱས་རྣལ་འབྱོར་སྡོམ་པ་ལ།ཚུལ་ཁྲིམས་ཀྱིས་ནི་བསླབ་པ་དང་།དགེ་བའི་ཆོས་ནི་སྡུད་པ་དང་།སེམས་ཅན་དོན་བྱེད་ཚུལ་ཁྲིམས་གསུམ།བདག་གིས་བརྟན་པོར་བཟུང་བར་བགྱི།།སངས་རྒྱས་ཆོས་དགེ་འདུན་ཏེ།བླ་ན་མེད་པའི་དཀོན་མཆོག་གསུམ།དེང་ནས་བརྩམས་ཏེ་བཟུང་བར་བགྱི།།ནམ་དུ་ཡང་ནི་མི་བཏང་ངོ་།། །རྡོ་རྗེ་རིགས་མཆོག་ཆེན་པོ་ཡི།།རྡོ་རྗེ་དྲིལ་བུ་ཕྱག་རྒྱ་ནི།།ཡང་དང་ཉིད་དུ་བཟུང་བར་བགྱི།སློབ་དཔོན་དག་ཀྱང་བཟུང་བར་བགྱི།།རིན་ཆེན་རིགས་མཆོག་ཆེན་པོ་	二足最者上，明满出有坏，满大慈悲，其之次："又明满及一切菩提勇识，思念我！"我名某某⑨，自此时起乃至菩提，犹如三世诸世尊，真实发起菩提心，我今亦依于其法，发无相比菩提心⑩。 正觉瑜伽禁戒中，律仪摄戒为所学，诸善法为所摄戒，利益众生三仪戒，我今坚固受持之。 正觉法以及大众为无比最上三宝，今日起我实受持，并且未曾不舍去。 金刚上种大人之 金刚鸣钟手印者，我以如实心受持，我亦受持诸上师。 宝珠上中大人之记句为心最乐者，日夜以及六时中，常以四布施供养。 实生出与大菩提，莲华上种清净之，内外及密三种藏，妙法我如实受持。 行业上种大人之一切所有仪戒者，我今如实受持之，供养行随得而为。

① njɨ[1] rewr[2] [illegible]（直译：二足）= རྐང་གཉིས（人类）。

② 字义不明，据藏文译。

③ rjur[1] dzjɨ[2] [illegible]（诸集）= ཚོགས་རྣམས།

④ nji[2] [illegible] 二人称复数动词呼应。

⑤ mjɨ[2] lhew[2] tśhjwɨj[1] kie[1] [illegible]（直译："瑜伽禁戒"）此处为藏语རྣལ་འབྱོར་སྡོམ་པ།。

⑥ dzjɨj[1] tjɨj[2] ɣjiw[1] [illegible]（直译："律仪摄"）。kie[1] ɣiew[1] lew[2] [illegible]（所学戒）。其中"所学"为བསླབ་པ。此语句断句不明："律仪摄，学戒禁"似乎不符合西夏语法。据藏文拟译："依于律仪摄戒所教育"。下句 [illegible] 翻译 སྡུད་པ（摄戒）；[illegible]下文代表ཚུལ་ཁྲིམས（仪戒）。

⑦ mjɨ[2] · wji[2] [illegible]（直译："为治"）དོན་བྱེད།

⑧ ŋewr[1] ɣiẹ[2] [illegible]"钟"。此处讨论曼达辣"四种"。

⑨ 藏文：ཆེ་གེ་མོ།

⑩ 译文改此二语句顺序。西夏译文缺；"真实发起菩提心"语句翻译རྫོགས་སངས་རྒྱས་ངེས་བྱས་པ།。

续　表

[illegible]	དབང་བསྐུར་བའི་དོན་དུ་གསོལ་བ་འདེབས་པ་བཞུགས་སོ	为主授之请求
[illegible] 2b [illegible] ①[illegible] [illegible]②[illegible]③[illegible]《[illegible]》[illegible]《[illegible]》[illegible]④[illegible]⑤[illegible]⑥[illegible] 3a [illegible]	ཡི།།དམ་ཆོས་ཡིད་དུ་འོང་བ་ལ་ཉིན་རེ་བཞིན་དུ་དུས་དྲུག་དུ།།སྦྱིན་པ་རྣམ་བཞི་རྟག་ཏུ་སྦྱིན།།བྱང་ཆུབ་ཆེན་པོ་ལས་བྱུང་བའི།།པད་མའི་རིགས་མཆོག་དག་པ་ལ།།ཕྱི་ནང་གསང་བའི་ཐེག་པ་གསུམ།།དམ་ཆོས་སོ་སོར་བཟུང་བར་བགྱི།།ལས་ཀྱི་རིགས་མཆོག་ཆེན་པོ་ཡི།།སྡོམ་པ་ཀུན་དང་ལྡན་པ་ནི།།ཐམས་ཅད་དུ་ནི་བཟུང་བར་བགྱི།མཆོད་པའི་ལས་ཀྱང་ཅི་ནུས་བགྱི།།བྱང་ཆུབ་སེམས་ནི་བླ་ན་མེད།།སེམས་ཅན་ཀུན་གྱི་དོན་གྱི་ཕྱིར།།བདག་གིས་སྡོམ་པ་མ་ལུས་བཟུང་།།མ་བསྒྲལ་བ་ནི་བསྒྲལ་བར་བགྱི།།མ་གྲོལ་བ་ནི་དགྲོལ་བར་བགྱི།།དབུགས་མ་ཕྱིན་པ་དབུགས་དབྱུང་ཞིང་།།སེམས་ཅན་མྱ་ངན་འདས་ལ་འགོད།།ཅེས་ལན་གསུམ་དུའོ།།བྱང་ཆུབ་སེམས་བསྐྱེད་པའི་ཆོ་གའོ།། བླ་མ་ཙ་མིའི་ཞལ་ནས།།བྱང་ཆུབ་ཏུ་སེམས་བསྐྱེད་པའི་ཆོ་ག་འདི།།ཧྲིང་ངེ་འཛིན་གྱི་དབང་བསྐུར་བ་ལ་གལ་ཆེ་བར་མ་གསུངས་མོད་ཀྱི།།འོན་ཁྱང་ཁོ་བོས་ནི།།གཞན་དག་ལས་དང་པོ་པ་ཐལ་ཆེར་ཡིད་འཇུག་པར་བྱ་འི་དོན་དུ་འདི་བཅུག་པ་ཡིན་ཏེ།།ཁྱེད་རྗེས་འཇུག་དག་གར་མོས་པར་གྱིས།ཞེས་གསུང་།དཔལ་ཆེན་པོ་ཀྱ་ལོ་ནི།རེས་འགའ་འདི་མཛད་རེས་འགའ་མི་མཛད་པར་གདའོ།།	无与之比最为妙，菩提心我今实起⑦，为一切众生利益，我全受持皆仪戒。 未普度而普度之，未解脱而解脱之，息为休而休息之，我引有情进圆寂。 诵三遍，是《发菩提心法》。 擦弥啰拶瓦说："至于此《发菩提心法事》者，依于《四等持为主授请求》时，虽然不说，我为初学者心之欢喜喜乐，引入此段。其他诸随从者，你们何以随喜即可为"。至于大吉祥噶啰师，有时如此作，有时如此不作。 阿谛

2. 页 3a—3b　·jij¹ ·o² śjij¹ zjɨr¹ tshji¹ ŋwu̱¹ [illegible]（"自入要门"），据题记亦为"噶啰"所造。该材料原文见在《喇嘛祥全集》中。⑧

---

① rjor² bju¹ [illegible]（直译："随得"）翻译藏语ཅི་ནུས（尽量）。

② ɣie̱² śjwu¹ [illegible]（直译："休息"）；དབུགས་དབྱུང་།

③ 此句前三段落皆以 phji¹ [illegible]，三人呼应施动标记，此处为"宾语呼应"，最后句改为 phjo¹ ŋa² [illegible]，第一人称主语呼应。

④ [illegible]（直译："初学人"）= ལས་དང་པོ་པ།

⑤ njij²·o² dźiəj² dźjow¹ [illegible]（直译："心悦嬉闹"）与藏文：ཡིད་འཇུག་པར་བྱ（为其心进入）有稍不同。

⑥ lhjị¹ ljwị¹ [illegible]（"引进"）= བཅུག་པ།

⑦ 此处稍微改原文顺序。

⑧ Khenpo Shedup Tenzin and Lama Thinley Namgyal 主编《喇嘛祥全集》中 vol. cha pa：630 - 632；Yamamoto：332 - 12.

[illegible]	ཉིང་ང་འཛིན་དབང་བསྐུར་བའི་མན་ངག	自入略要门
3a [illegible] [illegible]	དཔལ་ཆེན་པོ་ཀྱ་ལོ་ལ་ཕྱག་འཚལ་ལོ། བག་ཆགས་ལ་སོགས་པའི་དྲི་མ་དག་པར་བྱ་བའི་ཕྱིར།།ཉིང་ངེ་འཛིན་གྱི་དབང་རང་གིས་རང་ལ་བསྐུར་བའི་མན་ངག་ནི།། །རང་ཐ་མལ་པར་གནས་པའི ⑦ ་མདུན་གྱི་ནམ་མཁའ་ལ།རང་གི་དབང་བསྐུར་བའི་བླ་མ་རབ་ཏུ་བྱུང་བ་ཡིན་ཡང་།།འཁོར་ལོས་སྒྱུར་ཆ་བྱད་ཅན།།རུས་པ་ལ་སོགས་པའི་རྒྱན་ཐམས་ཅད་ཀྱིས་བརྒྱན་པ།།ཕྱག་རྒྱ་དྲུག་དང་ལྡན་པ།།རིག་མ་དང་བཅས་པ།།ཁྲི་སེང་གེའི་ཁྲི་པད་མ་དམར་པོའི་གདན་ལ་བཞུགས་པ།།ཞལ་འཛུམ་བག་དང་བཅས་པ་བཞུགས་པར་བསམ་མོ།།དེ་ནས་བླ་མ་དེ་ལ་གུས་པ་དང་བཅས་པས།།དབང་བསྐུར་བའི་དོན་དུ་གསོལ་བ་བཏབ་པར་བསམས་ལ།།བླ་མའི་སྨིན་འཚམས ⑧ ་ཀྱི་འོད་ཟེར་དཀར་ནར་གྱིས་བྱུང་ནས་རང་གི་སྨིན་འཚམས་དུ་ཞུགས་ཏེ་ལུས་ཀྱི་ནང་ན་མར་ཞུགས་ཏེ།།སྡིག་སྒྲིབ་དག་ནས་ལུས་ཐམས་ཅད་བདུད་རྩིས་གང་བར་བསམ་པ་ནི་བུམ་པའི་དབང་ངོ་། །དེ་ནས་གསང་བའི་དབང་བསྐུར་ཞུ་བའི་དོན་དུ་གསོལ་བ་བཏབ་པར་བསམས་ལ།།བླ་མ་རིག་མ་དང་སྙོམས་འཇུག་བྱས་པས་སྦྱོར་མཚམས་ནས་ཐིག་ལེ་དཀར་དམར་བབས་ཏེ།།རང་གི་ལྗེ་ལ་ཕྱོགས་པས་ལུས་ཐམས་ཅད་བདེ་བས་ཁྱབ་ཏེ།།ངག་	敬礼诸上师⑨ 瑜伽者为净熏习等染垢，有《等持为自主授法》者。 在已现前虚空中，为主授之上师，或在家，或出家，当念之为转轮圣王相，人骨璎珞为庄严，具有六种手印，与明妃一起，欢喜相貌，处于莲华狮子座。 其次，观念如以信心向上师请求主授之时，师之眉间开出白色光明，即入于弟子眉间，并往身内下方。一切业障熏习皆为清净，念身为充满甘露，即是“净瓶主授”。次，观念如请求为“密主授”之时，观念如上师与明妃入于等持，加行为和合，在密位流出红白“斑块⑩”，着于弟子已舌上，身遍满大乐，语障为清净，即是“密主授”。 其次，观念如请求为“慧智主授”之时，观想如上师之心中，出无色光明，入于已心中，念意障皆清净，即是“慧智主授”。

---

① 此句为藏语：རབ་ཏུ་བྱུང་བ་ཡིན་ཡང་（无论上师为出家与否）。

② ka[1] · o2 [illegible] =“入于等持”，སྙོམས་འཇུག

③ phjo̱[2] zja̱[1] [illegible]（直译：“合边”），藏语སྦྱོར་མཚམས“词源翻译”。[illegible]为西夏译者加。

④ 藏语无此语句。

⑤ [illegible]（心）ཐུགས་ཀ。西夏译语异于藏文ཐུགས་ཀ་ནས་ཧཱུྃ་ལས，“从心中 hūṃ 字”。

⑥ njiij[2] tśhiow[1] gjwɨ[1] · wja̱[2] [illegible]（直译：“解松心之内结”）同与藏文：སེམས་མདུད་པ［⋯］སྟོད་ཀྱིས་གྲོལ་བ།

⑦ 西夏译文无此句。

⑧ འཚམས语义不明。

⑨ 西夏译文不提“噶啰”名号。

⑩ “明点”。

续　表

[illegible]	ཉིང་ང་འཛིན་དབང་བསྐུར་བའི་མན་ངག	自入略要门
[illegible]	གི་སྒྲིབ་པ་ཐམས་ཅད་དག་པར་བསམས་པ་གསང་བའི་དབང་ངོ།།དེ་ནས་ཡང་ཡེ་ཤེས་རབ་ཡེ་ཤེས་ཀྱི་དབང་ཞུ་བའི་དོན་དུ་གསོལ་བ་བཏབ་པས།།ཐུགས་ཀ་ནས་ཧཱུྃ་ལས་འོད་ཟེར་ཁ་དོག་ལྔ་བྱུང་བས་རང་གི་སྙིང་ཁར་ཞུགས་ཏེ།།ཡིད་ཀྱི་སྒྲིབ་པ་དག་པ་ནི།དབང་གསུམ་པ་ཤེས་རབ་ཡེ་ཤེས་ཀྱི་དབང་ངོ།།དེ་ནས་མ་རིགས་པའི་དྲི་མ་མ་ལུས་པ་དག་ནས་སེམས་མདུད་པ་གྲོལ་ནས་སྟོད་ཀྱིས་གློད་པ་ནི་དབང་བཞི་པའོ། །བླ་མ་དང་དཀོན་མཆོག་ལ་མཆོད་པ་དབུལ།།དམ་ཚིག་ཅན་ལ་ཚོགས་འཁོར་བྱ།།མཁའ་འགྲོ་མ་རྣམས་གཏོར་མས་མཉེས་པར་བྱ།།ཉིང་ངེ་འཛིན་གྱི་རང་འཇུག་བསྡུས་པའོ།།①	其次，五明一切染垢为清净，解松心结绑，即是“四主授”。供养上师及三宝，为诸受持记句众作集轮，作施食为诸空行之乐趣。 《自入略要门》阿谛

2. 页 4a—11b ka[1] ·jij[1] ŋwu[2] ljɨr[1] [illegible]（“依于等持四灌顶”，藏文标题可拟为 *ཉིང་ངེ་འཛིན་གྱིས་དབང་བསྐུར②），“雅砻斯巴法狮子传”。题记早于为学术界关注：“[illegible]，[illegible]，[illegible]，《[illegible]》[illegible]，[illegible]《[illegible]》[illegible]，[illegible]”（拟译：“大吉祥噶啰大寒林坟地中，证得现前成就，在吉祥上乐轮中围上见得佛群之面，基于灌顶而集《略灌顶》文。依于此文，祥余啰噶巴师造某种《实修法》；依于此，雅砻斯巴法狮子集此文”）。③ 噶啰此三种材料皆为发菩提心仪轨。据 Martin 考证，此题记属于《寒林集轮》（བསིལ་བ་ཚལ་མ），但西夏语版与藏文不合，待考证。

3. 页：12a—22a 标题为：“[illegible]：gja[1] nja[2] tsja[1] kjɨ[1] rjar[1] sju[2] tsja[1] kjɨ[1] rjar[1] mja[1] [illegible]；[illegible]：[illegible]”，即是“梵文：*Gana cakra suca?krama*；番文：集轮供养次第”。据题记，该材料为“黑足师造，大度民寺中国（即是“卫藏”）觉照国师传”。④ 据考证，梵文 * sucakrama 没有意义，我们假设该

---

① 与此大致上一样的喇嘛祥著作另有《ཉིང་ཐུང》（《全集》，第一册（ཀ་ང）：511 – 513）；Yamamoto, *Vision and Violence*：513 – 13.

② 诸版藏文大藏经收录。

③ 笔者译，曾汉辰《西夏觉照国师法狮子之教法来源与身份考》：181；孙伯君、聂鸿音《西夏文藏传佛教史料》：122。

④ 同处。

材料梵文标题转写有错误：把藏语的ཱུ理解成ཱུ。如此，该西夏材料基于“黑足师”（Kṛśnapāda）所造《集轮供养次第》（*Gaṇacakrapūjakrama*）藏文版的西夏译文。一段文字比对如下①：

[illegible]	ཚོགས་ཀྱི་འཁོར་ལོའི་མཆོད་པའི་རིམ་པ	拟译“集轮供养次第”
12a [illegible] [illegible]②[illegible]，[illegible]。[illegible]③，[illegible]④[illegible]，[illegible] 12b [illegible]⑤[illegible]⑥[illegible]。	འཕགས་པ་སྤྱན་རས་གཟིགས་དབང་ཕྱུག་ལ་ཕྱག་འཚལ་ལོ |ཚོགས་རྣམས་བསག་པར་བྱ་བ་དང་།བགེགས་རྣམས་ཞི་བར་ཞི་བྱའི་ཕྱིར། |བསོད་ནམས་མཐར་ཐུག་ཚོགས་འཁོར་ལོ།|ལུང་དང་མན་ངག་ཇི་བཞིན་བྲི། |དེ་ལ་རེ་ཞིག་དང་པོར་ལུགས་དང་མཐུན་པའི་ཚོགས་ཁང་བུ་ཙ་སྟན་ལ་སོགས་པའི་འདྲིས་བསྔོས་པ་ཡིད་དུ་འོང་བའི་གནས་སུ ⑦ ||ལས་ཐམས་ཅད་པའི་སྐྱེས་བུ་ལྟའི་ང་རྒྱལ་དང་ལྡན་པས་ཆག་ཆག་གདབ་པ་དང་།མཎྜལ་བྱ་བ་དང་།།མཆོད་པ་བཤམ་པ་དང་།མེ་ཏོག་དགྲམ་པ་དང་།མཆོད་པ་བཤམ་པ་དང་།ཕྱོགས་སྐྱོང་གི་གཏོར་མ་རྒྱ་ཆེན་པོ་བཤམ་མོ།དེ་ནས་སློབ་དཔོན་སྤྱན་དྲངས་ལ།།ཇི་ལྟར་རིགས་པ་དང་བཅས་པར་བཞུགས་སུ་གསོལ་ལ ⑧ ལས་ཐམས་ཅད་པའི་བུམ་པ་རྒྱན་དང་ལྡན་པར་བྱིན་གྱིས་བརླབ།མཆོད་པའི་བུམ་པ་ཡང་ཅི་རིགས་པར་བཤམ་མོ།དེ་ནས་རྣལ་འབྱོར་པ་ཕ་མོ།།འདུ་བར་འོས་པ་ཀུན་བསོགས་ལ།།དེ་དག་གིས་དང་ལ་གསོལ་བ་གདབ་སྟེ།།ཁྲོ་བོ་སྟོན་པོ་མཛེས་པ་སྟེ།།ཁྱོད་ནི་དམ་ཚིག་ཡིད་དུ་འོང་།།ནོར་བུ་རིན་ཆེན་གཅེས་བཅིངས་པའི།དབྱུག་པ་ཕྱག་ན་བསྣམས་པ་སྟེ།བདག་ནི་འཁོར་བ་ལས་བསྒྲལ་ཕྱིར།དཔའ་བོས་གནང་གིས་བཏང་དུ་གསོལ།རྣལ་འབྱོར་མ་ཚོགས་དབུས་སུ།བཟང་པོའི་སློ་འདི་ཕྱེ་སྟེ་མཛོད་ཅེས་གསོལ་བ་བཏབ་ནས། ⑨ ནང་དུ་བཀུག་སྟེ།།ལས་ཀྱི་བུམ་པའི་ཆུས་གཏོར་ཞིང་།	4. 敬礼圣观自在 欲聚集圆满之福，为柔软无漏鬼类，依于“圣教”和要门，我写此一切聚集中最上之“集轮”法。在其中第一，行大人⑩据文中所说之法，要作集轮。在其所欣赏之屋室内用檀木等香好水洒洗，为之干净。应该准备曼达辣，安置花等供养物。为“护方神”准备广大施食。其后召请上师及其阴⑪，准备一切行之净瓶等种集，而为之摄受，亦按理准备所供养净瓶。其次，邀请瑜伽适合来至瑜伽修习大人，向其请求。说“青怒相王”等语句以请之时，皆来在内，散发行净瓶水为之饮。

① 北京版藏文大藏经，“zha”册（2387 号），bdrc：MW1KG13126；该材料藏文有少数出入，此处不进行诸藏文版文字批评。

② ·wə¹ new² [illegible]（直译：“柔软”）= ཉེ་བར་ཞི་བྱ།

③ 藏文无此语句，“檀木”解释见下文。

④ ljijr² · wejr² nja̱¹ [illegible]（直译：“护方神”）= ཕྱོགས་སྐྱོང་།

⑤ wa² lja¹ · wo² [illegible]（直译：“何来应”），适合来的，被邀请来。同与藏语འདུ་བར་འོས་པ།

⑥ [illegible] = 直译：最妙显示愤怒王；同藏语：ཁྲོ་བོ་སྟོན་པོ་མཛེས་པ།

⑦ 西夏译文无此语句。

⑧ 西夏译文无此语句。

⑨ 西夏译文无此语句。

⑩ go̱r¹ kiej² [illegible] 直译：“丈夫”，“君子”。

⑪ 西夏文献“阴”代表“明妃”，据西夏文的意思，邀请上师及其明妃，与藏语不同。

该材料需要更进一步考证：虽然我们判断西夏文本依于藏文版黑足师撰《集轮法事》的某一种版本，其与现存诸不同藏文版关系不明，西夏译文缺乏较多内容。最重要的是，821 号收录起两种喇嘛祥（或噶啰）的本子与现存喇嘛祥《全集》中的文本基本上一直，并皆为雅砻斯巴传。此问题涉及在西夏流传藏文材料文本的性质问题。此问题需要黑水城及他处出现藏文材料卫藏地区流传本子以及西夏译本之比较，为将来迫切研究问题。

4. 页：22a—29a，标题译文为：《依黑足师造〈集轮供养次第〉祥余啰噶巴略〈显解〉要门》（[illegible]《[illegible]》[illegible]“[illegible]”[illegible]）。曾汉辰早已鉴定该材料为དཔལ་རྡོ་རྗེ་རྣལ་འབྱོར་མ་ཚོགས་མཆོད་གསལ་བར་བྱེད་པའི་སྒྲོན་མ（吉祥金刚瑜伽母集轮显示灯论），收录在喇嘛祥《全集》中。在下面有该文本的前段之整理对读。此后我们也提供该材料题记的翻译。

[illegible]《[illegible]》[illegible]“[illegible]”[illegible]	དཔལ་རྡོ་རྗེ་རྣལ་འབྱོར་མ་ཚོགས་མཆོད་གསལ་བར་བྱེད་པའི་སྒྲོན་མ་བཞུགས་སོ།①	依黑足师造《集轮供养次第》祥余啰噶巴略《显解》要门
22a [illegible]②[illegible]； [illegible] [illegible]，《[illegible]》③[illegible]④。[illegible]⑤《[illegible]》[illegible]。[illegible] 22b [illegible]⑥，[illegible]⑦[illegible]，[illegible]。[illegible]，[illegible]	བླ་མ་ལྷའི་ཚོགས་མཆོད་འོས་རྣམས་ལ་གུས་བཏུད་ནས།།ཚོགས་མཆོད་བྱ་ཁྲིད་གསུང་སྒྲོས་ལ་བརྟེན་ཅི་ནུས་བྲི།དང་པོ་རི་ཞིག་ནགས་ཁྲོད་ལ་སོགས་པ་ཚོགས་ཀྱི་ཁང་པ་གཞུང་དང་མཐུན་པ་དེར།།ལས་ཀྱི་སློབ་བུ་ཐུན་མཚམས་ཀྱི་ལྷའི་ང་རྒྱལ་དང་ལྡན་པས་ཆག་ཆག་གདབ་པ་དང་།།ཤུགས་མཐའ་རས་རིས་ལ་སོགས་པའི་རྟེན་ཅི་རིགས་པར་བཀྲམ་པ་དང་།སྒྲུབ་པའི་མཎྜལ་མེ་ཏོག་ཚོམ་བུ་ལྷའི་གྲངས་དང་མཉམ་པ་དང་།།མཆོད་པའི་མཎྜལ་གླིང་བཞི་རི་རབ་ལ་སོགས་པ་ཚོམ་བུ་ཉེ་ཤུ་རྩ་གསུམ་པའམ།དགུ་ལ་སོགས་པ་ཇི་ལྟར་འབྱོར་བ་དང་།།སྤོས་	敬拜诸上师 我为上师佛所需的敬拜后，依于耳传之语写“集轮次第”。最初，山林坟地皆依于《集轮作次第》文中所说而作。室内修行弟子，在出入定时，起本尊慢，扫室内为清净，其内或布像，或严像随喜安置，准备供养曼达辣。其上为诸佛按其数摆华，又在所供养曼达

① *dpal ldan tshal pa bka' brgyud kyi bstan pa'i mnga' bdag zhang g. yu brag pa brtson 'grus grags pa'i gsung 'bum rin po che*, vol. 1：530－532；542－543。可见，西夏译文的标题如实表达藏语的：གསལ་བར་བྱེད་པའི་སྒྲོན་མ（显灯）。

② 喇嘛祥名号的异写法：śja² [illegible] 与同音。

③ [illegible]（直译：集轮作次）即是黑师gaṇacakraviddhi；西夏语缺བྱ་ཁྲིད（此处“仔细说明”）。

④ nju¹ dej¹ ŋwu¹ [illegible]（直译：“耳传语”）＝ གསུང་སྒྲོས（教诫）。藏语有ཅི་ནུས་བྲི（“依我所能”）表示论着为喇嘛祥所写，西夏文缺少第一人动词呼应。

⑤ ŋər¹ bo¹ ljɨ² la² [illegible]（直译：“山林坟地”）。

⑥ dźjɨ dzjij² gji² [illegible]（直译：“行弟子”）＝ ལས་ཀྱི་སློབ་བུ།

⑦ djɨj² lho dzjɨj¹ [illegible]（直译：“出定时”）代表藏语术语 ཐུན་མཚམས的翻译。

续 表

[illegible]《[illegible]》[illegible]“[illegible]”[illegible]	དཔལ་ཛོ་ཛྷེ་རྣལ་འབྱོར་མ་ཚོགས་མཆོད་གསལ་བར་བྱེད་པའི་སྒྲོན་མ་བཞུགས་སོ།	依黑足师造《集轮供养次第》祥余啰噶巴略《显解》要门
[illegible]，[illegible]①[illegible]。[illegible]②[illegible]。[illegible]③[illegible]，[illegible]、[illegible]，[illegible]④[illegible]。[illegible]，[illegible]⑤，[illegible]，[illegible]，[illegible]⑥[illegible]，[illegible]。[illegible]，[illegible]，[illegible]；[illegible]，[illegible]，[illegible]。[illegible]，[illegible] 23a [illegible]，[illegible]⑦[illegible]，[illegible]，[illegible]。[illegible]，[illegible]⑧[illegible]，[illegible][…] 28b [illegible]，[illegible]，[illegible]	དང་མེ་ཏོག་ལ་སོགས་པ་ཕྱི་ནང་གསང་བའི་མཆོད་པ་ཇི་ཙམ་འབྱོར་བ་དང་།དཀྱིལ་འཁོར་དང་།།ཞིང་སྐྱོང་དང་ཆོས་སྐྱོང་ལ་སོགས་པ་སོ་སོའི་འདོད་པ་ཇི་ལྟར་བའི་གཏོར་མ་དང་།དཀར་གཏོར་ཇི་ཙམ་འབྱོར་བ་དང་།བུམ་པ་རྒྱན་དང་ལྡན་པ་ལ་སོགས་པ་ཡང་བཤམ་མོ།ཛྷ་མོའི་བྱིན་རླབས་དང་འབྲེལ་ནཱ་ཤི་ཛྷུ་རའི་མཇུལ་ལ་སོགས་པ་ཡང་བཤམ་མོ ⑨ །།དེ་ལྟར་རྫས་འཚོགས་པ་དང་།།སློབ་དཔོན་ཐུན་མཚམས ⑩ ཀྱི་ལྷའི་ང་རྒྱལ་གྱིས།།ལས་ཀྱི་བུམ་པའི་ཆུ་ཡི་གེ་འབྲི་གསུམ་བདུད་རྩིར་བསོས་པ་བྱ།།མེ་ཏོག་ལ་སོགས་པ་ཕྱི་ནང་གི་མཆོད་པའི་ཁྱད་པར་ཐམས་ཅད་ཡི་གེ་འབྲི་གསུམ་གྱིས་ལྷ་མོར་བྱིན་གྱིས་བརླབ་པོད་ནས་ལས་ཀྱི་སློབ་མ་ལྷའི་ང་རྒྱལ་དང་ལྡན་པས་སྐྱོར་ཆུའི་སྣོད ⑪ དང་དབྱུག་པ་ཐོགས་ཏེ་སྒོ་བསྲུང་བར་བྱའོ།།རྣལ་འབྱོར་པོ་མོ་རྣམས་ཁང་པའི་ཕྱི་རོལ་ཏུ་བཀུག་སྟེ།།ལས་བུམ་གྱི་ཆུས་ཁྲུས་བྱས་ལ།དེ་དག་གིས་ཕྱག་འཚལ་ ཏེ་སྒོ་སྲུང་ལ་གསོལ་བ་གདབ་པ་ནི།[…] དེ་ནས་ཡོང་བདག་ལ་བཀྲ་ཤིས་དང་སྨོན་ལམ་གདབ།ལྷག་ཆད་བཀང་བའི་ཕྱིར་ཡི་གེ་བརྒྱ་པ་གདོན་ནོ ⑫ །།སློབ་དཔོན་ནག་པོའི་གཞུང་གི་ལག་ལེན་གོ་རིམ་	辣，随其所得，安置须弥山四河洲，九木华等，共二十三。又在中围佛群及“护地”、“护法”一一随其所欲而摆，而为之施食，后应该准备白食及净瓶等一切种集。如此准备毕已，乃时上师起本尊慢而行，净瓶中水上，写三字真言，念之为甘露。后香花内外，如前所准备之供养品上以三字真言之摄受，当念为天母之供养。次，行弟子起本尊慢，手持行净瓶槌杖，站立内外为护门。诸瑜伽雄母亦集门外，以净瓶水为洗手脸，敬礼内外，请求保护[…] [题记] 次，为施主之益，诵吉祥偈颂，为令所行皆无比圆满，应念“百字真言”。依于黑足师文之

① tshwew[1] tjị[2] mja[1] dja̱[1] lja[2] [illegible]（直译：可供养曼达辣）= སྦྱིན་པའི་མཇལ།

② ŋewr[2] śjij[1] bju[1] [illegible]（直译：“数随顺”）= གྲངས་དང་མཉམ་པ（同与其数）。

③ tshwew[1] lew[2] mja[1] dja̱[1] lja[2] [illegible]（直译：所供养曼达辣）= མཆོད་པའི་མཇལ།

④ 法器：sju[2] mji[1] ŋər[1] [illegible]（音写：须弥山）= རི་རབ;ljɨr[1] mja[1] io[2] [illegible]（直译：“四河洲”）= གླིང་བཞི;gjɨ̱[1] phu[2] wja̱[1] [illegible]（九木华），藏语略说“九”。

⑤ ljɨ̣[2] · wejr[2] [illegible]（地护）= ཞིང་སྐྱོང་།

⑥ tji[1] phiow[1] [illegible]，“白食”= དཀར་གཏོར

⑦ lju[2] bo[2] [illegible]（直译：槌杖）= དབྱུག་པ

⑧ 藏文版缺“手脸”。

⑨ 西夏译文缺此句译文。

⑩ 西夏译文缺ཐུན་མཚམས།

⑪ 藏文此处：སྐྱོར་ཆུའི་སྣོད，西夏译文：“净瓶”。

⑫ 西夏译文无此句。

续　表

[illegible]《[illegible]》[illegible]“[illegible]”[illegible]	དཔལ་རྡོ་རྗེ་རྣལ་འབྱོར་མ་ཚོགས་མཆོད་གསལ་བར་བྱེད་པའི་སྒྲོན་མ་བཞུགས་སོ།	依黑足师造《集轮供养次第》祥余哕噶巴略《显解》要门
[illegible]，[illegible]①，[illegible]。[illegible]，[illegible]②[illegible]，[illegible]。[illegible]③[illegible]，[illegible] 29a [illegible]，[illegible]。 [illegible]，[illegible]④[illegible]⑤[illegible]《[illegible]》[illegible]，[illegible]⑥[illegible]。[illegible]	ཉམས་བླ་མའི་གསུང་གི་བརྗོད་བྱང་ཆུང་ཟད་བདག་གིས་བཀོད།།བསོད་ནམས་གང་དེས་བདག་སོགས་མ་ལུས་སྐྱོན་བྲལ་ནས།བླ་མ་ལྷ་སོགས་མཆོད་འོས་ཀུན་མཉེས་དོན་རྫོགས་ཤོག །སློབ་དཔོན་ནག་པོ་པས་མཛད་པའི་གཞུང་ལ་རྗེ་བཙུན་ཡེར་པ་བས་ཕྱག་ལེན་མཛད་པའི་རིམ་པ་ལ་བརྟེན་ནས་སྤང་བན་ཞིང་གིས་ཆུང་ཟད་གསལ་བར་བྱས་ནས་བྲིས་པའོ།།	“手取”法事，依于上师要门而写。依于其妙德，求我及一切众生离于罪乐，上师佛等得欢喜，意趣皆圆满。 据黑色足师所造，依于德王雅儿巴瓦实“手取次第”，乞僧祥余哕噶巴集略文。竟

从上可见，821 号收录材料是相连的：内容为“主授”（灌顶）以及“集轮”的法事，所有文本基于与噶啰译师以及喇嘛祥的传承，为雅砻斯巴传。

二、喇嘛祥《大手印深道究竟论》

在此需要提出：喇嘛祥的法门在西夏的流传似乎有两种脉络。西夏语译《喇嘛祥仁波切造〈究竟道要门〉》（Tang 450，#4806；[illegible]；即是ཕྱག་རྒྱ་ཆེན་པོའི་མན་ངག་མཐར་ཐུག་དོན་གྱི་སྙིང་པོ་མདོར་བསྡུས）未存译师信息，但不为雅砻斯巴所译。下面喇嘛祥《大手印究竟要门》的最终一段的文字。《究竟道要门》存在版本问题，需要更进一步整理，才能解决西夏译本具体来源。此处限于参考用的，不涉及《大手印深道究竟论》诸藏文版校对。汉译文中我们标与我们使用等藏文版之不同语句，说明现存的西夏文本与今流传的诸藏文版本有比较复杂的关系，

---

① 此语句的含义虽然透明，具体断句不明。

② la̠¹ lhjwi¹ [illegible]（直译：“手取”）代表藏语ཕྱག་ལེན: ལག་ལེན

③ dźji̠² ne̠w² [illegible]（直译：“罪安”），语义不明，藏文སྡིག。

④ tśhja² njij² [illegible]（直译：“德王”）= དཔལ

⑤ ·jij¹ ·ju̠¹ rjir pja¹ ·wa¹ [illegible]，即是雅儿巴瓦（མལ་ཡེར་པ་བ），喇嘛祥上師之一，（汉语音写据孙伯君）。

⑥ gji̠¹ ŋwej² [illegible]（直译：“乞僧”）= སྤང་བན

此关系性质待考证。西夏文有闻内的注释，我们以小字为之，说明西夏译本基于不同藏文本的校勘。翻译基于西夏文本。

西夏文录文	《大手印深道究竟論》①	西夏文汉译拟译
[⋯] [illegible]，[illegible]， [illegible]②[illegible]③，[illegible]④[illegible]，[illegible]⑤，[illegible]⑥[illegible]，[illegible]，[illegible]⑦，[illegible]⑧[illegible]，[illegible]⑨，[illegible]。[illegible]	[⋯] སྤྱན་རས་གཟིགས་ཀྱི་ཐུགས་རྗེ་དང་།།འཇམ་པའི་དབྱངས་ཀྱི་ཤེས་རབ་དང་།། ཕྱག་ན་རྡོ་རྗེའི་མཐུ་སྟོབས་རྣམས།།མ་ལུས་བདག་ལ་རྫོགས་པར་ཤོག །ཀླུ་སྒྲུབ་སྙིང་པོའི་མཁྱེན་པ་དང་།ས་ར་ཧ་ཡི་རྟོགས་པ་དང་། །བིར་ཝ་པའི་ནུས་མཐུ་རྣམས།མ་ལུས་བདག་གིས་ཐོབ་པར་ཤོག །གདམས་རྒྱུད་མ་ལུས་སྦྱོར་བ་ཤེས།ལས་ཚོགས་མཐའ་དག་ཐོགས་མེད་འགྲུབ།	观世音之大悲及，柔吉祥之智慧及，金刚手之威力及，令不漏集中我处；龙树师之觉慧及，萨啰曷之所悟见，觅哩瓦师威力等，令求不漏为我获。了[要门]密续无漏加行，[四主]诸事得无疑成就⑩，[如众争主文殊]求成无量要门主⑪，为诸空行之悦乐。诸法无有所从来，亦不有可去之处，无有住处平等理，能常住如实了

① Khenpo Shedup Tenzin and Lama Thinley Namgyal (eds.) *dpal ldan tshal pa bka' brgyud kyi bstan pa'i mnga' bdag zhang g. yu brag pa brtson 'grus grags pa'i gsung 'bum rin po che*, (Kathmandu: Gam-po-pa Library, 2004), vol. 4: 该段落在 147—149 页；另一本为 *Drakpa Kagyu Heritage project*, D. Martin 校对本等。

② mji^{1} rjir^{2} [illegible]（直译：“无余”）= མ་ལུས

③ djij^{2} dzju^{2} dzjɨ̣^{1} [illegible]（直译：“令主集”），西夏语 djij^{2} 直接对读藏语，ཤོག祈愿（optative）的标记，文中一律如此；dzju^{2} dzjɨ̣^{1} 代表རྫོགས་པ。

④ 此处西夏译文限于藏语的མཁྱེན་པ翻译；忽略སྙིང་པོ。

⑤ “词源”（etymological）翻译：tsjij^{2} ljij^{2} śjij^{1} [illegible]（直译：了见顺）。其中 tsjij^{2} ljij^{2} 代表རྟོགས词根；śjij^{1} 为名词化的标记。

⑥ bji^{2}·jar^{2}·wa^{1} [illegible]，据其他文献的考证，西夏语的·jar^{2}在“二合”中代表 -r 尾音；由于此藏语原文的名号为 *Birwa，即 Virūpa .

⑦ 此行有“本文”和“注释”二种，可能为编辑者所记载：dwu̱^{2} twẹ^{2} [illegible]（直译“密续”）。词意味着，西夏译者见到的本子藏语版是གསང་རྒྱུད（“密续”）而不是“真言本续”。为了补充翻译，编辑者另加上加字：“要门”，不影响译文的节奏。文中[illegible]（直译：“行加”）翻译藏语སྦྱོར་བ（此处为“用途，使用”）。

⑧ rjur^{1} tśju^{1} [illegible]（“诸事”）= ལས་ཚོགས “事集”。

⑨ dzju^{2} [illegible] = མངའ་བདག；djij^{2} dzju^{2} [illegible] = we^{2} [illegible]（“作，为”动词词干 = བྱེད）+ djij^{2}（B 系列前缀）=祈愿式。

⑩ 与上同：上加“四主”是“四主授”（དབང་བསྐུར་བཞི）的简略。

⑪ 上加字不明，拟译。

续　表

西夏文录文	《大手印深道究竟論》	西夏文汉译拟译
[illegible]①，[illegible]②[illegible]③[illegible]④[illegible]⑤[illegible]⑥[illegible]⑦。 [illegible] [illegible]⑧[illegible]⑨，[illegible]⑩[illegible]，	།མན་ངག་དཔག་མེད་མངའ་བདག་བྱེད།མཁའ་འགྲོ་མ་ལུས་མཉེས་བྱེད་ཤོག །ཆོས་ཀུན་གང་ནས་ཀྱང་མི་འོངས།གང་དུ་ཡང་ནི་མི་འགྲོ་ལ། གང་ཡང་མི་གནས་མཉམ་པའི་དོན།ངེས་རྟོགས་རབ་བརྟན་གཞན་ཕན་ཤོག །ཞེ་འདོད་སྐྱོན་བྲལ་གཞན་དོན་དུ།བཟོ་དང་བསྟན་བཅོས་ཐམས་ཅད་དང་། །སྐད་ངག་ལ་སོགས་ཕྱོགས་མེད་མཁས།གྲོལ་བ་ཀུན་གྱིས་མི་ཐུབ་ཤོག རིགས་དང་ཡོན་ཏན་ལོངས་སྤྱོད་དང་།མ་ནོར་ཚིག་དོན་ཤེས་རབ་དང་། །མཐུ་རྩལ་སྤོབས་པ་ལ་སོགས་པའི་།མཐུན་རྐྱེན་	悟⑪；离爱欲罪为他益，[五明]一切工术论典及，顺语等令为善巧，不为拒勤者⑫所能，家种功德享受及，无误得语句义及，以诸威力巧勤之，随顺续为乐庄严。 **发愿品** 竟 [所缘]今时诸入法之人，多闻伏自心者少，巧于名言未得义，总是我慢及难大；随从修续最妙师之义，即可得修定，若如实舍我慢等，则了[及经疏论造者之]义并达教诫本续之理趣。

① 藏语为 གང་ནས/ཀྱང་དུ为同一词根疑问词，西夏语译 ljọ^1 do^2 [illegible]（据藏文“所从”，下行གང་ཡང）和 ljɨ^1 kjɨ^1 do^2 [illegible]（据藏语：“所往处”）。二者对立待考证。

② kjɨr^1 ɣjɨr^1 dzjij^2 ljwu^2 [illegible]，kjɨr^1 ɣjɨr^1 [illegible]（直译：“工造”）代表བཟོ，译为“工术”；dzjij^2 ljwu^2 [illegible]代表藏语བསྟན་བཅོས 为“词源”翻译，翻译为“论典”。

③ ŋwu^2 śjwi^2 [illegible] 为སྐད་ངག（顺语）“词源翻译”（直译：“顺言”）；·jij^1 njɨ^2 [illegible]（前缀+量词“等”）来历不明，文中一律翻译ལ་སོགས；西夏译文缺 ཕྱོགས་མེད（“无方”）翻译。

④ wji^1 ɣiwej^1 [illegible] 可以解释为“受用好处”，可视为ལོངས་སྤྱོད的翻译。

⑤ kjir^2 ·jɨr^2 [illegible]（直译：勇勤）如实表达སྤོབས་པ。

⑥ 西夏语的“bju^1 śjij^1 twẹ^2 [illegible]”（直译：“随顺续”）准确表达“མཐུན་རྐྱེན”（“随和因缘”）；但是 twẹ^2（续）本意与“缘”不同；假设西夏译者所见的本子是“མཐུན་རྒྱུ”解释为“མཐུན་རྒྱུད”，最终译文为“随顺续”。

⑦ 西夏语明确翻译为“为他庄严”，与《喇嘛祥全集》本子中མི་ལོངས་ཤོག（不缺）的关系不明。

⑧ 此处“自心”为རང་རྒྱུད的“诠释”翻译：译者解释此句为 རང་གི་སེམས་རྒྱུད 或རྒྱུན（“自心续”），依于此进行翻译，西夏译文无 ངན语句。

⑨ gjij^1 njij^1 [illegible] 语义不明，李范文“倍复”，直译“殊匿”。据不同藏文考证，可以解释为“总而言”སྤྱིར。西夏语“难大”翻译藏语ཚད་འཛིན，待考证。

⑩ djọ^2 śjij^1 [illegible] 代表藏语སྒྲུབ་བརྒྱུད（成就传承，我们字面翻译“修续”），与“བཤད་བརྒྱུད”（“义续”，义学）对立。

⑪ 西夏语句不合乎藏语：缺གཞན་ཕན（“利他”）的翻译，重讲“了悟”（句子直译：“实了为能常坚了”），语意不顺。

⑫ ”拒勤者”（？dwər^1 mjijr^2 [illegible]）是可解释为“属于拒绝的人”，藏语གྲོལ་བ词源翻译。

续　表

西夏文录文	《大手印深道究竟論》	西夏文汉译拟译
[illegible]	ཚིགས་གྱིས་མི་ཐོངས་ཤོག །སྔོན་ལམ་གྱི་ལེའུ་སྟེ་བཅུ་གསུམ་པའོ།། དེང་སང་དུས་ངན་ཆོས་པ་རྣམས།ཐོས་པས་རང་རྒྱུད་ཐུལ་བ་ཉུང་། །ཚིག་ཚིགས་མཁས་ཀྱང་དོན་མ་རྟོགས།ཕྱིར་ལ་ང་རྒྱལ་རྗོད་པ་འཕེལ། །སྒྲུབ་བརྒྱུད་བླ་མ་རྗེ་བཙུན་རྣམས།དོན་གྱི་རྗེས་སུ་འབྲངས་ཏེ་སྒྲུབ། །ང་རྒྱལ་ལས་སོགས་གཏན་སྤངས་ནས།དོན་རྟོགས་ལུང་རིགས་དགོངས་པ་རྫོགས།། །ཏཻ་ལོ་པས་ནི་ནཱ་རོ་ལ།ཚིག་གཅིག་ཙམ་ཡང་མ་གསུངས་ཏེ། །ལུང་རིགས་མན་ངག་དང་བཅས་ཀུན།མ་ལུས་ནཱ་རོའི་ཐུགས་ལ་རྫོགས། །དེ་ཕྱིར་ཁོ་བོའི་ལབ་ལོབ་འདི།ཞིངས་སྐྱོང་ལ་སོགས་ཁ་སྐྱོང་དང་།	帝洛巴师为捺啰，虽未曾说教诫一句，一切诸教诫本续要门，不漏集于捺啰意。 此故吾之诸发誓⑫，合乎我之所了解，我造此论，未演说违背与佛行及违背与诸师众缚属罪恶等之语。思缘，自所教有任何⑬之理，若能成利益，乃不再转在轮回中⑭。若有随顺教及要门之者处一句演说，我头即将破裂⑮。此祥乞僧者之思量，在雅砻谷之山穴内，为近住侍者玛巴求造。

① bju¹ śjwi̠² [illegible]（直译：“随从”）＝ འབྲངས།

② 西夏语“修定”为སྒྲུབ的“诠释翻译”；西夏语使用“具格”标记，即是“成就续的上师依于其所了解之理，有修定可得”。

③ zur² twe̠² [illegible]“教续”为藏语ལུང་རིགས翻译。藏语实际意义为“圣教和正理”（正理可能代表上师达到了所需的水平），西夏解释为“家氏承袭”翻译，此后解释为“本续”。

④ śia̠¹ śjij¹ [illegible]（直译：意顺）＝ དགོངས་པ（意趣）。

⑤ 西夏语常用 Trilopa 代表帝洛巴名号。二字皆为 ri 之音写，后来上加字为标准注协。

⑥ [illegible] ＝ ལུང་རིགས་མན་ངག

⑦ 此句具体含义以及与藏文版关系待考证。

⑧ 西夏语 wa²·wo² bju¹ [illegible]（直译：“随何理”）。

⑨ [illegible]（直译：乞僧者）为汉语词汇；dzar¹ [illegible]为ཚོད的翻译。

⑩ 此处西夏译文与《喇嘛祥全集》等本子大不同：据传统记载，玛尔巴弟子住处为སྤར་བུ་ཕུལ་གྱི་བྲག་རྫོང。西夏文所载[illegible] ja² lu² ŋə gjij¹ 无疑问表达 Yarlung（Ya+lu 鼻音韵尾）之“谷”。rar¹ gji̠² [illegible]可以解释为“山谷”或“山穴”。即是“雅砻谷山穴内”的玛尔巴。

⑪ njij¹ dźji̠j¹ [illegible]（第二为上加字）直译翻译“亲处者”即是ཉེ་གནས（近住）的“词源翻译”。tshji² mjijr² [illegible]（侍者）为西夏语的汉语佛教词汇。

⑫ 此处“语句”代表藏语 ལབ་ལོབ，意思稍不同。

⑬ 此处保留西夏直译：“所教化”为གདུལ་བྱར“词源”翻译。

⑭ 为了翻译顺畅我们改了此四句的顺序。以上几句内容基本上合乎藏文版本，但需要更进一步考证。

⑮ 此段译文不维持原文节奏。

续　表

西夏文录文	《大手印深道究竟論》	西夏文汉译拟译
[illegible]。 [illegible] [illegible]	།འགལ་འབྲེལ་རྩེ་དང་སྒོམ་པའི་སྒྲོན།མ་བརྟགས་ **སྤུ་ཚོར་སླས་པ་ཡིན།** །རང་གི་གདུལ་བྱར་གང་བབ་ལ།**འདི་ཡིས་མི་ཕན་** **པ་སྲིད་པའི་མཐའ།** །མི་ཁེགས་སྙམ་ནས་བྲིས་པ་ཡིན།།ལུང་རིགས་ གདམས་ངག་མི་མཐུན་པ། །ཚིག་གཅིག་བྱུང་ན་མགོ་བོ་གོས། །སྐྱོང་བན་ཞང་གི་རྟོགས་ཚོད་འདི།།སྤར་བུ་ཐུལ་གྱི་ བྲག་སྟོན་དུ། །ཉེ་གནས་མར་པས་བསྐུལ་ནས་བྲིས།།མི་ལ་མ་ བསྟན་སྡིག་པ་སོག [བཀའ་དང་བསྟན་བཅོས་རྣམས་དང་ནི།།བླ་མ་ རྣམས་ཀྱི་དགོངས་པ་དང་།།རང་གི་རྟོགས་ཚོད་སྦྱོང་བ་ ཡིན།]①	祥余帕啰噶巴师造: 《究竟道要门》竟

不难看出,西夏译文与现存标准藏文本子全同。尽管如此,西夏文本有几个重要问题需要提出:1. "帝洛巴"名号转写:[illegible]。据其他文本(如 2885 等),标准西夏的转写为 [illegible],$rjijr^{2}$ [illegible](音译字)为二合第二字;《大乘要道密集》中的不同写法基于此西夏的转写。《大手印深道究竟论》的本子原文用 $rjir^{1}$ [illegible](实词"得")。翻译编辑者为此转写建议修改为传统的写法。文中题记"喇嘛祥"名字写为:[illegible] $śja̱^{1}$ $ŋə^{1}$ $\cdot ju^{2}$ $pjɨ^{1}$ $rjar^{1}$ $kə^{1}$ pja^{1}。此转写如实代表喇嘛祥 Zhang G. yu-brag-pa 的藏语转写,无误。此外据西夏译文弟子"玛尔巴"是"雅砻谷"人;"雅砻"转写为 $\cdot ja^{2}$ lu^{2} $ngə^{1}$ [illegible],准确表达"ya[r]lung"。据 Martin 考证,西夏译文《大手印深道究竟论》中喇嘛祥弟子名号与其他藏文不同,为西夏译文底本的特色。此外,雅砻斯巴"传"的喇嘛祥著作中译文中,上师名号转写为 $śja^{1}$ $ŋə^{1}$ $\cdot ju̱^{1}$ $rjar^{1}$ $kə^{1}$ pja^{1} [illegible],即是 * Shang Gyu grags pa。西夏转写用字是同音的,但字样不同,并不为《大手印深道究竟论》编辑者所改。$\cdot ja^{2}$ lu^{2} $ŋə^{1}$ [illegible] 的转写虽然比较如实代表 yarlung,与标准转写 $\cdot ja^{2}$ $ljow^{2}$ [illegible](雅砻)不同(如雅砻斯巴,[illegible] $\cdot\cdot ja^{2}$ $ljow^{2}$ $sjɨ^{2}$ pja^{1});亦非为编辑者所改。从此可知,《大手印深道究竟论》非为雅砻斯巴传,亦非为慧照翻译。顺便,我们提假设:[illegible] $\cdot ja^{2}$ $ljow^{2}$ $sjɨ^{2}$ pja^{1} 和《大手印深道究竟论》的 $\cdot ja^{2}$ lu^{2} $ngə^{1}$ [illegible],明显属于不同转写

① 西夏语缺。

系统，不同转写是否代表文本传入西夏支不同脉络，好待考证。

此外，基于针对一部分西夏语大手印文献，本研究另坚定西夏 Tang 348，#2841 文献中所收的材料一部分来自冈波巴大手印的开示。从西夏"六法""大手印"传承记载和内容来看，西夏语的"六法"和冈波巴体系的"大手印"材料可视为一个系统，暂定之为"冈波巴系统"或"六法/ 大手印"体系。本研究为涉及西夏噶举"大手印"和"六法"传播问题，只不过，本研究认为该系统在西夏的传播与西夏晚期入夏的噶举高僧活动有关系。此僧团代表人物是雅砻斯巴上师（"觉照国师"，"法狮子"）以及与其相关的译师群。此群代表为"五明伽蓝慧照"译师。

三、Tang 469 #6972：喇嘛祥"小集"

《目录》收录文献第 613 号为尺寸比较小的写本，共 14 页，标题为：lọ^{1} kjụ^{1} śjij^{1} zjɨr^{1} śio̱^{1} tshji^{1} ŋwu̱^{1} [illegible]①。此外该文献另收录译本小材料：dzjị^{2} dziej^{2} bju^{1} tjị^{1} mji̱^{1} · wja̱^{2} śjij^{1} [illegible]。第一文献标题可翻译为：《双成就略集要门》，第二为《依于集轮略发食施广法》。据第一篇材料所载：śja̱^{1} ŋə^{1} · ju̱^{1} rjar^{1} kə^{1} pja^{1} [illegible]，即是喇嘛祥所造，"传者"则为：[illegible]，即是"大度民寺中国觉照国师"，即是雅砻斯巴。

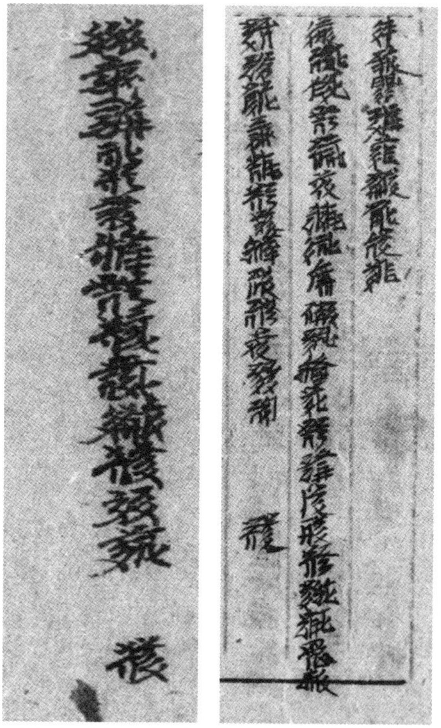

图 16　喇嘛祥不同写法

与其他文献相比，可见 6972 号文献中是喇嘛祥名号第三种写法：1）《大手印深道究竟论》[illegible] śja̱^{1} ŋə^{1}·ju^{2} pjɨ^{1} rjar^{1} kə^{1} pja^{1}；2）慧照不同译本：śja^{1} ŋə^{1}·ju̱^{1} rjar^{1} kə^{1} pja^{1} [illegible]（或：[illegible]）；3）#6972：śja̱^{1} ŋə^{1}·ju̱^{1} rjar^{1} kə^{1} pja^{1} [illegible]（图 16）。其中第二转写属于"五明寺"慧照译师体系，6972 第一第三来历不明；由于"雅砻"的西夏转写有同样分配（三号未见），可知《大

① 《目录》613：565。

手印深道究竟论》和“慧照译本”代表不同翻译体系。在此#6972 可以解释为帝三种翻译体系,但由于文中转写较少,我们尚无法做出确定结论(图 16)。

从内容观之,#6972 收录第二文献《依于集轮略发食施法》与 Tang 182 #821 “集轮供养”诸本颇为相似,为其之略本,此处不讨论。至于第一文献,据初步解读,标题中的“双”代表“双入”(“双运”ཟུང་འཇུག),说明此文献代表六法实修内容,主要是捺啰巴六法中的“光明”(འོད་གསལ)瑜伽的解释。文献虽然保留标题、“造者”、“传者”的记载,藏文原文尚未鉴定。由于我们无法进行夏藏对读,译文保留一部分直译。西夏录文如下:

6972《双成就略集要门》录文	汉 语 拟 译
1a [illegible] [illegible] [illegible] [illegible] 1b [illegible]①[illegible],[illegible],[illegible]②[illegible] 2a [illegible]③[illegible] 2b [illegible]④[illegible]⑤,[illegible]⑥ 3a [illegible]⑦[illegible]	双成就法略集要门 祥余巴啰噶巴师造 大度民寺中国觉照国师传 捺摩孤噜 凡分别为下中上根器的人,则是佛身(本尊——译者注)光明双入等⑧。至于其修行,最初二具足时,次真空中,一刹那间观本尊形象、本尊身者,即为等持之缘境。令心入于光明时,当观光明。此时,离于有无以及一切戏论而观光明者,即为等持之缘境。除此,心不变移他处,离于有无等以及心之能所,心识不整治⑨,纵放而住者,是观念光明之等持。此时,当压身之上风而修。如此,于修光明而起厌,则令己身显明为本尊形象。于觉受中,不舍“空分”⑩。由于不着其之自性为实

① 即是རང་འབྱིང་བ་མ།。

② njɨ̱¹ lhə [illegible](直译:“二具足”),藏語ཚོགས་གཉིས,智慧及功德。

③ thju̱¹ mjɨ̱² [illegible](直译:“缘境”)藏语དམིགས་ཡུལ།

④ 原文此字不清,拟译。

⑤ rjar² djị² [illegible](直译:“疾治”),译文保留直译,据他文献,此词汇代表བཅོས་པ(“改善”,“加工”)。

⑥ kụ¹ · wja̱² [illegible] 直译:“纵放”。

⑦ phju² ljɨ¹ [illegible] 直译:“上风”。

⑧ 据喇嘛祥《俱生初上中三之现观》无论根器多高的修者,必须有“二具足”条件。为此我们参考《ལྷན་སྐྱེས་དང་པོ་རབ་འབྲིང་ཐ་གསུམ་གྱི་མངོན་རྟོགས》《俱生初上中三之现观》(下根器品):སྔོན་དུ་ཚོགས་གཉིས་བསག་པར་བྱ་སྟེ། Khenpo Shedup Tenzin and Lama Thinley Namgyal (eds.) *dpal ldan tshal pa bka' brgyud kyi bstan pa'i mnga' bdag zhang g. yu brag pa brtson 'grus grags pa'i gsung 'bum rin po che*: vol. ཀ་ང: 514 – 530。

⑨ 此处保留直译,实际意义:“无有可加修治”。

⑩ 据直译,此处可译为“空”。

续 表

6972《双成就略集要门》录文	汉 语 拟 译
[illegible]①[illegible]，[illegible]，3b [illegible]②[illegible]．[illegible]，[illegible]，[illegible]，[illegible]．[illegible] 4a [illegible]，[illegible]，[illegible]．[illegible] 4b [illegible]③[illegible]．[illegible]，[illegible]，[illegible]，[illegible] 5a [illegible]，[illegible]，[illegible]④[illegible]．[illegible]⑤[illegible]，[illegible]．[illegible]，[illegible]⑥[illegible]，[illegible]，[illegible]．[illegible]，[illegible]，[illegible] 5b [illegible]⑦[illegible]．《[illegible]》[illegible]．[illegible]⑧，[illegible]⑨[illegible]，[illegible]⑩，[illegible]，[illegible] 6a [illegible]⑪ [illegible] [illegible]，[illegible]⑫[illegible]，[illegible]．	有，虽不舍空分，显空不二之身，犹如镜中影像者，是等持之缘境。在此，心离于有无执着以及勤进之行，心识住于无整治之体。令风为坚固⑬而修者，是缘于双运等持之入定法。此即是所谓："缘境显空双运之等持"。发起缘于境显空等持之觉受时，显出缘于此等持之种相，于明自体无有相法执持为实。发起真空觉受，是识照空⑭双运。此时依于入于风内脉舒畅⑮，发起暖。于是一切身之界熔炼，并入于身，发起喜乐。在等持发起无分别觉受，而不处于相者，是乐空双运。此为《下中上三根一次等持法要门》。出定时，母集于自身，自身集于心中 hūṃ 字，已实璎珞之行，当依于形噜葛慢而进行。

① dwər[1] [illegible] 直译："厌"。

② ŋa[1] phia̱[1] [illegible] 直译："空分"。

③ śja[2] ŋa[1] lọ[2] ·o[2] [illegible]（直译："显有双入"）即是"空有双入"སྣང་བ་སྟོང་པ་ཟུང་འཇུག་པ。

④ sjij[2] swew[1] [illegible] 直译："情照"（识照）；据内容此句代表"识智双入"，རྣམ་ཤེས་དང་ཡེ་ཤེས་ཟུང་འཇུག。

⑤ ·wjar[1] [illegible]，本意：挖；此处拟译。

⑥ ljụ[2] ·jij[1] kiẹj[2] [illegible] 直译："身之界"。

⑦ rejr[2] ŋa[1] lọ[2] ·o[2] [illegible]"乐空双入"，བདེ་བ་དང་སྟོང་པ་ཟུང་འཇུག

⑧ 西夏译文一律用 djɨj[2] lho dzjɨj[1] [illegible]（直译："出定时"）翻译ཐུན་མཚམས（二入定时段之间的时间）。

⑨ dẹl [illegible]（阴性，女）此处代ཡུམ。

⑩ 《俱生初上中三之现观》常见如此语句，如：རྗེས་སུ་ཐུན་མཚམས་ཀྱི་སྤྱོད་པ་ནི། ཡུམ་དང་ཕྱག་མཚན་རང་ལ་བསྡུ་བ་ལ་སོགས་པ་དབང་པོ་ཐ་མ་ཇི་ལྟ་བ་བཞིན་བྱའོ།（"于是，出定时之行，诸母及其印相集于已等，即犹如最初'下根'所说而行"。《喇嘛祥全集》，ཀ་ང：520）此句指的上段比较长的一段话，说明"出定后"之修行。西夏文所载修行与《俱生初上中三之现观》内容大致上相同，比较简略（《喇嘛祥全集》，ཀ་ང：516－517）。

⑪ ·jɨr[2] rer[2] [illegible]（直译：璎珞）。据《俱生初上中三之现观》代表ཕྱག་མཚན"印相"，译文保留直译。

⑫ khwẹj[1] [illegible]，骄慢，ང་རྒྱལ

⑬ 保留直译。

⑭ 据直译。

⑮ 据西夏的直译。

该材料尚未发现其藏文原典，据初步考证为《喇嘛祥全集》中的《ལྷན་སྐྱེས་དབང་པོ་རབ་འབྲིང་ཐ་གསུམ་གྱི་མངོན་རྟོགས》①(《俱生初上中三之现观》)的略本。文中“双入”为捺啰巴六法主要概念之一，《捺啰巴一切要门略集双入义要门》(ནཱ་རོ་པའི་གདམས་ངག་ཐམས་ཅད་ཀྱི་དོན་བསྡུས་པ་ཟུང་འཇུག་བསྡུད་པའི་ཞལ་གདམས)有系统介绍，本文从之。《俱生初上中三之现观》内容据修者根器分“上中下”三品，西夏文献则是为“一次等持法要门”，即是共同讨论适合三种根器修者的修行。文中“·a dźjow[1] [illegible]”(直译：“一次”)基于“ལྷན་གཅིག”，即是三种根器的人可以一起进行的实修。虽然《俱生初上中三之现观》中有许多与西夏文《双成就略集要门》接近语句，而文献内容上有差别，如《双成就略集要门》“缘境界”的系统阐述不见在《俱生初上中三之现观》内。西夏材料核心内容即是 lọ[2] kjụ[1] [illegible]“空乐双入”(བདེ་སྟོང་ཟུང་འཇུག)，与观本尊以及捺啰巴六法中的“光明法”修行相关的实修，为喇嘛祥修行法门之一。由于西夏文本有“改字”和“补句”标点，我们认为现存写本依于标准版本。因为《喇嘛祥全集》以及他处尚未发现此材料的原文，我们暂时假设，现存写本的底本是雅砻斯巴基于喇嘛祥文本编辑的，即是属于他自己的开示。

结　　语

综上所述，西夏时期的佛教，依于文本体系，有比较完整的架构。此处我们针对一部分材料进行讨论，其中一部分结论如下：

汉传和藏传佛教宗派传入西夏，不存在“先后”的对立，只西夏翻译佛经的不同过程。无论藏传或汉传宗派的传播，并非独立过程，而且与西夏仁宗时期进行“文化”改革的方案有关系。由于“文化改革”涉及到非佛教内容，我们认为西夏的“新佛教”以及藏传的传播并非为此“改革”原因，但后来为其重要因素。我们目前所见到的西夏佛教情况是在仁宗时期“文化改革”过程中形成的。我们意图构造西夏佛教的背景的主要结论是：现存许多文本可以梳理为“文本系统”。其中一部分文献，无论从版本系统，或从其内容观之，显露其“统一性”。西夏“喜金刚”文本系统是具有代表性的例子。从内容上，“文本系统”可以视为代表“宗派”的文献。本研究讨论的材料显出内容上的“统一性”，皆可以与早期噶举派连上。

---

① Khenpo Shedup Tenzin and Lama Thinley Namgyal (eds.) *dpal ldan tshal pa bka' brgyud kyi bstan pa'i mnga' bdag zhang g. yu brag pa brtson 'grus grags pa'i gsung 'bum rin po che*: vol. ཀ: 513 – 530; Yamamoto, *Vision and Violence*: 284 – 14.

更进一步论之，我们见到的几个相互关联的“文本系统”，主要可以暂分配为“显教”和“密教”二范畴。从本研究角度来看，此“显密圆融”代表噶举大师冈波巴“二流”思想在西夏的传播。此外，文本系统可视为“成就续”和“解释续”的架构，其中所见的绝大部分材料属于“成就续”。[①] 此架构显露出在“噶当”义学和“噶举”实修两种体系并行的情况。由于藏传佛教传入西夏的时候，藏传佛教正宗的宗派尚未形成，我们把该文本系统以及其所代表的“实修”系统暂定为“冈波巴”体系，并认为其为西夏藏传重要主要脉络之一。第二主要脉络则以“心部五种”为核心“宁玛”的脉络（本书下半）。大部分文献属于此系统。

文本系统基于“本经、注释、观法、仪轨”的传统架构，如此架构的典范，是汉传佛教宗派文本体系，如华严宗。在藏传“显教”体系内我们自然能分出《入菩萨行论》为核心文本及其注释以及相关仪轨系统。与其搭配的是节怛哩《发菩提心常做法事》及其注释系统，该系统与“冈波巴”体系的关系待考证。由于西夏佛教的重点在于实修，作为仪轨本子的《发菩提心常做法事》变为文本系统中的“核心”文本并产生其独特的“注释”系统。据我们所了解，这一点不见在正宗藏传佛教内，可视为西夏藏传佛教文化传播的本土化的（localization）趋势。

此外，西夏佛教可见《金刚经》《华严经》等文本系统。据我们针对一部分非佛教文献的考证，我们认为《天盛律令》等材料也反映如上佛教文本系统。本研究认为，仁宗时期文化“改革”的结果之一是“汉藏佛教”的形成。本研究对西夏汉藏研究文本有初步讨论，并说明汉传与藏传佛教在西夏之互动。

在讨论藏传佛教在西夏的“本土化”，我们在对《心地法门》、西夏语的“鸠摩罗什传说”以及元代西夏遗僧一行慧觉著作研究的基础上，提出关于西夏的“汉藏佛教”的假设，并且证明汉传和藏传在概念上、文本上、佛教用语、人物传记等方面进行深入圆融。据我们目前的看法，汉藏圆融的底层架构是汉传佛教，主要是唐宋时期的华严思想以及华严宗。

学术界早已注意到西夏“宗义书”系列文献。其中重要的是，迄今唯一存在的正统藏传“宗义书”，即是《集记》对所谓“因乘”宗义的阐述，基于“无住中观”和“如幻中观”判教架构。基于 K-D. Mathes 的研究结论，“无住中观”与“大手印”的相互搭配属于铭得哩斡（Maitrīpa）的中观与大手印“不作意”相即相入思想。因此，可以进一步推论，由于西夏一部分“大手印”材料基于铭得哩斡“无

---

① 索南才让《西藏密教史》第 444—448 页相关讨论，指出冈波巴的“密乘”与“中观”以及如来藏思想的互补关系。沈卫荣在《论西夏佛教之汉藏与显密圆融》（《中华文史论丛》，2020（01）：265－309）一文中也讨论黑水城文献中所见的“显密圆融”趋势，据我们了解主要是从西夏流传《心经》为实修典范以及“大手印”而脉络下手。

念”（ཡིད་ལ་མི་བྱེད་པ amanasikāra）概念，作为宗义书的《集记》与西夏噶举大手印传播有关系。由于《集记》未存全文，该结论限于假设。

在密教方面，我们对西夏流传“喜金刚”体系文本进行初步讨论。关于《喜金刚本续》，我们基于对来自此本续引文的初步探讨，假设西夏曾存在《喜金刚本续》译文，可能也有《吉祥上乐轮本续》的译文。基于前人研究成果，我们认为西夏文的《口合本续》的体系依于起源在玛尔巴译师的“俄噶举”体系。如孙昌盛、沈卫荣、侯浩然、魏文等学者的研究，西夏流传的《口合本续》虽然为正宗的“俄噶举”系统中，该体系的根本续《喜金刚本续》的唯一今存的注释不属于“俄体系”，而是“让氏”噶举体系，西夏文的《喜金刚九佛成就法》亦属于“让氏”体系。据我们初步考证研究，西夏文存在的《金刚帐本续之相说》藏译本，异于我们参考的“俄体系”和“让体系”的材料，其具体属性尚待更进一步考证。尽管如此，文本研究显露西夏曾存在完整的研究《喜金刚本续》的文本系统。虽然属于该体系的不同材料的属性需要更进一步研究，我们的结论即是西夏“喜金刚”实修大致上也是噶举派为主。

我们同时鉴定两种印藏佛教“喜金刚系统”的两种主要材料：钟必兮噜葛撰（Ḍombīheruka）《甘露光明成就法》以及海生金刚撰（Saroruhavajra）《喜金刚成就法》两种，并对后者的前段进行了初步对读。基于 J-U. Sobisch、C. Ducher 等学者的梳理，我们认为此两种材料，虽然在藏传佛教是“共享”的仪轨，其传入西夏的背景同样与噶举派中的“俄”和“让”两种体系有关系。基于现代研究以及传统记载，我们可以为西夏藏传佛教假定“俄/让体系”的流传，并把此体系在西夏的广大影响力视为西夏藏传佛教特色之一。此外，由于让氏《喜金刚九佛成就法》以及《甘露光明成就法》《喜金刚成就法》版式是一致的，我们进一步推论，西夏曾存在“喜金刚”仪轨的“集成”，现存文献为其之痕迹。虽然根本续的西夏译文未存，由于存汉语材料，以及《喜金刚本续》的“注释本续”以及《喜金刚本续之解》《金刚帐本续之相说》，此架构也合乎文本系统的标准。总而言之，西夏“喜金刚”体系是 11—12 世纪卫藏的“俄/让”体系，藏文佛教史材料似乎没有如此记载，此文本系统与“冈波巴系统”的关系亦待考证。

第二体系则是“大手印/六法”文本体系。据我们考证，西夏曾流传两种“大手印体系”。其中第一个，并且材料最丰富的是我们所谓的“冈波巴”系统。属于此体系材料数量最多，除了“大手印”文本之外，另外包括“六法”（本研究不讨论）等材料。第二系统则为来自安多和西夏贺兰山地区的“德慧上师”的体系。“冈波巴”体系中具有代表性的材料为 2885 号西夏文献。本研究为之定标题为《帝洛巴心性说》，并认为其为西夏流传“冈波巴”体系的“传教史”。

由于噶举派“要门”的传承，我们难以判断其在西夏的“核心”本子。基于杨杰考证，我们认为 Tang 348，#2841 记载冈波巴上师的语录，我们暂定此本子为西夏“冈波巴”体系的核心文本。据杨杰、孙鹏浩、U-T. Kragh、孙鹏浩、杜旭初以及我们的研究以及我们自己的考证，本研究鉴定《帝洛巴心性说》一部分内容基于类似《都松钦巴所问之答》中的冈波巴传（包括其自传内容），并为其现存部分进行对读。该材料虽然接近今存最早的藏语冈波巴传记材料，但在一部分细节上有其独特性，尚存研究空间。由于 2885 号文中另有西夏晚期吐蕃高僧雅砻斯巴的传记，而藏语不见相关记载，我们认为 2885 号(《帝洛巴心性说》)是西夏本土编纂的材料。《帝洛巴心性说》记载的传承体系为帝洛巴师之“四种圣教传承”“六钉”以及其核心内容，以及总结偈颂。2885 文献的记载“冈波巴传”的西夏译文，可视为西夏学中的发现，只不过从藏学角度只不过属于常识。

“冈波巴体系”文本还可以初步分成两种：冈波巴本人及其弟子的传承。其中 Tang 348，#2841 与冈波巴在西夏的弟子系列（如“玄密大师”）有关系。另一种是比较广义的“噶举”传承。该体系包括西夏“六法”“金刚亥母”等材料的西夏译文，本研究讨论较少。在此有比较明显的文本脉络，我们暂定为“喇嘛祥文本体系”。大致上，“喇嘛祥体系”在西夏也显露其系统性：核心本子为曾汉辰鉴定的《大手印深道究竟论》的西夏译本，此外存许多不同涉及修习和各种仪轨材料西夏译文。本研究中对一部分喇嘛祥的西夏文材料进行解读。其中我们见到喇嘛祥法号以及同样地名在不同文献中的不同转写方法。该现象是否代表代表喇嘛祥法门在西夏传承的不同脉络尚待更进一步研究。此外，2885 号文献为冈波巴体系的核心文献之一。

西夏第二“大手印”系统以西夏德慧上师撰《大印究竟要集》（tha^{2} tjɨ̣j^{2} njɨ^{2} dźjwa^{1} tshji^{1} śio̱^{1} [illegible]）及其注释为代表的 12 世纪的“宗哥”和西夏本土体系。该系统包括根本以及二种注释，证明其西夏时期的流传程度之高。此脉络保留了一部分其他材料未见的信息。与其他西夏文献不同，由于尚存《大印究竟要集》的西夏注释，我们可以了解此法门传入西夏的基本情况。虽然记载不一致，我们仍知道德慧上师在 1152 年在安多（“宗哥”地区）或在西夏贺兰山地区，由名号拟为 * བརྩོན་འགྲུས་སེང་གེ（“勤进狮子”）上师获得了大印要门。主要的是，德慧大印传承可视为西夏本土的发展，并且在西夏末期为冈波巴传承所取代。因此《大乘要道密集》只见冈波巴大手印文本，德慧体系材料曾无汉译。此大印传承内容显露比较高的汉化程度，可能与其在西夏流传过程中接触汉传佛教有关系。

由于文献标题中见 njɨ^{2} dźjwa^{1} [illegible]［直译：“普竟”，也见为藏语的མཐར་ཐུག（“究竟”）］二字，本研究认为可视为西夏文 dzjɨ̣^{2} dźjwa^{1} [illegible]（直译：“集竟”）的一种

写法,即是藏语ཚིག翻译的一种。[①]该文献内容以及传承记载(“因乘、果乘”判教典范以及“维摩”,Vimalakīrti, 无垢称[②])的特色,本研究对其文本的评价存在一种矛盾:若依于传承记载对第八祖师的高赞,则可定为噶举派材料。文献内容显露《大印究竟要集》为受到汉传佛教影响的文本;如此思想的流传也可视为西夏藏传佛教文化传播的特色之一。与此脉络相关材料,除了本文注释外,还可以提标题为《入正法次第》的宗教史。该本子虽然未存,但可见其引语。《大印究竟要集》主要内容为“无念”,并且义理典范似乎在于针对萨啰曷《那曷》特殊理解。此外,我们针对基于《记》为《大印究竟要集》传承进行初步考证。其成果显露,文中关于龙树传记一部分信息与传统记载难以凑合,说明其为“安多”体系的特殊内容。其在藏传龙树文献需要更进一步考证,我们暂时视之为德慧大印体系的特征。同时,《大印究竟要集》及其《记》主要主张在于“大印”为“真心无念之道”,因此其超越唯识宗中的“有相”及“无相”之说,也超越“离于四边”(即是“四句”)的中观思想。此点是否可视为超越了汉传佛教禅宗修行境界,尚待更进一步研究。我们认为《大印究竟要集》的汉化程度比较高。虽然德慧体系“大印”处在“无住中观”的思想范围中,但《解》中“无念”“真心道”等概念显露比较深刻的中原禅宗的影响。

沙门德慧精通汉语藏语,为仁宗时期的重要译师,并封为“国师”。尽管如此,其撰《大印究竟要集》未见在黑水城汉语材料中,也未收录在《大乘要道密集》内,即是西夏灭亡后,此文本亦早已失传。据考证,德慧译师集中在 12 世纪 40—60 年间。[③]《目录》与其相关最晚记载属于 1185 年,《佛说圣大乘三皈依经》的题款中。[④] 据现存《帝师惹巴传》等记载,噶举派僧侣雅砻斯巴在西夏活动时期属于西夏晚期。[⑤] 许多大手印,集轮,六法等的文本,皆为雅砻斯巴所译传。[⑥] 本研究假设,两种“大手印”系统曾经并行,由于德慧上师在 1185 年以后失踪,其体系逐渐衰落,为喇嘛祥弟子为代表的噶举所取代。此后,从事汉译僧侣不再关注德慧“大手印脉络”。由此可见西夏大手印以及整体藏传佛教在西夏晚期时候的

---

① 本研究的第三篇。

② 据宁玛派的传法观点,“维摩诘”属于最早从佛陀受到“大圆满”法门。Dudjom Rinpoche, Gyurme Dorje, M. Kapstein transl. , eds. , *The Nyingma School of Tibetan Buddhism*: Its Fundamentals and History(Somerville: Wisdom Publications,1991): 454,460.

③ 崔红芬《西夏僧人“德慧”师号考》,《宁夏社会科学》,2010(02): 87 - 91。

④ 《目录》382: 435。

⑤ 曾汉辰《西夏觉照国师法狮子之教法来源与身份考》: 180 - 186。

⑥ 曾汉辰《西夏觉照国师法狮子之教法来源与身份考》考证其为喇嘛祥的弟子;孙伯君、聂鸿音《西夏文藏传佛教史料:“大手印”法经典研究》: 117 - 129。

转变。总而言之，整理文献为“文本系统”有助于解决一部分西夏佛教史的问题。

在藏传“显教”文本体系中，最流行的，以及版本最多的是以阿底峡撰《入二谛论》为主的文本体系。由于阿底峡的密教观也属于“大手印”体系，其“大手印”传承也来自帝洛巴，①而冈波巴尊重噶当学说，本研究认为西夏流传冈波巴体系“大手印”以及阿底峡“噶当派”在西夏的传播是同时并行的。以上的材料可以总结为噶举文本体系。“大手印/六法”不合乎“本经、注释、观法”的标准，但因为其有内在“综合性”（internal integrity），本研究视之为“文本系统”。由于西夏文献反映噶当思想对冈波巴的主要性，“大手印/六法”与《入二谛论》可视为一个系统。此假设符合“义学/实修”的文本架构。

本研究未进行针对其中所引用文本语言的系统研究。尽管如此，从我们初步考证可见，属于不同文本体系的西夏译文中的词汇是重合的，译文之间差别集中在少数音写中；实词的翻译，包括密修专业术语基本上是一致的。在本研究我们参考的西夏文献属于不同体裁：包括论著、注疏、仪轨、传记等，其中包括大量藏语口语的译文。无论在哪一种体裁的翻译，西夏译者达到相当高的正确性。据我们初步了解，一部分专业词汇，如 $mər^2$ $dwewr^2$ 𗍫𗄊（本觉）的起源无疑问是在汉传佛教，转移为藏传译文代表“自证”之类词汇。如此“汉藏”佛教词汇融合亦有丰富研究潜能。

① James B. Apple, “Atiśa's Teachings on Mahāmudrā”, *JIABS*, 18(2017): 1-41.

第三篇

“旧译密咒”在西夏传播

第一章　西夏文“五类法界”文本系统

本书上半部内容，主要讨论后弘期藏传佛教在西夏的传播，我们的结论是：所传的实修内容可归纳为冈波巴的脉络；文献体系的架构为“成就续”和“解释续”两种；反映冈波巴的佛教观。针对西夏佛教史而言，以上的发现可以说是比较新颖。从主流藏学角度来看，上半部的信息属于佛教史常识，基本上代表“西藏复兴”（Tibetan Renaissance）中的一部分佛教史的趋势。考虑12世纪末的噶举派在卫藏及其他地区的弘法活动，黑水城出土文献中包含喇嘛祥、噶啰译师、帕木竹巴、俄/让体系文本等材料，并且可见帝洛巴、捺啰巴、铭得哩巴、玛尔巴等“喜金刚”，“六法”“大手印”等文献，是很自然的现象。同样，噶当义学为噶举僧侣教育的重要部分：无论冈波巴尊者，都颂钦巴等皆曾为噶当的弟子。① 也就是说，西夏所流传的文本体系，代表了历史实际情况，也说明从12世纪中，西夏佛教属于藏传密法主流。藏文不同历史记载，虽然简略零碎，亦指出噶举派与西夏以及西夏王室的关系。

尽管如此，在黑水城出土西夏文献中，我们看到最系统的文本体系是所谓藏传“旧密”系列文献，更具体来说，是大圆满系列中的“心部”（本研究偶尔称“心部五种”）的文本体系。② 如上所说，据我们考证，该体系有其“根本续”，“注释”文献以及其“传教史”的记载，是为完整的文本体系。

据目前所知，圣彼得堡俄罗斯科学研东方文献研究所（IOM RAS）所藏“旧译”的“心部”（སེམས་ཕྱོགས）文献可分成两种：所谓“本文”及其注释材料和相关的“宗教史”记载。本研究“旧译心部”指的是毗卢遮那（བཻ་རོ་ཙ་ན，传统汉译：遍照护）译师在赤松德赞（742—797）时期，向印度成就者吉祥狮子（Śrīsiṃha）所学的“大圆满”法门。据我们考证，黑水城出土全套“心部”材料的西夏译文，至于藏语材料，据A. Zorin的考证，黑水城出土极少数无垢友（Vimalamitra）所译材料的残片。

---

① R. Davidson. *Tibetan Renaissance:* Tantric Buddhism in the Rebirth of the Tibetan Culture：332－335.

② 基本介绍：索南才让《西藏密教史》：325－326。另见：Manuel Lopez，“The ‘Twenty or Eighteen’ Texts of the Mind Series：Scripture，Transmission，and the Idea of Canon in the Early Great Perfection Literature”，*RET* 2018(43)：50－94.

该藏语材料与西夏文“心部”的关系尚待更深入的研究。①

一、《心部》根本续

至于“本文”的范围，主要是两种材料：Tang. 270 #3703 以及 898 号文献。据考证，Tang. 270 #3703 内容是所谓“心部五类”或“旧译五种”（སྔ་འགྱུར་ལྔ）全文，此材料收集“五种”材料。该材料与后期印度班智达无垢友（Vimalamitra）所译十三种本续，构成晚期宁玛派的“心部十八种”的一套文献。无论关于早期毗卢遮那所译“心部”，还是无垢友后来十三种的“十八种新译”，藏文诸不同宗教史的记载并不一致。现存西夏“心部五类”中的诸文本，与《毗卢全集》中的“旧译五种”亦不全同。针对西夏佛教研究而言，无垢友所译“十三种”本续在西夏似乎没有流传，同时“旧译五种”得以盛行，发展为一个明显的“文本体系”。该文本体系包括“根本续”（即是“心部五种”），相关注释，宗义书以及传教史。其中，“根本续”是 Tang. 270#3703 的标题未完全保存，笔者据现存文字构拟为《五类法界集文》（[西夏文]），其中“文”为西夏语的“后缀”，不必翻译，我们翻译为《五类法界全集》。此外，文中另能见：ŋwə1 djịj1 tsjịr1 kiẹj2 ·jij1 ·jwɨr2 ·a?《[西夏文]》的标题，可翻译为“五类法界之文一卷”，藏文原文可构拟为“ཆོས་ཀྱི་དབྱིངས་ལྔ”之类。标题中 ŋwə1 djịj1 [西夏文]“五类”（旧译“五部”）的汉译，据龚煌城的早期考证，西夏语的 djịj1 [西夏文]与藏文སྡེ་（“部”“类”等意，梵文 varga）是同源的②。毗卢遮那对藏传佛教史的贡献之一是翻译印度吉祥狮子（Śrīsiṃha）“大圆满法”的五部主要本续，所谓“心部五种”（སེམས་སྡེ་ལྔ）。依于此，“五部”代表《集》中的五篇“本续”。

西夏文本《五类法界集》中的所谓“五类”代表文中收录的五篇文献：“ɣjiw2 ŋwər2 tha2 dzjɨ̣2 dźjwa1 [西夏文]”（“青鹃大圆满”，文终题记为“[西夏文]”即是“菩提明悟青鹃竟”），无疑问代表藏文“བྱང་ཆུབ་ཀྱི་སེམས་རྣམ་པར་རིག་པའི་ཁུ་བྱུག་རྫོགས”语句。从此可知，此文乃是《金刚六句》（《菩提心觉性杜鹃》）的西夏译文。第二文献保留其梵文标题转写：“[西夏文]”（pja1 dzja1 rjar1 sja1 twa1 mja1 xa ·a kja̱1 rjɨr2 śja1 kja̱1 rjir1 kja̱1 * Vajrasattvamahākā[r]śakārikā）。西夏译文：ɣjɨ1 njij2 kjir1 sjij2 tha2 tshọ2 ŋa1 dźju1 lja̱1 [西夏文]，即代表

① A. Zorin, “On a ‘Golden’ Khara-Khoto Manuscript Preserved in the Institute of Oriental Manuscripts, RAS” 2020(56)：161－169。

② 龚煌城《西夏语文字研究论集》，北京：民族出版社，2005：185。

藏文རྡོ་རྗེ་སེམས་དཔའ་ནམ་མཁའ་ཆེ。可知《金刚勇识大虚空》为西夏文献为藏文材料的翻译。第三文文献标题为 tha^2 ku^1 kiej^1 ŋa^1 swew^1 gjɨ̣^{2}《[西夏文]》，直译为《大凤凰空明疏》。文尾题记：“《[西夏文]》[西夏文]”，直译为“《入周遍境之寂思不起分别真心凤凰》竟”。西夏文本的题跋合乎此假设：西夏文的《[西夏文]》（金刚勇识大虚空）实际上如实地代表藏文的《ཁྱུང་ཆེན་ལྡིང་བ》的意思，即是印度成就者吉祥狮子传给毗卢遮那五种大圆满法本续之一。①

据内容考证，第三材料为旧译系统中的《བྱང་ཆུབ་སེམས་ཁྱུང་ཆེན་ལྡིང་བ》（《菩提心金翅鸟》）的西夏译文。另外二篇文献考证如下：第四文献西夏文标题为：wjạ^1 sej^1 tha^1 kjir^1 dzjɨ̣^{2} ka^2 tśjij^2 po^1 tjɨj^1 njij^1 lə$^?$ djɨj^2《[西夏文]》，直译：《莲华大勇集狮子菩提心念定》。据内容考证，此文献为“旧译五类”中的《བྱང་ཆུབ་སེམས་རྩལ་ཆེན་སྤྲུགས་པ》（《菩提心大发挥技能》，本研究用简略标题《菩提心大勤进》）。此处西夏语的“勤进狮子”为藏语“རྩལ་སྤྲུགས”（“展开技能”此处翻译“勤进”）譬喻翻译②。最后短文献梵文标题西夏语的转写为 po^1 tjɨj^1 tsji^2 tja^1 sja^1 mja^1 tji^1·a mo^2 tsja^1 nja^2 ma^2 [西夏文]；即是“[西夏文]”（直译：“菩提心念定六义”）。无疑问代表藏文“བྱང་ཆུབ་ཀྱི་སེམས་བསྒོམ་པ་དོན་དྲུག་པ”，即是“菩提心念定六义”③。文献为正体字写本，据现存文本排版结构可以假设，该材料是木刻板的手抄本。IOM RAS 所藏 898 号文献为卷子写本，今存部分包括《菩提心大勤进》文末与《菩提心念定六义》全文。898 号中的《菩提心念定六义》与 Tang. 270#3703 全同；现存《菩提心大勤进》可见文本修改痕迹，文中所删除部分由于涂上黑墨，不得见所删除的原文。最终修改整理的部分文字与 Tang. 270 #3703 全同。可以假设 898 号抄本的底本与 Tang. 270 #3703 基于不同藏语原典，所以译文中也有些出入。此差别的具体性质难以假设，但可知 898 号抄写完毕之后，其文字据 Tang. 270 #3703 有所修订。不难看出，西夏语的《五类法界集》为吐蕃时期藏传佛教中“阿底瑜伽”的“旧译”的“心部五类”本续（སེམས་ཕྱོགས་སྡེ，西夏语翻译基于藏语སེམས་སྡེ）。从此可知，西夏语的“五部法界”实际代表“心部”五种核心

---

① 见：S. G. Karmay, *The Great Perfection (rDzogs Chen): A Philosophical and Meditative Teaching of Tibetan Buddhism*, (Leiden: Brill, 2007): 23 et passim。

② 使用杨杰教授建议。“心部”本续讨论见：索南才让《西藏密教史》：293－294。西夏译文有《菩提心念定六法》，没有《练石为金经》的译文。

③ “心部”文献概述见：敦珠法王著、许锡恩译《九乘次第论集》，香港：密乘佛学会，1997：49－50；索南才让《西藏密教史》：293，325－326 等处。此外，对一部分文献的初步讨论：谢皓玥《黑水城出土之“发菩提心”系列文本及其思想源流分析》，北京：中国人民大学博士学位论文，2020。

图 17

文献。

Tang. 270 #3703 文本上封面有西夏时期的典型的签字图，下封面有 lu^{2} bar^{1} dzjij^{2} [illegible]（*鲁巴师，图 17）的字样，可能代表该书的抄写者或所有者。

二、"心部五种"之西夏注释

1.《大凤凰空明疏》注释

与其相关的注释则是 IOM RAS 所藏文本之另可见 Tang 358 #0818 号文献，标题 tha^{2} ku^{1} kiej^{1} ŋa^{1} swew^{1} gjɨ^{2}《[illegible]》，即是与《五部法界总集》收录的文献标题全同。实际上，该材料为《五部法界》中的《大凤凰空明疏》的注释文。文献为正体字写本，共 64 页，蝴蝶装，《大凤凰空明疏》内容在文献 4—60 页。① 这材料内容除了为文本解释之外，另包含判教体系记载，本研究附件为之提供初步科判。该文献在西夏流行程度相当高：Tang 358 #5567 与 Tang 358 #0818 是同一本。② Tang 358 #5567 文末题款：[illegible]（"一番校同"，即是"一次校对，无误"），说明该写本比照标准版进行过校对。由此可知，《大凤凰空明疏》曾存在木刻板标准版本。下文《附录一》提供《大凤凰空明疏》注释文的初步科判。文本架构颇为复杂，此处限于为读者初步介绍该文献的基本内容。

2.《菩提心大勤进》与《菩提心念定六义》注释

此外，《目录》496 号（Tang 356，#7158）的本子标题为：tha^{2} ka^{2} tśjij^{2} thjo̱^{1} dźjɨ wja̱^{1} gjɨ^{2} [illegible]（直译："大狮子妙行华疏"即是《大狮子疏："妙行花"》）。据考证，这个材料即是《五类法界总集》中《莲华大勇集狮子菩提心念定》的注释。文中题记有二："[illegible]"（直译："见顺大狮子妙行花疏"；其中"见顺"翻译藏语ཤར）；此外，文中另有题款："[illegible]"（直译："菩提心念定大狮子"）。据我们初步解读可假设，该材料前段有宗义书内，后半为文本的注释（原件 1—9 页）。文献剩下篇幅的标题：sej^{1} njɨ^{2} njij^{1} lə djɨj^{2} tśhjiw^{1} ·wo^{2} rjir^{1} ŋjow^{2} gjɨ^{2}《[illegible]》（直译："普净心得念定六义海

① 《目录》：493，552。
② 《目录》497，498：524。

疏”，即是《菩提心①念得定六义海疏》)。文中另存记载：[illegible] bie^2 lhew^2 tsji^2 tja^1 sja^1 mja^1 tji^1 · a mo^2 tsja^1 nja^2 mo^2 [illegible]②[illegible]，同与《五类法界》中的 po^1 tjɨj^1 tsji^2 tja^1 sja^1 mja^1 tji^1 · a mo^2 tsja^1 nja^2 mo^2 [illegible]的梵文转写。转写最初二字为“解脱”译语，代表西夏人对“菩提”为“解脱”的特殊理解。文末另有记载如下：

《普净心念定六义得海疏》	汉 语 拟 译
[illegible]③[illegible]④[illegible]⑤[illegible]□□□□.[illegible]⑥[illegible]⑦□□[illegible]	第三，说意趣之文，谓《菩提心念定六义》。其理与前文解释名字相同(标题——译者)，量喻义四种心。吉祥狮子(Śrīsiṃha ——译者)未将此觉受传之与“邪伪人”，但为毗卢遮那显示之。界意趣之要门者，为未来众生之利益，□□□□。写为句文字，则是玉扎大满宗所作⑧。* Ta-rgya Ta-rgya 要门。菩提心念定六义竟。

据此可知，Tang 356，#7158 写本内容为《菩提心大勤进》以及《菩提心念定六义》的注释材料。文末简略传承记载合乎传统藏传佛教史中的看法，也合乎其他西夏文献记载。

3.《金刚勇识虚空》注释

Tang 355 #7170 文献标题为 tha^2 tshọ^2 ŋa^2? dźju^1 gjɨ^2? phju^2 [illegible]，直译：《大虚空除显疏卷上》。据文初的讨论，该文献为《金刚勇识大虚空》的注释。文中的梵文转写 gji^1 dzjɨ^1 rjar^{1}swa^1 twa^1 mja^1 xa · a kja̱^{1}rjɨr^2 śja^1 kja̱^{1} rjir^1 kja̱^{1} [illegible]直接代表该材料标题的转写。由于文中缺乏前一段文字，其中 gji^1 [illegible](直译：“清净”)语义不明，其他为[Va] jrasattvamahā-

① 据考证西夏语的“普净”sej^1 njɨ^2 直接对上“菩提心”。

② bie^2 lhew^2 [illegible]是错写；bie^2 常为真言中梵文 bo 的西夏转写；西夏译者把它当实词，其后的音写字改为[illegible]，译为“解脱”。

③ śji^1 rjir^1 sji^1 ŋa^2 [illegible]据所有文本考证为毗卢遮那(遍照护 Śrī Siṃha)梵文名字转写。

④ dow^1 ljo̱r^1 mjijr^2 [illegible](直译：“邪伪者”)语义不明。

⑤ 原文此字不明。

⑥ khu^1 dźjwow^1 tha^2 sə^1 mər^2 [illegible]，直译为：“玉扎大满宗”。据其他文本考证，其为毗卢遮那弟子玉扎宁波的转写。此处“大满宗”汉译不明：若据直译则“大满宗”(即是毗卢遮那法门)为玉扎所造。本研究认为“大满宗”为སྙིང་ 翻译的一种。

⑦ tja^1·jar^1 tja^1·jar^1[illegible] 为某种转写，待考证。

⑧ 由于文中缺了 4—5 字，此段断句存疑。

kā[r]śakārikā 的西夏转写。从文字初步解读可见，该材料为西夏文《金刚勇识大虚空》的注释文。值得注意：Tang 355 #7170 与根本续 Tang. 270 #3703 的部分梵文转写有差异：Tang 270 是：[illegible] pja^1 dzja^1 rjar^1 sja^1 twa^1 mja^1 xa ·a kja̱^{1}rjɨr^2 śja^1 kja̱^{1} rjir^1 kja̱^{1}；Tang 355 “* maha akarśa karika”的转写全同；至于“vajrasattra”部分，Tang 335 是[illegible] dzjɨ^1 rjar^1 swa^1 twa^1；Tang 270：[illegible] pja^1 dzja^1 rjar^1 sja^1 twa^1。其中，[illegible] dzjɨ^1 rjar^1 的转写在西夏文献比较常见；Tang 270 的 dzja^1 rjar^1 [illegible]似乎为本文献的特征；同时 Tang 270 的 sja^1 twa^1 似乎比较正确表达梵文 sattva；Tang 355 选择 swa^1 表达梵文-sa-待考证。尽管如此，Tang 355 和 Tang 270 属于同一个文本系统：二文献皆有“鲁巴师”记载（图 18）。

图 18

西夏译文《金刚勇识大虚空》分成 27“品”以及“六斑块”（ཐིག་ལེ），据初步考证 Tang 355 注释达到第十三品，卷下应该十四至二十七品之注释。《金刚勇识大虚空》与其他“心部”注释一样，据题款该文献全标题加“见顺”（见解，ལྟ་བ）则标题为《见顺大虚空除显疏》。文中缺乏传承段落，该文献无提供相关历史信息。我们认为西夏语《金刚勇识大虚空》根本文和注释存在密切关系：由于下文讨论《五部法界之序》（毗卢遮那传）标题包括“此者《金刚勇识大虚空》等之所说序理竟”说明材料存在密切关系。《见顺大虚空除显疏》上卷题记有记载：“比喻、缘起、问答同序问答”。我们假设此处“序”指的下文介绍的《五类法界之都序》。此证明二者为同一个文献系统。

迄今所鉴定的“心部五种”的注释有共同架构，表示其属于同一个诠释系统。大致架构可解释为：(1) 释题；(2) 解释“缘起”；(3) 判教，一般据上中下根器分配，主要范畴为“阿底瑜伽”与诸“下乘”之对立；(4) 释文（文句）以及问答（见附录）。所有注释中使用“五印”的说法，据目前解读三种文献中对“五印”的解释大致上一直，我们准备他处仔细分析讨论。“释文”文句顺序不符合现存根本续西夏译文。即是注释顺序与根本续顺序之不同不代表不同底本之间的差异。在文献“诠释翻译”部分我们利用少部分注释材料。

三、“阿底瑜伽”之宗义书

与《五类法界总集》以及“大圆满”整体“瑜伽行”判教观相关的宗义书是 IOM RAS 所藏 Tang 416 # 2860 号文献，西夏语标题为《sọ^{2} ljụ^{2} gjɨ̣^{1} ·ụ^{2} dźju^{1} kjịj^{1} [illegible]》，汉译《三身九乘诠释》。该文献是写本，共 22 页，蝴蝶装。据文献排版可假设，现存写本为刊本的抄本。“三身九乘”为宁玛派宗义书的主要架构。针对西夏佛教而言，类似“九乘”的判教架构可见在德慧撰《大印究竟要集》。尽管如此，“三身九乘”的说法乃是宁玛派的主要判教体系：文中主要架构是以阿底瑜伽为中心的判教系统。在此我们限于《三身九乘诠释》中的基本“根器/ 瑜伽法门”的基本判体系。

根　器	瑜　伽　乘
[illegible]—上之上	*a tji^{2} ·jo^{2}ɣa^{1}* [illegible] Ati yoga
[illegible]—上之中	*a nju̱^{2} ·jo^{2}ɣa^{1}* [illegible] Anūyoga
[illegible]—上之下	*mja^{1} xa ·jo^{2}ɣa^{1}* [illegible] Mahāyoga
[illegible]—中之上	*·jo^{2}ɣa^{1} ·ụ^{2}* [illegible] 瑜伽乘
[illegible]—中之中	*·wu pja^{1} ·ja^{1} ·ụ^{2}* [illegible] ubhaya（upāya?）乘（方便乘）
[illegible]—中之下	*kjɨ^{1} rjir^{1} ·ja^{1} ·ụ^{2}* [illegible] kriyā 乘（行乘）
[illegible]—下之上	*po^{1} tjɨj^{1} kjir^{1} sjij^{2} ·ụ^{2}* [illegible] 菩萨乘
[illegible]—下之中	*ɣiẹ^{2} mji^{1} tjịj^{1} dwewr^{2} ·jij^{1} ·ụ^{2}* [illegible] 声闻独觉乘
[illegible]—下之下	*dzjwo^{2} mə^{1} ·ụ^{2}* [illegible] 人天乘

因此，本文假设《三身九乘诠释》与西夏“心部五种”有密切关系。文献标题见“诠释”字样，说明该文献为某一本《三身九乘》的注释本。文献中另有用“·jɨ^{2} [illegible]”（“言”）修饰的语句，即代表文中所注释的“本文”。可以假设，西夏文《三身九乘诠释》为所谓“大圆满”系统的宗义书。从此可知，西夏流传“旧译真言”文本成完整的系统“本文，注释，法事仪轨，宗义书，宗教史”等。

四、《心部五类》“传法史”：《五部法界之都序卷下》

与《心部五种》关系密切的本子另有《五类法界之都序》。总说，其内容与

《大面具》(འདྲ་འབག་ཆེན་མོ)比较接近。西夏文献语 ŋwə[1] dji̱j[1] tsji̱r[1] kie̱j[2] ·jij[2] gu[2] bu[1] mjij[2] [西夏文]《五类法界之都序卷下》是西夏时期写本，尺寸 25 厘米×13 厘米，共 24 蝴蝶装页，东方文献研究所 Tang 250，7160，克恰诺夫目录 709① 封面有文献的标题，另有“五叶华”和“五点方”的图像（图 19）。写本完整，有始有终。文字为西夏标准楷体或西夏行书，清晰易读，错别字较少，通假字颇为常见。作者名不详，书终页有“书者”（抄写者）的名：kiej[2] tsji̱r[1] dzjij[2] [西夏文]，其中 tsji̱r[1]dzjij[2][西夏文]为“法师”译语；kiej[2] [西夏文] 为汉语名词缀“子”②的西夏翻译，非西夏人姓，暂译为“谋”，或为汉人姓。文另有题跋：[西夏文]《[西夏文]》[西夏文]。[西夏文]。[西夏文]。翻译如下：“此者说竟《金刚勇识大虚空》等之理。阿啼③，蕃序竟。”

图 19

文本解题与结构：总之，西夏文《五类法界之都序》是吐蕃前弘期著名的译师毗卢遮那④(བཻ་རོ་ཙ་ན)传记。本人虽早已了解此内容，在之前的文章提供的标题翻译为“五部法界之都序”不全妥。其中 gu[2] bu[1] [西夏文]术语汉藏佛教词汇：其如实地代表汉语“都序”（如西夏文《诸说禅源集都序》），同时此术语接近藏文མདོར་བསྟན(“总述”)之意。从此观之，西夏文 ŋwə[1] dji̱j[1] [西夏文]代表上述“心部五种”典籍。虽然无法确认西夏文本是藏译文献，不过原文藏文标题可以复原为《སྡེ་ལྔ་ཆོས་ཀྱི་དབྱིངས་མདོར་བསྟན》。从此观之，西夏文本的标题可以翻译为《法界五类都序》。文本封面的“五叶花”和“五点方”代表“心部五种本续”。同时“五点方”图像可以解释为《金刚勇识大虚空》中的“方块”(རྒྱ་མདུད)表示“心部五种”为一个完整体系。⑤

文献内容可以分为三段：第一部分是毗卢遮那传记。其中主要含义如下：吐蕃王对国土流传的“因果二法”表示不满。有人告诉他印度有殊胜法门，可以

---

① 《目录》：598－599。

② 李 2867（李范文《夏汉字典》，北京：中国社会科学院出版社，2012 年）。

③ ·a tji [2]“[西夏文]”黑水城出土文献常见佛教文书尾语，此处据《大乘要道密集》写成汉语“哑啼/帝”，西夏语不分别清浊齿音，帝/啼 通用。

④ 本文通用汉传佛教译名，理由在于按照《法界五类都序》此名字是吉祥狮子因为成就为他取的，代表毗卢遮那(རྣམ་པར་སྣང་མཛད)佛是其本尊。

⑤ 假设待考证。

不脱离五欲而得解脱。为了获得此法门，全国寻找贤人，最终选二位“善巧”，即སྨ་གོར་ཧེར་ཀ་འཛག་སྣག(毗卢遮那)和ཙང་ལེགས་གྲུབ་前往印度求法。二位吐蕃僧侣在路上碰到许多障碍，终于达到中印度金刚座。在此处得见吉祥狮子，吉祥狮子以金刚座地下所藏的要门付属二位吐蕃僧。因为追求尽早利益吐蕃王，ཙང་ལེགས་གྲུབ་早离开师处，但中途被杀；毗卢遮那则继续求法。最后，修完“神足”成就后，毗卢遮那回归吐蕃。同时，印度班志达遣使者至吐蕃，告诉吐蕃王毗卢遮那在印度所修得魔法以及获得的毒品等，对吐蕃安定造成威胁，破坏吐蕃国本。虽然大臣皆希望处死毗卢遮那，但国王将其秘密留在宫内，并宣扬毗卢遮那已被扔到水里淹死。毗卢遮那夜里为国王传法，被王后发现，结果诸臣决议，毗卢遮被驱除到察瓦龙(ཚ་བ་རོང)地区。到此地后，他仍然继续传法，并得当地王子玉扎宁波为其弟子。毗卢遮那在察瓦龙时，玉扎宁波往吐蕃，与印度五明无垢友胜论谈法。吐蕃王热巴巾(རལ་པ་ཅན)以及周边臣民了悟毗卢遮那为一个高僧并赞叹他的翻译和修行。不久，请他归吐蕃。毗卢遮那另到吐火罗地区弘法，广造寺院和禅洞。最后成就彩虹身，往生净土。

第二段：毗卢遮那圆寂后，玉扎宁波在吐蕃和察瓦龙二地区传法，文中有传法的故事。据文本记载，“大圆满”传承大部分出自玉扎宁波，并有察瓦龙和吐蕃本地的两个主要脉络。文本最后第三段，是总结“大圆满法门”内容的问答，并讨论造《法界五类都序》的原因和动机。文中略谈大圆满法五点：(1) 此法门出世的两种利益；(2) 令了悟真心本源；(3) 显示大圆满法殊胜于诸法；(4) 劝众生透过修辞法门远离诸苦；(5) 为了解释平等之理，创造《五类法界序》文句介绍真如之理。在此从修者根器、能力、能解决的问题等角度讨论修法实践以及其他相关问题。据题跋“此者说竟《金刚勇识大虚空》等之理”的记载，第三段是介绍此本续的核心内容。文中广引用所谓《耳传璎珞》(nju¹dej¹ · jɨr² rer² [illegible]，སྙན་བརྒྱུད་ཀྱི་ཕྲེང་བ，待考证)的偈颂。总而言之，《法界五类都序》的内容属于藏传佛教史所谓“七次传法”(བབས་བདུན)中的“第五次传法”(འགྱུར་ལྔ་པ)。[①]尽管如此，《法界五类都序》下卷不提到其他六次传法情况，比较集中在毗卢遮那传法的记载以及其在印度求法神奇的事迹。从此观之，最接近西夏文藏文数据是所谓《毗卢遮那传记，大面具》。[②] 可以假设，西夏文《法界五类都序》迄今未存的卷上（或卷上、

---

① 见：D. Germano, “The Seven Descents and the Early History of the Rnying ma transmissions”, in: H. Eimer and D. Germano, eds., *The Many Canons of Tibetan Buddhism*, Brill (Leiden 2002): 225－263；《第吴宗教源流》，拉萨：西藏人民出版社，1987：316。

② 此后引用《白若杂纳传》བཻ་རོ་རྣམ་ཐར་འདྲ་འབག་ཆེན་མོ (སི་ཁྲོན་མི་རིགས་དཔེ་སྐྲུན་ཁང, 1995) 不同宁玛派的“宗教源流”中的“传法次数”记载不一，细见：“The Seven Descents”以及下文讨论。

中）曾是介绍“大圆满”无勤法门在印度以及在吐蕃传播历史。同时，据题跋的记载“蕃序竟”难以解释，不过于合乎此假设。据其他相关的藏传大圆满法门的传播史，《法界五类都序》第一卷可能讨论大圆满法在色究竟天（འོག་མིན Akaniṣṭha，顶天）的情况，第二卷为此法门在“人界”（མི་ཡུལ）的传播，最后第三卷是现存的在吐蕃地区传播的记录。现存的西夏文资料属于后者。以上只不过为假设而已。

不难看出，西夏语的《五部法界总集》为所谓“旧译”的“心部五种”（སེམས་ཕྱོགས་ལྔ，西夏语翻译基于藏语སེམས་སྡེ་ལྔ）的传法史。据此可以理解 IOM RAS 所藏 ŋwə[1] dji̠j[1] tsji̠r[1] kiẹj[2] · jij[2] gu[2] bu[1] mji̠j[2] [illegible]《五类法界之都序，卷下》，此处所谓“都序”解释《五类法界》收录的五篇要门的来源及其在吐蕃的传播史。恰恰如《五类法界之都序》文末题记所载：“[illegible]”（“此者，上所说《金刚勇识大虚空》等之序理，竟”）涉及到《五类法界》所收《金刚勇识大虚空》本续。此外，文中整体观之，《五类法界之都序》内容与《大面具》（འདྲ་འབག་ཆེན་མོ）比较接近，即是毗卢遮那（བཻ་རོ་ཙ་ན传统汉译：遍照护）传记故事，以及“大圆满”在究竟天，印度和吐蕃传播史。① 证明《都序》所提“五类”与《五类法界》所收材料为同一个系统的记载如下。《都序》云：

[illegible]②[illegible]③[illegible]

① 据我们所了解，《大面具》流传诸不同藏文版，其中最早的收录在《毗卢全集》（བཻ་རོ་རྒྱུད་འབུམ）中。本研究暂时未进行西夏文本与其之比对（*The Rgyud 'Bum of Vairocana:* The Collection of ancient tantras and esoteric instructions compiled and translated by the eight century Tibetan Master, publ. by S. W. Tashigangpa（Leh：1971），col. VIII：405－605）。本研究使用 19 世纪版本及其英文翻译：*Yudra Nyingpo*. The Great Image：the life story of Vairocana，the great Translator. Transl. by Ani Jimba Palmo（Boston：Shambala，2004）；M. Kapstein，“The Sun of the Heart and the Bai-ro Rgyud ‘Bum”，in：Pommaret François and Jean-Luc Achard eds.，*Tibetan Studies in Honor of Samten Karmay*（Paris：Amnye Machen Institute，2010）：5 no12. 细见翻译篇。

② tha[2] ka[2] tśjij[2] [illegible]，直译“大狮子”。据藏文资料，此处介绍阿底瑜伽心部（སེམས་སྡེ）。

③ ɣwə[2] lạ [1]ɣa[1] [illegible]，直译“如梳在手”，应该固定譬喻语句，据译者理解是“相互关系密切”的意思。以上有三种比喻：如藏下，如梳在手以及如藏上，皆描述传法方式，具体意义待考证。

[illegible],《[illegible]》①[illegible][…]

其五类中,《大虚空》者,说如衣体,《凤凰》者说如衣下②,师乃说:“法满足?”顺句成就(ལེགས་སྒྲུབ)说:“体会了师的宗旨,我满足。”后来说:“此者智慧猛明,我尽快去利益王处。”而回归本国,半途被边哨所杀。毗卢遮那说:“法没有满足我。”师则如梳在手中说《尊鹃》及《大狮子》,因为毗卢遮那说“我未满足”,乃如衣顶说《念定六义》[…]

这段记载表明,印度大成就者吉祥狮子为毗卢遮那和善成就传《大虚空》(即是《五类法界》中的《金刚勇识大虚空》),《大鹏》(《大鹏空明疏》,西夏语直译“凤凰”)。《都序》文中的 ɣjiw² lhjɨj¹ [illegible]无疑问的代表《都序》中的《青鹃大圆满》。文本差别在于《五类法界》中的标题用 ɣjiw² ŋwər² [illegible](直译:“青鹃”)而《都序》版本为“ɣjiw² lhjɨj¹ [illegible]”(直译:“青高,尊”),二者差别待考证。暂可以假设西夏曾流传过《菩提心觉性杜鹃》不同的西夏译文。《都序》中的《菩提心念定六义》及《狮子》(《五类法界》中的《莲华大勇集狮子菩提心念定》)的标题同与《无类法界》所见。

五、“心部”文献在西夏的传播问题

尽管本研究限于诸文本内容的初步探讨,此处需要提出一些关于阿底瑜伽以及“心部”根本续在西夏的传承。据学术界周知,目前藏传佛教在西夏传播的知识,限于噶举派高僧在西夏活动的零碎记载,本研究第一部分以及其他学者数篇文章有所讨论。由于无论“心部”根本续或其注释,都未保留翻译以及传播记载,我们无法提供可靠的历史构造。目前的考证限于一个基本假设,即是噶举派不同法门和“心部”的传播是同步过程。理由如下:据 Kapstein 的考证,“心部”文献组最早可见在《毗卢全集》(བཻ་རོ་རྒྱུད་འབུམ)。西夏译文根本续虽然与《毗卢全集》所收材料不全同,但我们假设其可与《毗卢全集》连上。据此可见,西夏流传的根本续文献组形成时间可以暂定为 12 世纪中叶。此外,据 Kapstein 的另一个考证,著名的宁玛上师宿释迦源(ཟུར་ཤཱ་ཀྱ་འབྱུང་གནས,1002—1062)五大弟子之一有一位弥药源称(མི་ཉག་འབྱུང་གྲགས),名号中的“弥药”指的其为党项人。据我们所知,此人似乎无具体记载,我们假设其与“心部”传入西夏可能有关系。若如此,“心部”文献组

---

① lə djɨj² tśhjiw¹ · wo² [illegible],直译“念定六义”,复原藏文བསམ་གཏན་དོན་དྲུག。此处可能是西夏语“倒译”西夏 lə djɨj² 与藏文ཐིག་ལེ“倒同音”,则与阿底瑜伽ཐིག་ལེ་དྲུག་པ大致上同音。

② 西夏录文脚注,“衣下”字面翻译,实际意义为“内衣”。

传入西夏的时段比较早，大致 12 世纪初，与《宁玛万续》成书同时。

另一种需要注意的记载属于康地区噶陀寺院（ཀཿ་ཐོག）年谱（ཀཿ་ཐོག་པའི་ལོ་རྒྱུས་མདོར་བསྡུས）记载：བླ་མ་ཕག་གྲུབ་དང་སྤུན་ཏུ་དྭང་པོ་མངོན་སྤྱོད་ཀྱིས་བསྟན་དགྲ་མི་ཉག་རྒྱལ་པོ་དངོས་སུ་བསྒྲལ。此处指的是噶举上师帕摩竹巴和他的弟弟当巴德协（1122—1192）透过“愤怒仪轨”为对佛法有反感的“弥药王”进行解脱。[①] 噶陀寺院为 1152 年建立在宗哥区，据载“愤怒解脱”属于当巴上师才 15—16 岁，即是 1138 年左右。据此，被“解脱”的西夏王是乾顺（1083—1139）。此记载缺乏其他文献或历史记载的验证，因此不全可信。总而言之，由于噶陀寺位于安多地区，也是“心部”法门的研究基地，西夏译文与其有关系是可能的。并且我们有可靠记载，说明西夏僧侣与宗哥地区藏传佛教不同寺院有所交流，我们可以假设“心部”文献组的起源为噶陀寺院。据此，并且考虑当巴上师与帕摩竹巴的亲属关系，以及帕摩所传法门见于西夏文本之中，我们可以推论“心部”传承与噶举派的修法在西夏的传播为同步过程。此结论仅为临时假设，需要其他文本的验证。因为 IOM RAS 黑水城藏文材料中也发现“心部”材料文献，我们可以假设西夏宁玛材料的传播范围比较广阔。

① 此记载是 J. Dalton 最早发现，此后 S. Biondo 有仔细讨论，见：Biondo，Serena. “Transmission in the Mind Series：Origins and History of the Mind Series Manuals on Meditation”，unpublished PhD thesis（London：SOAS，2016）：95.

第二章　西夏“心部”根本续对读释文

不难看出,《都序》中的传法顺序与《五部法界》不同：据《都序》记载,吉祥狮子最初传授的法门为《大虚空》和《凤凰》,中间传《菩提心觉性杜鹃》和《莲华大勇集狮子菩提心念定》,最终是《念定六义》：外衣,中衣和内衣譬喻的含义如此。如 S. Karmay 据《大面具》的考证,吉祥狮子授法顺序从《菩提心觉性杜鹃》开始,总包含“十八本续”的法门。① 如《毗卢遮那续集》(བཻ་རོ་རྒྱུད་འབུམ)中的《学人成就者心粹：心中日》(པཎ་སྒྲུབ་རྣམས་ཐུགས་བཅུད་སྙིང་གི་ཉི་མ)所载吉祥狮子传法先后顺序为《菩提心觉性杜鹃》、《菩提心大勤进》、《菩提心金翅鸟》、《炼石为金》(西夏无译文)、《大虚空》以及《希奇》(རྨད་དུ་བྱུང་བ)。② 宁玛派其他文献目录均不提出《念定六义》为“心部五类”之间,此问题待考证。

西夏“心部五类”体系形成历史尚未清晰。下文为西夏译本五篇文献初步研究：原文录文,藏文对照和翻译。注释本身为重要研究材料,此处但为参考用。除了《大虚空》和《念定六义》,其他藏文版的底本为《毗卢遮那续集》收录的版本(所谓《སྔ་འགྱུར་ལྔ》TBRC：W21519,306.1－328)。我们虽然参考其他版本,最终所依据的藏文材料基于不同的精校版(critical edition)的藏文原文。③ 由于《大虚空》

---

① S. Karmay, *The Great Perfection (rDzogs chen): A Philosophical and Meditative Teaching of Tibetan Buddhism* (Leiden: Brill, 2007): 23－24。

② 原文见：*Bairo rgyud ' bum*(Leh: 1971), TBRC W21519: 3－4。བོད་ཡུལ་ཁ་བ་ཅན་གྱི་ཡུལ་དུ་མན་ངག་གི་ལས་ཀྱིས་འདུལ་བའི་དུས་ལ་བབ་པར་གཟིགས་ནས། རིག་པ་ཁུ་བྱུག་ཐོག་མ་གསུངས་ཤིང་བཀའ་སྐྱལ་དེ་ནས་མན་ངག་ཉིད་ངེས་ཕྱིན་པར་གནང་བའི་ཕྱིར། རྩལ་ཆེན་སྤྲུག་པ་བཀའ་སྐྱལ་དེ་ནས་མན་ངག་ལྷ་བས་པང་ཆོད་པར་སྟོན་པའི་ཕྱིར། ཡུལ་ཀུན་འཇུག་པ་ཁྱུང་ཆེན་ལྡིང་བ་བཤད་ཅིང་བཀའ་སྐྱལ་དེ་ནས་མན་ངག་རྣམས་ཤིན་ཏུ་དམར་ཞིང་གཅེས་པས་རྡོ་ལ་གསེར་ཞུན་བཀའ་སྐྱལ་དེ་ནས་མན་ངག་བོད་ཀྱི་རྒྱལ་ཁམས་སུ་མི་ནུབ་ཅིང་དར་བར་མཁྱེན་ནས། མི་ནུབ་རྒྱལ་མཚན་ནམ་མཁའ་ཆེ་བཀའ་སྐྱལ་དེ་ནས་མན་ངག་གི་དོན་ཡེ་སངས་རྒྱས་ཤིང་བྱ་བ་ཐམས་ཅད་དང་བྲལ་བར་སྟན་པས་རྨད་དུ་བྱུང་བ་བཀའ་སྐྱལ།; M. Kapstein, «The Sun of the Heart and the Bai-ro rgyud-'bum», *RET* 15(2008): 1－14.

③ Debrac, Mihai, “The ‘Five Early’ (sNga lnga) Texts of the Tibetan Buddhist Tradition rDzogs chen Sems sde: A Historical, Literary and Textual Study with Critical Edition and Translation of the Tibetan Texts” (Unpublished doctoral thesis). University of Calgary, Calgary: 2019); Wilkinson, Chr., “The *Mi nub rgyal mtshan Nam mkha' che* And *the Mahā Ākāśa Kārikās*: Origins and Authenticity”, RET 2012(24): 21－80. 二版精校本为藏语转写,本研究为其转换藏语文字。研究中参考 James Valby, Keith Dowman 和 Eva Neumaier-Dargyay 的英语翻译;《禅定六义》文本依于 Liljenberg, K. “On the history and identification of two of the Thirteen Later Translations of the Dzogchen Mind Series”, RET 2012(24): 54－56;(转下页)

版本众多，我们全靠“精校版本”，《念定六义》全靠杨杰博士整理过的本子。《大虚空》第一至十三品，《大鹏》和《莲华大勇集狮子菩提心念定》全文使用上文所提西夏语注释，《念定六义》文本比较少参考注释。下文的汉译是按照西夏语，藏文版为佐证。翻译过程为我们共同成果，分为三阶段：最初据西夏文准备初步翻译，第二阶段与杨杰博士藏文汉译进行比较校对，最后出最终西夏文的汉译本张永富、喻晓刚大量整理。据目前了解，西夏译者对藏语本的理解很准确，在译文尽量保留原文节奏。我们翻译尽量尊重西夏语译的特色。我们本次研究并为解决“心部”译文的所有问题，只能算初步的讨论。将来为了更完整构拟宁玛修习在西夏流传史，我们准备对遗存西夏注释材料进行研究，在其基础出新翻译。

“心部”根本续的录文基于 IOM RAS 所藏 Tang 270 #3703 西夏文献；由于该材料为单一本子，我们无法进行文本校对，大致上保留原文的本来面目。同时参考现存的“心部”本续的注释，几处可以弥补根本文所缺。录文注释中 MD 代表 Debrac 解读，CW 代表 Wilkinson 的解读（限于《金刚勇识大虚空》）；录文提供西夏原文页码，偈颂罗马字号码为译者补充；《金刚勇识大虚空》本文提供品名；其他文本据相关注释笔者在“诠释”的基础上有所补充。由于本研究限于初步处理文本，此处我们并未进行西夏注释深度阅读分析。个别处 BGB 代表བི་རོ་རྒྱུད་འབུམ；KB 代表ཀུན་བྱེད་རྒྱལ་པོའི་མདོ；RGB 为རྙིང་མ་རྒྱུད་འབུམ收录的版本，皆为 TBRC 版本（不同本本子参见 CW，MD）。虽然诸不同藏文版提供断代的可能，我们这次限于文本的直接比较，具体断代待更深入研究。

西夏文“心部”本续的研究仍处于初步阶段；据我目前的考证可见：西夏文本的内容全同与现存的藏语本，但也存其特色。学术界所了解的“心部”根本续的不同版本，虽然存在细节差异，但是诸本大致相同。西夏译本异于现存本不同体系的不同藏文版本：其中最重要的表现在于所有西夏译文本续，皆有偈颂或排行顺序与藏语文献不同。我们录文注明如此差别，但据目前研究程度尚无法为此提供全面的解释。目前我们假设，西夏译本属于宗哥区流传的“心部”文献版本，但由于尚未见与西夏译本接近的藏文版，难以最终确定。文本翻译过程如下：先出西夏直译，此后与藏文核对，在杨杰博士提供的对藏文解读和解释进行再次校对、润文。脚注等处藏文汉译术语据杨杰，本文许多处保留了西夏直译。

（接上页） 杨杰《〈大乘要道密集〉所收部分大手印文本相关问题略析》，《中国藏学》2020 年第 2 期。

Tang 270 收录第一篇材料，标题的汉译为西夏语版本直译，藏语录文基于 Karmay 敦煌本子，并与《旧译五种》的比较。

1. 青鹃大圆满一地

1 [illegible] *五类法界总集文 [illegible]① [illegible]② 番语：青鹃大圆满一地 [illegible]③[illegible] Svasti 敬拜吉祥之吉祥出有坏，吉祥普贤身语意金刚任运大乐 1. [illegible]　虽种种自性不二 2. [illegible]④[illegible]　支分如实⑤离戏论 3. [illegible]⑥[illegible]　云何随顺不计度 4. [illegible]⑦[illegible]　种明主即是普贤	སྭསྟི་དཔལ་གྱི་དཔལ།བཅོམ་ལྡན་འདས་ཀུན་ཏུ་བཟང་པོ་སྐུ་གསུང་ཐུགས་རྡོ་རྗེ་བདེ་བ་ཆེན་པོ་ལ་ཕྱག་འཚལ་ལོ⑧ 1. སྣ་ཚོགས་རང་བཞིན་མི་གཉིས་ཀྱང 2. ཆ་ཤས་ཉིད་དུ་སྤྲོས་དང་བྲལ 3. ཇི་བཞིན་པ་ཞེས་མི་རྟོག་ཀྱང་ 4. རྣམ་པར་སྣང་མཛད་ཀུན་ཏུ་བཟང་

① 据文本结构，此处为梵文题标题转写，目前无法构拟，* ni □ maha darwa，据其他文本拟为 mahādharma。

② 字样不全，笔者拟。

③ njwo[2] śjɨj[1] [illegible]（直译：“昔成”）ལྷུན་གྱིས་གྲུབ 藏文缺。文中西夏“[illegible]”译为“任运”。

④ ljijr[2] phia[2] [illegible]词源不明，对应藏语ཆ་ཤས，其中 phia[2] 为“分”与ཤས同。ljijr[2]（直译：“方向”）与ཆ语义关系待考证。MD 翻译“phenomena”（201/ 1）。

⑤ “如实”代表 thja[1] mjor[1] [illegible]（直译：“如实”）代表藏文ཉིད་དུ，“据其本身而言”，其他文献一律用之。

⑥ Karmay 英译：“Although as ‘suchness’ there is no mental discursiveness (with regard to them)”(S. Karmay, *rDzogs chen*: 50)。西夏译者显然把藏文 ཇི་བཞིན་པ 直接翻译成疑问句，违背藏文意思。西夏句子“thjij[2] sjo[2] śjij[1] bju[1] [illegible]”可分析如下：thjij[2] sjo[2] 为疑问句“如何”即是西夏译者把藏语 ཇི་བཞིན་པ 切开为疑问句“如何”；བཞིན་པ 变成西夏语的 śjij[1] bju[1]“随顺”（“相合”,“相应”等意思）。现代翻译接近“怎么样”，暂构拟为“云何随顺”。

⑦ 西夏语 mə[2] swew[1] dzju[2] [illegible]（直译：“种明主”）代表藏译རྣམ་པར་སྣང་མཛད 即是毗卢遮那佛名。西夏句为等式句子，谓语 ŋwu[2] [illegible]“是”。据此西夏译者的理解是“毗卢遮那是普贤”。Karmay 翻译：Kun-tu bzang-po（普贤）shines forth in all forms(*The Great Perfection*: 50，脚注 41)。特别强调此处内容与“种明主”无关，与西夏译者的理解有显然不同。

⑧ 藏文录文基于 IOL 647 录文收录在 S. Karmay, *The Great Perfection*: 60，据 MD 版加以修改(147 页)。

续 表

5. [illegible]①[illegible] 6. [illegible]②[illegible] [illegible]	求最究竟离勤病 随任运仪而安住 菩提明了青鹃竟	5. ཟིན་པས་རྩོལ་བའི་ནད་སྤངས་ཏེ 6. ལྷུན་གྱིས་གནས་པས་གཞག་པ་ཡིན་ * བྱང་ཆུབ་ཀྱི་སེམས་རྣམ་པར་རིག་པའི་ཁུ་བྱུག③

Tang 270 中第二材料，藏文为 MD、CW 精校版本的藏文转写，汉译基于西夏文本，参考杨杰博士藏文汉译为佐证。西夏文标题中汉语数字代表解梵文连续音变。译文保留西夏词汇，如“中真”为སྙིང་པོ的直译，“斑块”直接翻译藏语ཐིག་ལེ（传统翻译“明点”），“大出”为西夏语直译，实际代表藏语འབྱུང་བ་ཆེན，传统翻译为“四大”，“汤药”代表“甘露”，我们大部分保留西夏语的说法。其他词汇见在“对照表”。在不同语境中，西夏译者为同样的藏语词汇选择不同西夏语，在译文中我们尽量保留此特色。据我们初步假设，词汇的抉择代表西夏译师对文本的深入了解。如其他文本一样，该材料有许多与藏文“如实”“如是”“自性”等相关的西夏语。据语境，该词汇应该翻译为反身代词，如“本身”“本来”等语句。我们初步翻译对出尊重西夏译师的翻译风格，保留直译。

文中品号基于西夏文，偈颂号为我们加。西夏文缺 37—38 偈颂中的偈颂，该问题见 CW 版的讨论，36—36 偈颂中间插入一段注释，不见我们所参考的藏文本中。从此可知，《大虚空》西夏译文的藏语底本与今存藏文不同，属于不同文本体系。录文中 □ 符号代表原文缺字，[illegible]（加框）代表我们据注释或句语境构拟的西夏字，其他材料同样。

2. 金刚勇识大虚空显颂

2（加框） [illegible]	རྒྱ་གར་སྐད་དུ pja^{1} dzja^{1} rjar^{1} sja^{1} twa^{1} mja^{1} xa·a kja̱^{1} rjɨr^{2} śja^{1} kja̱^{1} rjir^{1} kja̱^{1} *	梵语 趴拶啰萨哆瓦（二合） 摩诃阿卡哩莎迦哩迦 番语 金刚勇识大虚空显颂

---

① 西夏语对此句子理解与 Karmay 翻译不同：西夏译者把藏文ཟིན་པས་རྩོལ་བ 直接翻译为 zji^{2} dźjwa^{1} gji̱^{2} · jɨr^{2} [illegible]（直译：“追求究竟”），似乎忽略了ཟིན་པས的“具格标记”和“རྩོལ་བའི་ནད”短句“属格”架构。因此句子的意思是：“脱离勤求最上病患。”Karmay 译：“Abandon all the malady of striving, for one has already acquired it all.”（*The Great Perfection*：50）其中“acquired it all”代表“已作”（ཟིན་པ）。

② tjɨ̱j^{2} bju^{1} [illegible]（直译：“随礼”）直接代表གནས་པས。

③ 谈锡永上师藏文汉译：“种种法总相自性皆无二，种种法别相远离戏论见，虽无一见地名当下即是，诸相其边现悉名为普贤，诸法自圆满离作意过失，是于止观境住无作而现。”

续　表

<table>
<tr>
<td>[illegible]
[illegible]
[illegible]①
1.
[illegible]
[illegible]
2.
[illegible]②[illegible]③[illegible]
[illegible]④[illegible]
3.
[illegible]　□□□
□□□□
[illegible]⑤　[illegible]
□□□□[illegible]
3 [illegible]⑥</td>
<td>Vajrasattvamahākārśakārikā⑦

藏语
金刚勇识大虚空显颂⑧
བཅོམ་ལྡན་འདས་དཔལ་རྡོ་རྗེ་སེམས་དཔའ་ལ་ཕྱག་འཚལ་ལོ
[ཆོས་ཉིད་ཞིག་ལེ་]
ཆོས་ཉིད་ཀྱི་སྐབས་
1.
རྡོ་རྗེ་སེམས་དཔའ་ནམ་མཁའ་ཆེ།ཀུན་བཟང་ཡངས་པ་ཆོས་ཀྱི་དབྱིངས།
རྣམ་དག་ལམ་ཆེན་ཀུན་གྲོལ་ཕྱིར།མི་སྐྱེ་མི་འགགས་ཅིར་མི་དགོངས།
2.
བྱམས་པས་དོན་ཉིད་རྣམ་སྦྱངས་ཕྱིར།སྙིང་རྗེ་ཆེན་པོ་ཅིར་མི་མཛད།
ཆེ་བས་ཆེ་བའི་ཟབ་མོ་ཡིན།ཡོན་ཏན་ཅིར་ཡང་བསྔགས་པ་མེད།
3.
དོན་རྣམས་ཇི་བཞིན་མི་བསྒྱུད་དེ།བྱ་བ་མེད་པས་གྲོལ་བས་གྲོལ།
རང་འབྱུང་ཡེ་ཤེས་བཙལ་མེད་པས།གྲོལ་ན་གྲོལ་པའི་ལམ་ཡང་སྟོན།
□□□□·ཞིག་ལེ
རང་བཞིན་གྱིས་གནས་པའི་སྐབས་</td>
<td>
敬礼出有坏吉祥金刚勇识

法性序品第一
1.
金刚勇识大虚空　普贤广大法性界
清净大道皆解脱　不生不灭非何物⑨
2.
实修慈心理净行　不以大悲心念之
是大中最大最深　不赞一切种功德
3.
不为凡义有所动　□□□□□□□
自生真智不求他　解脱示解脱之道
□□□□**斑块**
住自性位品第[二]</td>
</tr>
</table>

---

① ཆོས་ཉིད་ཞིག་ལེ 缺。

② 西夏语 zjɨr^1 dzjɨ^2 [illegible]（直译：“实”）支持“རྣམ་སྦྱངས”（CW：51，n83）。

③ sej^1 [illegible]（直译：“习清”）= 藏文无（CW：51，n84）。西夏语 [illegible] 为藏语རྣམ་སྦྱངས诠释；MD སྦྱངས，从之。

④ mə^2 mə^2 [illegible] = ཅིར་ཡང。

⑤ 第一句：西夏语译用 [illegible] bju^{1}表示“起源”或行动方式的标记，据之翻译为“从”；与藏文不全同。pha^1 mji ^{1} · ju^2 [illegible]（直译：“不求异”）与བཙལ་མེད་པ（无勤求）不同。第一行“dźjij^1 [illegible]”待考证：其字面“行、用、遣”与藏文不同，此处据藏文解释为“动（及物）”。

⑥ 缺品号。

⑦ 西夏语为藏语梵文转写的再转写，梵文标题为 Vajrasattvamahākāśakārikā，可见：西夏 kja̲^{1} [illegible] 符合龚煌城长元音的构拟，· a kja̲^{1} rjɨr^2 śja^1 支持藏语ཨ་ཀར་ཤ，西夏文，藏文不支持梵文长元音，kja̲^{1} rjɨr^{2}为“二合”转写，支持首音 r- 为 kja̲^{1}韵尾，中元音脱落；与下行 kja̲^{1} rjir^1 kja̲^{1} 对立，可见 rjɨr^{2}与 rjir^1（中元音与普通元音对立）。据西夏译者解连串（标题中的汉语序号）：ba+zra+satwa+maha+karsa+karika。

⑧ 此处利用西夏语的汉语翻译，藏文原文可构拟为：རྡོ་རྗེ་སེམས་དཔའ་ནམ་མཁའ་ཆེའི་གྲོལ་པའི་ཚིག་ལེའུར་བྱས་པ，据此文中应该有一种注释，但是现存部分为“本文”。

⑨ 此处“皆”为“一切众生”意思。西夏译本：“非任何物”，诸藏文版：ཅིར་མི་དགོངས（不可思）。

续　表

4. [illegible]	4. འབྱུང་བ་ཆེན་པོ་བཅོམ་ལྡན་འདས།འགྲོ་བ་ཀུན་ལ་རང་བཞིན་གནས། ཕྱིན་ཅི་ལོག་ཏུ་རྣམ་བརྟགས་ཀྱང།གྲོལ་བ་རང་འབྱུང་གཞན་ལས་མེད། **རང་བཞིན་གྱིས་ཆེ་བ་ལ་གནས་པའི་སྐབས**	4. 大出大者出有坏　处于诸有情自性 虽由颠倒起分别　解脱自出并非他 **住自性广大之处品第三**
5. [illegible]	5. ཆེ་བའི་ཡེ་ཤེས་རྙེད་དཀའ་བའ།ཤེས་རབ་ཐབས་ལ་བརྟེན་པས་གྲུབ། མིང་ཙམ་གཞན་ལ་བརྟེན་འདྲ་ཡང།མངོན་སུམ་བདེ་བ་རང་ལས་འབྱུང་། **རྩོལ་བ་དང་བྲལ་བའི་སྐབས**	5. 广大真智难获得　依于慧方便而成 虽名言依某他处　现前乐者为自生⑥ **离勤品第四**
6. ③ [illegible]	6. སྣང་བ་མེད་པའི་ཆོས་ཉིད་ནི།མ་བཙལ་གཞག་པས་བསྒོམས་པ་ཡིན། དེ་དང་དེར་ནི་རྣམ་བཙལ་ན།དེ་ལས་དེ་བཞིན་དེ་མི་འབྱུང་།	6. 无所有⑦之法性者　无修住本是念定⑧ 虽彼此⑨二处⑩求之　从彼不起彼如是⑪
7. [illegible] 4	7. ཆོ་འཕྲུལ་ཆེན་པོ་དཀའ་བ་མིན།ཡོན་ཏན་ཀུན་དང་སྟོབས་ཀྱི་རྣམས། ཇི་བཞིན་རྟོགས་པ་ཕྲ་བ་ཡིས།དེ་མ་ཐག་ཏུ་རང་ལས་འབྱུང་། **བཛོད་པ་དང་བྲལ་བའི་སྐབས**	7. 在⑫大神通无难行　大功德及神通力

---

① njɨ² dza² [illegible]（直译:"普计"） = རྣམ་བརྟགས;译文:"大出大"为西夏语直译:"大出"为"四大",准确代表 འབྱུང་བ་ཆེན。

② kjij¹ [illegible] 为 tsjij¹ [illegible](他)之讹,

③ 藏文版颠倒第六第七颂，此处藏文版据西夏译文修改顺序。CW：བཙལ་གཞག MD：བཙལ་བཞག་པ;西夏译文支持 MD。

④ ·we² [illegible]语义不明。据西夏译文藏文原文应该为བརྩས།。

⑤ 据原文,西夏译文 na¹ [illegible]是 mə¹ [illegible](无)之讹。

⑥ 字面"起于自",指"自心"。"虽名言依某他处"可解释为:"虽然从演说来看,似乎出于其他处。"

⑦ dju¹ [illegible]（字面"有"）代表藏文སྣང་བ,译为"显",此处据西夏语。

⑧ dji¹ tji¹ [illegible] 二字(མ་བཙལ)tji¹ [illegible]གཞག་པ,安住)二字之间断句;lə djɨj² [illegible] 翻译བསྒོམས་པ。句子直译:"不修,安立。"西夏译文以"不修而安住"。MD:"It is to be contemplated by letting it be"(217/ 5)准确。

⑨ 据藏文版,西夏译文维持"彼此"对立;西夏语平常維持 thjɨ¹ thja¹ [illegible] 对立;此段 thja¹ thju² [illegible](thju² [illegible] 的同源对偶是 tśhju² [illegible])。

⑩ ·we² [illegible],比照语境翻译,此处字本意不详。

⑪ 此偈内容西夏译文与藏文通:"若在彼此二处寻求,从彼不会出现彼如如之性。"MD 的翻译稍微简略。

⑫ 对原文 ɣa² [illegible] "于,在";第三句:"依最深最细了悟",MD:"subtly understood as natural state"(217/ 6)。

续　表

[illegible]①[illegible]　[illegible] [illegible] 8. [illegible]　[illegible] [illegible]②　[illegible]③[illegible] [illegible] [illegible] 9. [illegible]　[illegible]④ [illegible]⑤[illegible]　[illegible] 10. [illegible]⑥[illegible]⑦[illegible]　[illegible] [illegible] [illegible]　[illegible] 11. 5 [illegible]　[illegible] [illegible]⑧[illegible]　[illegible]	8. མཆོག་ཏུ་གསང་བའི་ཆོས་ཉིད་ནི།རྣ་དབང་གཞན་ལས་ཐོས་མི་གྱུར། དེ་བཞིན་ལྕེ་ཡི་དབང་པོས་ཀྱང།དེ་ལ་བརྗོད་དུ་རྡུལ་ཙམ་མེད། **དབྱིངས་ཀྱི་ཐིག་ལེ** **འགྲོ་བ་ལས་ཀྱིས་མི་འཁོལ་བའི་སྐབས** 9. འགྲོ་བའི་སྡུག་བསྔལ་བྱང་ཆུབ་སེམས།ཀུན་ཏུ་ཆུབ་པས་རྣམ་པར་རོལ། དེ་ལ་བསྐྱོད་པ་མེད་བཞིན་དུ།ནམ་མཁའི་མཐའ་ལྟར་མཉམ་པར་གནས། 10. ཁྱད་པར་ཅེར་ཡང་མཚུངས་པ་ལ།ལས་སོ་ཞེས་ནི་རྣམ་པར་བརྟགས། ཅི་སྟེ་ལས་ཀྱི་དབང་འགྱུར་ན།རང་འབྱུང་ཡེ་ཤེས་ཡོད་མ་ཡིན། 11. རྒྱུ་ཉིད་རྡོ་རྗེ་རྐྱེན་དང་འདྲ།མ་སྐྱེས་པས་ན་འཇིག་པ་མེད། གདོད་ནས་སྙིང་པོ་བྱང་ཆུབ་ལ།བཙལ་བའི་བསམ་པས་དབྱིངས་མི་བསྐྱོད། **བཙལ་སེམས་དང་བྲལ་བའི་སྐབས**	依最深最细了悟　立刻能自然显示 **离演说品第五** 8. 最上大密法性者　耳根等难以闻见 舌根虽然为善巧　演说不及其微尘 **第二法界斑块** **诸行者由业不轮回品第六** 9. 有情苦恼菩提⑨心　依周遍力实显出⑩ 如是其中无所动　如虚空际平等住 10. 所有差别是相同　所谓业行是分别 倘若为业行所主⑪　乃无有自生真智 11. 因者同与金刚缘　是无生故亦无灭

---

① zji^{2} na^{1} zji^{2} sjij^{1} [illegible]与藏文不同：藏文本意“微妙如实证悟，云云”。

② lhjwa^{1} tśhji^{2} kjir^{1} dźja^{2} djij^{2} ŋwu^{2} tsjɨ^{1} [illegible]与藏文版有风格差异：西夏文“舌根无论多么善巧，云云”；其中[illegible]代表དེ་བཞིན，此处为“无论如何”意思。

③ ·jij^{1} [illegible]为 lhjɨ^{2} [illegible]（尘）之讹；[illegible] = རྡུལ་ཙམ。此句的西夏译文与藏语诸版中的“ཇི་བཞིན”或“དེ་བཞིན”相异。

④ zji^{2} njɨ^{2} ɣie^{1} [illegible]（直译：“周遍力”）= ཀུན་ཏུ་ཆུབ་པ；zjɨr^{1} khej^{1} dźjij^{1} [illegible]（直译：“游行”）直译藏语རྣམ་པར་རོལ，实际意义为“显出”，一律从之，西夏译文可能依于梵文 lalita。

⑤ mju^{2} [illegible]（动），藏文བསྐྱོད་པ།

⑥ bu^{2} zju^{2} [illegible] = ཁྱད་པར；此行二半句皆用“是”谓语，即是为单独二句。此处[illegible]字面翻译“胜缺”。据对文中理解代表“差别”的意思，与藏文同。

⑦ ŋwer^{1} ka^{1} [illegible] = མཚུངས་པ།

⑧ njwo^{2} śjɨj^{1} [illegible]（直译：“昔成”）此处代表གདོད་ནས，གདོད་མ་ནས其他语境代表ལྷུན་གྱིས་གནས་པ；བཙལ = བརྩལ།

⑨ 据藏文版，“普净心”等于“菩提心”。

⑩ 据藏文版，“周遍力”代表ཀུན་ཏུ་ཆུབ་པ，“了知一切”；MD：“fully perfected”（218/9）。

⑪ 下半句“业所主”翻译藏语“ལས་ཀྱི་དབང”，“为业所牵制”；“殊胜”即是“差别”，保留西夏直译。

续　表

<table>
<tr>
<td>[illegible]
[illegible]
12.
[illegible]　[illegible]
[illegible]
[illegible]①
[illegible]
13.
[illegible]②　[illegible]
[illegible]③
[illegible]④　[illegible]
[illegible]⑤
14.
[illegible]　[illegible]
[illegible]
[illegible]⑥　[illegible]
[illegible]⑦[illegible]</td>
<td>12.
ཡོན་ཏན་ཆེན་པོའི་བསམ་གཏན་ནི།བསམ་གཏན་ཉིད་པས་བསམ་དུ་མེད།
མ་བསམས་མ་སྦྱངས་ཆོས་བཞིན་དུ།རྣམ་རྟོག་ཉིད་ལས་ཡེ་ཤེས་སྐྱེ།
13.
ཕྲ་བའི་སྒོ་མོར་མིང་བཏགས་ཏེ།སེམས་ཀྱིས་དབེན་པ་ལམ་ཚོལ་ཞིང་།
དགོན་པའི་རྒྱུད་དུ་དབེན་འཛིན་ཅིང་།བརྟགས་ན་རྣམ་པར་འགྱུར་བསྒོམས།
14.
རྒྱུ་དང་འབྲས་བུར་མིང་བཏགས་ཏེ།དགེ་སྡིག་གཉིས་ཀ་རྣམ་པར་སེལ།
འཇིག་རྟེན་འདི་ལས་འབྱུང་ངོ་ཞེས།བླང་དོར་སྤྲོད་པ་མཆོག་ཏུ་བསྐྱེད།
གཉིས་སུ་མེད་པ་སྐྱོན་དང་བྲལ་བའི་སྐབས་</td>
<td>无始真中⑧处菩提　勤求之心不动界⑨
离勤思品第七
12.
有大功德之寂思　寂思本无有可思
不思不习法如实　真智本出自分别⑩
13.
建立微尘粗色名　以寂净心寻求道
求寂净而居无位　分别则作妄念定⑪
14.
施设因及果之名　如实灭善恶二法
求出离此世界中　依取舍欲发上心</td>
</tr>
</table>

① la̱¹ se̱w² mjor¹ [illegible]（直译：“实虚测”）= རྣམ་རྟོག་ཉིད།

② zjɨr¹ jij¹ tshu¹ tsə¹ mjij² thu¹ phjij¹ [illegible]（直译：“微尘粗色名建立”）与藏文ཕྲ་བའི་སྒོ་མོར་མིང་བཏགས་ཏེ内容显然差异：西夏语：“建立微尘粗色之名”（西夏句子句法不明）。由于藏语藏语སྒོ为“入门”意思，西夏译者似乎把它当做“微”的反义词，即是“粗”。

③ njij¹ dzjɨ̱¹ sej¹ ŋwu² tśja¹ tjo̱¹ · ju² [illegible]（直译：“以寂净心寻找道”）不能直接代表སེམས་ཀྱིས་དབེན་པ་ལམ་ཚོལ་ཞིང的意思（以心寻求寂静之道）。

④ dzjɨ̱¹ sej¹ gjɨ̱² nio̱w¹ mjij¹ mji̱¹ ziejr² [illegible]。直译：“求寂净故，居无住处的地方”。其中 dzjɨ̱¹ sej¹为དགོན་པ（安静地方，araṇyaṃ）的“譬喻翻译”；mjij¹ mji̱¹ ziejr²直译“居住无宫的地方”（“没有人住的地方”）代表དབེན。（ND：“wilderness”）

⑤ njɨ² dza² la̱¹ se̱w² [illegible] 西夏语直译：“普计虚测”。西夏语词之间是并列关系，据原文：“若有遍计，则要观察如何成立分别”。

⑥ 西夏未翻译藏文“ཞེས”，“所说”。

⑦ lhjwi¹ dźjɨr¹ kie̱j² [illegible]（取舍欲）= བླང་དོར་སྤྲོད་པ；phju² njij¹ [illegible]（上心）= མཆོག，“心”为西夏译者加。

⑧ “真中”代表藏语སྙིང་པོ，一律用之。

⑨ 此行大致意思是：“勤求无始以来本觉之心不能动摇法界”；MD：“disclosed by thought”（218/ 11）。

⑩ 翻译基于藏文རྣམ་རྟོག་ཉིད，“妄计”是西夏 la̱¹ se̱w² [illegible]字面翻译。

⑪ MD：“By grasping at emptiness in a silent place. However, when examined, this is a conceptual meditation”（219/ 13）比较妥当，从之；第 14 偈 MD 的翻译：“By applying designations such as ‘cause’ and ‘effect’。Some believe that they can overcome both virtue and vice and transcend this world. However, they only generate a great complacency for acceptance and rejection”（219/ 14）。

续　表

[illegible] 15. 6 [illegible]①[illegible] [illegible]②[illegible]· [illegible] 16. [illegible]③[illegible] [illegible]④[illegible] [illegible]⑤ 17. [illegible]⑥[illegible] [illegible]⑦[illegible] [illegible]⑧[illegible]· [illegible] [illegible]· 18. [illegible]	15. ཆགས་དང་མ་ཆགས་ཚོག་གི་ལམ།དབུ་མ་བཞིན་དེ་བྲག་ཅ་འདྲ། བདེ་དང་སྡུག་བསྔལ་རྒྱུ་མཐུན་ཞེས།འགྲོ་བའི་མགོན་པོ་སེམས་དཔས་གསུངས། **ཡེ་ཤེས་རང་ལས་བྱུང་བའི་སྐབས** 16. འདོད་ཆགས་ཞེ་སྡང་གཏི་མུག་ཀྱང་།བྱང་ཆུབ་ཆེན་པོའི་ལམ་ལས་བྱུང་། ཀུན་སྤྱོད་ཡོན་ཏན་རྣམ་ལྔ་ཡང་།ཆོས་ཉིད་དབྱིངས་ཀྱི་རྒྱན་ཞེས་གསུངས། 17 ནམ་མཁའ་རྟོག་པ་སྐྱེ་མེད་ཅིང་།རྟོག་པ་དེ་ཉིད་ནམ་མཁའ་འདྲ། མི་ཆགས་ནམ་མཁའི་བསྒོ་བ་ལས།རང་དོན་ཆེན་པོ་ནམ་མཁའ་འབྱུང་། **དབྱིངས་རྣམ་པར་དག་པའི་ཐིག་ལེ** **གསུངས་ཀྱི་སྦྱོར་ཐབས་ཀྱི་སྐབས** 18. རྟོག་མེད་མཉམ་ཉིད་ཆོས་ཀྱི་སྐུ།བཟུང་བས་མི་ཟིན་ཆུ་ཟླ་འདྲ། ཀུན་ཏུ་བཟང་པོའི་རོལ་པ་ཡིས།ཨཱ་ལི་ཀཱ་ལི་ཟབ་ཏུ་བསྟན།	**离不二之过品第八** 15. 有执无执名句道　似与中道如回响 乐及烦恼本同因　有情之尊勇识说⑨ **真智自出品第九** 16. 贪欲嗔恚及愚痴　出于大菩提之道⑩ 五欲普行之悦乐　能为庄严法性界⑪ 17. 在空不需行妄计　妄计本身如虚空 于无执虚空自体　大利益出于虚空⑫ **第三法性清净斑块总持和品第十** 18. 无计平等法身者　不得受持如水月 是大普贤之戏德　示 ĀLI KĀLI 深理

① gu[2] tśja[1] bju[2] mjor[1] [illegible] = དབུ་མ་བཞིན. 藏文本意:“有执着无执著名句道如中道,同与与影响。”西夏语直译:“有执着无执著名句道,若据中道实是如影响。”

② pjụ[1] kjir[1] sjij[2] [illegible](直译:“尊勇识”)= མགོན་པོ་སེམས་དཔའ。“众生中尊勇识”即是普贤尊者。

③ sej[1] njɨ[2] [illegible](直译:“普净”)藏文བྱང་ཆུབ之译。

④ zji[1] dźjij[1] [illegible](直译:“皆行”)藏文ཀུན་སྤྱོད直译;符合英语 behavior,因而翻译为“行为”,保留直译“普行”。

⑤ lju̱[1] tshjịj[2] sji[2] [illegible](庄严)代表藏语རྒྱན,sji[2] 为实体化标记。

⑥ 西夏语 mji[1] tjɨj[2] [illegible] 似乎可以解释为藏语མི་ཟིན。

⑦ 西夏译者本子བསྒོ་བ似乎写成ངང 或 དངོས,结果翻译为·jij[1] kwər[1] [illegible]“自体”,所有藏文版皆同意བསྒོ་བ,西夏译文异于现存藏文诸版本。

⑧ tha[2] gjịj[1] ɣie[2] [illegible](大利益)与藏文རང་དོན་ཆེན་པོ 不同。

⑨ 即普贤;MD: Vajrasattva;MD 翻译“中道”,“something in between”(219/ 15)。

⑩ “普净”翻译为“菩提道”。

⑪ 西夏语“[illegible]”(ཀུན་སྤྱོད)翻译为“行为”;MD “行为”翻译“ordinary enjoyments”。此段与藏文有差异:“五种行功德”云云,藏文版皆无“五欲”。

⑫ MD:“As both space and the concept of space are un-originated”(220/ 17)从之。

续 表

19. [7] [illegible]①[illegible] [illegible]②[illegible]③ [illegible] ④ [illegible]⑤ [illegible]	19. འདི་ནི་ཨཱ་དང་མཛེས་པའི་ཏ།པ་དང་ཡན་ལག་སྤྲོས་པ་བཞིན། འཇིག་རྟེན་ཡོངས་ཀྱི་སྤྱོད་ཡུལ་ལ།སངས་རྒྱས་གསུང་གི་ཟབ་མོ་འབྱུང་། *ཆོས་ཀྱི་དབྱིངས་ཀྱི་སྡེ་ལྔའི་རྒྱུད	19. 此 Ā 及善和之 TA　PA 及支分如戏论 在世之最深境界　出明满甚深语理⑬ [五类]法界之文[一卷]
20. [illegible]⑥[illegible] [illegible]⑦[illegible] [illegible]⑧ [illegible]	20. ཨེ་མ་འདོ་སངས་རྒྱས་སྤྱོད་ཡུལ་དེ།བཙལ་བས་རྙེད་པའི་གནས་མེད་དེ། དྲུག་གི་ཆོས་བཞིན་ཡུལ་མེད་པས།མདོངས་པས་ནམ་མཁའ་བསྙབས་པ་བཞིན།	20. 奇哉此明满境界　求之无有可得处 六法差别境不动⑭　如盲者寻求空际
21. [illegible]⑨ [illegible] [illegible]⑩[illegible] [illegible] [illegible]⑪[illegible]	21. གོང་ནས་གོང་དུ་ཚངས་པའི་ལམ།བྱ་བྲལ་ཆོས་དང་མཐུན་པ་མིན། ཅི་སྟེ་ལམ་ལ་བགྲོད་འགྱུར་ན།ནམ་མཁའི་མཐའ་བཞིན་ཐོབ་པ་མེད། ཡོངས་སུ་རྫོགས་པའི་སྐབས	21. 次第往上净梵道　不同与离造作法 若欲随道而前行　如虚空际无可及 **究竟真如品第十一**
22. [illegible]⑫[illegible] [illegible]	22. དེ་ལྟར་དེ་བཞིན་དེ་ཡི་ཕྱིར།དེ་ལ་དེ་བསྟན་དེ་ཡང་ཐོབ། དེ་ནི་སྙིང་པོ་དེ་བས་ན།དེ་ལས་དེ་བྱུང་ངོ་མཚར་ཆེ།	22. 如彼如实彼故则　在彼示彼亦得彼

---

① 西夏语的 gjwi² śjwi̠² [illegible] 词源难解释：符合词有显然押韵架构，直译为："句和"（ལེགས），似乎代表藏语མཛེས་པ"美丽"，但句法关系不明。西夏语直译"Ā 以及顺和的 TA"。

② ·jiw¹ war² [illegible]（直译："缘枝"）= ཡན་ལག（七菩提分）

③ khej¹ ljɨ̠¹ [illegible] 直接代表སྤྲོས་པ（prapañca）。此句子西夏 sju² [illegible] 动词位置不符合句法，据藏文翻译。

④ 据注释文#7170 弥补。

⑤ 西夏文缺འཇིག་རྟེན་ཡོངས་ཀྱི་སྤྱོད་ཡུལ་ལ，偈颂第四行 [illegible] 是颠倒写的，译文"五类法界之文一卷"，似乎为文本的标题。

⑥ ɣie̠¹ mja¹ [illegible] = ཨེ་མ

⑦ dzjij² [illegible]（他），据藏文本为 · ju² [illegible]（寻）之讹。

⑧ do² pha¹ tśhjiw¹ tsji̠r¹ mjɨ̠² mji¹ mju² [illegible]（直译：差别六法境不动，即是"差别六法之境不动"）与藏语དྲུག་གི་ཆོས་བཞིན་ཡུལ་མེད་པས（因为如六之法境界不有）有差异，西夏译是"解释性"的。"六法"即是"六根"（ND：119）。

⑨ sej¹ xiwã¹ tśja¹ [illegible]（净梵道）= ཚངས་པའི་ལམ

⑩ tjɨ¹ tjij¹ [illegible] = ཅི་སྟེ

⑪ ɣu² dźjwa¹ [illegible]（毕竟）= རྫོགས་པ

⑫ mjor¹ sju² [illegible] = དེ་བཞིན

⑬ "所严"西夏语"句顺"直译藏语：དང་མཛེས。

⑭ MD 译为"the teachings of no-action"（221/ 21）。不同于藏文"六法无对境"。

续　表

[illegible]①[illegible] [illegible]②[illegible] 23. [illegible] [8] [illegible] 24. [illegible]③ [illegible] [illegible] 25. [illegible]④ [illegible]⑤[illegible] 26. [illegible]⑥ [illegible]	23. སྔོན་གྱི་དེ་དང་ད་ལྟར་དེ།དེ་བཞིན་དེ་ཡི་གནས་སུ་ཆེ། དེ་ལྟར་དེ་ཡི་ལམ་འདྲ་བ།དེ་ཡི་དེ་ནི་རང་བཞིན་ནོ། 24 དེ་དང་འདྲ་བ་ཡོངས་ཀྱི་ལམ།ཟླ་བ་ལས་བྱུང་རྟེན་དང་བཅས། ཀུན་གྱི་མཉམ་ཉིད་ཡིན་པ་ལས།ཕྱོགས་སུ་བལྟས་པས་གྲུབ་པ་མེད། **ཆགས་པ་དང་བྲལ་བའི་སྐབས** 25 དེ་ལྟར་བདེ་དང་ཕྱི་མར་བདེ།མངོན་སུམ་པ་དང་རྒྱབ་ནས་འབྱུང་། དེ་ཡང་རྣམ་པའི་སྐྱོན་ཡིན་པས།དེ་ལ་བརྟེན་པར་མི་བྱའོ **གདོད་མ་ནས་ཕྱི་བའི་སྙིང་པོ་ཉིད་ཀྱི་སྐབས** 26. དུས་གསུམ་གཅིག་སྟེ་ཁྱད་པར་མེད།སྔོན་མེད་ཕྱིས་མེད་གདོད་ནས་འབྱུང་། ཆོས་སྐུ་ཁྱབ་པས་གཅིག་པའི་ཕྱིར།ཆེ་བའི་ཆེན་པོར་རང་བཞིན་གནས། **ཀུན་ཏུ་སྣོན་དང་བྲལ་བའི་སྐབས**	彼之中真如彼则　从彼出彼甚希奇 23. 过去彼及现在彼　如实彼之彼位大 彼与彼之道为同　此亦是彼之自性 24. 与彼似普遍之道　月显影随缘相从⑦ 一切平等如实故　从偏缘见不可成⑧ **离垢着品第十二** 25. 现在⑨乐及未来乐　现背二境同时出⑩ 彼亦有种恶之故　彼乃不应为所依 **本来大真心品第十三** 26. 三世是一无差别　无先无后本来显 法身周遍是一故　[大中]最大本来住

① 藏文通用“དེ”指示代词，西夏译文也不维持 thjɨ^2 thja^1 [illegible] “彼此”的对立。藏文版དེའི་ཕྱིར“此智故”。第二句 ne̠j^2 [illegible]为བསྟན翻译，据《文海》解释“令见”译为“显”。

② njij^1 ɣiej^2 [illegible]（直译：“中真”）= སྙིང་པོ

③ śja^2 nio̠w^1 bju^1 śjw ɨ̠^{2} [illegible] 直接代表汉语“随缘”，与藏文བྱུང་རྟེན་དང་བཅས“发起有所依”同。

④ ·ju^2 gji̠^{2} njɨ^1 mjɨ^2 ka^1 dzjij^1 to^2 [illegible] 直译：“前蚀境同时出”。“此时乐和未来乐，此二境出现于前后。”西夏 · ju^2 [illegible] 正确地代表མངོན་སུམ；gji̠^{2}[illegible]（本意：广，蚀，李 2357）似乎代表与རྒྱབ 即是“隐藏”（conceal）的意思（ND：120；OP：57，偈颂 25 翻译“shadow”）。实际，理为此字的解释“广，蚀”违背《文海》的说明：此字翻译为“背后”，“非在前”比较妥当，“蚀”非为此字本意。

⑤ 西夏译文的标题接近གདོད་མ་ནས་ཆེ་བ་ཉིད་ཀྱི་སྙིང་པོ་ཉིད་པོ་ལ་རང་བཞིན་གྱིས་གནས་པའི་སྐབས。

⑥ śja^2 [illegible]（直译：“显”）= འབྱུང

⑦ ND：120，注 91；MD：“It manifests as both the moon and its reflection”（221/ 24）。

⑧ MD：221/ 22－24。与藏文有差异，“除诸法平等性外”云云。

⑨ 西夏语 thjɨ^2 · wjɨ^2 rejr^2 [illegible]：句子结构：代词+完成前缀+动词；直译：“此 PREF 乐”，“现在”翻译据藏文版。

⑩ MD：“direct perception and its consequences”（221/ 25），同与西夏译文。

续　表

[illegible] · [illegible] 27. 9 [illegible]①[illegible] [illegible]②[illegible]③[illegible]④[illegible]⑤ 28. [illegible]⑥[illegible]⑦[illegible] [illegible]⑧[illegible] · [illegible]⑨[illegible] 29. [illegible] [illegible]⑩[illegible] 30. [illegible]⑪[illegible]	27. སྲིད་པ་གསུམ་ན་སྦྱོར་བ་ཡང་།མིང་ཚིག་སྒྱུ་མར་སྣང་བ་སྟེ། འཁོར་ལོས་སྒྱུར་བའི་གནས་ཆེན་ཡང་།སྒྱུ་མ་སྦྱོང་བའི་བསྟི་གནས་ཡིན། 28. ནམ་སྤྱོད་དུས་ལ་ལྟོས་པ་རྣམས།དུས་དེར་འབྱུང་བར་མི་འགྱུར་ཏེ། མ་བྲལ་སྨོན་པ་སྤྱོད་པས་ན།སྟོང་པའི་མཚན་ཉིད་གསུངས་པ་བཞིན། ལུང་སྟོན་པའི་སྐབས 29. གཅིག་སྟེ་རྣམ་པར་ཡོངས་ཀྱིས་མེད།རྣལ་འབྱོར་ནམ་མཁའི་བྱ་ལམ་གནས། མ་བྱུང་མ་སྐྱེས་སྙིང་པོ་ལ།སྒྲོས་བཏགས་ཆོས་ཀུན་ག་ལ་ཡོད། 30. ཕྱི་ནང་གཉིས་ཀ་ཕྱི་ཉིད་ན།ཟབ་མོ་ཆ་ཤས་རྟོགས་ཡུལ་མེད། སྲིད་པ་མིང་ཙམ་ལོག་པའི་སྟོབས།དེ་བས་ཉིང་འཛིན་མཉམ་དང་བྲལ།	**离诸誓愿品第十四** 27. 虽在三有之净习　唯是幻术诸名言 转法论威圣者亦　唯是幻术净习处⑫ 28. 诸依赖时相之行　彼时最中难获得⑬ 故未离誓愿而行　演说为虚空性气 **圣教品第十五** 29. 是一不有多种相　默有⑭处空中鸟道 在不生起真中内　岂有补删⑮之法者 30. 内外二法外本内　最深无少分悟境⑯ 爱有名颠倒力故　因此离总

① dzjɨ² sej¹ [illegible]（直译：“学净”）= སྦྱོང་བ

② pjụ¹ tha² dziej² dẹj¹ śjɨj² mjijr² [illegible]（直译：“威转轮圣者”），此处代表转轮王（ND：119）。

③ dzjɨ² sej¹ [illegible] 支持སྦྱོར་བ。

④ nejr¹ [illegible]（李 2399）语义不明：文本他处此字亦代表བསྟི་གནས（安静处），似乎与此字本意无关。

⑤ tjij¹ zjịj¹ [illegible]（独少），副词“只不过”。

⑥ dźjɨ · jij¹ dzjɨ^j1 [illegible]（直译：“行相时”；颠倒翻译）= ནམ་སྤྱོད་དུས，“依于时间不同修行”。

⑦ tjạ¹ lho̱¹ [illegible] = ལྟོས་པ

⑧ tsjịr² rjar¹ [illegible] = མཚན་ཉིད “性相”，译文保留字面翻译“性气”。

⑨ 西夏译本标题来源不明：藏语ལུང་སྟོན་པ 直接翻译翻译梵文 vyākaraṇa，据在其他语境的出现西夏语的 zur² [illegible]（直译：“诏”）为妥当翻译。

⑩ kia̱² lha¹ [illegible]（直译：“补熄”）是藏语སྒྲོས་བཏགས的诠释翻译。

⑪ 西夏译文保留西夏语中 djɨr² [illegible] · u² [illegible]对立。

⑫ MD：222/ 27。

⑬ 意思是“依靠时间之行，从彼时间中，难以得生”。

⑭ 瑜伽修行者。

⑮ MD：“passing”（222/ 29）。

⑯ 意思：最深最密不有少分证悟之境界。

续　表

[illegible]①[illegible]②　[illegible] [illegible]③[illegible] 31. [illegible]　[illegible] [illegible] [illegible]　[illegible] [illegible]④[illegible] 10 [illegible]· [illegible] 32. [illegible]　[illegible] [illegible] [illegible]　[illegible] [illegible] 33. [illegible]⑤[illegible]　[illegible] [illegible]⑥[illegible] [illegible]⑦　[illegible] [illegible] [illegible] 34. [illegible]⑧[illegible]　[illegible]	31 དེ་ལ་ཐ་ཚོག་ཕྱི་དང་ནང་།རང་བཞིན་ཕུང་པོ་ཁམས་བཞིན་གནས། དུས་གསུམ་འདི་དང་མི་འབྲལ་བས།ཐ་ཚོག་མེད་དུ་བཏགས་པ་མེད། **ཡེ་ཤེས་ཆེན་པོ་ཐིག་ལེ** **མཉམ་པ་ཉིད་ཀྱི་སྐབས** 32. མི་གཡོ་བ་ནི་སྐུ་ཡི་རྒྱ།མི་བསྐྱོད་པས་ནི་ཡེ་ཤེས་ཏེ། མི་ལེན་པ་ནི་བདག་མེད་ཅིང་།མི་འདོར་ཚོག་བྲལ་མཉམ་ཉིད་དོ། 33 གང་དང་གང་གི་གང་དུ་ཡང་།ཀུན་འཁོལ་ཀུན་སྤྱོད་བདག་ལས་བྱུང་། འདི་ལ་སྐྱེས་པ་བུད་མེད་ཅེས།མཉམ་པའི་རྒྱལ་པོས་ཡོངས་མ་གསུངས། **དངོས་གྲུབ་བདེ་ལ་ཆགས་པ་སྤོང་བའི་སྐབས** 34. འདི་ལ་བརྟུལ་ཞུགས་དྲག་ཤུལ་གྱིས།གནས་སུ་བྱ་བའི་མིང་མེད་དེ། ཨ་དང་པར་ནི་རྣམ་ལྡན་ནཱ་ཟླུ་མའི་བདེ་བ་འབྱུང་བར་འདོད།	持觉受⑨ 31. 彼中演说内外者　自性即在蕴处界⑩ 因彼不离于三世　名言乃离于增补⑪ **第四大真智斑块** **大平等品第十六** 32. 本来不动身之印　不动故则大真智 不取故则是无我　不舍离是言平等 33. 如何何人及为何　普行眷属出于己 此中男及女人之　大平等王本未说⑫ **放弃成就乐着品第十七** 34. 此中依暴恶禁行　亦无“所住处”之说

---

① dju^1 dzu^2 [illegible]（直译：“有爱”）。在文中 dju^1 [illegible] 代表སྲེད་པ的意思，与“爱”有明显押韵关系，为一词。

② $lhjwo^1$ γie^1 [illegible]（直译：“还力”），藏语ལོག་པའི་སྟོབས的直译。

③ $dwewr^2$ lhjịj [illegible]（直译：“觉受”）= ཉམས；另参见 $tśhja^2$ ka^1 [illegible] = མཉམ་པ（平等），西夏译者此处似乎无分别二者语义。

④ $kia̱^2$ lhu^1 [illegible]（直译：补增）此处藏文བཏགས་པ来自འདོགས་པ。

⑤ 藏文原文不支持 nji^2[illegible]，“无论何人在何处，云云”。

⑥ zji^2 $dźjịj^1$ $dźiə^2$ $dziej^2$ [illegible]：zji^2 $dźjịj^1$ [illegible]（直译：皆行）代表ཀུན་སྤྱོད；西夏译者藏文底本用ཀུན་འཁོར（字面：“普轮”）而不是ཀུན་འཁོལ，如 ND：120：“all retinues and all forms of behavior”。CW 选择ཀུན་འཁོལ理由不明。

⑦ 此处 $\cdot jij^1$ [illegible] 作用不明。藏语འདི་ལ་སྐྱེས་པ་བུད་མེད་ཅེས意思“在此所谓男及女人，云云”。

⑧ $\cdot wja̱^2$ $\cdot o^2$ [illegible]（直译：“人赦”）代表藏语བརྟུལ་ཞུགས（vrata 律仪）；此处 $\cdot wja̱^2$ [illegible]语义不明，建议改为 $tśhjwɨj^1$ [illegible]，“禁止”，“戒禁”；$kja̱^1$ $dźjịj^1$ [illegible]（直译“发惧”）藏文：དྲག་ཤུལ（暴相）。

⑨ 西夏译文句子意思待考证。

⑩ 即是五蕴十二处十八界。

⑪ MD：223/ 31。

⑫ 此处翻译依靠藏文。

续　表

[illegible]①[illegible] [illegible] 35. [illegible] [illegible] 11 [illegible] [illegible] 36. [illegible] [illegible]②[illegible] 37. [illegible]③[illegible] [illegible]④[illegible] 38. [illegible]⑤	35. རང་བཞིན་གཅིག་ཏུ་མ་ངེས་པས།ཇི་ལྟར་བརྟགས་པ་དེ་ལྟར་སྣང་། སྣང་འདོད་རྩོལ་སེམས་བདེ་བ་ཡང་།དེ་ནི་དེ་སྒྲིབ་སྐྱོན་ཆེན་ཡིན། 36. བྱང་ཆུབ་ཡན་ལག་ཀུན་གྱི་སྒོ།ཆ་ལུགས་བསྒོམས་པས་ཆུ་ཟླ་བཞིན། མ་གོས་མ་ཆགས་འབྱུང་འགྱུར་ཡང་།བསྒོམས་པས་བྱིས་པའི་སྤྱོད་ཡུལ་བཞིན། 37. དཀྱིལ་འཁོར་ཁྲོ་གཉེར་ཆ་ལུགས་ཀྱིས།ཁྲོ་བདག་ཆེན་པོའི་ལུས་བཟུང་ནས། ཡི་གེ་མངོན་དུ་བྱུང་ན་ཡང་།ཞི་བ་དེ་ཉིད་མཐོང་བ་མིན། [ཉོང་མོངས་པ་ཨི་དབང་གིས་ནཱ་ཏ་ལའི་མགོ་བོ་བཅད་པ་དང་། ས་བོན་མི་ཡིས་བསྒྲིགས་པ་དང་།དེ་ཡི་དབང་དུ་མི་འགྱུར་སྟོན] 38. རྣམ་གྲངས་བརྒྱ་སྟོང་ཁྲག་ཡས་པ།གང་ལྟར་སྤྱོད་ཀྱང་མི་རྟོག་སྐྱེ། མཚན་མ་མེད་པའི་དབང་གིས་ན།བསྟི་གནས་དེ་ལས་འབྱུང་མི་འགྱུར། **རྩོལ་སེམས་དང་དང་བྲལ་བའི་སྐབས**	若 Ā 及 PA 等实属　如幻乐者即将起⑥ 35. 自性非定为一故　依所缘即如何有 有求勤心为安乐　如此成为障大罪 一,【身为月华台菩提心,二,身为极微菩提心,三,种文字菩提心,四,意手印菩提心,五,观念为空菩提心⑦】 36. 一切菩提分支门　观念其形如水月 虽发起无念无执　念定如愚夫境界 37. 鐔城念鞷蹙相及　观想大愤怒王身 虽如实显现文字　不能得本来软乐⑧ 38. 得百千万亿名中　无论何行生华果 由于无诸相之力　从此不能起静果⑨ **离勤心品第十八**

① dźjij[1] lew[2] ŋwu[2] [illegible]（直译:“是所处”） = གནས་སུ

② mji[1] lə [illegible]（直译:“不念”）,此处代表藏语མ་གོས。

③ CW 建议解读རྩ་གཉེར;理由不明,西夏译文 tshja̧[1] tswar[1] [illegible] 支持 ཁྲོ་གཉེར。

④ [illegible]为[illegible]之讹。

⑤ 此处 zjij[1] [illegible] 似乎不成其意,据藏文版改为 we̱[1] [illegible] 与藏文同。

⑥ 西夏译本用 zjij[1] [illegible]连接词,表示 34 和 35 偈颂是连接的。此处代表藏语འདོད,可以解释为未来式标记。大致意思是:“此中戒禁暴恶行,无有所住处指名言,若实上 A 和 PA 相互属连,则将发起如幻之乐。因为自性不为固定之物,其表现即如所欲喜乐,有勤求心虽为安乐,是对自性的大障碍”（参 ND: 121）;MD: When one joins the A to the PA……(224/ 34)。

⑦ 藏文无此段,为下文凡列。

⑧ 大致意思是:“若在曼达辣念出愤怒相,把自己的身观为愤怒王之身,种字如实显出在塔城中,安乐之如实性仍不可得”（参: MD: 224/ 37;ND: 121）。

⑨ 翻译比照西夏语,意思待考证,与藏文本不同。

续　表

[illegible] ①[illegible] [illegible] 39. [illegible] [illegible] 40. 12 [illegible]②[illegible]③[illegible] [illegible]④[illegible] 41. [illegible]⑤[illegible] 42. [illegible]⑥[illegible] [illegible]	39. སྤྲོས་བྲལ་འདི་ལ་གནས་པ་ནི།རྣལ་འབྱོར་དེ་ནི་སྐལ་པ་བཟང་། བདག་དང་གཞན་དོན་མི་འབྱེད་པས།སྒྱུ་མ་ལྷུན་གྲུབ་ཡུལ་ལ་རོལ། **ཆོས་ཉིད་ཀུན་ཏུ་མི་འགྱུར་བའི་སྐབས** 40. ལྷག་མ་མེད་པས་ཡོངས་སུ་རྫོགས།འགྱུར་བ་མ་ཡིན་དྲང་པོར་གནས། ནམ་མཁའ་བཞིན་ཏེ་མཐའ་མཉམ་ཞིང་།གཞན་ལ་ལྟོས་འགྱུར་ཆོས་མ་ཡིན། 41. ལྷུན་གྱིས་གྲུབ་པའི་བདེ་ཆེན་དེ།མཚུངས་པ་མེད་པའི་ཡེ་ཤེས་ཀྱིས རང་གི་མཐུ་ཡི་རིག་པ་ལས།ཆོས་ནི་གཞན་ནས་འབྱུང་མི་འགྱུར། 42. སླ་ཞིང་དཀའ་ལ་སླ་ཕྱིར་དཀའ།མངོན་སུམ་མི་གནས་ཀུན་ཏུ་ཁྱབ། མིང་ཙམ་འདི་ཞེས་བསྟན་པར་ནི།རྡོ་རྗེ་སེམས་དཔས་མཚོན་དུ་མེད། **རྒྱུ་རྐྱེན་ལས་མི་གྲུབ་པའི་སྐབས་**	39. 凡处于离言义者　此默有者福盛大 自他二利不分别　如幻任运籍此显⑦ **法性周遍不变品第十九** 40. 无有所余实圆满　无有变化正直住 如虚空平等边际　此法非依于他人⑧ 41. 住任运处大乐者　是无相等之真智 自之觉悟力之外　不为从他法中起⑨ 42. 易中是难难即易　不住现前而周遍 本是此之名言者　金刚勇识未曾示⑩ **因缘不成品第二十**

① 此处 nejr[1] mja̱[1] [illegible]代表藏语བཟི་གནས。此词来历不明,待考证,“静果”为拟译。

② gu[1] lja[1] [illegible](直译:“殊立”)与藏文ལྷག་མ语义关系不明。此处西夏语义接近“超越”的意思。

③ twụ[1] bju[1] [illegible] = དྲང་པོར,保留直译。

④ 此处西夏语 dzjij[2] ɣa[2] gjị[2] mjijr[2] [illegible] 直译:“依于其他的人”。

⑤ CW 建议解读བཞིན་ནས无理由,西夏文本支持གཞན་ནས。

⑥ gie[1] ·jij[1] ljɨ[2] [illegible] 语句与སླ་ཕྱིར་དཀའ相反。

⑦ 大致意思:“那一位瑜伽修行者能住于离演说之处,他的幸福是特别殊胜。”最后行西夏译文无“ཡུལ་ལ”“境中”。

⑧ 西夏直译。MD:“Without a remainder, it is fully perfected. Unchanging, it always remains whole. The boundless equality is like the open space, it does not depend on anything else”(226/ 41),西夏文与藏文不全同。西夏文“者”为“作者标记”,即是“人”的意思,可以解释为“他人”,即是“他人之开示”。

⑨ 大致意思:“处于任运处的大乐是无比无等的智慧,此法犹如虚空之本际,它不从其他任何法中发起。”西夏文为藏文的直译:“法者不从它发起。”

⑩ 大致意思:“说‘它实际如此’的名言,是金刚勇识未曾所教。”MD:“When practiced only as ‘this is i’t, it becomes a mere name. And even the great Vajrasattva cannot show it”(226/ 43).“难易”与藏文相反。

续　表

[illegible]①[illegible] [illegible] 43. [illegible]　[illegible] [illegible] [illegible] [illegible] [illegible] [illegible] 44. [illegible]　[illegible] [illegible] 13 [illegible]　[illegible] [illegible] [illegible]②[illegible] [illegible] 45. [illegible]　[illegible] [illegible] [illegible]③[illegible]　[illegible] [illegible]④[illegible] 46. [illegible]　[illegible]⑤[illegible] [illegible] [illegible]　[illegible]⑥ [illegible] [illegible]·	43. ངོ་མཚར་རྨད་བྱུང་རོལ་པ་འདི།བྱ་བྲལ་ནམ་མཁའ་བཞིན་དུ་གནས། ཅིར་ཡང་མི་དམིགས་གཏི་མུག་ལས།དེ་མ་ཐག་ཏུ་རང་ལས་བྱུང་། 44. འདི་ནི་ཐམས་ཅད་མཚུངས་པའི་ལམ།འགྲོ་བ་ཀུན་གྱི་རང་བཞིན་གནས། བྱིས་པས་བསླད་པས་འཁྲུལ་བ་ཕྱིར།སྨན་ཉིད་སྨན་པ་ཚོལ་བ་བཞིན། **འགྲོ་བ་ཡོངས་ལ་སངས་རྒྱས་པའི་སྐབས** 45. གོ་བའི་ཡུལ་ན་བདེ་བ་ཆེ།འདི་ནི་རྣམ་དག་འཇིག་རྟེན་ཡིན། དེ་ལ་ཕྱོགས་ཀྱི་འོད་འདུས་པས།ཕྱོགས་བཞི་མཚམས་དང་སྟ་འོག་འགྲུབ། 46. མ་ངེས་འཇའ་ཚོན་ཁ་དོག་ལས།རིགས་ཀྱི་ཁྱད་པར་མངོན་པར་སྣང་། དེ་བཞིན་གཡོ་རྟུལ་མི་གཡོ་བ།འབྱུང་བ་ལྔ་བས་གཙོ་ཆེན་ཡིན། **ཀུན་ཏུ་བཟང་པོའི་ཐིག་ལེ** **ཚོགས་འཁྱུལ་བའི་སྐབས** 47. འདས་དང་མ་འོངས་ད་ལྟར་གྱི།ཐ་སྙད་མིང་ལ་མི་གནས་ཏེ། སྐྱེ་འགག་མེད་པར་རྣམ་བརྟགས་ཤིང་།དེ་ཉིད་དུས་གསུམ་ཆེན་པོར་སྦྱོར།	43. 奇哉特殊此显现　离诸作是如虚空 全无所缘愚痴中　立即能从己显出⑦ 44. 此者一切平等道　住诸有情自性处⑧ 愚夫造害迷惑故　如药汤寻求医者⑨ **行者全是明满品第二十一** 45. 从觉悟境之大乐　此是实清净世界 由其内摄方偶光　成⑩四方四偶上下 46. 从不定彩色天虹　实现前类趣差别 同此动及尘不动　越五出大主尊也⑪ **第五普贤斑块** **奉集轮品第二十二** 47. 过去未来及现在　不处于假名演说

① nur[1] [illegible] = མཆོན。

② mji[1] lhjij[2] [illegible]（直译："不缺"）= ཡོངས་ལ。

③ ljijr[2] dzjɨj[2] [illegible] = 方偶。

④ ljɨr[1] ljijr[2] ljɨr[1] dzjɨj[2] [illegible]（直译："四方四隅"）= ཕྱོགས་བཞི。

⑤ dji j[1] tshwew[1] [illegible]（直译："类趣"）= རིགས,种族,此处指诸佛部。

⑥ ŋwə[1] to[2] tha[2] [illegible] = འབྱུང་བ་ལྔ

⑦ 此处保留西夏直译：译文"特殊"翻译西夏语的"[illegible]",直译"越出",与相当藏语རྨད་བྱུང་接近（MD：226/ 44）。

⑧ 西夏语直译。

⑨ 大致意思"由于如愚痴造害迷惑,无得见自生真智,如药物寻找医生而非医生定所需药物"。MD：Ignorant people, conditioned by delusions, search for a medicine although the mind's own nature is the cure（226/ 45）。

⑩ 即是"成就"（ND：121）;MD：226－227/ 46,"perfected"。

⑪ 此处字面翻译,MD "Likewise, the animate and the inanimate world, originates from the five elements"（227/ 47）,从之。

续　表

[illegible] 47. [illegible]①[illegible] [illegible] 14 [illegible] 48. [illegible] [illegible]②[illegible] 49. [illegible]③[illegible]④[illegible]⑤[illegible]⑥[illegible] [illegible]⑦[illegible] 50. [illegible]⑧[illegible]	48. མཉམ་པས་རིམ་པར་བཀོད་པ་མེད། གཅིག་པས་ཕྱོགས་བཅུ་བསྒྲུ⑨་དང་བྲལ། ཚོགས་ཀྱི་རྒྱན་རྣམས་བཀྲམ་པ་ཡང་། རང་བཞིན་གནས་པས་འགྲིམ་པ་མེད། 49. ལྷུན་གྱིས་གནས་པས་མི་བསྒོ་ཞིང་། གདོད་ནས་དག་པས་བདུད་རྩི་ཡིན། འདུ་མཆེད་བཅུ་གཉིས་ཁྱད་པར་དུ། ལྷག་པའི་བསམ་པས་བཟུང་བ་མེད། **ཚོས་ཀྱི་རྒྱན་རྣམས་རང་བཞིན་ལྷུན་གྱི་གྲུབ་པའི་སྐབས** 50. ཡིད་ཀྱིས་བསམ་པས་ཡོན་བདག་སྟེ། བལྟས་པས་ཚོགས་ནི་བཀྲམ་པའོ། མཐོང་བར་གྱུར་པས་དངོས་གྲུབ་ལ། དེ་ཉིད་མཉམ་བཞག་རྫོགས་པའོ། **ལྷུན་གྱིས་གནས་པའི་སྐབས**	实智无生灭之理　此实为三世大合 48. 是平等故无次第⑩　一故偏方不可求 集轮种集虽布置　因住自性无所供⑪ 49. 住任运处故不奉　本来清净是甘露 依十二处法差别　增上思念不可取⑫ **集论诸庄严自性自然成就品第二十三** 50. 心之思念实清净　依所缘力实展布 缘见所作成就者　此者是圆满引定⑬ **处自然位品第二十四**

---

① ？mjij[2] dạ[2] [illegible]（直译：“假名说”）＝ བ་སྙད་མིང

② mə[1] dzjɨ̣[2][illegible]（直译：“种集”）＝སྣ་ཚོགས；此处རྒྱན་རྣམས。藏文使用三种不同词：བཀོད་པ་།བཀྲམ་པ་།འགྲིམ་པ，全为 bio[1] khjɨ̱[2] [illegible] 直译“行列”（次第）翻译。

③ tser[1] tsə̣[1] [illegible] 直译：“药汤”，翻译藏语བདུད་རྩི（amṛta）“甘露”。

④ 西夏译者似乎没有了解འདུ་མཆེད。

⑤ 西夏语的“特别”bu̱[2] zju[2] [illegible]为ཁྱད་པར་དུ的翻译。

⑥ bu̱[2] gjij[1] [illegible]（直译“殊胜”）＝ ལྷག་པ

⑦ dzjɨ̣[2] dziej[2] [illegible]“集轮”，CW＝“法”。

⑧ 夏译缺ཡོན་བདག，据夏译藏文版是རྣམ་པར་དག，译为“清净”。

⑨ CW 建议བསྡུ 似乎不成其意，据 MD 建议བསྒྲོ。

⑩ “次第”是 bio[1] khjɨ̱[2] [illegible] 直译“行列”，直接代表བཀོད་པ ND：“gradual progress”，翻译“次第”，“行布”。

⑪ 大致意思：“因为究竟法界是平等的，集轮无有次第，因为其唯一之故，偏见无法了悟之，集轮的庄严有次第，因为其处于自性则无所供养。”

⑫ 大致意思：“因为集轮处于自然成就之位，所以不用侍奉；它是无始清净的甘露；甚至处于十二处之差别法，不为分别思念所执持”（MD 227－228/ 50）。

⑬ MD：228/ 51。此偈颂的西夏语译与现存藏文本的第一行有明显的差异，其原因可能在于西夏底与现存藏文本子有所不同。

续 表

[illegible] ①[illegible] [illegible] 51. [illegible] [illegible] [illegible]②[illegible] 15 [illegible] [illegible]③[illegible]· [illegible]④ 52. [illegible] [illegible] [illegible]⑤· [illegible] 53. [illegible] [illegible]· [illegible]⑥[illegible] 54. [illegible]⑦[illegible] [illegible]· [illegible]	51. ཡུད་ཙམ་བཟུང་བས་སྦྱོར་བ་ཡིན།དགའ་བར་གྱུར་པས་དམ་ཚིགས་སྟེ། ཐབས་ཀྱིས་གར་ཐབས་བསྐྱོད་པ་ཡིས།གཉིས་མེད་སྦྱོར་བ་ཕུལ་བ་ཡིན། **ལས་རྒྱ་མཚོའི་སྐབས** 52. མི་གཟུང་གཏོང་བས་གཏོར་མ་ཡིན།བྱ་བ་མེད་པའི་ལས་རྣམས་ཏེ། མི་རྟོག་ཡེ་ཤེས་བགེགས་བསལ་ནས།མི་གསུང་མཉམ་བཞག་སྔགས་ཚིག་གོ **བདག་དང་བཅས་པ་གཏོང་བ་འཆིང་བར་བསྟན་པའི་སྐབས** 53. བླ་མ་མཆོད་དང་གཏོང་བ་དང་།དེ་བཞིན་བསོད་ནམས་ཐམས་ཅད་ཀྱང་། མ་ཆགས་མི་གཡོའི་སྟོབས་མེད་ན།བྱས་ན་འཆིང་བ་ཆེན་པོར་འགྱུར། **ལུས་གྲོལ་བརྗོད་སྟན་པའི་སྐབས** 54. དེ་བས་དེ་ལུང་དེ་ཉིད་ལ།དེ་ལ་དེ་སྒྱུར་སྒྲིབ་པར་འགྱུར། དེ་ལྟར་དེ་ལ་དེ་རྟོག་ན།དེ་ལ་དེ་ཉིད་གྲུབ་པ་མེད། ***ལྷུན་གྲུབ་ཐིག་ལེ** ***རྡོ་རྗེ་སེམས་དཔའ་ནམ་མཁའ་ཆེ་རྫོགས**	51. 须臾实持是和合　起喜乐而成记句 动舞姿方便之行　不二加行而供养 **冷行海品第二十五** 52. 不执者是真施食　处于无造作即住 无分别智为除障　无言引定为密咒 **我执食施在缠缚品第二十六** 53. 奉于上师及布施　此虽为一切功德 无执无不动力则　若将作亦为缠缚 **显明解教诫名言句⑧品第二十七** 54. 是故此教如实中　与彼和合则成障 如是在彼了知彼　则于彼本不能成 **第六任运斑块 金刚勇识虚空**

① tśhja[2] ka[1] ɣu[2] dźjwa[1] [illegible]（究竟平等） = མཉམ་གཞག་རྫོགས་པ；此处 tśhja[2] ka[1] [illegible]（直译："平等"）为མཉམ་གཞག（samāhita）翻译；据此翻译为"等摄"。

② mju[2]·jij[1] [illegible]（直译："舞相"），舞蹈姿之方便。

③ la[1] gjwi[2] [illegible] 直译"记句"དམ་ཚིགས samaya；MD："commitments"；西夏文用"加行"表达藏语"和合"。"加行"改变语义。

④ 西夏标题"[illegible]"（直译："冷行海"）与藏文ལས་རྒྱ་མཚོ（行海）不同。

⑤ 此处西夏译文与藏文有差异：藏语翻译为："无所作而事业成"，西夏译文则是："处于无造作是住"。CW 注 414 གཏོར་མ。

⑥ ལུང་འགྲེལ་བ་མེད་ཙམ་བརྗོད་བསྟན་པའི་སྐབས CW 注 417 – 418。

⑦ 西夏译者的理解藏文为སྦྱར，因此有 phjo̱[2] [illegible] 的翻译。翻译依于西夏语。

⑧ 此段翻译不一，参阅 MD："Therefore, the great meaning of the teaching, is veiled if it is structured; if conceptualized, reality itself can never be attained"（229/ 55）。

Tang 270 第三篇文献，下面藏语基于《旧译五种》并参照 MD 精校文本，与《旧译五种》的不同解读在藏文注释中，汉译据 MD 版本另补偈颂号码，行号为我们加。文中常见如“如实”“如是”“自性”等说法，皆代表西夏译师对藏语的直译，据实际语境应该翻译为“本来”“本身”等。本次初步翻译我们保留西夏语的汉语直译，为了更正确表达语句的语境，需要大量参照西夏语注释，这是我们下一步的研究任务。西夏和藏语录文末的 ABC 等标记代表夏译和藏文版行数的不同顺序，从此可知，夏译的底本与迄今所存藏文版不同，属于与现存藏文材料不同文本传统或体系。下文保留西夏直译“凤凰”。

3.《大凤凰空明疏》

[illegible]①[illegible] [illegible]②	大凤凰空明疏 敬礼妙音出有坏	བཅོམ་ལྡན་འདས་འཇམ་དཔལ་དབྱངས་ལ་ཕྱག་འཚལ་ལོ།
1. [illegible]， [illegible]③[illegible]	1. 无住无所缘境无计法之道， 析根算数生出于微尘境者，	1. མི་གནས་དམིགས་པའི་ཡུལ་མེད་མི་རྟོག་ཆོས་ཀྱི་ལམ།བསྔོ་བའི་ཆ་ཤས་ཕྲ་མོའི ⑨ ཡུལ་ལས་བྱུང་བ་སྟེ།
2. [illegible]④[illegible]， [illegible]⑤[illegible]	2. 籍分别定法身无差别之义。 自生周遍真智住无计自性。MD1	2. རྟོག་སྒོམ་ཆོས་ཀྱི་སྐུ་ནི་ཁྱད་པར་དོན་མེད་པས། རང་བྱུང་ཡེ་ཤེས་མི་རྟོག་ཀུན་ཏུ་རང་བཞིན་གནས།
3. [illegible]⑥， [illegible]⑦[illegible]	3. 离所作不住境对治难以治。 籍支分法力而寻求中真根，	3. བྱ་བྲལ་ཡུལ་ལ་མི་གནས་གཉེན་པོས་བཅོས་སུ་མེད། ཡན་ལག་ཆོས་ཀྱི་དབང་གྱིས་སྙིང་པོའི་ཡུལ་ཚོལ་ཞིང་།
4. [illegible]⑧		4. རྣམ་པ་ཅིར་ཡང་མི་རྟོག་ཐབས་ཀྱིས་དེ་ལ་རོལ། སྙིང་པོ་རང་བཞིན་འབྱུང་བས་ཆོས་སྐུ་གཞན་ན་མེད།

① 《凤凰空明疏》解释见下文。

② 据 0818 此段为“缘起品”。

③ kjịj[1] tśhji[2] sej[1]bji̱[2] [illegible]；直译“析根算数”；据文本对读代表བསྔོ་བ；即是 pariṇāmanā（回向）JV 翻译“aspect of intention”；ND 翻译 pledges from subtle objects 等。此处翻译理由不明，据 0818 此段为声闻乘批评。西夏译文不支持以上翻译，暂可翻译为：“据释典中之说明”，待考证。

④ lạ[1] se̱w[2] djɨj[2] [illegible]（直译：“妄测定”）= རྟོག་སྒོམ。

⑤ RGB：ཇི་བཞིན；MD：ཇི་བཞིན（151/ 1），据西夏译文：“[illegible]”（直译：“自性”）西夏译者原文用“རང་བཞིན”。

⑥ djị[2] sji[2] ŋwu[2] djị[2] gie[1] [illegible]（直译：“能治以难治”），其中 djị[2] sji[2] [illegible] 代表གཉེན་པོ 即是“对治”，第二 djị[2]相当བཅོས。据西夏译文，译文的底本有藏文དཀའ，才能对上西夏译文的 gie[1] [illegible]“难”。

⑦ 西夏译文 nio̱w[1] war[2] tsji̱r[1] [illegible]代表藏文ལག་ཡན་ཆོས，即是“支法”。西夏语直译“缘支法”代表“十二支法门”的缘觉佛的法门。0818 解释与此不同。

⑧ mə[2] mə[2] wa[2] tsjɨ[1] [illegible]（直译：“种种何亦”）= རྣམ་པ་ཅིར་ཡང；此处“任何，一切”。据西夏译文，藏文ཀྱི为ཀྱིས讹；MD：ཀྱིས，从之。

⑨ BGB：འཕྲ་བ；KB：ཕྲ་མ；据西夏译文皆为ཕྲ་བ之讹；MD：ཕྲ་མོ（151/ 1，从之），西夏译文同。

续　表

[illegible]， [illegible] 5. [illegible]①[illegible]②[illegible]， [illegible]③[illegible] 6. [illegible]， [illegible]。 7. [illegible]， [illegible]。 8. [illegible]④， [illegible] 9. [illegible]， [illegible]⑤。 10. [illegible]， [illegible]。	4. 从种种无计之方便显现，中真出于自性法身无他处。MD2 5. 析为一微尘及离一切方向，本来无住善真智乃由自生。 6. 于现前周遍不计广大中真， 入真如清净道得平等王身。MD3 7. 不变无化力故无可执之境，本身无可执境心亦无住处。 8. 一身周遍故无有可显之法， 在无边际可至法界不可减。MD4 9. 求得现前虽经常行因观定， 执定喜乐故平等理不发起。 10. 法性显现觉受无增上处， 住于自生胜境周边处也⑥。MD5	5. རྡུལ་ཕྲ་ན་གཅིག་ལ ⑦ ་གསེས་ཤིང་ཕྱོགས་ཆ་ཀུན་དང་བྲལ།མི་གནས་དོན་ཉིད་ལེགས་པའི་ཡེ་ཤེས་རང་འབྱུང་སྟེ། 6. མངོན་སུམ་ཀུན་ཏུ་མི་རྟོག་ཡངས་པའི་སྙིང་པོ་ལ། རྣམ་དག་ལམ་འདིར་⑧ཞུགས་པས་⑨མཉམ་པའི་རྒྱལ་པོ་ཐོབ། 7. མི་འགྱུར་འགྱུར་བ་མེད་པས་ཆགས་པའི་གནས་མེད་དེ།དེ་བཞིན་བཟུང་པའི་⑩ཡུལ་མེད་ཆོས་ ⑪ ཀྱི་གནས་ཀྱང་མེད། 8. མངོན་སུམ་ཐོབ་པར་འདོད་པས་ ⑫ རྒྱུ་ལ་རྟག་ཏུ་བསྒོམ།བསྒོམ་ཆགས་བདེ་བ་དེ་ལ་ ⑬ མཉམ་པའི་དོན་མི་འབྱུང་། 9. སྐུ་གཅིག་ཀུན་ཏུ་ཁྱབ་པས་མནན་ ⑭ པའི་ཆོས་མེད་དེ། མཐའ་ལ་ཐུག་པ་མེད་ཅིང་ཆོས་དབྱིངས་ལ་བྲི་བ་མེད། ⑮ 10. ཆོས་ཀྱི་རོལ་པ་ཉམ་པག་ ⑯ ལྷག་པའི་གནས་མེད་དེ།རང་འབྱུང་ཆེ་བའི་ཡུལ་ལ་ཀུན་ཏུ་ཇི་བཞིན་གནས།

① kjij^{1} 记＝གསེས；MD：གཙོས（152/ 3），西夏译文似乎支持གསེས。

② ljijr^{2} phia^{2} [illegible]（直译：方向分）是 ཕྱོགས་ཆ的直译；MD：ཕྱོགས་བཅུ。西夏译文支持 BG。据 0818 此处讨论声闻乘以及中道乘。

③ 西夏 gjwi^{2} śjwi^{2} [illegible]（直译："顺句"）直接翻译藏语ལེགས་པ（好，善）。

④ 与诸藏文相比，西夏文偈颂顺序不同。dzəj^{1} lew^{2} [illegible]（所减），同于原文བྲི་བ。

⑤ 西夏译文 8—9 行符合藏文 9—8；10—12 同。

⑥ 该偈颂与藏文不同：藏文本"法"（ཆོས）译成为"法性"，第二行略"ཇི་བཞིན"（如是）。

⑦ MD：གཅིག；KB：ལས。

⑧ RGB：རྣམ་འད为རྣམ་དག讹。KB：་དེར。

⑨ KB：་ནས；MD：ནས。

⑩ KB：གཟུང་བ 西夏语 zow^{2} [illegible]支持 KB，MD 同。

⑪ KB：སེམས 西夏译 njij^{1} [illegible]（直译：心）西夏译文支持 KB，MD 同。

⑫ KB：་ནས，MD 同，西夏译文[illegible]支持ནས；MD 二处：སྣོམ。

⑬ KB：ལས。

⑭ KB：བསྟན་པ 西夏译；MD 同；西夏语译 mji^{1} dju^{1} [illegible]（直译："不有"），据其他文本情况支持藏语སྣང་བ；西夏译文底本的特征。

⑮ BGB 和 KB 此二句顺序同，与西夏译文相反。

⑯ KB：ཉམ་པག་པ；据西夏译本：dwewr^{2} lhjij [illegible]（直译："觉受"）མཉམ་པ；MD（152/ 5）：ཉམས་པག；རོལ་པས。

续　表

11. [illegible]， [illegible]①[illegible]②[illegible]， 12. [illegible]， [illegible]③[illegible]。 13. [illegible]④[illegible]， [illegible] 14. [illegible]， [illegible]⑤[illegible] 15. [illegible]， [illegible] 16. [illegible]⑥[illegible]。[illegible]	11. 无所见稀有之境为能见眼， 一切处无有所闻离于演说； 12. 法及非法常圆融无分别处， 无有胜义之法可说为"殊胜"。MD6 13. 迷与菩提道者分别不可得， 自生真智本亦离于名句际。 14. 本来明满自性现前位安住， 同与如影随显形遍计发起。MD7 15. 无虽无而非不起，无之中真， 空虽空而不非在于空之处境⑦， 16. 从虚空自性起四大之念知，	11. ངོ་མཚར་མཐོང་བའི་ཡུལ་མེད་དེ་ལ་མཐོང་བའི་དམིག⑧ །གང་ལ་ཐོས་པར་མི་རིགས་བརྗོད་པ་ཀུན་དང་བྲལ། 12. ཆོས་དང་ཆོས་མིན་རྟག་ཏུ་འདྲེས་ཤིང་དབྱེར་མེད་ལ⑨ །དོན་དམ་ཆོས་ཞེས་ལྷག་པར་བཤད་པ་མེད⑩། 13. འཁྲུལ་དང་བྱང་ཆུབ་ལམ་དེ་རྟོག་པས་ཐོབ་པ་མེད⑪ །རང་འབྱུང་ཡེ་ཤེས་ཉིད་ཀྱང་ཚིག་གི་མཐའ་དང་བྲལ། 14. ཡེ་ནས་སངས་རྒྱས་⑫བདག་ཉིད་མངོན་སུམ་གནས་པ་ལ། གྲིབ་མ་གཟུགས་ཀྱི་དཔེ་བཞིན་དེ་ལ་རྟོག་པ་འབྱུང་། 15. མེད་དེ་མེད་པ་མ་ཡིན་མེད་པའི་སྙིང་པོ་འབྱུང་། སྟོང་སྟེ་སྟོང་པ་མ་ཡིན་སྟོང་པའི་ཡུལ་ལས་འདས། 16. ནམ་མཁའི་རང་བཞིན་དེ་ལ་འབྱུང་བའི་དྲན་པ་སྐྱེ། བྱ་བྲལ་ཟིན་པའི་བདེ་བ་འདོད་པ་མེད་པར་ལེན།

① mji[1] tji̩[1] mji[1] ·wjij[2] [illegible]（直译："闻立不有"；[illegible]为[illegible]之讹）代表藏文ཐོས་པར་མི་རིགས（不宜为所闻）。

② ne̩[1] tshjij[1] gjwi[2] [illegible] = བརྗོད་པ；MD（156/ 6）此处：བཤད་པ。

③ 西夏译文 śiəj[2] [illegible]可能为 phju[2] [illegible]（"上"）之讹，待考证。

④ 藏文版不支持西夏译文的 mji[1] [illegible]（否定词"不"），可能为 nio̱w[1] [illegible] 之讹。

⑤ 西夏语：rər[1] śja[2] tsə̣[1] rjir[2] swu[2] bju[2] [illegible]（直译："类同与影显色"）。其中 swu[2] [illegible] 翻译藏语，དཔེ་བཞིན即是"举例"的意思。"影"和"显"为"色境"的两种相（所谓"二十色"）。此处西夏译文是"诠释翻译"并与藏语不全同。

⑥ 西夏译文：to[2] tha[2] tśjɨ[1] lə [illegible]（直译："出大念头"）代表藏语འབྱུང་བའི་དྲན་པ，即是"发起之思念"。其中西夏译者把འབྱུང་བ直接理解为"四大"（"五大"），翻译"大出"（*mahābhūta*）；tśjɨ[1] lə [illegible] 翻译为"念知"。MD："Awareness arises from the nature of the open space"（206/ 8）。翻译据西夏文。

⑦ KB：སྟོང་པའི་ཡུལ་ལ་གནས与西夏译文同。MD 同。该句子西夏译文的直译："无虽无而不非，生起无之中真"，句中使用二种不同否定词："无/不"和情态动词否定"不"，西夏语"非"与"无"搭配，下句同。藏文本有差别，翻译据西夏文本。

⑧ KB：མིག；西夏语同；MD 同。

⑨ KB：ས་དང་ཆོས་མིན་རྟག་ཏུ་འདྲེས་ཤིང་མཚུངས། RGB，BGB：ཆོས་དང་ཆོས་མིན་རྟག་ཏུ་འདྲེས་ཤིང་དབྱེར་མེད་ལ，同与西夏译文；MD 从 KB（153/ 6）。

⑩ KB，RGB 皆有：དོན་དམ་ཆོས་དེ་ལྷག་པའི་གནས་ཞེས་བཤད་པའང་མེད；西夏译文接近 KB，RGB 版本；MD 从之。

⑪ KB，RGB：འཁྲུལ་དང་མ་འཁྲུལ་བྱང་ཆུབ་ལམ་དེ་རྟོགས་པས་ཐོབ་པ（པའང）མེད；西夏译文接近 BGB。

⑫ KB：རྒྱས་པའི་བདག 西夏译文支持 BGB。

续 表

17. [illegible]， [illegible]① 18. [illegible]， [illegible] 19. [illegible]， [illegible] 20. [illegible]， [illegible]②[illegible] 21. [illegible]， [illegible]③[illegible]④[illegible]	离作究竟大乐无求而得取。MD8 17. 无可缘境于中勤得求真智， 随从古德直行念定而作意， 18. 多发起勇勤而增加苦恼缘， 依迷于自性道而无一切智。MD9 19. 无论何法修念定本是分别， 欲求得大乐故即成执着病⑤。 20. 若无住不动自性药不对治， 上趣游之因为烦恼所系缚。MD10	17. བཟའ་བའི⑥་ཡུལ་མེད་དེ་ལ་ཡེ་ཤེས་འབྱུང་བར་བཙོམ⑦ |སྔོན་གྱི་དྲང་སྲོང་བསྒོམ⑧་པའི་རྗེས་སུ་ཡིད་ཀྱང་འཇོག 18. རྣམ་རྩོལ་འབད་པའི་ས་ཀུན་ཏུ་ཞེན་ཏ་རེ⑨ |རང་བཞིན་ལམ་དེ་འཁྲུལ་བས་ཐམས་ཅད་མཁྱེན་པ་མེད⑩| 19. ཇི་བཞིན་པ་ཞེས་རྣམ་རྟོག་དེ་ཕྱིར་རྟོག་བསྒོམས་པ| བདེ་བ་ཆེན་པོ་འདོད་པས་ཆགས་པའི་གནས་ཡིན་ཏེ| 20. མི་གཡོ་རང་བཞིན་⑪གནས་པས་སྨན་ཆེན་མ་ ཐུས་ན|མཐོ་རིས་འགྲོད་པའི་⑫རྒྱུ་དེ⑬་ཉོན་མོངས་ཞེན་ པར་འགྱུར|

① 西夏译文 twụ[1] bjij[2][illegible] 直译："正游"；代表དྲང་སྲོང；其中西夏语的代表དྲང་སྲོང之意思（ṛṣi，直译："直正"）。西夏语翻译的理由可能在于西夏译者把语文的སྲོང解读为སྲོང（འགྲོག的命令体）。西夏译文"作意"与藏文版ཉིད་འཇོག不同（作意/ 住意），译文据西夏语。

② bjij[2] sji[2] [illegible] = འགྲོད་པ；此处为 sji[2] [illegible]"名词化标记"，"行者"。

③ 西夏译文 lho ka[2] kiẹj[2] [illegible]；直译："欲出离"。据 JV 英译，此句与前一句是连着的，据西夏译文似乎为新段落的开头。藏语"ཕྱིན་པར་འདོད་པ"。

④ thjɨ̣[1] njijr[1] so[2] dju zjɨ̱r[2] ljij[2] [illegible]，直译"野兽见 sodu 水"；其中 thjɨ̣[1] njijr[1] [illegible] 直接代表རི་དྭགས，即是"鹿"或"野兽"直译。据此，so[2] dju zjɨ̱r[2][illegible]（直译："阳产水"）为藏语སྨིགས་རྒྱུ的翻译。无论 KB，BGB 虽然有不同写法，大致上支持藏文版与སྒྱུ་མ（梦幻）有关。西夏译者一律使用 so[2] dju，该词汇起源应该为汉语"阳焰"，翻译用"阳焰"。西夏语 [illegible] 代表སྙེག་པ"追求"。

⑤ KB：ཆགས་པའི་ནད；西夏译文 ŋo[2] [illegible]（疾病）支持 KB；MD 同；前半句བསྒོམས MD བསྒོམས。西夏译文"[illegible]"字面翻译："任何随顺"，可解释为"无论如何方法"异于藏文版ཇི་བཞིན་པ་ཞེས་"所谓如实"。

⑥ KB：གཟའ་བ，符合西夏译文 śia̱[2] [illegible]，直译"意趣"，ND（p. 164，n61）建议གཟའ་གཏད。MD（154/9）：བཟའ་བ，"an object that can be conceived"（206/ 9）。

⑦ KB：རྩོམ；BGB：བཙོམ，据西夏译文皆为བརྩོན之讹；MD（154/9）：རྩོམ。

⑧ KB：ཚོགས；西夏译文支持 BGB；MD（154/9）：ཆགས་པ。

⑨ BGB 无此句，据 KB 和西夏译文补。MD（154/9）：རྣམ་རྩོལ་འབད་པའི་གདུང་བས་ཀུན་ཏུ་ཞེན་ཏ་རེ；西夏译文支持 MD 版本。

⑩ KB：མཁྱེན་པ་ཡི；MD 同；西夏译文支持 BGB མེད。

⑪ KB：མཉམ་པར，MD 同；西夏译文 ·jij[1] tsjịr[2] [illegible]（直译："自性"）支持 BGB རང་བཞིན。

⑫ KB：བགྲོད་པ；MD 同；西夏语译支持 BGB。

⑬ KB：དེས RGB：མཐོ་རིས་འགྲོད་པའི་རྒྱུ་དེས་ཉོན་མོངས་ཞེན་པར་གྱུར。

续　表

22. [illegible]， [illegible] 23. [illegible]①[illegible]，·[illegible] 24. [illegible]， [illegible] 25. [illegible]， [illegible] 26. [illegible]， [illegible] 27. [illegible]， [illegible]②[illegible]③[illegible]	21. 无道而求入道道即是为病， 欲出离犹如野兽见阳焰水， 22. 无境可得其不能出三世界， 依于十地之处亦为菩提障。MD11 23. 极为迅捷真智离一切思維， 诸善知识中之如意珠宝藏， 24. 无所缘故不依于变易境界， 内心自性善贤满足皆所愿。MD12 25. 察则无大善良功德在体， 虽不显现前而随所欲教化。 26. 示无自他理导师即大宝藏， 以无我悲言示一切成就境。MD13	21. ལམ་མེད་ལམ་དུ་འཇུག་པ་④རྣམས་ཀྱི་ནད་ཆེ་གཞིན་པར་འདོད་པར་རི་དགས་⑤སྨིགས་རྒྱུ་སྣེག་⑥འདྲ། 22. རྙེད་པའི་ཡུལ་མེད་འཇིག་རྟེན་གསུམ་ལས་ཡོང་མི་འབྱུང་⑦ །ས་བཅུར་སྟོས་པའི་གནས་ཀྱང་བྱང་ཆུབ་བསྒྲིབ་པ་⑧ཡིན⑨། 23. ཤིན་ཏུ་མྱུར་བའི་ཡེ་ཤེས་བསམ་ཀུན་དང་བྲལ།བཤེས་གཉེན་ཀུན་ལ་འབྱུང་བའི་ནོར་བུ་རིན་ཆེན་བཞིན། 24. དམིགས་པ་མེད་ཅིང་འགྱུར་བའི་གནས་ལ་མི་སྟོས་པར།ནང་གི་རང་བཞིན་ལེགས་པས་རེ་བ་ཐམས་ཅད་སྐོང་། 25. བརྟགས་ན་མེད་ལ་བཞག་ན་ལྷ་ཚོགས་འབྱུང་བའི་ལེགས་པ་ཆེ⑩།རྫོ་སུ་⑪མི་སྣང་ཆགས་པའི་ཆ་ལུགས་ཀུན་བསྟོན⑫། 26. བདག་དང་གཞན་དུ་བྲལ་བའི་སྟོན་མཁན་རིན་ཆེན་མཛོད།ཐམས་ཅད་གྲུབ་པའི་ཡུལ་དེ་བདག་མེད་⑬སྙིང་རྗེས་བསྟན།

① 西夏译文是 zji² kha¹ [illegible] 即是藏文ཀུན་ཏུ,可能代表原文特色。

② 西夏译文：mjɨ² śjwɨ̣² [illegible]（直译："随境执着"）代表藏语ཡུལ་ཕྱིར་ཆགས。藏文ཆགས་ལ中ལ为西夏语 ŋwu² [illegible]所译。从而假设西夏译文的藏文底本可能用གྱིས.. 此句西夏译文与藏文版本关系不明。据文献不同处记载，西夏看到的藏文底本可能是ཆ་ཤས的说法，才能与西夏语译[illegible]（直译："随境着以分"）对上。待考证。

③ 汉译基于西夏文直译。西夏语 kjịj¹记 与 śia̱² [illegible]（直译："释趣"）为一个符合词，代表藏语བསྔོ་བ（"回向"，此处为"意趣"）。待考证。此解释符合 MD 版本。

④ KB：བཞུགས；西夏译文·o² [illegible]（入）支持 BGB འཇུག་པ；MD：ཞུགས与西夏译文同。RGB：ལམ་མེད་ལམ་དུ་འཇུགས་པ་འཁྲུལ་པས་ལམ་ཆེན་དེ。

⑤ 即是རི་དགས。MD(155/ 11)རི་དགས；འདོད་པར=འདོད་པས。

⑥ KB,RGB：སྨིག་རྒྱུ་སྙེག RGB：བརྩལ་བར་འདོད་པས་སྨིག་རྒྱུ་སྙེག་པ་འདྲ；MD：སྙེགས་པ。

⑦ KB 无ཡོང；RGB：དཔའི་ཡུལ་མེད་བརྩལ་བས་དེ་ནི་མི་འབྱུང་ཞིང；MD：རྙེད་པའི་ཡུལ་མེད་འཇིག་རྟེན་གསུམ་དུ་མི་འབྱུང་ཞིང。

⑧ KB,MD：སྒྲིབ་པ。

⑨ RGB：ས་བཅུར་སྟོས་པའི་གནས་ཀྱང་བྱང་ཆུབ་སྒྲིབ་པ་ཡིན。

⑩ KB：གཞག,MD(155/ 13)：བཞག；西夏译文"体"，指的"置之则显出功德"。MD：ལེགས་པ་འབྱུང་བ་ཆེ。

⑪ KB,MD：དངོས་སུ；西夏译文底本似乎为མངོན་སུམ为西夏译文支持。

⑫ KB：སྟོན，同与西夏译文。西夏句子与诸藏文版本不同：西夏文无与ཆ་ལུགས相关译文སྟོན་ 解释为"教化"。

⑬ KB：ཡུལ་ཞེས་བདག་མེད་与西夏译文同。

续　表

28. [illegible], [illegible]① 29. [illegible]②, [illegible] 30. [illegible]③[illegible], [illegible]④[illegible]。 31. [illegible]⑤[illegible]⑥[illegible], [illegible]⑦ 32. [illegible], [illegible] 33. [illegible],[illegible],[illegible]⑧	27. 内外不动内无可寻求之处，于所执境乃无有希取之缘。 28. 既大悲本是无出无入无我， 非他之境不舍是本来安住。MD14 29. 希求大乐是为大乐之背离， 大乐已有以大乐寻求大乐， 30. 迷于菩提贪执于特别之法 如此修行者不能见真明满 MD15 31. 无明满以及明满名亦为空， 诸师说假名为“明满”亦为谬， 32. 他处得明满实为迷惑之道， 所言无色法身中丝毫无法。 MD16 33. 离获及执悲乐者,无体性且舍种相,大甘露之自性中,	27. ནང་ནས་མ་གཡོས་ནང་དུ་བཙལ་བའི་གནས་མེད་དེ།ཡུལ་ཕྱིར་ཆགས་ཤའི་⑨ཡུལ་ལ་དམིགས་པའི་བསྒོ་བ་མེད⑩། 28. མི་འབྱུང་མི་འཇུག་བདག་མེད་སྙིང་རྗེ་དེ་ཡིན་ན། གཞན་གྱི་ནོར་མིན་མི་འོང་ཡེ་ནས་གནས་པ་ཡིན། 29. བདེ་བ་འདོད་པས་⑪བདེ་ལ་རྒྱབ་ཀྱིས་ཕྱོགས། བདེ་བས་ཟིན་ཏེ་བདེ་བས་བདེ་བ་འཚོལ⑫། 30. བྱང་ཆུབ་འཁྲུལ་པས་ཡེ་ཇམ་ཆོས་ལ་ཟ⑬། དེ་ལྟའི་ཡུལ་ཅན་སངས་རྒྱས་མཐོང་བ་མེད། 31. སངས་རྒྱས་མེད་པས་སངས་རྒྱས་མིང་ཡང་མེད། སངས་རྒྱས་བསྟན་པས་མིང་དུ་བཏགས་པས་ནོར། 32. སངས་རྒྱས་གཞན་ནས་ཐོབ་བྱེད་ནོར་བའི་ལམ། གཟུགས་མེད་ཆོས་སྐུ་བཤད་པ་རྡུལ་ཙམ་མེད། 33. ཟིན་དང་།ཆགས་དང་།བྲལ་དང་ཞི།⑭ དངོས་པོ་མེད་དང་རྣམ་པར་སྤོང་།བདུད་རྩི་ཆེན་པོའི་རང་བཞིན་ལ⑮།

① 据 MD 第一半句：སྙིང་རྗེ་དེ་ཡིས་ནི西夏语译：mji[1] dźjɨr[2][illegible]（直译：“不舍”）。从句法观之，西夏语“不舍”与原文 མི་འོང相应；可以假设西夏译的底本是མི་སྤོངས。西夏语句与藏语原文有出入。该句子西夏译文与藏文大不同“非他之宝而为本来安住”。

② 西夏语译：ljwu[1] nu[1][illegible]直接翻译རྒྱབ་ཀྱིས་ཕྱོགས。

③ 藏文与西夏译文 gjij[1] ljij[1] [illegible]（直译：“殊胜”）有差异：“殊胜”（特别）翻译ཇམ。

④ 西夏文：mjɨ[2] lhew[2] [illegible]（直译：“有默”即是རྣལ་འབྱོར）代表原文“有境界”ཡུལ་ཅན。其中西夏“有”lhew[2] [illegible]代表藏语ཅན。夏译 mjɨ[2] [illegible] 可能来自译者没有分别原文的ཡུལ་和རྣལ。

⑤ 据藏文本拟改为[illegible]（具格标记）。

⑥ 西夏译：[illegible]（直译：“空”）= མེད。

⑦ 西夏译：dzji[1] da[2] [illegible]（直译：“错误”）= ནོར。

⑧ 西夏译：rejr[2] · wju[1] [illegible]（直译：“悲乐”），与原文ཞི同处，保留西夏语直译。西夏译文“获”代表藏语 ཟིན（已成），保留西夏直译。西夏语“体性”代表 དངོས་པོ。

⑨ KB，MB：ཆགས་ལ。西夏译文似乎支持ཆ་ཤས。脚注 208。

⑩ KB：ཡུལ་ཕྱིར་ཆགས་ལ་ཡུལ་ལ་བསྒོ་བའི་དམིགས་པ་མེད比较接近西夏译文（156/ 14）。

⑪ KB，MD：འདོད་པ；与西夏文同。

⑫ KB：ཚོལ。

⑬ 西夏译文用 zjɨ[1][illegible]（直译：“嫉妒”）；ཇམ意义上正确；KB，MD：འདི。

⑭ KB，MD 为一句。

⑮ KB：པས。

续　表

34. [西夏文]。[西夏文]，[西夏文]①，	34. 不依于缘取方便。MD17 广大大中最大法，为诸微小之对治，	34. བཟའ་བའི་⑧ཐབས་ལ་རེག་པ་⑨མེད། ཡངས་སོ་ཆེའོ་ཆོས་ཆེན་པོ།ཆེང་དུ་རྣམས་ཀྱིས་⑩ གཉེན་པོ་ཡིན།
35. [西夏文]②[西夏文]，[西夏文]。[西夏文]，	35. 若于大无缘平等，离于一切小大缘 MD18。所说、圆满、缘与显，	35. ཆེ་ལ་དམིགས་པའི་ཆ་མཉམས་ནས⑪། ཆུང་ཆེ་དེ་རྣམས་དམིགས་དང་བྲལ།གསུངས་དང་རྒྱལ་⑫ ལ་⑬དམིགས་དང་སྣང་།
36. [西夏文]③[西夏文]，[西夏文]，[西夏文]④。	36. 犹如幻术及阳焰，出入真智是昏沉，由其之故得出生。MD19	36. སྒྱུ་མཁན་རི་མོའི་རྣམ་པ་བཞིན།འབྱུང་འཇུག་ཡེ་ཤེས་རྨུགས་པ་⑭ཡིས།དེའི་དབང་ལས་སྐྱེ་བར་འགྱུར།⑮
37. [西夏文]，[西夏文]，[西夏文]⑤[西夏文]。	37. 纵放令住是自性，无所欲故无所取，故不起微尘贪思。MD20	37. གཏང་ངོ་བཞག་⑯གོ་རང་བཞིན་ཏེ།འདོད་པ་མེད་ཅིང་ལེན་པ་མེད།སྲིད་པ་རྡུལ་ཙམ་མི་སྐྱེད་ཅིང་⑰།
38. [西夏文]⑥[西夏文]，[西夏文]⑦[西夏文]，[西夏文]	38. 如大鹏飞在空中，无散以及无收摄，不念遗失无所愿。MD21	38. ཁྱུང་ཆེན་ནམ་མཁར་ལྡིང་བ་བཞིན།གཡོ་བ་མེད་ཅིང་ བསྡུ་བ་མེད།སྟོར་བར་མི་དགོས་བཟའ་བ་⑱མེད།⑲

---

① 西夏译：ŋwer[1] djị[2] sji[2] [西夏文]（直译：“对治具”，“能对治”）符合藏语གཉེན་པོ（“对治”），“广大中最大”西夏语直译。

② 西夏译文：tha[2] ɣa[2] thju̱[1] mjij[1] [西夏文]（直译：“针对‘大’无有分别”）相应藏语应该是ཆེ་ལ་དམིགས་པ་མེད་པ，与藏文不同，保留西夏语直译。

③ 西夏译文 so[2] dju；此处直接翻译 རི་མོ。

④ KB 有“འདི་ནི་ཐེག་པ་ཀུན་གྱི་རྒྱལ”，西夏译文以及 BGB 皆无此语，MD 依于 KB 用之（158/ 20）。

⑤ 西夏译文用“自性”，藏文“自然”；dzu[1] gji̠[2] [西夏文]（直译：爱欲）= འདོད་པ；dzu[1] kowr[2] [西夏文]（直译：喜爱）= སྡོད་པ。

⑥ [西夏文]之讹。

⑦ 西夏译文 thjwɨ[1] [西夏文] = སྡོབ；śio̱[1] ror[2] [西夏文]（直译：“集绕”）= བསྡུ་བ。

⑧ KB，RGB 一律作བཟའ་བ；据上下文以及西夏译文应该为གཟའ་བ。

⑨ KB，MD：རག་པ，西夏译文 gjị[2] [西夏文]（直译：“依靠”），西夏译语支持 KB，另外 gjị[2] [西夏文]代表藏文原文རྟེན。

⑩ MD（157/ 18）：ཆུང་དུ；KB：ཀྱི。

⑪ KB：བསྙམས་ན；西夏译文 tśhja[2] ka[1] [西夏文]（直译：“平等”）支持原文མཉམ，西夏译文 ku[1] [西夏文]（直译：“则”）支持ན。

⑫ KB，MD：རྒྱས西夏译文 · io̱[1] sə[1] [西夏文]（直译：“圆满”）支持རྒྱས。

⑬ KB，MD：དང。

⑭ KB，MD：རྨུག་པ；西夏语 mur[1] djị[1] [西夏文]（直译：“陷入愚惑”）支持 KB；འཇུགས=འཇུག。此处འབྱུང་འཇིག为专门用语，MD 翻译“obscure”（209/ 19）；西夏译文直译“出入”。

⑮ KB：འདི་ནི་ཐེག་པ་ཀུན་གྱི་རྒྱལ，西夏译文不支持。

⑯ KB：གཞག，MD：བཏང ·བཞག与西夏译文同。

⑰ KB，MD：དེ。

⑱ KB：བཟའ་བའང。

⑲ BGB 加一句：བཟའ་བའི་ཡུལ་དང་བྲལ་དེ་རེ་དོགས་མེད西夏译文不支持此句，KB、MD 不支持。

续 表

39. [illegible]	39. 犹如大海本来住，能显现诸法种种，功德等齐虚空际，	39. རྒྱ་མཚོ་བཞིན་དུ་ཡེ་གནས་ལ།ཆོས་རྣམས་སྣ་ཚོགས་འབྱུང་བར་བྱེད།ཡོན་ཏན་ནམ་མཁའི་མཐའ་དང་མཉམ།
40. [illegible]①[illegible]，②[illegible]③[illegible]，	40. 摄集处无位可定。MD22 一时证菩提真心，从此出大平等王，	40. བསྡུ་བའི་གནས་སུ་ངེས་པ་མེད།བྱང་ཆུབ་སྙིང་པོར་དེ་མ་ཐག་ཏིང་འཛིན་རྒྱལ་པོ་ཆེན་པོར་འབྱུང་།
41. [illegible]	41. 显现乃犹如大海，无分别广如虚空。MD23 大普贤之行境中，	41. སྣང་བ་རྒྱ་མཚོ་ཆེན་པོ་བཞིན།མི་རྟོག་མཁའི་མཐའ་ལྟར་ཡངས།ཀུན་ཏུ་བཟང་པོའི་སྤྱོད་ཡུལ་ལ།
42. [illegible]④[illegible]⑤[illegible]	42. 无生灭可变迁法，因缘十二种支者，彼亦为补增而说，	42. སྐྱེ་ཞིང་འགག་པའི་གནས་⑨མེད་དེ།རྒྱུ་རྐྱེན་ཡན་ལག་བཅུ་གཉིས་པོ⑩།སྐུར་བ་བཏབ་པས་བཤད་པ་ཡིན།⑪
43. [illegible]⑥，[illegible]⑦[illegible]	43. 为救迷众而施设，善巧者应如是知。MD24 虽有情在因缘处，	43. འཁྲུལ་པ་རྣམས་ཀྱི་སྒོ་ཙམ་དུ།མཁས་པས་དེ་བཞིན་ཤེས་པར་གྱིས།འགྲོ་བ་རྒྱུད་དྲུག་སྣང་བ་ཡང་།
44. [illegible]⑧[illegible]	44. 应知为先说之道，五欲为无生悲所润，所有行可证菩提。MD25	44. དང་པོའི་ལམ་ཤེས་པར་བྱ།འདོད་སྤྱོད་སྙིང་རྗེས་བརླན་པས་ན།གང་དུ་དགའ་བར་བྱང་ཆུབ་སྤྱོད།

① 《五部法界》文献中，西夏语 njịj^{1} ɣiej^{1}[illegible]（直译：“中真”）代表藏语སྙིང་པོ；此处是 njịj^{1} ɣiej^{1}[illegible]（直译：“心真”）。

② 西夏语译：ljɨ^{1} dzjɨj^{1} lhjụ^{2} [illegible]（直译：“一时获得”）符合藏文མ་ཐག。lhjụ^{2} [illegible]为西夏译者加。

③ 西夏译文：tśhja^{2} ka^{1} njij^{2}[illegible]（直译：“平等王”）代表原文ཏིང་འཛིན་རྒྱལ་པོ（“三昧王”），理由是西夏译文分析“三昧”为“平等”为 samatā 可译为三摩地王。

④ 西夏译文：we̱^{1} dzjar^{2} · wjị^{1} lej^{2} [illegible]（直译：“生灭变幻”）与藏语 སྐྱེ་ཞིང་འགོག་པ不全同，藏语语句无“灭”，理由在于西夏译者把ཞིང看为 ཞི་བ则有“灭”。保留西夏文直译。

⑤ 西夏译文：kia̱^{2} lhu^{1} [illegible]（直译：“补增”）接近བཏབ་པ。MD 此处建议སྐུར་བ་བཏབ་པ，翻译：“explanations conceived by those who are afraid”（210/ 24）。据西夏语 [illegible] 的本意，应该解释为“补充的演说”，西夏语句的汉译则是：“十二因缘等解释为了补充而说的，云云”。藏文可解释为“实因减损而宣说”。

⑥ 此句直译：“为救迷惑众生而建立”，保留西夏语直译，与藏文“为迷惑众生之门”不同。

⑦ 西夏译文：·jiw^{1} do^{2} [illegible]（直译：“缘处”）代表“十二因缘，十二处”，与藏语རྒྱུད་དྲུག（“六趣”）接近。

⑧ 西夏译文“先说之道”为西夏直译，据藏文可译为“最初道”；njɨ^{2} [illegible]（直译：“普”）= བརླན་པ（“润”）。西夏语译有“[illegible]”（“无生”）处断句不确定：若“无生”修饰“五欲”则不同藏文本意，若其修饰“大悲”则与藏文本意无异。

⑨ KB，MD：ཆོས，西夏译文支持 KB。

⑩ KB：པོ།。

⑪ KB，MD（159/ 24）：སྐུར་བས་བཏགས་ཏེ་བཤད་པ་ཡིན；与西夏译文接近。

续　表

45. [illegible]①，[illegible]②[illegible]，[illegible] 46. [illegible]，A[illegible]，B [illegible]③[illegible] 47. C [illegible] D [illegible]④[illegible]·[illegible]⑤ 48. E1 [illegible]⑥ E2 [illegible] F [illegible]， 49. G [illegible]·⑦ 50. [illegible]，[illegible]，[illegible]，[illegible]。 51.《[illegible]》 [illegible]	45. 下类卖身五无间，三粗糙业世中舍，真如圆满法之药， 46. 大乐之外另无他。MD26 此无分别相中真，一切缘处无所密。 47. 于彼无取菩提心，一切时中自然住 MD27 因此一切法如是。 48. 法之自性本如是，舍离以法求外法，依于相待之法者， 49. 用火熄火为最难。（此处偈颂顺序与所有藏文不同，参见录文；西夏译文略：ནམ་མཁས་ནམ་མཁའ་ཙལ་བ་དང） 50. 此要门者，能令心与法性和合，其多以耳传耳，他处不应演说，《入周遍境之寂思，不起分别之中真：大鹏》竟。	45. ཤན་པ་སྨད་མཚོང⑧·མཚམས་མེད་བྱེད⑨། ཁ་ན་མ་ཐོ་འཇིག་རྟེན་སྤོང་།ཡོངས་སུ་རྫོགས་པས་ཆོས་ཀྱི་སྨེ། 46. བདེ་བ་ཆེ་ལས་བཞན་མེན་ཡོང་ཆོས་ཐམས་ཅད་དེ་ ལྟ་བས་ན⑩།།ཆོས་རང་བཞིན་དེ་ཡིན་པས། 47. E ཆོས་ཀྱིས་ཆོས་བཙལ་བ་དང།ནམ་མཁས་ནམ་ མཁའ་ཙལ་བ་དང། 48. F ལྟོས⑪·པའི་ཆོས་རྣམས་རྟེན་པ་ནི། G མེས་མེ་གསོད་དང་འདྲ་སྟེ།⑫ ཤིན་ཏུ་དཀའ་བའི་ལས་ བྱེད་དོ། 49. A རྣམ་པར་མི་རྟོག་སྙིང་པོ་འདི་། B ཡོངས་ཀྱི་བརྒྱུད་ལ་སྦས་པ་མེད། 50. C མི་ལེན་བྱང་ཆུབ་སྤྱོད་རྣམས་ལ། D རྣམ་པར་ཀུན་ཏུ་རང་བཞིན་གནས། 51. ཡུལ་ཐམས་ཅད་ལ་འཇུག་པའི་བསམ་གཏན་དུ་བྱ་ བ་རྣམ་པར་མི་རྟོགས་པའི་སྙིང་པོ། 52. མན་ངག་འདི་རྣམས་ཀུང་སེམས་ཆོས་ཉིད་དུ་རྒྱུད་ པ་རྣམས་ཀྱི་རྣ་བ་ནས་རྣ་བར་བརྒྱུད་པ་ལས་གཞན་དུ་སྤེལ་ བར་མི་བྱའོ།བྱང་ཆུབ་སེམས་ཁྱུང་ཆེན་རྫོགས་སོ།⑬

---

① 西夏译文：1. bu^{1} djij^{1} [illegible]，拟译“下流”代表原文ཤན་པ（“肉者”）；2. lju̱^{2} kji̱^{1} [illegible]（直译：“卖身”）代表སྨད་འཚོང（“妓女”）；3. ŋwə^{1} mji^{1} bja^{2}[illegible]（直译：“五无断”）即是“五无间”罪过，Ānantarika-karma。

② 西夏译语：so̱^{1} sjwɨj^{1} tshu^{1} bja̱^{1} [illegible]（直译：“三业粗糙”）代表藏语ཁ་ན་མ་ཐོ་བ（罪过）。西夏语译为藏文的解释性翻译。

③ 译文“缘处”为直译，即是“十二因缘，十二处”，藏文བརྒྱུད，“相续”。

④ 西夏译语：dzjɨj^{1} ŋowr^{2} ŋowr^{2}[illegible]（直译：“一切时”）；第一行“菩提心”，藏文同为“菩提行”。

⑤ KB，BGB 无此语句。

⑥ 见注 299。

⑦ 此处西夏译文与 KB，BGB 藏文版差异，笔者用 a、b、c 符号表达西夏语句顺序及其与藏文版关系，以西夏语版为主；MD（160/ 27）：མི་ཤེས་མི་གསོད་པ་འདྲ་སྟེ。BGB49：བརྒྱུད་=རྒྱུད。

⑧ KB：འཚོང。

⑨ KB，MD（160/ 26）：མེད་ཐ；最后句“རྫེ”MD 改“རྫེས”（160/ 26）。西夏语译支持 BGB。

⑩ KB，MD：གཞན་མེད་དོ；与西夏译文同；下句 MD 版（160/ 26）：ཡང་ཆོས་ཐམས་ཅད་དེ་བས་ན。

⑪ 第一句：KB，MD160/ 27 符合西夏译文 48E1：ཆོས་ཀྱིས་ཆོས་ཉིད་བཙལ་བ་དང；KB、MD 符合西夏语译 48E2：གཞན་ལ་ལྟོས་པའི་ཆོས་ཉིད་ནི。

⑫ KB，MB：མི་ཤེས་མི་གསོད་དང་འདྲ་སྟེ；西夏语译：49G。

⑬ KB 无 49—50。

4. 莲华大勇集狮子菩提心念定

Tang 270 收录的第四篇文献，藏语录文基于《旧译五种》及 MD 精校版本。

[illegible]	**莲华大勇集狮子菩提心念定**	པདྨ་སྤྱན་ལ་ཕྱག་འཚལ་ལོ
[illegible]	敬礼莲华目	
1. [illegible]①， [illegible]②[illegible]	1. 内外等一切法界， 是种种清净境界，	1. ཕྱི་དང་ནང་ཀུན་ཆོས་ཀྱི་དབྱིངས། རྣམ་པར་དག་པའི་སྤྱོད་ཡུལ་ལ།
2. [illegible]， [illegible]③	2. 明满与众生不二中， 焉能以道为整治？	2. སངས་རྒྱས་སེམས་ཅན་གཉིས་མེད་དེ། ལམ་གྱིས་ ⑦ བཅོས་སུ་ག་ལ་ཡོད།
3. [illegible]④ [illegible]⑤， [illegible]⑥[illegible].	3. 无成就皆无无誓愿道， 无作任运本来是如实。	3. བསྒྲུབ་པ་མེད་རྩལ་སྒྲུགས་པའི⑧། བྱ་མེད་ལྷུན་རྫོགས་སྔ་མ་དེ་ཉིད་དོ⑨།
4. [illegible]， [illegible].	4. 计析不二清净法界中， 岂为愚夫观念有所欺？	4. རྟོགས་སྤྱོད་ ⑩ རྣམ་དག་གཉིས་མེད་ཆོས་དབྱིངས་ལ། གློས་རྟོག་བྱིས་པའི་སྤྱོད་པས་ཅི་ཞིག་བསླུ ⑪
5. [illegible] [illegible]，	5. 不二大乐有情皆行故， 颠倒依迷惑偏说为道，	5. གཉིས་མེད་བདེ་ཆེན་སེམས་ཅན་ཀུན་སྤྱོད་ལ། འཁྲུལ་བས་ནོར་བའི་ལམ་དུ་བསྟན་པ་ ⑫ ཡང་།
6. [illegible] [illegible].	6. 与上说大道本为不二， 知平等为诸明满之王。	6. གོང་དུ་བསྟན་པའི་ལམ་ཆེན་དེ་ལས་མི་གཉིས་པས། མཉམ་པར་ཤེས་པ་སངས་རྒྱས་ཀུན་གྱི་རྗེ།

---

① 西夏译文 kjir[1] dzjɨ̣[2] ka[2] tśjij[2][illegible]（直译："勇集狮子"）为藏语རྩལ་ཆེན་སྒྲུགས་譬喻翻译，传统汉译："显示技能"。KB 另有：ཀྱེ་སེམས་དཔའ་ཆེན་པོ་ཉོན་ཅིག།ཆོས་རྣམས་ཐམས་ཅད་ང་ལས་བྱུང་བས་ན།ཇི་ལྟར་སྣང་བའི་ཆོས་རྣམས་ཐམས་ཅད་ཀུན།ཡེ་ནས་རྣམ་དག་དབྱིངས་ཀྱི་ཕུང་དུ་བསྡུ།语句。此外，MD 第一行：ཕྱི་དང་ནང་ཀུན་ཡེ་ནས་ཆོས་ཀྱི་དབྱིངས；西夏译文支持 BGB；第二句：ཡེ་ནས་རྣམ་པར་དག་པའི་སྤྱོད་ཡུལ་ལ。西夏译文同样略ཡེ་ནས，同与 BGB 版（148/ 1）。

② 西夏语译：mə[2] mə[2] gji[1] sej[1] [illegible]（直译："种种清净"）为藏语རྣམ་པར་དག་པ的直译。

③ 西夏译文：ljọ[2] · wo[2] [illegible] = ག་ལ་ཡོད。

④ 西夏译文：mjij[1] kjụ[1] [illegible]（直译："无求"）代表藏文 བསྒྲུབ་པ་མེད；理由是西夏 kjụ[1] [illegible] 为 kjụ[1] śjij[1] [illegible]（བསྒྲུབ་ཐབས）简写。

⑤ 此句译文待考证，今保留西夏直译。西夏译文：zji[2] mjij[1] [illegible]（直译："普无"）在རྩལ་སྒྲུགས之位；据藏文版意义，西夏译者似乎用"道"这一词表达རྩལ་སྒྲུགས之意义。此外，西夏语 [illegible]"无誓愿之道"不见在 BGB 版。藏文原文可以依于西夏语译补缺。据考证，TBRC 收录的文本"སྨོན་ལམ"一句为正文的注释；MD（148/ 2）从之：སྨོན་པ་མེད་པས་ན。我们假设西夏译本的藏文底本异于现存的藏语本子。

⑥ 西夏译文：njwo[2] śjɨj[1] [illegible]（直译："昔成"）直接翻译ལྷུན་རྫོགས。

⑦ MD：གཉིས་སུ་མེད；MD，KB：ལམ་ལ；西夏译文支持 BGB；BGB 未录གཉེན་པོས，西夏译文支持 KB、MD。

⑧ KB：རྩལ་སྒྲུགས་པས་ན。

⑨ KB：དོན。

⑩ KB：རྟོག་དཔྱོད，西夏译文：se̱w[2] kjịj[2] [illegible]（直译："测释"）与 BGB རྟོགས་སྤྱོད不全一直；MD：རྟོག་སྤྱོད。西夏语译可解释为"分析"，则与接近 KB 的རྟོག་དཔྱོད。

⑪ BGB：གློས་རྟོག；KB：ལོག་རྟོགས，同与西夏译文"颠倒"，据其他文本记载，西夏语译接近ལོག་རྟོགས。MD：ལོག་རྟོག。

⑫ MD，KB：བཏགས；西夏译文 tshjịj[1] [illegible]（直译："说"）支持 BGB。

续　表

7. [illegible] 8. [illegible] 9. [illegible] 10. [illegible]①[illegible]②[illegible] 11. [illegible]	7. 我执着即外道之谬道， 愚夫行欺法入证悟道， 8. 无所至道无证悟时间， 不能以法性而寻求法。 9. 未成真理上师如猴教， 误所依与道为念所缚， 10. 师甚于涂山酸于金者， 应无量之多物作供养。 11. 菩提心念定大狮子　竟	7. ང་དང་བདག་ཏུ་བརྟགས་པས་མུ་སྟེགས་འཁྲུལ་པའི་ལམ། བྱིས་པས་བསླུས་པའི་ཆོས་སྤྱོད་བརྟོགས་པའི་ལམ་ལ་བཙུད་པ་ནི །③ 8. ཕྱིན་པའི་ལམ་མེད་རྟོགས་པའི་དུས་མེད་དེ། ཆོས་ཉིད་ཆོས་ཚོལ་རྙེད་པར་ག་ལ་འགྱུར།④ 9. སློབ་དཔོན་ཚད་མར་མ་གྱུར་སྤྲེ་འདྲའི་ལུང⑤། རྟེན་དང་ལམ་ནོར་རྟོགས་པས་ཟིན་ཏ་རེ། 10. དེ་བས་གསེར་ལ་ནག་ཚུར་གཏོད་པའི་སློབ་དཔོན་རིན་ཆེན་དེ།⑥ རིན་ཐང་དཔག་ཏུ་མེད་པའི་རིན་གྱིས་བསྙུ་བར་འོས 11. བྱང་ཆུབ་སེམས་བཙལ་⑦ཆེན་སྤྱུགས་པ་རྫོགས་སོ

5. 菩提心念定六义

Tang 270 第五篇文献，藏语版基于杨杰博士整理版本，杨杰藏文汉译参见脚注 1039。藏文录文数字代表西夏文版与藏文行数相应顺序。由于行顺序不一，可知西夏译文的藏语底本异于现存的藏文版本。

[illegible]⑧	梵语：* **Bodhicitta samādhi amoca nāma** 番语：所谓《菩提心念定六义》	རྒྱ་གར་སྐད་དུ། བོ་དྷི་ཙི་ཏ་ས་མ་དྷི་ཨ་མོ་ག་ཙ་ན་མ། བོད་སྐད་དུ། བྱང་ཆུབ་ཀྱི་སེམས་སྒོམ་པ་དོན་གྲུབ་ཞེས་བྱ་བ་། དཔལ་ཀུན་ཏུ་བཟང་པོ་བདེ་བ་ཆེན་པོ་ལ་ཕྱག་འཚལ་ལོ།
1. 1[illegible] ○	1. 大悲德广海者为周遍， ○为大上士人自觉所达，	1. 1ཐུགས་རྗེ་རྒྱ་མཚོ་སེམས་ཅན་ཀུན་ལ་ཁྱབ། 4 ལྷ་དང་གླུ་ཡང་བདེན་པའི་བཀའ་ཉན་ཏེ།

① 西夏译文：tśhjɨ[1] su[1] [illegible] = དེ་བས。

② 西夏译文语义不详。据文本西夏语 rar[1] tśhjwɨr[2] [illegible]（直译：“山酸”）代表藏文ནག་ཚུར。据杨杰考证代表“黑矾”之类的过滤黄金的材料。

③ MD，KB：རྟོགས་པ；藏的རྟོགས་པ用 [illegible]（执着）翻译；西夏语句翻译“依于我执，外道颠倒道云云”。MD：རྟོག་པ；བཙུད་པ，皆同与西夏译文。此句关键问题是“[illegible]”的翻译：其解释为“分别”或为“证悟”影响句子含义，此处抉择为“证悟”。

④ 7—8 行的记载不同版本存问题。主要是第 8 行：BGB 与西夏译文支持：ཕྱིན་པའི་ལམ；MD 版本记载为：ཕྱིན་པའི་དུས་མེད་པས。他处：MD，KB：རྟོགས；MD：བསླུས་པའི=བསླུས་པས。

⑤ KB：ཚད་མར་མ་གྱུར་སློབ་དཔོན་སྤྲེའུ་འདྲའི་ལུང；KB 从之，西夏译文支持 BGB。

⑥ BGB，西夏译文皆无 KB：སློབ་དཔོན་ཡང་དག་སྟོན་པའི་རིན་ཆེན་མཛད；原文中的བསྙུ་可能为错别说法，西夏译语比藏文原文符合逻辑。

⑦ KB：རྩལ。

⑧ po[1] tjɨj[1] tsji[2] tja[1] sja[1] mja[1] tji[1] · a mo[2] tsja[1] nja[2] mo[2]，西夏译文缺藏文ན。

续　表

2⌐ [illegible]①[illegible] 2. 3 [illegible]②[illegible] ○ 4 [illegible] 3. 5 [illegible] ○ 6 [illegible]○③ 4. [illegible]。 [illegible] 5. [illegible]④[illegible] ○ [illegible] 6. [illegible]○ [illegible]⑤[illegible]， 7. [illegible]， [illegible]。 8. [illegible]○ [illegible] 9. [illegible] [illegible]○ 10. [illegible] [illegible]	2. 诸胜帝当于意中了悟⑥。 ○天龙虽闻受实谛圣教， 3. 最上三宝常无所敬拜。 ○了悟法性则成大乐理， 4. ○心及法二本来是不二， 寻觅心之自性不可得， 5. 无“此如是”语以示他人 ○。 心及法者非为何物故， 6. 在念定时当无有所念。 ○ 凡所起任何种种妄相， 7. 若了悟此妄计是法性， 无须其他处观法性界。 8. 于此能对治无所对治○。 如此在一切三时间中， 9. 此本无散乱扰是法身。 有能力则世界无自性， 10. ○大悲幻化能能遍一切， 为诸有情大慈悲法雨。	2. 5 དཀོན་མཆོག་གསུམ་ནི་ནམ་ཡང་བསྐུར་མི་བྱ། 6 ཆོས་ཉིད་རྟོགས་ན་བདེ་བ་ཆེན་པོར་གྲུབ། 3. 2 སྐྱེས་བུ་ཆེན་པོ་རང་གིས་རིག་ནས་རྟོགས་པ་འདི། 3 སྐལ་ལྡན་རྣམས་ཀྱི་བློ་ལ་གོ་བར་གྱིས། 4. ཆོས་དང་སེམས་ནི་ཡེ་ནས་གཉིས་སུ་མེད། སེམས་ཀྱི་རང་བཞིན་བཙལ་ཡང་མི་རྙེད་ན། 5. གཞན་ལ་འདི་འདྲ་ཞེས་ནི་བསྟན་དུ་མེད། སེམས་དང་ཆོས་ནི་ཅི་ཡང་མ་ཡིན་པས། 6. སྒོམ་པའི་ཚེ་ན་ཅི་ཡང་མི་བསྒོམ་མོ། རྣམ་པར་རྟོག་པའི་མཚན་མ་ཅི་བྱུང་ཡང་། 7. རྟོག་པ་དེ་ཉིད་ཆོས་ཉིད་ཡིན་ཤེས་ན། ཆོས་ཀྱི་དབྱིངས་ནི་གཞན་དུ་བསྒོམ་མི་དགོས། 8. དེ་ལ་གཉེན་པོས་བཅོས་ཤིང་དགག་ཏུ་མེད། འདི་ལྟར་དུས་གསུམ་རྣམ་པ་ཐམས་ཅད་དུ། 9. ཉིད་ལས་མ་ཡེངས་པ་ནི་ཆོས་ཀྱི་སྐུ། སྟོབས་སུ་གྱུར་ན་འཇིག་རྟེན་རང་བཞིན་མེད། 10. ཐུགས་རྗེ་སྒྱུལ་པས་ཀུན་ལ་ཁྱབ་མཛད་ཅིང་། སེམས་ཅན་རྣམས་ལ་བྱམས་པའི་ཆར་ཆེན་འབེབས།

---

① 西夏译文：tha^{1} gor^{1} kiej^{1} [illegible]（直译：“大君子，大丈夫”）= སྐྱེས་བུ་ཆེན་པོ。

② 西夏译文：bu̱^{2} dzjwɨ^{1} [illegible]（直译：“胜帝”）平常翻译藏语རྒྱལ་བ，此处代表སྐལ་ལྡན་རྣམས。

③ 前六句与藏文顺序不一，此处以西夏文本为标准。西夏译文“一二三四”顺序代表梵文与西夏语相应句顺。

④ 此处 nur^{1} ne̱j^{2} [illegible]（直译：“开示”）= བསྟན。

⑤ 西夏译文：wa^{2} [illegible] = ཅི་ཡང。

⑥ 断句及标点符号比照西夏原文。杨杰博士藏文汉译：“顶礼大乐普贤王如来，悲心大海周遍诸有情，诸天与龙虽闻真实语，然于三宝永不行恭敬。证悟法性即成就大乐，大士依其内证所悟者，诸具缘者于心当通达。诸法与心本来即无二，心之自性觅而不可得，无可将其显示与他人，心与诸法本一无所是，故于修时实一无所修。无论现起何种分别相，若知念头本身即法性，则无需于他处观法界，无需对治作修整遮遣。于彼三时一切行相中，不离真实即名为法身，彼若具力则时间非真。大悲以诸幻化边一切，于诸有情普降慈甘霖，如若能修所修成无二，即可安乐住于胜义境，此即名为菩提心修习，开示大证悟界无乱义，此即清净菩提心修习。菩提心修习六义圆满竟。”引自杨杰《西夏对藏传佛教的吸收与融创——以〈大乘要道密集〉所收数篇大手印文本为例》，《中国藏学》，2020（05）：54－63。

续 表

11. [illegible]①[illegible]②[illegible] 12. [illegible] 13 [illegible] 14. [illegible]	11. 若能念所念定为无二，安安住于胜义世界则， 12. 实是菩提心之念定者。说大界觉悟不乱理则， 13. 是清净菩提心念定。 14. 菩提提心念定六义 竟	11. བསྒོམ་དང་བསྒོམ་པར་བྱ་བ་གཉིས་མེད་ན། དོན་དམ་དང་ལ་བདེ་བར་གནས་པ་ནི། 12. བྱང་ཆུབ་སེམས་སྒོམ་ཞེས་ཀྱང་དེ་ལ་བྱ། རྟོགས་པའི་ཀློང་ཆེན་མ་ཡེངས་དོན་སྟོན་པ། 13. རྣམ་དག་བྱང་ཆུབ་སེམས་ཀྱི་བསྒོམ་པ་ཡིན། 14. བྱང་ཆུབ་ཀྱི་སེམས་བསྒོམ་པ་དོན་དྲུག་པ་རྫོགས་སོ།།

① 此处西夏字 [illegible] 语义不明，直译“观所定”，བསྒོམ་པར་བྱ་བ。假设翻译为“禅定”。

② 西夏译文：mjɨ^2 mji^2 [illegible]，直译“默然”代表原文བདེ་བར།

第三章 《五部法界之都序》译文研究

《五类法界之都序》与上文所提“心部”五种本续为同一文本体系。该文献为宁玛派著名的译师毗卢遮那的传记,以及宁玛“大圆满”法门从印度传入吐蕃的记载。此故事在不同藏文材料中,有不同的版本,但其内容大致上一致,但有些值得考虑的特色:文中不出现莲花生,菩萨寂护的记载。西夏译本也不例外:除了文末“弟子和传承”章节,其他内容与相关藏文材料颇为相同。据“弟子和传承”段落初步汉译,其内容不同于其他资料所记载。据西夏译文,毗卢遮那不参与热巴坚大法会,玉扎宁波与无垢友辩论与热巴坚大法会似乎为一回事。文中另有“玉扎宁波二弟子”等说法。文中“大圆满”法门传承如下:

玉扎宁波也向二弟子有指示:对向其中一位名号“上觉”说:“你去蕃国转法论”;对另名号“求觉”的弟子说:“你去甲莫国转法论”。玉扎宁波从其身变出“药汤戏行中国”诸佛,并与其身一起上升,尔后如晴天彩虹一样消失在虚空中。此后弟子、施主等流泪悲苦,各自离开了。其中,之前授记的两位弟子,在蕃国,甲莫国等,个别作为二处转法轮者。二师所说的一切要门,皆付嘱于智慧孺童,此智慧孺童大师把一切大寂法密藏在桑耶寺金刚伏藏内,龙菩提独自以三百种宝物施与智能孺童,并求教道:“其一,因为已经承受施物,给我说要门;其二,向伯叔处,给我说要门;其三,因为我岁数高,即将离开玄法时,给我说要门。求教后,[智慧孺童]取出伏藏内的大界无碍之法,并向其伯说[要语]。此龙菩提师传给龙幢师,此师传给圣胜慧师,此师传给戒幢师,此师传给那纳胜慧,此师传给吉祥智慧印,此师传给林中名称,此师传给深林伏智藏以及大宝师等。此智藏师往东国,大宝师到擦哩国,在桑子海上遇见柔吉祥师,寻教而闻。此柔吉祥师传给嘛斯怛师,此师传给法勤师。”

与藏文材料相比,西夏译本一部分内容比较简略(如所谓求法路上的“苦”,毗卢遮那前往汉地,朝山五台山,上净土等段落西夏文皆不见)。因此我们假设,无论从文献标题来说,或从文本内容出发,西夏文献属于我们前所未知文献体系,该体系起源是否可寻在安多康 11—12 世纪的宁玛传承,尚待考证。目前文本研究有一部分问题我们无法解决:文中所提一部分印度和吐蕃地名仍待考证。

下文是西夏文《五类法界之都序》西夏录文和初步翻译。文本中的语法和词汇仍存问题及难处,我们认为目前我们针对文本内容的了解允许我们提供翻译。中文的翻译是"润文"性的,此处我们不提供"对译"。同时,我们承认,无论从语言学角度,文学研究或宗教史的角度,西夏"心部"文献研究仍处于初步阶段,我们希望为研究相关问题学者奠定研究基础。下文安排如下：1. 西夏录文和注释;2. 汉译和注释。

我们参考的藏文材料如下：DBCM：བཻ་རོ་རྣམ་ཐར་འདྲ་འབག་ཆེན་མོ(白若杂纳传)(四川人民出版社,1995);The Great Image：*The Great Image: The Life story of Vairocana the Translator*, Ani Jinba Palmo, transl., (Boston：Shambala, 2004); PKT：ཨོ་རྒྱན་གླིང་པ་པད་ མ་བཀའ་ཐང (四川人民出版社, 1996) GBCB：ལྡེའུ་ཇོ་སྲས་ཀྱི་བོད་ཀྱི་ཆོས་འབྱུང་རྒྱས་པ(བོད་ལྗོངས་མི་དམངས་དཔེ་སྐྲུན་ཁང, 1987); NMOZ：ཉང་ཉི་མ་འོད་ཟེར་ ཆོས་འབྱུང་མེ་ཏོག་སྙིང་པོ་སྦྲང་རྩིའི་བཅུད(拉萨：西藏人民出版社, 1988)。文中品名是译者加,不见在原文中。

为读者方便,下段提供《五类法界之都序》的人名,国名等初步考证。

1. 国王名

kie[1] twụ[1] [illegible][illegible],汉语直译"戒忠",二字为汉语借词,意思是国王重视佛教戒律。据文本内容考证,西夏文名字代表赤松德赞(742—797);假设 kie[1] 为ཁྲི་的转写,twụ[1] 代表藏文ལྡེའུ་ 待考证。即是西夏译者(或藏文原文)把ཁྲི་སྲོང་ལྡེའུ་བཙན་略为ཁྲི་ལྡེའུ་བཙན,(《法界五类都序》比较常见的现象)西夏译者把བཙན译为西夏 lhjịj njij[2] [illegible][illegible]"国王";因为西夏语无法直接翻译ཁྲི་ལྡེའུ,为其ཁྲི་སྲོང找语音接近的并语义妥当的西夏字(待考证)。

piə̣j[2] lhe̱w[2] [illegible][illegible],直译"属于毛的"(即是"有毛的"),既是吐蕃王热巴坚རལ་པ་ཅན,从此可知西夏文本的藏文原文误解吐蕃历史断代。

rjar[1]xu[1]lja[2] [illegible][illegible][illegible],即是 Rāhula,Takey 国王名;djị[2]phji[2] [illegible][illegible]"秃发"为藏文སྤྱི་བེར་等翻译,与藏文记载同。*The Great Image*, p. 126. DBCM,140：རྡོ་ར;PKT,བྱི་བྱི。

2. 地名

sja[1] mo[2]·ja[2][illegible][illegible][illegible]; 藏文བསམ་ཡས,即桑耶寺。

a·jar[1] pja[1] lo[1] [illegible][illegible][illegible][illegible], 藏文ཨརྱ་པ་ལོའི་གླིང, 桑耶寺南部的观音堂。

xa sja[2] po[1] [illegible][illegible][illegible],藏文ཧས་པོ་རི་桑耶寺附近名山哈利波山。

dzjo[2] ljɨj[1]tjɨ[1]rjar[1] [illegible][illegible][illegible][illegible],其中 ljɨj[1]tjɨ[1]rjar[1] 同与下文,西夏语 tjɨ[1]rjar[1] 代表藏文ཏྲ,代表梵文地名常见的-tra 的后缀。因此地名拟音为 Jali[n]tra [ta]。

pja[1] ljɨj[1]tjɨ[1]rjar[1] [illegible][illegible][illegible][illegible],法名与地名同,同上拟音为 *Pali[n] tra [ta]待考证。

nja[2] ljɨj[1]tjɨ[1]rjar[1] [illegible][illegible][illegible][illegible] *nalitra,梵文拟*Nali[n] tra [ta]。据 PKT 记载

ཤྲི་ཊ་ལེ་ནྡ་ 代表 Nālandā。

śji^{1} ljɨj^{1} tjɨ^{1} rjar^{1} · ji^{1} mji̱^{1} [西夏文] * Śritra saṃghārama，DBCM 作 Nālandā，*The Great Image*，p. 133. 西夏语 Śritra 地名可能来自藏文底本的错误：据 DBCM，集聚场所是那烂陀，藏文དཔལ་ན་ལན་ཏྲ，dpal Nalantra. 藏文དཔལ代表梵文 śrī，即是西夏语的 śji^{1} ljɨj^{1}，西夏语的 tjɨ^{1}rjar^{1}是藏语 tra 的音译，代表藏文ཏྲ。藏文版也许忽略 na lan 二音节，影响西夏语翻译。

tja^{1}kjɨ^{1}rjijr^{1}tsja^{1}dja̱^{1}[西夏文]：西夏文 tja^{1}kjɨ^{1}rjijr^{1} 代表藏文 * Takri，此处是 Takey 地名音译，tsja^{1}dja̱^{1}为藏文 * tsada 音写；此应该代表梵文 candanaḥ，即是"旃檀"的转写。据载 Takey 是"旃檀之国"。西夏 tsa -藏文 tsa-梵文 ca-是常见的规律。意思是"Takri 檀木国"。比较：PBT，427：དཀྲི་ཙ་ནྡ་ན；GBCB，313：ཏ་ཀི་རི་ཙན་དན་གྱི་རི་གླིང་。

do̱^{2} ɣa^{1}[西夏文]，地名待考证，据拟音此地名暂解释为"Tohar"ཐོད་ཧོར，即是中亚地区，此处可能指的于阗等处，此鉴定存疑。据 3817 号文献，此处为"勤进上师"出生地，可能指的藏区。

jar^{1}mo^{2} tshja^{1} · wa^{1}ror^{1} [西夏文]，即是རྒྱ་མོ་ཚ་བ་རོང་。

pja^{1}lja^{1}mo^{2} tshja^{1} · wa^{1}ror^{1} [西夏文] 据西夏语拟音是 * Palmo Tsawarong，待考证。

mo^{2} njɨ^{1} tshja^{1} · wa^{1}ror^{1} [西夏文]，据西夏语拟音是 * Mani Tsawarong，待考证。

3. 人名

dzja̱^{2}kə^{1}rjɨr^{2}tja^{1} [西夏文]；tsar^{1} ljij^{2} ku^{1}rjur^{2} [西夏文]：第一人名可以构拟为梵文的 * Jakrita；第二人名可解释为ཚང་ལེགས་སྐྱབ。其中 kə^{1} rjɨr^{2} tja^{1}正确地代表梵文 kṛta。据《德吾史》，名字是ག་འཛག་སྒྲག，据 DBCM，93：གན་ཛག་ཐང་ཏ་。西夏文中的 dzja̱^{2}kə^{1}无疑问地代表藏文 zag/ ʻzag 的音，tja^{1} 直接代表藏语 ta。目前尚无法解释西夏文中的 rjɨr^{2}。（ཟྲ/ཏྲ 通转，无头字形接近）译文保留西夏原文中的转写。如此可假设，藏文原文的人名是་འཛག་ཟྲ་。

西夏文 ku^{1}rjur^{2} 是二合关系（rjur^{2}为细书，代表二者为"二合"），则与藏文སྐྱབ比较接近。西夏语 tsar^{1} ljij^{2} 可单独分析，其中第一音节与གཙང同，ljij^{2}与ལེགས，比较接近，译文从之（《法界五类都序》有-r 尾音音节可以代表鼻音尾音音节，见上文 tshja^{1} · wa^{1}ror^{1}）。ལེགས་སྐྱབ 姓ཛང་（གཙང་）汉译本用"藏楞咕噜"，即是表如实地代表藏语ཛང་ལེགས་སྐྱབ。毗卢遮那俗姓པ་ཏོར་不见在西夏文中。其他人名在录文和译文注释有所说明。

该材料的内容特别丰富，我们仍处于初步阶段。下面是西夏原文录文及汉语翻译。翻译过程分三段：初步翻译，其后喻晓刚和张永富进行校对和文字修改，其后出最终翻译。所有错误归本人。

一、《五部法界之都序卷下》西夏文录文

1b [illegible] ① [illegible]

2a [illegible]

[illegible]

[illegible]，[illegible]，[illegible]，[illegible]，[illegible] ② [illegible]，[illegible] ③ [illegible]. [illegible]，[illegible]，[illegible]，[illegible]“[illegible]”[illegible]. [illegible] ④ [illegible]，[illegible]. [illegible]，[illegible]，2b [illegible]，[illegible]. [illegible]，[illegible]，[illegible]. [illegible]：“[illegible]，[illegible]，[illegible]”[illegible]，[illegible] ⑤ [illegible]. [illegible] ⑥ [illegible]，[illegible] ⑦ [illegible]. [illegible]：“[illegible]，[illegible]，[illegible]. [illegible]，[illegible]，[illegible]，[illegible].”[illegible]：“[illegible]，[illegible] 3a [illegible]，[illegible].”[illegible]，[illegible]

---

① gu[2] bu[1] [illegible] 汉语“都序”，藏文མདོར་བསྡུན，也与汉语“都序”一词有关系。

② kie[1]twụ[1]，[illegible]据文本此名代表赤松德赞，名字来源不明，二字翻译“戒忠”，即“忠于戒”，二者为汉语借词。

③ sja[1] mo[2] · ja[2] [illegible]；藏文：བསམ་ཡས，即桑耶寺。

④ 据 NMOZ，སྣན་ཁང。

⑤ zjɨr[1] dźja[2] [illegible]，直译“利慧”，即是“智慧金刚”简写。

⑥ dzja̱[2]kə[1]rjɨr[2]tja[1] [illegible]；tsar[1] ljij[2] ku[1]rjur[2] [illegible]：可以构拟为梵文的 * Dzakrita；第二人名可解释为ཚང་ལེགས་གྲུབ。其中 kə[1] rjɨr[2] tja[1] 正确地代表梵文 kṛta。据《德吾史》，名字是ཀ་འཇག་སྣག，据 DBCM，93：གན་ཇག་ཐང་ཏ。西夏文中的 dzja̱[2]kə[1] 无疑问地代表藏文 jag/ ‘jag 的音，tja[1] 直接代表藏语 ta. 目前尚无法解释西夏文中的 rjɨr[2]。译文保留西夏原文中的转写。西夏文 ku[1]rjur[2] 是二合关系（rjur[2] 为细书，代表二者为“二合”），则与藏文གྲུབ 比较接近。西夏语 tsar[1] ljij[2] 可单独分析，其中第一音节与གཙང་同，ljij[2] 与ལེགས，比较接近，译文从之。ལེགས་གྲུབ 姓ཙང་（གཙང་）汉译本用“藏楞咕噜”，即是表如实地代表藏语ཚང་ལེགས་གྲུབ。

⑦ 西夏语的特殊说法，kụ[2] · wạ[2] [illegible]，直译“内宫”，指皇宫。

[illegible]，[illegible][1][illegible]，[illegible]，[illegible]. [illegible]："[illegible]"[illegible]，[illegible]. "[illegible]，[illegible][2][illegible]. [illegible][3][illegible]，[illegible]，[illegible]□，[illegible]，[illegible]. [illegible][4][illegible]，[illegible]，[illegible]，[illegible][5][illegible]，[illegible]. 3b [illegible]：

[illegible]（11 lines of Tangut verse）

[illegible]. [illegible]，[illegible]，[illegible]. [illegible][6][illegible][7][illegible]，"[illegible]. "[illegible]，[illegible]. [illegible]："[illegible]，[illegible][8][　　][illegible]" 4a [illegible]，[illegible]，[illegible]，[illegible]. [illegible]，[illegible]：

[illegible]（2 lines of Tangut verse）

---

① phju² ɣu¹ [illegible]，直译"上先"，此处解释为"最好"。

② ·a·jar¹ pja¹ lo¹ [illegible]，藏文ཨརྱ་པ་ལོའི་གླིང，桑耶寺南部的观音堂。

③ gjɨ² śjwo ¹ɣu¹ [illegible]，直译"夜晚初"，ནམ་གྱི་ཆ་སྟོད。

④ śjwo¹ mjij² [illegible]，直译"夜晚末"，ནམ་གྱི་ཆ་སྨད。

⑤ xa sja² po¹ [illegible]，桑耶寺附近名山，ཧས་པོ་རི。

⑥ ·jiw² dzjwo² [illegible]，直译"察人"，指"巡警"；Tib：འཕ་སྲུང。

⑦ 西夏语 · wa¹ [illegible] 为音写字，藏文"བ,ཕ"之音，此句其义不明。

⑧ 字模糊不清，[　　]代表文中空格。

[illegible]①[illegible]

[illegible]

[illegible]

[illegible]

[illegible]. [illegible]，[illegible]②[illegible]："[illegible]，[illegible]. "[illegible]. [illegible]，[illegible]，[illegible]，4b [illegible]："[illegible]③[illegible]？"[illegible]："[illegible]④[illegible]⑤[illegible]，[illegible]⑥[illegible]，[illegible]⑦[illegible]⑧[illegible]，[illegible]，[illegible]，[illegible]，[illegible]，[illegible]. "[illegible]，[illegible]，[illegible]，[illegible]. [illegible]，[illegible]："[illegible] 5a [illegible]□[illegible]. "⑨[illegible]：

[illegible]

---

① 此处西夏语 gjɨ²mji² [illegible]，据 DBCM 藏文本，此处 gjɨ² mji² 为第二人称复数标记，此处"我们"不含说话对象；见译文"毗卢遮那第二苦"章节。

② tju² [illegible] 此处意义不明，可能为 hụ²[illegible] 讹。

③ 前一句中原文的 khjɨ¹ [illegible]为 · jij¹ [illegible]之讹；rjijr¹ lji̥²[illegible]直译"善健"，藏文ལེགས་པ་的翻译。

④ dzjo² ljɨj¹ tjɨ¹ rjar¹ [illegible]，其中 ljɨj¹ tjɨ¹ rjar¹ 同与下文，西夏语 tjɨ¹ rjar¹ 代表藏文ད་，代表梵文地名常见的-tra 的后缀。因此地名拟音为 Jali[n]tra[ta]。

⑤ śji¹ rjir¹ sji¹ ŋa² [illegible]，Śrīsiṃha；译文用译文"吉祥狮子"。

⑥ pja¹ ljɨj¹ tjɨ¹ rjar¹ [illegible]，法名与地名同，同上拟音为 * Pali[n] tra [ta]待考证。

⑦ nja² ljɨj¹ tjɨ¹rjar¹ [illegible] * nalitra，梵文拟 * Nali[n] tra [ta]。据 PKT 记载ཤྲཱི་ཛ་ལེ་ནྡྲ་就是 Nālandā。

⑧ tshjĩ¹ dja̱¹ mja¹ nji² [illegible]，* Cintāmaṇi，即是"如意珠"；比较 PKT，419 二十五成就者名单：ཙི་ད་མ་ཎི。

⑨ ku̱² rjur² mja¹ xa tśja¹ njɨ¹ bu¹ tja¹ dja̱¹ rjɨr² mja¹ sẽ¹ ŋə¹ khja² nja²□ bie² dji² sja¹ twa¹ kja̱¹ rjur² sja¹ mja¹ · ja² tśja¹ njɨ¹ nja̱¹ nja² kja̱¹ rjɨr² mja¹ ku̱² lju² ku̱² xa mji¹ [illegible]□ [illegible]. 梵文真言，西夏原文为正体字，实际文中大量使用"二合""三合"拼音法，此处为笔者构拟。此处西夏语并非梵文原文构拟，而是某一种用藏文拼写梵文真言的转写。据藏文资料原文可以构拟如下：*"kūru māha jña buddha dharma saṃgha na[mo]，bodhisattva karu[ṇā] samaya jñāna garbha（藏文全用 garbha，西夏语 karma=garba 应该其音译）kulu kuhami. "《大面具》的真言为：Mahakaruna dhrama saṃgha jnana · moya bodhisattva karuna samaya jnana garbha kuru bhasmin. "同样是藏文所载梵文的复原，并非原始梵文的转写（*The Great Image*：111）。

[illegible]①[illegible]
[illegible]②[illegible]
[illegible]
[illegible]
[illegible]
[illegible]
[illegible]

[illegible]③[illegible]④[illegible] 5b [illegible]："[illegible]"[illegible]⑤[illegible]"[illegible]"⑥，[illegible]□[illegible]□[illegible]．⑦[illegible]"[illegible]."[illegible]："[illegible] 6a [illegible]⑧[illegible]."[illegible]：

[illegible]⑨[illegible]
[illegible]
[illegible]

---

① dźjij^{1} · wjij^{1} [illegible]，直译"游行"，藏文འགྲོ་བ，"游行者"，即是"众生"，词表 3852。

② phie^{2} mjijr^{2} [illegible]，直译"解者""学者"。

③ 文中·wjɨ^{1} [illegible]是·wjɨ^{1} [illegible] 通假字，则 thjɨ^{2}·wjɨ^{1} [illegible] 为西夏语固定词组"此刻"，据此改录文。句子整体结构不明。

④ 原文字不明，建议为 tsej ^{2} [illegible]。

⑤ ŋwej^{1}·ji^{1} [illegible]，直译"和众"，"僧众"，藏文དགེ་འདུན 。

⑥ pja^{1} dzjɨ^{1} rjar^{1} pjɨ^{1} rjar^{1} bjij^{2} śja^{2}·ja^{2} śja^{2}kə^{1} [illegible]，梵文复原：* vajra praviśāya sakə（？ svāhā），《大面具》真言为："vajra bandha praviśāya phat"（*The Great Image*：110），西夏文 śja^{2} kə^{1} 意思不明，假设为 svāhā 的异写。

⑦ 西夏文用 rjɨr^{2} [illegible]似乎是错的。译者建议 tji^{1} [illegible]也不成其意。待考证。

⑧ rjɨr^{2} tśjij^{1} sja^{2} mja^{2} sja^{2}· ŋə^{1} a^{1} pja^{1} rjar ^{1}mji ^{1}tjɨ^{1} rjar^{1}nja^{1} nja^{1} [illegible]，据《大面具》真言如下：samaya apāramitā jñāna（*The Great Image*：111），西夏文拟音如下 ṛsi sama[ya] saṃg[ha] apāramitā jñāna，西夏语的[illegible]二合似乎代表梵文颚鼻音，与他处 jñāna 的转写不同。

⑨ tji1 [illegible]"愿"，藏文སྨོན་ལམ，pranidhana，此处为"过去因缘"的意思；la^{1} gjwi^{2} [illegible]，藏文དམ་ཚིག，samaya，实际指ལུང་བསྟན་པ"授记"，即是 vyākaraṇa。

[illegible]①[illegible]
[illegible]
[illegible]
[illegible]②
[illegible]

[illegible] [6b] [illegible] [illegible] [illegible] [7a] [illegible]③[illegible]④[illegible]⑤[illegible]⑥[illegible]⑦[illegible]⑧[illegible]《[illegible]》[illegible]《[illegible]》[illegible]⑨[illegible]⑩[illegible]

---

① 此处疑问句可以翻译为“如何”，直译“如何思者”。

② 原文 sja^2 [illegible]，语气标记，此处为 dzjọ^1 [illegible] 讹（据 DBCM 改），西夏语句意思不明。

③ mə^{2}swew^{1}dzju^2 [illegible]，Vairocana，རྣམ་པར་སྣང་མཛད。本句子意思是毗卢遮那佛为拶咯利怛本尊，不过句子似乎缺乏谓语。

④ pjij^1 ror^2 tsja^1 nja^1 [illegible] Berotsana 转写；gjwi^1 śjwị^1 śjɨj^1 · jiw^2 [illegible]，汉译“顺句成就”，是藏文ལེགས་གྲུབ的诠释翻译。

⑤ 原文[illegible]为[illegible]；phe^1 rer ^{2}[illegible]为 lu^1 rer^2 [illegible]之讹，“网络”。

⑥ 意义不详，śiə^1 [illegible]为 tjị^1 [illegible]之讹，待考证。

⑦ mej^1[illegible]似乎不成其意，据通假此处建议改为 mej^1 [illegible]（“筒”），与藏文记载大致上同。下句的 lew^2 thjɨ̣^{1} mo^2 [illegible]，白*塔魔，一种树名。此外，lew^2 thjɨ̣^{1} 为白氎的西夏翻译。待考证。

⑧ źju^2 thow^1 kar^1 [illegible]，内容不确定。拟译乳色唐卡。

⑨ tha^2 tshọ^2 ŋa^1 ·ụ^2 [illegible]，直译“虚空”，Mahākāśa，ནམ་མཁའ་ཆེ，心部五种本续当中之一；ku^{1}kiej^1 [illegible]，代表ཁྱུང་ཆེན་ལྡིང་བ《大鹏飞行》；lhwu^1 kwər^1 rjir^2 dzjọ^1 [illegible]是譬喻“如裘体”，指的《大虚空》是核心传承体系，下文的譬喻亦如此可知。

⑩ lhwu^1 tśhjɨj^1 [illegible]，直译“裘下”指的“内衣”。下文有 lhwu^1 ŋwu^2 [illegible]，直译“裘领”（此说法见于裴休撰《禅源诸诠集都序叙》的西夏译文，汉文见：T48n2015_p0398c03；张永富建议）。

[illegible]："[illegible]."[illegible]《[illegible]》[1][illegible]《[illegible]》[2][illegible]，[illegible][3][illegible]."[illegible]"，[illegible]，《[illegible]》[4][illegible]，"[illegible] 7b [illegible]"[illegible]，[illegible][5][illegible]. [illegible]，[illegible]：[illegible]，[illegible][6][illegible]. [illegible]，[illegible]. [illegible]，[illegible]，[illegible][7][illegible]，[illegible]，[illegible]. [illegible]，[illegible]，[illegible]，[illegible]. [illegible]《[illegible] 8a [illegible][8] [illegible] [illegible]》[illegible]，[illegible][9][illegible][10][illegible]，[illegible]，[illegible]："[illegible]？[illegible]？[illegible]？"[illegible]：

> [illegible]
> [illegible]
> [illegible]
> [illegible][11][illegible]
> [illegible]
> [illegible]
> [illegible]
> [illegible][12]

---

① ɣjiw² lhjɨj¹ [illegible]，直译"崇鹃"，应该代表藏文རིག་པའི་ཁུ་བྱུག，心部五种本续当中之一。

② tha² ka² tśjij² [illegible]，直译"大狮子"，即是རྩལ་ཆེན་སྤྲུགས，心部五种本续当中之一。

③ ɣwə² lạ¹ ɣa¹ [illegible]，直译"如梳在手"，应该固定譬喻语句，据译者理解是"相互关系密切"的意思。以上有三种比喻：如藏下，如梳在手以及如藏上，皆描述传法方式，具体意义待考证。

④ lə djɨj² tśhjiw¹ · wo² [illegible]，直译"念定六义"复原藏文བསམ་གཏན་དོན་དྲུག心部五种本续当中之一。

⑤ 藏文ལུང་，རྒྱུད་，མན་ངག即是"契经，本续，要门"。

⑥ 藏文རྐང་མགྱོགས。

⑦ 二位神足：ku¹ xa rjar¹ tju² [illegible]，Kuhara[tu]；ku ¹mja¹ rjar¹ [illegible]，Kumara. *The Great Image*：123－124。

⑧ zju¹ mja¹ [illegible]，代表梵文 Remati. *The Great Image*：124。

⑨ ŋwər¹ śjow¹ ŋər¹[illegible]，*The Great Image*：124。

⑩ ku¹ śja¹ [illegible] Kusha。

⑪ bu̱² ɣwie² [illegible]，直译"胜势"即是རྒྱལ་བ。

⑫ njɨ² me̱² bu̱² zjɨr² dẹ² [illegible]，直译"普贤智慧女"，Samantabhadrijñānaḍākinī，ཀུན་ཏུ་བཟང་ཡེ་ཤེས་མཁའ་འགྲོ་མ（*The Great Image*：126）。

[illegible]①[illegible]

[illegible]

[illegible]

[illegible]

[illegible]

8b [illegible]

[illegible]

[illegible]

[illegible]. [illegible]，[illegible]，[illegible]②[illegible]. [illegible]，[illegible]③[illegible]，[illegible]. [illegible]，[illegible]④[illegible]，[illegible]⑤[illegible]，[illegible]. [illegible]："[illegible]⑥[illegible]，[illegible]？"[illegible]：

[illegible]

[illegible]

[illegible]

[illegible] 9a [illegible]

[illegible]

[illegible]

[illegible]

[illegible]

[illegible]. [illegible]，[illegible]，"[illegible]"[illegible]，[illegible]，[illegible]：

① le[2] [illegible]为 lji̠[2] [illegible]，即"勇猛"也可以解读为 kjir[1] le[2] [illegible]。

② mji̠[1] ·o[1] [illegible]直译"家主"gṛhastha，ཁྱིམ་པ。此解释此处不成其意，意思是"把毗卢遮那作为房屋主人"，即是给他房子住。

③ 录文把 śie[2] [illegible]的汉译"鸺"：sja[2] njijr[1] [illegible] 暂译为"野鸺"。*The Great Image*：126。

④ tja[1] kjɨ[1] rjijr[1] tsja[1] dja̠[1] [illegible]：西夏文 tja[1]kjɨ[1]rjijr[1] 代表藏文 *Takri，此处是 Takey 地名音译，tsja[1] dja̠[1]为藏文 *tsada 音写；此应该代表梵文 candanaḥ，即是"旃檀"的转写。据载 Takey 是"旃檀之国"。西夏 tsa -藏文 tsa-梵文 ca-是常见的规律。意思是"Takri 檀木国"。比较：PBT，427：ད་ཀྲི་ཤ་ཙན་དན་ན་；GBCB，313：ཏ་ཀི་རི་ཙན་དན་གྱི་རི་གླིང་。

⑤ rjar[1] xu[1] lja[2] [illegible]，即是 Rāhula，Takey 国王名；djị[2] phji[2] [illegible]"秃发"为藏文ཞྭ་ཞེར་等翻译，与藏文记载同。*The Great Image*：126. DBCM：140：ཧོ་ཧུ此外，PKT，ཞི་ཞི་文中 zjir[2] [illegible]意义不明，暂与前"国"字并为双音节词，"国土"的意思。

⑥ dzjij[2] lhji[2] [illegible]，即是སྲོག་དཔོན。

[illegible]
[illegible]①[illegible]
[illegible]
[illegible]
[illegible]
[illegible]②[illegible]
[illegible]
[illegible]
[illegible]
[illegible]
9b [illegible]③[illegible]
[illegible]
[illegible]
[illegible]
[illegible]④
[illegible]

[illegible]. [illegible]，[illegible]：
[illegible]
[illegible]
[illegible]
[illegible]

[illegible]. [illegible]，[illegible]. [illegible]，[illegible]. [illegible]，[illegible]："[illegible]，[illegible]，'[illegible] 10a [illegible]'[illegible]. "[illegible]，[illegible]，[illegible]⑤，[illegible]⑥[illegible]，[illegible]，[illegible]，[illegible]；[illegible]，[illegible]

① thju̱^{1} śia̱^{2} [illegible]，དམིགས་པ་དང་བཅས 即是"能缘"。
② thju̱^{1} lew^{2} [illegible]，དམིགས་པ 所缘。
③ thju̱^{1} lhe̱w^{2} [illegible]，直译"属意"，可能代表藏语 ཡིད་ལ 。
④ 原文 njwi^{2} [illegible]（能）可能为 · jiw^{2} [illegible]（成就）之讹。
⑤ ŋwər^{1} · we^{1} [illegible]，直译"天龙"。
⑥ ɣiẹ^{2} mji̱^{1} [illegible]，直译"施碍"即 གནོད་སྦྱིན 药叉。

[illegible]，[illegible]，[illegible]，[illegible]，[illegible]①[illegible]，[illegible]. [illegible]②[illegible]：

[illegible]

[illegible]③[illegible]

[illegible]④[illegible]

[illegible] 10b [illegible]

[illegible]

[illegible]

[illegible]

[illegible]⑤

[illegible]. [illegible]⑥[illegible]：

[illegible]

[illegible]

[illegible]

[illegible]

[illegible]

[illegible]⑦

[illegible]

[illegible]

---

① śji[1] ljɨj[1] tjɨ[1] rjar[1] ·ji[1] mji[1] [illegible] *Śritra saṃghārama，DBCM 作 Nālandā，*The Great Image*：133. 西夏语 Śritra 地名可能来自藏文底本的错误：据 DBCM，集聚场所是那烂陀，藏文དཔལ་ན་ལན་ཏྲ，dpal Nalantra. 藏文 dpal 代表梵文 śrī，即是西夏语的 śji[1] ljɨj[1]，西夏语的 tjɨ[1] rjar[1]是藏语 tra 的音译，代表藏文ཏྲ。藏文版也许忽略 na lan 二音节，影响西夏语翻译。

② mə[1] zjɨ[1] [illegible]，直译"天子"，此处其意不明，能代表梵文* Devarāja，ལྷའི་རྒྱལ་པོ. *DBCM* 另有 Devarāja，Bhahi 的儿子。*The Great Image*：59. 此外，另有 Devapūtra，另称普喜藏，即ཀུན་དགའ་སྙིང་པོ，西夏文不详。*The Great Image*：36－37 等。

③ dwewr[1] lhjim[1] [illegible]，西夏语直译"知受"，此处"思念"的意思，མཉམ་པ 。

④ 此处字·u[2][illegible] 意义不明，暂译为"可"。

⑤ 文中 śjow[1] [illegible]修饰动词，不过意义不详。

⑥ ku[2] rjar[1] tsja[1] [illegible]. 据藏文 DBCM 此名 Kukkurāja；西夏文作 Kuradza. ku[1]to[2] [illegible]，直译"后生"，暂译为བྲམ་སྐྱེས brāhmaṇa（先生）相反意义（* ཕྱིས་སྐྱེས），待考证；存西夏译文代表 * Kutkuraja；PKT：428：ཀུ་ཀྐུ་རཱ་ཛ Kukkurādza。

⑦ 句子未完成，动词前缀后缺动词。

[illegible]. [illegible]①[illegible]：
[illegible]
[illegible] 11a [illegible]
[illegible]
[illegible]
[illegible]
[illegible]②[illegible]
[illegible]
[illegible]
[illegible]③[illegible]
[illegible]④
[illegible]
[illegible]⑤
[illegible]
[illegible]⑥[illegible]
[illegible]⑦[illegible]
[illegible]
[illegible]. [illegible]⑧[illegible]：
[illegible]
[illegible]⑨[illegible]

---

① śji[1] dzjwo[2] bja̱[1] śji[1] tja[1] [illegible]，其中 śji[1] dzjwo[2] 代表汉语“仙人”实际代表藏文དྲང་སྲོང་，据藏传佛教文献西夏译本即是梵文 ṛṣi，全文则是 ṛṣi Bhaśita，与 DBCM 同. *The Great Image*：136。

② 字义不详，疑为通假字之用，待考证。

③ zji[2] de[2] mja[1] [illegible]即是“极乐母”ཀུན་དགའ་མ，ŋa[2] ·jij[1] mja[1] [illegible]即是“持我母”，བདག་ཉིད་མ 。

④ 西夏文 khjwɨ[2] ·jɨj[2] [illegible] 直译“监狱”，此处译为“封闭”；另可以解释为 ·u[2] ·u[2] [illegible]，“堪任”，张永富建议。

⑤ phu[2] [illegible] 此处似乎多余，意义不详，怀疑为 ku[2] [illegible]之讹，据藏文此处应该 ljɨ[1] [illegible]，“堕落”。*The Great Image*：108，Kukkurāja 的颂。

⑥ tśhia̱[2] ljɨ̣[1] mər[2] tśhji[2] [illegible]，直译“难论本典”，指的是“论”（śāstra བསྟན་བཅོས），“本”（西夏 mər[2] twẹ[2] [illegible]，藏文རྒྱུད་汉语“本续”）以及“典”应该与“要门”同义，即是མན་ངག。下段文殊亲友也提到此事。

⑦ tji[2] kja̱[1] [illegible]，梵文 ṭīkā，注释。

⑧ mã[1] śju̱[1] njij[1] ·wjị[1] [illegible]，此处 mã[1]śju̱[1] 是“曼殊”，即是文殊，njij[1]·wjị[1] 为西夏语“亲友”，即是 Mañjuśrīmitra，*DBCM* 作 Mañjuśrībhadra，大致同. *The Great Image*：135；另见注 72。

⑨ wa[2] tsjɨ[1] mji[1] dju[1] [illegible]，直译“何亦不有”，藏文语句的直译，意思“什么都不缺”。

[illegible] 11b [illegible]

[illegible]

[illegible]

[illegible]

[illegible]

[illegible]

[illegible]

[illegible]①[illegible]

[illegible]：

[illegible]

[illegible]②[illegible]

[illegible]

[illegible]③[illegible]④[illegible]：

[illegible]

[illegible]

[illegible]

[illegible]

[illegible]

[illegible] 12a [illegible]

[illegible]

[illegible]

[illegible]. [illegible]⑤[illegible]：

[illegible]

---

① mo [illegible]此处配合节奏，无实际意义，感叹词“乎”。

② mja^{1} xa ŋwe^{2} [illegible]，汉语：“摩酰”；藏语མ་ཧེ，“水牛”。

③ *The Great Image*：106. 此句也属于文殊亲友颂，但西夏译文节奏不顺，因而翻译散文。

④ bu^{1} tja^{1} ku^{1} tja^{1} [illegible]，*DBCM* 相关处不出此人，但藏文“印度传承”处有 Buddhagupta，与西夏文同. *The Great Image*：60。

⑤ ljụ^{2} kji̱^{1} dẹ^{1} ŋa^{2}·jij^{1} mja^{1} [illegible]. 此处 ljụ^{2} kji̱^{1} dẹ^{1}字面翻译是“卖身女”（妓女）与 *DBCM* 中对，代表藏语སྨད་འཚོང་མ，下段文殊亲颂中 mja^{1} [illegible] 是藏文མ音写。此说法藏传佛教西夏译本常出现（如《四字亥母耳传记》西夏文本等处），此处与 *DBCM* 的说法同. ŋa^{2}·jij^{1} mja^{1}代表藏文བདག་ཉིད་མ“我性母”，西夏语则是“持我母”，与 *DBCM* 中的 bdag nyid ma བདག་ཉིད་མ接近。*The Great Image*：135（prostitute Dagnyima）。

[illegible]
[illegible]
[illegible]
[illegible]
[illegible]
[illegible]①
[illegible]
[illegible]．[illegible]②[illegible]：
[illegible]
[illegible]
[illegible]
[illegible] 12b [illegible]
[illegible]
[illegible]
[illegible]
[illegible]
[illegible]：
[illegible]
[illegible]
[illegible]
[illegible]
[illegible]
[illegible]
[illegible]
[illegible]③[illegible]

[illegible]．[illegible]，[illegible]，[illegible]，[illegible]，[illegible]．[illegible] 13a [illegible]，[illegible]："[illegible]，[illegible]，[illegible]，[illegible]，[illegible]，[illegible]，[illegible]．[illegible]，[illegible]，[illegible]，[illegible]．"[illegible]："[illegible]

① 据上下文，此处 rjɨr^2 [illegible]为 rjɨr^2 [illegible]通假。

② zji^2 de^2 mja^1 [illegible]，"极乐母"，藏文ཀུན་དགའ་མོ. *The Great Image*：137。

③ pjɨ^1 rjar^1 sjij^2 nja^2 [illegible] 藏文པྲ་སེ་ན密教中的镜子的占卜法，*The Great Image*：133。

[illegible]①[illegible]．"[illegible]，[illegible]：

[illegible]

[illegible]

[illegible] 13b [illegible]

[illegible]

[illegible]．[illegible]，[illegible]：

[illegible]

[illegible]

[illegible]

[illegible]

[illegible]

[illegible]

[illegible]

[illegible]

[illegible]

[illegible]②[illegible]

[illegible]．[illegible]③，[illegible]，[illegible]④，[illegible]⑤[illegible]，[illegible]．[illegible]．"[illegible] 14a [illegible]，[illegible]，[illegible]"[illegible]⑥[illegible]，[illegible]："[illegible]，[illegible]，[illegible]⑦，[illegible]．"[illegible]，[illegible]．[illegible]，[illegible]，[illegible]，[illegible]："[illegible]，[illegible]，[illegible]．"[illegible]，[illegible]⑧，[illegible]："[illegible]

---

① śjwo¹？[illegible]，暂译为"逮捕"。

② pja¹ pu¹ [illegible]地名待考察，据藏文是བལ་ཡུལ，即尼泊尔，*The Great Image*：137－138 et passim。

③ 西夏语 tjị² [illegible]语义不合，为[illegible]之通假。

④ zjị¹ dźjwa¹ nio̱w¹ lhjo̱r¹ gjɨ² zjị¹ [illegible]，句子结构不很明确：意思是：毗卢遮那穿鞋，把鞋尖反过来（西夏语"nio̱w¹ lhjo̱r¹"即是"往外场"），据藏文版和英文译本翻译。

⑤ 原文缺[illegible]字。

⑥ njwo² tjị¹ [illegible]，直译"昔愿，昔缘"，代表"答应，承诺"的意思。

⑦ niow² dźjij¹ [illegible]，直译："凶住"，解释"生活苦"。

⑧ 文中用 khjɨ¹ śjwɨ¹ mjɨ¹ [illegible]，直译"足时不及"，可解释为"速度不够快"。

[illegible]①?"[illegible]："[illegible]，[illegible]②[illegible]，[illegible]③[illegible]．"[illegible]，[illegible] 14b [illegible]，[illegible]："[illegible]，[illegible]，[illegible]，[illegible]，[illegible]④[illegible]． [illegible]，[illegible]． [illegible]，[illegible]"[illegible]． [illegible]，[illegible]⑤，[illegible]，[illegible]． [illegible] 15a [illegible]，[illegible]："[illegible]，[illegible]，[illegible]⑥，[illegible]． [illegible]，[illegible]．"[illegible]． [illegible]，[illegible]，[illegible]． [illegible]，[illegible] [[illegible]] [illegible] [[illegible]] [illegible]． [illegible]⑦[illegible]． 15b [illegible]，[illegible]． [illegible]，[illegible]，[illegible]，[illegible]⑧[illegible]． [illegible]："[illegible]⑨[illegible]．"[illegible]，[illegible]，[illegible]，[illegible]⑩[illegible]，[illegible]，"[illegible]"[illegible]，[illegible]． [illegible]，[illegible] [[illegible]] [illegible]⑪，[illegible] 16a [illegible]． [illegible]⑫，[illegible]． [illegible]⁺

---

① dja^{2} rjɨr^{2} · a tśhjɨ^{1} ljij^{2} [illegible]，此处句子结构包括 · a tśhjɨ^{1} 的动词疑问词，并二前缀，其中 rjɨr^{2} 应该解释为副词标记，"所"，翻译为："你们曾有所见么？"不过翻译待考证。

② 原文作 tji̠^{1} [illegible]。

③ tsew^{2} dja^{2} we^{2} [illegible]，此处 tsew^{2} 可以解释为"考虑"，即是"看起来"，表示怀疑或猜测。

④ ɣar^{1} dźjɨ^{2} ŋwə̠^{1} [illegible]，直译"极行咒"似乎不成其意，假设 ɣar^{1} [illegible] 为 ɣar^{1} [illegible]"杀害"的通假，"造害咒"，与藏文同。*The Great Image*：149－150。

⑤ 比较结构：thja^{1} su^{1} ɣwə^{2}·ju^{2} [illegible]，直译："彼于先前"即是"此前"。

⑥ mji^{1} ljij^{1} mji^{1} śjij^{2} [illegible]，此语句意义不详，假设翻译"不可能不来"。

⑦ da̠^{2} nio̠w^{1} [illegible]，直译"说故"，此处翻译为"故事"。

⑧ pji̠^{1} dzjɨj^{1} [illegible]，直译"议判"，官名"宰相"。

⑨ ljɨ̠^{2} thji^{2} lhej^{2} [illegible]，直译"换土地"，即是"驱逐"，与藏文相关记载同。同时，此处 ljɨ̠^{2} thji^{2} lhej^{2} [illegible] 中的 ljɨ̠^{2}thji^{2} 可以解释为藏语[illegible]的转写。如此，此句的意思是"这些应该是毗卢遮那翻译心滴"。

⑩ 原文字不清，建议为 pju̠^{2} [illegible]。

⑪ *The Great Image*：150；原文 tji̠^{1} [illegible] 为 tji̠^{1} [illegible]通假。

⑫ thjɨ^{1} [illegible]为 ·o^{1} [illegible]之讹，文中"功德"（tśhja^{1} ·io̠w^{1} [illegible]）意义不明，似乎代表一种廉。

[illegible]．[illegible]，[illegible]，[illegible]①，[illegible]："[illegible]，[illegible]"．[illegible]，[illegible]②[illegible]，[illegible]，[illegible]③[illegible]，[illegible]，[illegible]④[illegible]，[illegible]："[illegible]"[illegible]，[illegible]，[illegible]，[illegible]，[illegible]，16b [illegible]．[illegible]："[illegible]，[illegible]，[illegible]，[illegible]．"[illegible]："[illegible]⑤[illegible]，[illegible]．"[illegible]："[illegible]，[illegible]，[illegible]，[illegible]，[illegible]．"[illegible]"[illegible]"[illegible]，[illegible]．[illegible]，[illegible]，[illegible]，[illegible]⑥[illegible]，[illegible]，[illegible]，[illegible]⑦[illegible]，[illegible]，[illegible] 17a [illegible]：

[illegible]
[illegible]
[illegible]
[illegible]
[illegible]
[illegible]⑧[illegible]

[illegible]．[illegible]，[illegible]，[illegible]　[illegible]，[illegible]⑨[illegible]，

---

① tshjɨj[2] sjɨ[2] po[1] zjɨ̣[1] dzjɨ̣[1] [illegible]，tshjɨj[2]sjɨ[2]po[1]zjɨ̣[1]是地名ཚེ་སྤོང་西夏语的 zjɨ̣[1]"氏"与藏文བཟའ་同源，dzjɨ̣[1] 为"红"，既是藏语དམར་ 如此，bu̲[2]ŋwər[1]dzow[2] [illegible]代表汉语"皇后"，则西夏语代表ཚེ་སྤོ　ང་བཟའ་དམར་རྒྱན་赤松德赞皇后之一，*The Great Image* 中的 Queen Margyen。

② pjị[1]dzjɨj[2] [illegible]，直译"论判"，翻译为"宰相"，官名。

③ sjɨ[2] tja[1] kə[1] lju[1] ko[1] ŋə[1] [illegible]，此语句结构不明，能有二种断句：其一 sjɨ[2] tja[1]kə[1]-lju[1] ko[1] ŋə[1]；其二 sjɨ[2] tja[1]-kə[1]lju[1] ko[1] ŋə[1]．ŋə[1] 代表尾鼻音，因此人名有二种解读：*stag lu gong 或 *sta klu gong（第二可能性比较高），二者无疑问地代表 སྟག་སྒྲ་ཀླུ་གོང་ 赤松德赞大官之一。

④ tśhjĩ[1] ɣjɨ̣[1] njij[2] te̲w[2] [illegible]，可能代表ཆེལ་རྡོ་རྗེ་ཅུང་，西夏语拟音 *chen dorje；tew 不详。假设此处是 ཆེལ་རྡོ་རྗེ་ཅུང 赤松德赞官员之一，待考证。

⑤ 原文不明，或为 ljɨ̣[2] [illegible] 与连接词 ljɨ̣[1] [illegible] 通假，或为"[illegible]"。

⑥ ·we[1] no[2] ljɨ̣[2] [illegible] 与连接词 ljɨ̣[1] [illegible] 通假，we[1] no[2] [illegible]，直接翻译"龙脑"藏文ག་བུར་。

⑦ mja[1] lja[2] ŋər[2] [illegible]此地名待考证。

⑧ dạ[2] lhe̲w[1] [illegible]，直译"属于冷"，可能指吐蕃国，待考证。

⑨ 文中有明显对立：东方"tsja[1] ŋər[2] [illegible]"即是"热山""西蕃"（西藏）"śju̲[1] ŋər[2] [illegible]"凉山，即是卫藏和察瓦龙之间的对立。

[illegible]①[illegible]，[illegible]：

[illegible]

[illegible]

[illegible]

[illegible]②[illegible]

[illegible] 17b [illegible]

[illegible]. [illegible]，[illegible]："[illegible]，③[illegible]④[illegible]"[illegible]，[illegible]，[illegible]：

[illegible]

[illegible]

[illegible]

[illegible]

[illegible]

[illegible]. [illegible]，[illegible]：

[illegible]

[illegible]

[illegible]⑤[illegible]

[illegible]

[illegible]

[illegible]

[illegible] 18a [illegible]

[illegible]

[illegible]

[illegible]

[illegible]

[illegible]

---

① ·wu̧² gju² [illegible]，直译"助具""工具"，此处意义不详。

② 原文作 ljwu¹ [illegible]，据藏文改 ŋia̱² [illegible]，"鹅"；*The Great Image*：176。

③ nji² [illegible]，动词呼应标记，此处是敬体语。

④ mjɨ¹ śjow¹ [illegible]，此处据上下文翻译为"不需"。

⑤ njii̱j¹ ɣiej¹ [illegible]，直译"中真"，藏文སྙིང་པོ。

[illegible]

[illegible]

[illegible]

[illegible]

[illegible]

[illegible]①[illegible]

[illegible]②[illegible]

18b [illegible]

[illegible]

[illegible]

[illegible]

[illegible]③[illegible]《[illegible]》[illegible]《[illegible]》[illegible]：“[illegible]？”[illegible]：“[illegible]④[illegible]。”[illegible]：“[illegible] 19a [illegible]。”[illegible]：“[illegible]”[illegible]：“[illegible]。”[illegible]：“[illegible]？”[illegible]：“[illegible]⑤[illegible]。”[illegible]：“[illegible]”。[illegible]⑥[illegible] 19b [illegible]⑦[illegible]

① tshja[1] ·wa[1] ror[1] [illegible] 即是藏语ཚ་བ་རོང་。

② dźjij[1] ·wjij[1] [illegible]，“行者”，即是藏文འགྲོ་བ་。

③ rjɨr[2] [illegible]与 rjɨr[2] [illegible] 通假。

④ kji[1] [illegible]汉语借词“记”。

⑤ phə̱[1] tśja[1] [illegible]，拟译“系”，藏文མདུད་པ་。

⑥ khu[1] dźjwow[1] njij[1] ɣiej[1] [illegible]，文中 khu[1] dźjwow[1] 为音译，拟为གཡུ་སྒྲ，njij[1] ɣiej[1]（中真）为藏文སྙིང་པོ་的翻译，则是གཡུ་སྒྲ，Tsawarong 王子，毗卢遮那的弟子，汉译玉扎宁波。

⑦ piə̣j[2] lhe̱w[2] [illegible]，直译“有毛”，即是吐蕃王རལ་པ་ཅན་，从此可知西夏文本的藏文原文误解吐蕃历史断代：文中叙述的情况大部分属于赤松德赞及其子的时代。

[illegible]①[illegible]，[illegible]②[illegible]，[illegible]③[illegible]④，[illegible]⑤[illegible]⑥[illegible]，[illegible]，[illegible][illegible][illegible]，[illegible]，[illegible]. [illegible]，[illegible]，[illegible]，[illegible]⑦[illegible]. [illegible]，[illegible]《[illegible]》[illegible]，[illegible]《[illegible]》⑧[illegible]，[illegible]，[illegible]. [illegible]，[illegible] 20a [illegible]. [illegible]，[illegible]“[illegible]”[illegible]. [illegible]，[illegible]，[illegible]，[illegible]. [illegible]，[illegible]，[illegible]《[illegible]》[illegible]. [illegible]，[illegible]，[illegible]，[illegible]，[illegible]，[illegible]，[illegible]《[illegible]》[illegible]. [illegible]，[illegible]⑨[illegible]，[illegible]；[illegible]，[illegible]. [illegible]，[illegible]，[illegible]，[illegible]⑩.“[illegible]，[illegible]”[illegible]，[illegible]，[illegible] 20b [illegible]：

[illegible]

[illegible]

[illegible]

[illegible]

[illegible]

[illegible]

[illegible]

---

① pjij[1] mja[1] lja[1]mju[2] tjɨ[1] rjar[1] [illegible] 即是印度班志达 Vimalamitra，据西夏文转写，拟音是 Vimalamudra。

② ·jar[1]mo[2] [illegible]，即是རྒྱ་མོ་ཚ་བ་རོང་。

③ pja[1] lja[1] mo[2] tshja[1] · wa[1] ror[1] [illegible]据西夏语拟音是 * Palmo Tsawarong，待考证。

④ ·a njɨ[1]tśjɨ[1] dju[1]njij[1] [illegible]，待考证，拟译：此处 tśjɨ[1] dju[1] njij[1] 为西夏语[illegible]（出有坏）的简写。考虑藏བཅོམ་意义，暂定汉译“有胜藏”。“a ni”暂无法鉴定；暂定藏文“阿尼有坏藏”，* ཨ་ནི་བཅོམ་ལྡན་སྙིང་པོ་。

⑤ mo[2] njɨ[1] tshja[1]·wa[1] ror[1] [illegible]，据西夏语拟音是 * Mani Tsawarong，待考证。

⑥ rjɨr[2] nju[2] pju[2] sjɨ[1] tshọ[2]ŋa[1] njij[1]ɣiej[1] [illegible]，据拟音人名复原：རིན་པོ་ཆེ་ནམ་མཁའ་སྙིང་པོ་，Ākāśagarbha 待考证。

⑦ ku[1] mja[1] rjar[1] lhej[1] dzju[2] [illegible] 即是 Jñāna Kumāra 译主，即是 Nyak Jñāna Kumāra，藏文གཉགས་ཛྙ་ན་ཀུ་མ་ར་，汉译：智慧孺童；智慧鸠摩罗。

⑧ i. e. 藏文 ཕྱི་འགྱུར་བཅུ་གསུམ་。

⑨ zur[2] de̱j[1] [illegible]，汉译“教传”，拟藏文ལུང་རྒྱུད་。

⑩ phji[1] dạ[2] [illegible]，直译“失意”，此处“改变主意”之意思。

[illegible]

[illegible]①，[illegible]②[illegible]③[illegible] 21a [illegible]④[illegible]⑤[illegible]：

[illegible]

[illegible]

[illegible]

[illegible]⑥[illegible]

[illegible]

[illegible]

[illegible]

[illegible]

[illegible]⑦[illegible] 21b [illegible]⑧[illegible]

---

① lə dj$\mathrm{\dot{i}}$j[2] [illegible]，“念定”，藏文བསམ་གཏན 。

② njij[1] tj$\mathrm{\dot{i}}$j[2] [illegible]，直译：“心印”。

③ mjij[1] sjwɨ[1] tjɨj[2] tśjɨ[1] [illegible]，直译：“寂思定次”，拟藏文སྒོམ་རིམ་ Bhāvanākrama，一种修行次第，与莲华戒论著无关，具体意义不详，前一句提“六枝”代表传说“要门”方法：为入者随顺（མཐུན་པ་或ནན་དན་དུ་བྱས་）据六枝（门）来说，此处与藏文ཐིག་ལེ་དྲུག同义。其中“六枝”可能指的是“六种众生”（འགྲོ་བ་རིགས་དྲུག），“念定”由和“耳传要门”和“静思次第”二种资料组成的。这些是 Vimalamitra 传给玉扎宁波法门的内容总结。待考证。

④ do̱[2] ɣa[1] [illegible]，地名待考证，据拟音此地名暂解释为 “Tohar”ཐོད་དཀར་，即是中亚地区，此处可能指的于阗等处。此鉴定存疑：西夏文 do̱[2]ɣa[1] 代表 Saraha 成就者的证悟歌，此处解释为地名不全妥当，不过如此与藏文记载没有很大的冲突。

⑤ kju̧[1] tshwew[1] [illegible]，直译“供养”，即是藏文སྒྲུབ་ཐབས་，sādhāna，此处可以解释为མཆོད，pūjā。

⑥ kia̱[2] pjo[1] [illegible]，直译“补谤”是下行 kia̱[2] lhu[1] pjo[1]lha[1] [illegible]的略写。四字直译“弥补谤灭”意思。具体意义不明。

⑦ gu[2] tśjɨ̣[1] [illegible]，直译“中围”，即是དཀྱིལ་འཁོར，maṇḍala。

⑧ phju[2] swew[1] [illegible]直译“上明”或“上觉”，藏文直拟སངས་རྒྱས་མཆོག此人暂无法鉴定，假设此处指的ཐུགས་སངས་རྒྱས་མགོན་པོ་。

[illegible]:“[illegible]”；[illegible]①[illegible]:“[illegible]②[illegible]”.[illegible]③[illegible]，[illegible]，[illegible]，[illegible].[illegible]，[illegible]，[illegible].[illegible]，[illegible]④[illegible]，[illegible].[illegible]，[illegible]，[illegible]，[illegible]，[illegible]⑤[illegible] 22a [illegible]，[illegible]:“[illegible]，[illegible]，[illegible]，[illegible]⑥[illegible]，[illegible]，[illegible]，[illegible]，[illegible]”.[illegible]，[illegible]，[illegible].[illegible]⑦[illegible]，[illegible]⑧[illegible]，[illegible]⑨[illegible]，[illegible]⑩[illegible]，[illegible]⑪[illegible]，[illegible]⑫[illegible]，[illegible]⑬[illegible]⑭[illegible].[illegible]⑮，[illegible]⑯[illegible]，[illegible]⑰[illegible]⑱[illegible]，[illegible] 22b [illegible].[illegible]⑲[illegible].[illegible]⑳[illegible].[illegible]。

---

① swew[1] kjụ[1] [illegible]直译“求明”，此人暂无法鉴定。

② 即是རྒྱ་མོ་ཚ་བ་རོང的简写。

③ tser[1] tsə̣[1] khe̱j[1] dźjij[1] [illegible]，直译“药汤戏行”，中围名字，拟藏文：སྨན་བཙུད་ཀྱི་སྒྲོས་སྤྱོད 具体意义待考证。

④ 此处[illegible]为代表东方区域，“玉扎”，或为“[illegible]”之讹，此处需要考证。

⑤ ·we[1] po[1] tjɨj[1] [illegible]，即是 Nāgabodhi，ཀླུའི་བྱང་ཆུབ。

⑥ ·wjij[2]？ [illegible]，二字意义不明，直译“伯叔”。

⑦ ·we[1] dźjow[1] [illegible]即是“龙幢”，ཀླུའི་རྒྱལ་མཚན，即是ཚོག་རོ་ཀླུའི་རྒྱལ་མཚན。

⑧ śjɨj[2] bu̱[2] zjɨr[1] [illegible]，直译“圣胜慧”，大致上相当于藏文དཔལ་ཤེས་རབ，此处不成其意，暂定为藏文的དཔལ་ཡེ་ཤེས，则代表སོག་པོ་དཔལ་ཡེ་ཤེས另一种可能是རྒྱལ་བ་བཤེས་གཉེན 即 Jīnamitra，待考证。

⑨ kie[1] dźjow[1] [illegible]，直译“戒幢”，藏文拟为ཚུལ་ཁྲིམས་རྒྱལ་མཚན，人名虽出现在不同宁玛派文献，此处待考证。

⑩ nja̱[1] nja[2] bu̱[2] zjɨr[1] [illegible] 前二字为音译，拟音 *Nana，拟音 jñāna；后二字为藏文རྒྱལ་བ་ཡེ་ཤེས或者དཔལ་ཤེས་རབ的翻译，待考证。

⑪ gju̱[2] rjur[1] zjɨr[1] sjij[2] tjɨj[2] [illegible]，直译“吉祥智慧印”，待考证，拟藏文དཔལ་ཡེ་ཤེས་ཀྱི་ཕྱག་རྒྱ。

⑫ bo[1] njij[1] mjij[2] dźjwow[1] [illegible]，直译“林中名称”，待考证。为此拟藏文接近ཚལ་སྙིང་གྲགས་པ。

⑬ bo[1] na[1] wu[2] sjij[2] njij[1] ɣiej[1] [illegible]，最后二字代表藏语སྙིང་པོ，直译“深林伏智藏”。

⑭ tha[1] ljɨ̣[1] [illegible]，直译“大宝”名字多见在不同文献中，具体鉴定待考证。

⑮ 原文此处缺动词谓语，东国地名举起到考证。

⑯ tsar[1] lhjij [illegible]，暂定为西夏语ཙའི་ཡུལ的翻译，同样，此地名可能与藏文资料中ཙ是同源的。

⑰ so[1] zjɨ̣[1] ŋjow[2] [illegible]，地名，待考证。

⑱ ·wə̱[1] gju̱[2] rjur[1] [illegible]，直译“柔吉祥”，即是འཇམ་དཔལ་དབྱངས 文殊师利。

⑲ mja[2] sjɨ[2] tow[1] [illegible]，待考证。

⑳ tsji̱r[1] ·jɨr[2] [illegible]，直译“法勤”，藏文ཆོས་ཀྱི་བརྩོན་འགྲུས 待考证。

[illegible]:"[illegible],[illegible],[illegible]?"[illegible]:[illegible],[illegible],[illegible]《[illegible]》[1][illegible]:

[illegible][2][illegible]

[illegible]

[illegible][3][illegible]

[illegible]

[illegible].[illegible],[illegible],[illegible][4][illegible].[illegible],[illegible],[illegible].[illegible],[illegible],[illegible].[illegible] 23a [illegible]《[illegible]》[illegible]:

[illegible]

[illegible]

[illegible]

[illegible][5][illegible]

[illegible].[illegible],[illegible],[illegible],[illegible],[illegible].[illegible],[illegible].[illegible],[illegible].[illegible],[illegible],[illegible].[illegible]《[illegible]》[illegible]:

[illegible]

[illegible]

[illegible]

[illegible]

[illegible].[illegible],[illegible], 23b [illegible],[illegible],[illegible],[illegible][6],[illegible][7][illegible],[illegible],[illegible],[illegible][8],[illegible],[illegible],[illegible]

---

① nju[1] dej[1] ·jɨr[2] rer[2] [illegible],直译"耳传璎珞",藏语སྙན་བརྒྱུད་ཀྱི་འཕྲེང་བ。

② bu̲[2] dzjwɨ[1] [illegible],直译"胜帝",藏文རྒྱལ་བ,"胜者"(Jīna)、"佛陀"。

③ dzjij[2] dwər[2] mjijr[2]? ·o[2] mjijr[2] [illegible],直译:"它查者拒入者",指的是"异道"和不愿意进入佛道之人。

④ rar[2] ·io̱[1] [illegible],直译"轮回"。

⑤ mji[1] ·jɨr[2] njwo[2] śjɨj[1] [illegible],直译"无勤昔成",是藏文固定词组翻译,意思是"无勤而本成"(རྩོལ་མེད་པའི་ལྷུན་གྲུབ)。

⑥ ? tshjɨ[1] [illegible],直译"亲颂","亲列",待考证。

⑦ ljɨr[2] war[2] [illegible],直译"四支"。

⑧ 此句子结构不明显,此外暂无法拟文中的专用名词词汇。文中介绍修行过程中的不同毛病和缺点,虽然直觉上能理解其基本含义,具体翻译存疑。

[illegible]《[illegible]》[illegible]：

[illegible]

[illegible]

[illegible]

[illegible]

[illegible]，[illegible]，[illegible]□[illegible]，[illegible]，[illegible]，[illegible]，[illegible]，[illegible]. [illegible]，[illegible]. [illegible] 24a [illegible]①，[illegible]②[illegible]，[illegible]，[illegible]，[illegible]. [illegible]。[illegible]，[illegible]. [illegible]. [illegible]，[illegible]，[illegible]，[illegible]③[illegible]，[illegible]，[illegible]，[illegible]. [illegible]，[illegible]④[illegible]. [illegible]，[illegible]. [illegible]⑤[illegible]，[illegible]，[illegible]，[illegible]⑥[illegible]，[illegible]，[illegible] 24b [illegible]，[illegible].《[illegible]》[illegible]：

[illegible]

[illegible]

[illegible]

[illegible].[illegible]《[illegible]》[illegible] [illegible]

[illegible] [illegible] [illegible]⑦

---

① lij² śjij¹ [illegible]，名词化的结构，即是“看法”，“见解”（ལྟ་བ）。此处另一种可能，把 śjij¹ 解释为表示行动方式或出发点的标记，即可翻译为汉语“约”：“约见”，“从见的角度来看”；“见”（藏文ལྟ）；nur² [illegible] 直译“指示”（可能藏文སྟོན་པ）；句子译文：“约见，应合与体来指示。”“体”为“教体”。

② śia̱² śjij¹ [illegible]，直译“意顺”，据其他文本分析，意义接近汉语“宗趣”，藏文གྲུབ་པའི་མཐའ；此处意思是“正确的解释法界理的核心内容”。

③ [illegible]，“寂思”；·io̱¹ śio̱¹ [illegible]，直译“全集”（ཚོགས），指的是译文全集。此后三句另有 kiej¹ ljɨ̱¹ zjij¹？[illegible]以及·io̱¹ lwu¹ ljɨ̱¹phjo¹ kar¹ [illegible]，即是“界及着舍”，“圆融及分别”的“全集”也指出不同文本类型，待考证。

④ tśjɨ̱¹lə¹ [illegible]，直译“岔障”，暂译为“障碍”。

⑤ dźju¹ ·jwɨr²kjij¹ [illegible]，直译“释宣文”，指的“གསལ་འགྲེལ”之类的藏文原文，即是“清楚说明经文”。

⑥ ka̱²dji̱¹ [illegible]，直译“纲分”，指的“科判”，“纲要”。

⑦ kiej²tsji̱r¹dzjij² [illegible]，tsji̱r¹ dzjij² 为“法师”译语；kiej² 为名词缀“子”，非人姓，暂译为“谋”，或汉人姓。

二、《五部法界都序卷下》西夏文翻译[①]

[2a] 五类法界都序卷下

敬礼出有坏吉祥普贤[②]

1.［缘起：国王求法］

次说蕃国传法之事，盖［第］一转轮王出现时，他以其法王子的出现，为有情作利益，蕃中国所出转轮王子，即是菩提勇识戒忠[③]，广造桑耶寺等庙宫，译因果二法，令流传于其国内，［并得以］盛行。于是［有人说］[④]“西天有大寂竟要门，所谓‘圆融圆满’[⑤]之说”。此话传入戒忠国王耳根，［国王］详加询问。［有人解释］：“其法宗趣，是演说因果圆融圆满，[2b] 不舍三毒、五毒、五欲，并以之为庄严。[⑥] 一切轮回涅槃法集聚于无碍‘自生真智’之处，有如此殊胜［之法］，而西天不许流传。”戒忠王想：“我国内因果二教已经盛行，为有情之利益，应该让大圆满

---

① 翻译说明[3a]代表西夏原文页码，［ ］译者加的内容，□代表原文缺的，或为难以识别的字的译者假设，颂文不加标点符号；一部分人名是藏语或梵语转写或翻译，缺乏相应的汉语翻译或音译，或翻译不确定，如此情况下使用罗马字转写，梵文引语全用罗马字转写，西夏文的梵文转写不标语音符号（如元音长度等），皆为译者所补。藏文的原文以及汉译补在西夏文的汉译中，以便读者核对比较。

② 藏语复原：བཅོམ་ལྡན་འདས་དཔལ་ཀུན་ཏུ་བཟང་པོ་ལ་ཕྱག་འཚལ་。

③ 赤松德赞。此句子西夏语“出”to² 𗥑 有出现和出生的意思，可能与藏文原文词汇特色有关。

④ 为译者加，此处［有人］指的莲花生大师以及寂护菩萨。

⑤ 大圆满，རྫོགས་ཆེན。

⑥ GBCB：304－305：ལྔ་པ་ནི་ཨོ་རྒྱན་པདྨ་འབྱུང་གནས་དང་བོ་དྷི་ས་ཏྭ་སྤྱན་དྲངས་ནས་མདོ་སྡེ་དང་གསང་སྔགས་ལ་སོགས་པ་རྒྱུ་འབྲས་ཀྱི་ཆོས་དར་བར་བཞུགས་པ་ལ། །དེ་དག་ལ་བཙན་པོ་ཐུགས་མ་ཆེས་ནས། །བོད་ཀྱི་འཁོར་འབངས་རྣམས་ལ་བཀའ་བསྩལ་པ། བོད་ན་རྒྱུ་འབྲས་ཀྱི་ཆོས་དར་བར་བཞུགས་པ་ལ། །རྒྱུ་འབྲས་གཉིས་ལས་འདས་པའི་ཆོས་མི་བཞུགས། །རྒྱ་གར་གྱི་ཡུལ་ན། །ཆོས་དེ་མི་བཞུགས་མི་སྲིད་པས། །མན་ངག་གི་ཆོས་སྐྱེ་བ་ཕྱི་མ་ལ་མི་ལྟོས་པར། །སྐྱེ་བ་འདི་ལ་སངས་རྒྱས་པའི་ཆོས་གཅིག་འཚོལ་དགོས། “第五［传法］，乌金莲花生以及菩萨（寂护）邀请时，经部以及真言等因果法已经广传，但是国王对此法门缺乏信心，乃向吐蕃侍者和大臣有如此宣言：吐蕃已广流传因果之法，但是没有超越因果之法。尚且印度无如此法门是不合乎理性。因此要寻找不依往生，此生能成佛要门之法。”

DBCM：92；*The Great Image*：87：སྐྱེ་བ་སྔ་མའི་སྟོབས་ཀྱིས་རྒྱ་གར་ན་རྒྱུ་འབྲས་ལས་འདས་པའི་ཆོས་ཡོད་པར་མཁྱེན་ནས། །འབངས་བློན་མཁས་པ་བཙུན་ཐམས་ཅད་བསགས་ཏེ། །རྒྱུ་འབྲས་ཀྱི་ཆོས་རྫོགས་ཟིན། །རྒྱ་གར་ན་རྒྱུ་འབྲས་ལས་འདས་པའི་ཆོས་ཞིག་ཡོད་ངེས་པར་འདུག་པས། །མི་གཉིས་འཚོལ་དུ་འགྲོ་དགོས་སུ་འགྲོ། །དེའི་དགེ་བའི་རྩ་བ་ནི་ནམ་མཁའི་ཁམས་སུ་ཡང་མི་ཤོང་ངོ་།“因为国王以宿命之力，知道印度有超越因果之法，招集诸侍者和正智大臣，说：虽然因果法已圆满，印度一定有超越因果之法门，二人要去寻找此法，谁去？如此之善根连虚空界都容纳不了”。

法也[得以]在此处的盛行。”因此，[王]在其国择慧刚。因为拶咯利怛(*Jakrita)及藏楞咕噜(ཚང་ལེགས་གྲུབ Tsang Legs grub)二人，是真慧刚[1]，故邀至内宫。王说：“西天有殊胜大寂要门，所谓‘阿底瑜伽’，你们去听，[若]其法殊胜，则我之福，你们之福德亦无量。”拶咯利怛说：“我虽然不是真慧刚，遵圣 [3a] 王之令去听。”国王欢喜，于御马中，择一上等马，令驮二斗金粉及二金钵。王说：“你们布施给西天大圆满要门善巧，然后去听吧。”

2.［往印度出发及第一苦,《大面具》第三苦］

拶咯利怛等出发，半途来到圣帕罗道场住宿。其夜初时，拶咯利怛梦中见二童女来送二壶酒，俱饮，享受味美，而藏楞咕噜喝一部分，扔了一部分。此后，夜末西方出二太阳，[其中]一日即刻消失于虚空，一日照明蕃国哈斯颇山，而后于东方消失。[3b] 天亮后，拶咯利怛说颂曰：

朋友咕噜你来听，
昨夜夜初睡梦中，
二女壶内送美酒，
半饮半弃梦恶相，
恐于法上生间断[2]，
此后夜末睡泯中，
西方二日同时出，
一日虚空立刻没，
一日哈斯颇山上满，
没于东方梦恶相，
虽得法而不兴盛[3]。

3.［第二苦,《大面具》第七苦］

日出二人出发，达到西天国境，遇到边哨。边哨发现[二人]是出自蕃尼[4]而来的，及说“可杀[他们]”。此时拶咯利怛变为铁鸟，并让金变为锐刀。边哨长官说：“此人有威德，我们不杀，[4a] 另一人可杀”，拶咯利怛以威力将藏楞咕噜变为

---

① 楞咕噜，“慧刚”NMOZ,294：ཤེས་རབ་ཆེ་。
② 此句意思不明。
③ 与藏文内容不同。
④ 西夏语对西藏总称。

一童子①。于是拶咯利怛现出其本身,又如下说道:

　　在无有生灭如虚空内,
　　亦不有杀及不杀二法,
　　今日汝等若杀死此人,
　　尔何不为不应得之业,
　　吾予汝等少许之黄金,
　　往金刚座之道是如何②。

［拶咯利怛］给了他们两个金币,边哨首长库麻辣答曰:"今这两个人有神通,有什么特别?"③就把真实的道路告诉［了他们］。④

4. ［在印度求要门］

拶咯利怛等循路而行⑤,至金刚座之处,驻锡月余,问诸人曰 4b :"你们国家哪位是大竟寂理的善巧［大师］?"婆罗门老妇说:"* Dhritra 国有吉祥狮子(Śri Siṃgha)五明善巧,* Pritra 国有 Pritra 五明善巧,Nritra 国有如意珠五明善巧,另外有四位五明善巧,总共目前有七位五明住世,各不相同,至于金刚座东边 * Dhritra 国的吉祥狮子,他是最上的善巧。"闻后,［拶咯利怛等］来到菩提树下吉祥狮子的家,站在门外,等出入者。［他们］很快遇到了一位汲水的少女,拶咯利怛用梵文向那位女人说道:"* kūru māha jña buddha dharma 5a saṃgha na［mo］, bodhisattva karu［ṇā］ samaya jñāna krama kulu kami。"⑥

---

① DBCM: 109 - 110; *The Great Image*: 101 - 102: བེ་རོ་ཙ་ནས་རྫུ་སྤྲུལ་བསྟན་དེ་།རིན་པོ་ཆེའི་ཟ་མ་ཏོག་གི་ནང་དུ་ལྕགས་ཀྱི་སྤྲ་གྲི་གཅིག་དུ་རྫས་པ་ལས་།ཁྲང་སྲུང་གི་དཔོན་པོ་ཀུ་ཧ་ར་དབང་དུ་བཞེས་པ་དེས་སྨྲས་པ་།ངོ་མཚར་ཆེ་བ་རྫུ་འཕྲུལ་ཅན་འདི་ཞོག་ལ་།ཟླ་པོ་འདི་གསོད་ལ་གསེར་ཕྲོག་གོ་ཟེར་རོ་དེར་བེ་རོས་ལེགས་གྲུབ་མཐའི་མོན་པ་ལྐེ་ལྐུམ་གཅིག་ཏུ་སྤྲུལ་ནས་།འཕྲུག་སྲུང་ལ་འདི་སྐད་ཅེས་མགུར་བཞེངས་པ་། 汉译:"毗卢遮那显示幻术,把自己变成为珠宝盒,盒里有铁剪刀,如此边哨库麻辣王都有如此之说:'放弃这位有大神奇幻术者,去杀这位伴侣,并夺黄金。'此后,毗卢遮那将藏楞咕噜变为边远门巴族的结巴(此处据英文版"dumb Bhutanese tribesman"的翻译,实际藏语ལྐེ་ལྐུམ意思不明),然后唱了有首歌云云。"西夏文与 DBCM 内容大致上同。NMOZ: 297: མཐའི་མོན་བུ་སྐྱི་ལྐམ་པ; PKT: 418: མཐའ་མི་སྐྱི་ལྐུགས。

② DBCM: 109 - 110; *The Great Image*: 101 - 102;文本研究篇二。

③ 西夏语𗖵𗠁𗥃能有二种翻译:"有什么了不起"和"多吗殊胜"。

④ DBCM 无此段文字: ཞེས་གསུང་ནས།གསེར་ཕྱི་ཁྱོར་གང་ཕྱིན་པས།འཕྲང་སྲུང་དགའ་ནས་ལམ་རྒྱུས་ལེགས་པར་བསྟན་ཏོ། "唱已,毗卢遮那给了一手掌的黄金,边哨因为高兴,把路线好好地告诉了他们"。

⑤ 直译"持道"。

⑥ DBCM: 23: མ་ཧཱ་ཀཱ་རུ་ཎ་བུདྡྷ་དྷརྨ་སངྒ་ཛྙཱ་ན་མོ་ཡ༔བོ་དྷི་ས་ཏྭ་ཀཱ་རུ་ཎ་ས་མ་ཡ༔ཛྙཱ་ན་ཀ་གརྦྷ་ཀུ་རུ་བྷ་སྨིན་: māhā kāruṇā buddha dharma sanga jñāna moya/ bodhisattva kāruṇā samaya/西夏文拟梵文: jñānagarbha kuru bhasmin kūru māha jña buddha dharma · saṃgha na［mo］, bodhisattva karu［ṇā］ samaya jñāna krama kulu kami; GBCB 此处: ཀ་རུ་ན་མ་ཙན།བུདྡྷ་དྷརྨ་སང་གྷ་ན་མ་ཡ。PKT: 419: མཧཱ་ཀཱ་རུ་ཎ་བུདྡྷ་དྷརྨ་སངྒྷ་ཛྙཱ་ན་མོ་ཡ།བོ་དྷི་ས་ཏྭ་ཀཱ་རུ་ཎ་ས་མ་ཡ/ །ཛྙཱ་ན་གརྦྷ་ཀུ་རུ་བྷ་སྨིན་。

译番语：
汝圣间最圣菩提勇识，
利益行者故受此生身，
大宝炽燃全学者之主，
具如意珠般满大悲力，
因吐蕃戒忠国王之旨，
为利有情我等来求法，
乞见圣者面令烦恼净，
此处求赐大悲心相见①。

汲水女人说：“师此刻入定，请出门外稍待。”［女人］说这句话时候，拶咯利怛等不相信，念咒语摄受 5b 女人的汲水瓶，勾住在地上。② 女人不能提起，拶咯利怛等说：“尽快速去师处，就放开你的瓶子。”女人听从［他的］话，拶咯利怛就让她载水瓶。女人去室内，半途又想：“蕃和尚等有神通，我也有威德，当令其显现。”她把瓶子放下，用食指切开自己胸部，念“* vajra praviśāya svāhā”，剖开腹部，使见到金刚法界佛皆显现，此时她拿了瓶子，就把它放在内。于是拶咯利怛等欢喜发起信心，女人往里去，并向师说“门外有二位和尚来求法”这一事。师听了以后，又说如下：ṛṣi 6a sama［ya］saṃg［ha］apāramitā jñāna。③
番语：
依同愿及三末耶④，
岂有不相见之礼，
信勤胜慧等具则，
无论何皆得成就，
经历困苦远来此，
因心坚身受劳累，
比有所求不是故，

① 见西夏录文。
② DBCM：122：དེར་བེ་རོས་སྒྱུ་མའི་སྦྱོར་སྔགས་ཀྱིས་ཆུ་བའི་བུམ་པ་ས་ལ་སྦྱོར་ཏེ་མ་ཁོགས་པས།མོས་སྨྲས་པ “如此，毗卢遮那以‘如幻相应’真言，把瓶子勾在地上，不能拔，此后女人说”。
③ DBCM：122：ས་མ་ཡ་ཨ་པ་རི་མི་ཏ་ཛྙཱ་ན GBCB：309：ས་མ་ཡ་ཨ་པ་ར་。
④ 原文此用处“𗡶𗟲”，字面“记句”，藏文དམ་ཚིག，梵文 samaya，此处为保留原文节奏使用梵文的汉语拼写。

因愿此刻见汝等①。

未过多时，大师出门外，拶咯利怛等拜顶于师足下，右绕师前合掌，细述前言，奉金于师，求取要门。② 师说："你们求法应该用善巧方便。至于西天人，因为他们嫉妒凶恶，你们冒死前来③，勿说来听法，假装为市场追求乞者而游[6b]行，去敬拜圣殿，到人无闲④时候，与□时来听法。"

5. ［向吉祥狮子求法］

拶咯利怛等就照这样做。秋天因为大家无闲，［二僧］到了师处听法，奉献金曼达辣并且再次求教。拶咯利怛等为师摄受，为种明主，⑤乃［师］为［二人］取毗卢遮那⑥及顺句成就的名号。此后吉祥狮子师取出金刚座下的伏藏圣典⑦。毗卢遮那等昼时诵经，夜中听法。时吉祥狮子入于一桶内，放于网中⑧，悬空捆绑于檩梁上，以其悬空中，听法人等入于木桶，木桶钻扣而装水；［毗卢遮那等］头上羽而[7a]毛发。将铁管穿过木桶⑨，［把就所问］用白羊醐写在白氎［形式］摩树叶上，祭在乳色唐卡⑩。

其五类中，《大虚空》者说如衣体，《凤凰》者说如衣下⑪，师乃说："法满足？"顺句成就说："体会了师的宗旨，我满足。"后来说"此者智慧猛明，我尽快去利益王处"而往，回归本国，半途被边哨所杀。毗卢遮那说："法没有满足我。"师则如梳在手中说《觉悟杜鹃》及《大狮子》，因为毗卢遮那说"未满足我"，乃如衣顶说《念定六义》⑫；因为［毗卢遮那又说］："这也未[7b]满足我。"［吉祥狮子］俱说圣

---

① 文本研究篇五：BKT：420：སྔོན་གྱི་དམ་ཚིག་ཆེན་པོས་བདག་བསྐུལ་ནས། །ཁྱོད་དང་མི་འཕྲད་པ་ཡི་རང་དབང་མེད་。

② DBCM：124：དེ་ནས་ནམ་གུང་ལ་མཇལ་ནས་ཕྱག་དང་བསྐོར་བ་བྱས་ནས། གསེར་སྲང་སྟོང་ཕུལ་ནས། ཁྲི་སྲོང་ལྡེ་བཙན་གྱི་ལོ་རྒྱུས་ཀུང་བརྗོད། "于是，夜中相见，合掌右绕，奉一千金币，阐述赤松德赞的情况"。

③ 此处翻译待考证。

④ 直译，此处可以解释为"闲暇"。

⑤ 此处原文𗼇𗣼𗗙𗧓，直译"种明主 CAUS"，拟译"抉择毗卢遮那为本尊"。

⑥ 文中明确指出名号与毗卢遮那灌顶有关系，因此下文直接用毗卢遮那名号；西夏文用藏文བཻ་རོ་ཙ་ན的转写，而不是汉语毗卢遮那的西夏音译。

⑦ 西夏语的 tśhji² 𘝦代表"圣典"。西夏文故事很简略。

⑧ 直译。

⑨ 句子结构不明。

⑩ 拟译，藏文版无此处。此段出现在所有与毗卢遮那求法藏文文献中，此处具体来源不明，与 DBCM 等有明显的差异。文本研究篇六。

⑪ "衣下"字面翻译，实际意义为"内衣"。

⑫ "如顶衣"似乎为西夏语固定譬喻，与上文"下衣"相配，表示"外套"。

敕，本续和要门。① 因为毗卢遮那尽皆领悟，吉祥狮子说："毗卢遮那，你若想回国，得求神足通。你的朋友顺句成就，因为没有学神足通，被他人所杀，你莫使法续中断，应该与边哨队长谷禾辣（Kuhāra），或神足头监谷麻辣（Kumāra）一起成为朋友。"②此后毗卢遮那遵从祖师所语，原来准备有两个金曼达辣，将其中之一奉献给谷麻辣，盟誓做朋友。祖师为毗卢遮那指出有《据黑色 8a 天女乐麻谛（Remati）三足主神足求顺》的要门③。

6. ［求神足法，与罗怙罗王说法］

在库沙铁天山树下④，求神足通时，彼国的人问毗卢遮那："您从哪里来？您是什么人？您的同伴是谁？"⑤毗卢遮那回答：

今者我毗卢遮那，
无障碍法界内来，
显示明觉意法日，
胜势意趣我俱得，
持善巧要门宝珠，
二十三上师善巧，
天龙八部我眷属，
普贤智慧女为妻，
勇猛空行母为友，
平等总持为我食，
八识迅疾马上来，
明觉真智为子集，
供养真心本尊佛，
8b 断三毒根有威力，

---

① 以上论着原则上指的毗卢遮那翻译的"早期五部"，但论着标题与传统记载有明显差异。"圣教"代表 āgama（ལུང），三者乃是"经教，本续，要门"；PKT：424：མདོ་ཙ་མདོ་ལུང་མདོ་འགྲེལ。

② DBCM：138：ཁྱོད་ཀྱི་གྲོགས་པོ་ཡང་བོད་དུ་མ་སླེབ་པར་གཙན་འཕྲང་དཔོན་པོས་བསད་དོ་ཟེར། ཁྱོད་ཀྱང་འཕྲང་བསྲུང་རྐང་མགྱོགས་ཀྱི་དཔོན་པོ་ཀུ་ཧ་ར་དུ་དང། ཀུ་མ་ར་བྱ་བ་གཉིས་ཡོད་ཀྱི་དེ་གཉིས་གང་རྙེད་པ་གཅིག་ལ་གསེར་ཕྱེ་ཟན་པ་བྱིན་ལ་གྲོགས་པོ་གྱིས་ཤིག། ཁྱོད་རང་ཡང་ཀུ་ཤ་ལྕགས་ཀྱི་སྡོང་པོ་ཅན་བྱ་བ་ཡོད་ཀྱི་དེར་སོང་ལ་རེ་མ་ཏི་རྐང་གསུམ་གྱི་རྐང་མགྱོགས་སྒྲུབས་ལ་བོད་དུ་སོང་ཞིག། དེས་བར་ཆད་མེད་པར་བོད་དུ་བསྟན་པ་རྒྱས་པ་འགྱུར་རོ།"有人说，汝友未到吐蕃，被边哨头所杀。汝该找边哨神足头谷禾辣或谷麻辣，以金粉奉赏其中一位，与其为友。另外，汝往库沙所谓铁树，成就三足乐麻谛神足。如此，圣法在吐蕃广传而无障碍"。

③ 此处是一种"求法"，sādhāna，སྒྲུབ་ཐབས་的名号（*The Great Image*：124）。

④ 西夏文地名不明显，如 BKT：424：ཀུ་ཤ་ལྕགས་ཀྱི་སྡོང་པོ་ཅན་具有铁树库沙。

⑤ DBCM：གང་ནས་འོང་…ཁྱེད་ལ་དགོངས་པ་ཅི་ཡོད，"从哪里来，有什么意趣？"

今来此出有一事，

找一年多住宿处[①]。

库沙人发起信心，把毗卢遮那奉事为家主，此处内驻锡，并求修一年，获得“如野鸲游在山边”神足，以及西天人有人成就“如鹫取下翼”[②]神足。

毗卢遮那归蕃国，经过旃檀之国塔克，其国王号罗怙罗“秃法”遇见大师。王说：“师主从何来，师主是谁？”师说：

我乃是毗卢遮那[③]，

为一切行者利益，

我求大日妙法来，

历经十六 9a 种苦行[④]，

导师为我显大悲，

显明一切种明主，

我见寂竟无生法，

要门药汤我为主[⑤]。

罗怙罗王欢喜，就把一个新羊氈布施给毗卢遮那师，并请教说“请为我说竟要门”，师说真理颂（མགུར）：

无有分别缘为见，

即如凤凰飞虚空，

诸法无我平等行，

寂竟边净心之界，

无所缘见是总持，

因缘集聚如烧炬，

真智自解无拒求，

离与戏论居界内，

不有执着为修行，

如大海水满儿鱼，

---

① 即是找住宿地方，*The Great Image*：126；DBCM：139－140；比较：BKT：424－426。文本研究篇七文中号码代表西夏文和藏文相应语句。

② DBCM：139：རྒྱ་གར་བ་ལ་བྱ་སླག་ཁྲ་མོ་གཟན་ལ་འཇུམ་པ་ཙམ་ཡོད།བཞི་རོ་ལ་ཡང་གོ་བོ་རེ་རྗེས་གཅོད་པ་ཙམ་ཞིག་བྱིན་ནོ་“印度人之间有鹫母取食，传给毗卢遮那的是鸲切山脉”；西夏语直译，待考证，建议：“雕鹫捕获猎物”。

③ 即是“种明主”སྣང་བར་མཛད་ *The Great Image*：127。

④ 即是抵达印度十六种困扰，西夏文未提。

⑤ 文本研究篇八，比较 PKT：427。

9b 意属无取亦无舍，

未悟有情非通空①，

无有得失清净果，

即如大宝如意珠，

教而成就本来力，

俱显身及真智理②。

王欢喜，就把真金佛像③布施给上师，并说颂：

三身圆满毗卢遮那处

为洗净我之一切罪孽

向法身师布施金化身

求上师慈悲接受此像④

乃拜师之足下，分离送走。

7. ［毗卢遮那归吐蕃］

毗卢遮那欲归回归蕃国，礼拜自己上师吉祥狮子足下。师给毗卢遮那一匀黄金并说：把这个黄金给在半途为造你害的边哨，他们发誓说 10a “我从未见持法人至”。毗卢遮那乃拜顶于吉祥狮子上师足下，礼竟，即将归蕃国。彼时其国中由于天龙药叉等肆虐，西天国王五明等梦中见西天一切宝塔头趣往下，一切树木叶子花果等趣向蕃国，⑤日月星辰走往蕃国，一切大河皆流蕃国流，诸五明眼心皆被拔，取而往蕃国。因为有如上恶梦，帝臣在 Śritra 精舍集会⑥，阐述自己的恶梦。

---

① 此二行为直译，意思是“虽然有情没舍去心所缘境界，不了悟的众生不会体会空理”。

② 此二行亦为直译，意思是“教”和“成就能力”本来同一个来源，聚集显出；藏文资料暂时为发现此段。

③ DBCM：145：འཕགས་པ་བྱམས་པའི་སྐུ，即是弥勒像。

④ 待文本比对。

⑤ DBCM：146：དེ་ཙ་ན་པ་ཎྜི་ཏ་ཐམས་ཅད་ཀྱི་རྨི་ལམ་མཚན་ལྟས་ལོག །མེ་ཏོག་ཐམས་ཅད་བོད་དུ་ཁ་ལྟས། ཙན་དན་དང་སྨན་ལ་སོགས་པའི་དྲི་བཟང་ཐམས་ཅད་ཀྱང་བོད་དུ་རླུང་གིས་སྐྱོད། ཁྱི་ཐམས་ཅད་བོད་དུ་ཁ་ལྟས་ནས་ཟུག་དེར་རྒྱ་གར་གྱི་ཆོས་སྐྱོང་བའི་རྒྱལ་པོ་དང་། མཁས་པའི་བདུན་པོ་ལ་སོགས་པ་རྨི་ལམ་ལྟ་ཚོགས་མི་བཟང་བར་བསྙོན་ཤིང་། གྲོང་ཁྱེར་སེར་སྐྱ་ཞེས་བྱ་བར་དཔལ་འབྱུང་གི་གནས། དཔལ་ན་ལེན་ཏྲའི་གཙུག་ལག་གི་སྒོར་ཚོགས་ནས། ཐམས་ཅད་ཀུན་ལྟས་ངན་པ་དང་མཚན་མ་ལོག་པ་འདི་ཅེས་ལན་སྒྲོས་པས།
“此时，一切班志达梦中有不吉祥兆头：一切华转头望吐蕃，檀木以及一切药草的浓香，由风而吹往吐蕃，一切狗望吐蕃而叫。当时护法印度王一节一切学者，都宣讲自己的梦想都吉祥，他们集聚在迦毗罗卫城圣源圣那兰陀大寺院门，讨论恶梦以及不吉祥的兆头”。

⑥ DBCM：དཔལ་ན་ལན་ད；PKT：428：ཤྲཱི་ཏྲ་ལེ་ནད。

天子说：
我梦中觉受见如此相，
乃总持义所生七五明①，
其身者如幻不可观察，
肉 10b 皮骨筋血脉黄水体，
其间心脏为最尊肉团，
谋人割取拔之而取吞，
如是恶梦我迄今未见，
金刚座要语恐为所取②。

此后狗王(Kukkurāja)颂说其梦相：
一切诸法尽皆由心生，
如梦如幻及不有自性，
安主远远超越思量处，
一时我于眠梦见此想，
导师依处大菩提树者，
其根尽断持去入蕃国，
金刚座要语恐有所取，
验梦当令神足急速遣。

后来 ṛṣi Bhaṣita③ 颂说其梦相：
实理处无缘远离分别，
显明不乱 11a 平等法界内，
实实不变而如此安住④，
一时我于眠梦见此想，
最为珍贵者大如意树，
其根本断枝叶至蕃国，

① 即七位班智达所传法门。
② 此段诗意义是："有人偷走金刚座下所封闭的要语等，这些要语是七五明的核心法门，佛法的骨髓及其心脏。"
③ GBCB：311：འབབ་ཤི་ཏ。
④ 此处及以上段落，前三行描述并赞佛法及大圆满法门，"如此安住"指出入定状态。

梦见花果为他人受用，
金刚座要语恐为所取[①]，
极乐母及我持母等者，
破记句次[②]不堪受大密，
因此而违背最胜要门，
女人身者求及八地树[③]，
不堪任戒律难忍密语，
为难论本典及要门之，
说汤药注释[④]者是实也，
诸善巧者议如何处理[⑤]？

后来文殊亲友[⑥]颂说其梦相：
无缘大密大乐法界内，
无论如何种种显明法，
远离演诠 11b 说密界内，
一时我于眠梦见此想，
言语宣说药汤大海者，
由黑旋风驱使而被取，
于我持母及极乐母等，
论问此法成难论本典[⑦]，
金刚座要语恐为所取，
神足发往伏藏或可见。

---

① GBCB：311：ཀུན་ལ་དགོས་པའི་དཔག་བསམ་ཤིང་བུ་དེ།ཚ་བ་ཚག་སྙེ་སྔོང་པོ་འཕྲེལ་བ་ལས།རྩ་བ་རྒྱ་གར་ཡུལ་ལུས་ནས་ནི་།འབྲས་བུ་བཟང་པོ་བོད་དུ་ཐོར་བར་སྨིས།。

② 即是དམ་ཚིག་,samaya 的顺序。

③ 此处“求”代表西夏文“希求式”（optative）动词前缀。

④ *The Great Image*，相关段落：106－107。

⑤ 最后第三行翻译不顺，其意思是封闭在金刚座下的各种资料包括论难的“根”（བསྟན་བཅོས）汤药（སྨན་བཅུད）以及各种“注释”。所指的是二位空行母不保留谜语，并把佛法中分为“经，本续，要门”之三（即文中所说“难论”，“本（即本续），本（典，指的要门）”以及“注释”），如此为外地求法加以方便（*The Great Image*：115－116）。

⑥ DBCM：117－118。

⑦ DBCM：ཀུན་དགའ་མོ་དང་བདག་ཉིད་མ་གཉིས་ཀྱང་/ རྣམ་པར་ཐམས་ཅད་གཅིག་ལས་མེད་པ་ལས/ འཕྲུལ་པའི་རྒྱུད་དང་མན་ངག་ལུང་དུ་ཕྱེ་ “极乐母及我性母二，一切普遍为一法门，分为幻续要门及教”。

有贤灵威德者大仙人善巧者言:“真真如实”①
大密实句禁止为,
驹水牛狗女人②说。

佛陀笈多③颂说其梦相:
在如虚空大乐法界内,
立无缘根本④清净显明,
不变不动自性真心处,
一时我于眠梦见此相,
在此蕴处集聚幻造身⑤,
前悟识 12a 中眼最为清净⑥,
吐蕃人所夺取而持去,
金刚座要语恐为所取⑦。

我持母卖身女颂说其梦相:
因为一切法无生灭二,
无念离缘自主真乐者,
自性清净离与勤求中,
一时我于眠梦见此相,
能出所爱如意大宝珠,
吐蕃红脸和尚来修德,
夺取于怀所藏而持去,
金刚座要语恐为所取⑧。

---

① 句子的意思是在场的大德和学者都同意文殊亲友的话,并说要禁止把密法传给驹、水牛、狗和女人。
② DBCM：མ་ཧེ་བུད་མེད་ཁྱི་ལ་སོགས་པ་འདི 云云。
③ GBCB：312：བུདྡྷ་ཀུ་པཏ; PKT：419：? ཀུ་རྦ་བུ་དྡྷ。
④ 原文:“自古”。
⑤ 意思是：五蕴幻造的人身中五情中,眼睛最为第一,吐蕃僧就把如眼睛的要语夺取(*The Great Image*：135－136)。
⑥ 要门的譬喻。
⑦ DBCM 常见句子：རྡོ་རྗེ་གདན་གྱི་མན་ངག་མ་ཁྱེར་རམ;GBCB：312。
⑧ DBCM：128,文本研究篇十。

极乐母颂说其梦相：
离与名字法界如虚空，
真心界内与烦扰界离，
自性与勤求造作离中，
一时我于眠12b梦见此相，
西番中国王文殊化身，
敕令言善巧二蕃僧众，
以重金贿赂蒙蔽边哨，
取七五明之心而离去①。

吉祥狮子师颂曰：
诸法本来清净法性界，
因果自性平等法界内，
种种因及果报皆显现，
虽显观察而理不变换，
居此界内闻见等亦无，
汝等既已显出共同量②，
诸诸善巧者共同讨论，
以帕喇色那(prasena)铁眼测此事。

因为诸善巧者梦相是一样的，言语亦无不同，曾有二位吐蕃僧众来住，持去要语的事有的，那么这一事是谁造成的？帕啦色那观察后说："传法者，石身多目，有一长铁嘴，在三大山上虚空中说法，至于听法者，也在山上，(身边)有一条大河，下面二人头上各戴一根羽毛，为听要语二人如是，(他们)是天是幻，我不能识别。"③

国王和五明者等说："不是人所造，神足者即将逮捕时，立即处死。"因为神足者首长谷麻辣早已与毗卢遮那成为知心朋友，于是往师处而言：

善友菩萨你且听，

---

① *The Great Image*：136，文本研究篇十一。

② 此段意义："因果等虽然在世界有种种不同表现，但观察其理，它是不变的，虽然这次在世未见金刚座夺取要门的这一事，既然善巧者有共同想法，让善巧者请教 prasena 铁眼。"

③ DBCM：147，文本研究篇十二。

我今来此告知汝，

恐于法 13b 生 间断乎，

得成就应尽快走。

详述国王及五明所论，毗卢遮那答曰：

善友人身清净者，

因愿得生西天国，

神足成就你实得，

依功德力得菩提，

蕃国菩萨愿圆满，

此善我回向给你，

父母因缘我生身，

护其命者乃是你，

以引导爱和言语，

送我至巴洛[1]国边。

8.［印度国王和班志达谗言］

毗卢遮那头上戴长帽，手里持杖，鞋尖外场而带，谷麻辣为他引导，达到西天边界时，遇到边哨。毗卢遮那把黄金给边哨，并说："后来会有人 14a 来问，你不要说我来此处。"因为有过去的因缘[2]，边哨说："我不需要你的黄金，把它浪费在我这里，宁愿把金子给那些生活辛苦的警察。"[3]于是毗卢遮那依序把金子发给边哨，就离开梵国。到达巴洛国时，谷麻辣归，来到国王面前，说："吐蕃和尚名号毗卢遮那偷取金刚座要门之事属实，希望神足去追。"即遣二位神足，追之不及，觉得奇怪，就问边哨曰："你们在此处见过来求法的蕃国僧众吗?"诸边哨说："未曾见求法的人，此处经过了一位戴长帽，拐杖的，此人看样子是往蕃国去。"神足归，在国王和 14b 五明等面前完整转述这些言，国王五明等指挥道："虽然他已经去了蕃国，可以关于此毗卢遮那在蕃国君臣大会前说谗言，要说：'彼毗卢遮那未曾

---

① DBCM：151；PKT：430；文本研究篇十三。

② 直译：实际意思是他们让警察发誓，他不会告诉别人毗卢遮那到来这一事。

③ 比：DBCM：152：དེ་ནུབ་ཀྱང་མགྱོགས་པ་རྣམས་འདིར་འོངས་ན། བོད་ཀྱི་བན་དྷེ་མཐོང་ངམ་འདྲིས་ཡིས། ཁྱོད་ཀྱི་བོད་ཀྱི་བན་དྷེ་འདྲ་བ་ནི་མ་མཐོང་། མགོ་ལ་ཤ་བའི་ཡིབ་ཞུ་རིང་པོ་རེ་གོན་པ། ཀྱང་ལ་ཟོན་ལྷམ་ཁ་ཕྱིན་ཅི་ལོག་ཏུ་གོན་པ། ལྷ་ཡ་པ་ཡིན་ནམ། མི་ཡིན་ནམ། གདོན་འདྲེ་ཡིན་ནམ། ཅི་ཡིན་ཆ་མེད་པ་ཞིག་ད་ཚམ་བོད་བོད་ཡུལ་མཐིལ་དུ་སླེབ་པ་ཡོད་ཀྱིས་ཞིག་ཅེས་འཕྲང་སྲུང་ལ་འཕྲང་སྲུང་མནའ་དགག་བཅུག་གོ"若今夜诸神足来此，问是否见到吐蕃比丘，汝说没未见与吐蕃比丘相似的，有头上戴鹿皮长外套，穿鞋头往反的鞋子，不知是神，还是人，还是鬼。现在往吐蕃中部。并且让边哨发誓此言"，*The Great Image*：138。

得真实大寂竟要门，他唯一所学的是毒药法以及造害咒，颠倒有情，损害国本，就应该把彼毗卢遮那投入大河中，[其所]持的诸典在火里焚。'[就如此]指挥。"[1]

9. [毗卢遮那抵达吐蕃]

神足等来到蕃国之前，毗卢遮那已经到了蕃国桑耶寺内，觐见戒忠国王。戒忠国王向毗卢遮那敬礼而 15a 问。敬礼完毕以后，师曰："国王所愿已经圆满，因为西天人对法有嫉妒，所以说谗者不可能不来，您勿信他们所说。西天求法艱苦，有话慢慢再说[2]。"然后[毗卢遮那]去离桑耶寺数百地居宫内休息。后来西天神足[3]很快到了，出现在戒忠国王面前，把毗卢遮那的谗言全说出来了，于是君臣默然无语，西天神足也不肯离开，戒忠国王各赐一勺黄金，送走他们。

此后毗卢遮那师向戒忠国王全说西天求法艱苦故事。15b 国王欢喜，因而求受教要门。师为王之利益，把梵典翻译为蕃典时，由于原来西天人说谗言的原因，邪臣不信正法，宰相等对[正]法生起恶劣[之心]，向国王要求："请流放毗卢遮那。"国王用一深信佛法又与毗卢遮那容貌相像之人，将他置于两个相合铜缶中，以铁钉钉牢，投入大河中，并把此事宣扬国内："毗卢遮那已经投入大河中。"[4]

同时，在内宫柱子的脚处钻洞，内放软毛毯，作为师之座。16a 洞口挂一功

---

① DBCM：164：བོད་དུ་ཕྲག་མ་བཏང་ལ་བཻ་རོ་ཙ་ན་ལ་གསོད་ཅེས་བར་གྲོག་འཆམ་མོ་དེ་ནས་བོད་དུ་ངན་པ་སྨྲོགས་པའི་ཕྲ་མ་བཏང་སྟེ། ཕྲ་མ་མཁན་རྣམས་ཀྱིས་བོད་ཀྱི་རྗེ་བློན་འབངས་རྣམས་ལ། བོད་ཀྱི་བན་དྷེ་བཻ་རོ་ཙ་ནས་མན་ངག་གི་ཆོས་རྣམས་ནི་མ་རྙེད། བོད་ཕུང་བར་བྱེད་པའི་རྒྱ་གར་གྱི་མན་ངགས་རྣམས་དང་། ཁྲོ་ཆུ་ཕྲ་མེད་ལ་སོགས་པ། རྣམས་དང་། ཕུང་ཆས་སྣ་ཚོགས་ཁྱེར་ནས་སོང་བས།. "……在吐蕃宣谗言，要杀毗卢遮那，并说谗言：因为毗卢遮那吐蕃会衰落，说谗者要为吐蕃王臣说吐蕃沙门毗卢遮那没有获得要门的法，而持为吐蕃造成损害的印度咒语并[ ]各种幻术来"，*The Great Image*：150；译文中"国本"是藏文རྒྱལ་ཁྲིམས་翻译(国家法律)；另翻译རྒྱལ་པོ་བཙུད་ PKT：434 大致同。

② DBCM：156：བཙམ་པོའི་སྙན་དུ་རྗེ་ཡིས་བཀའ་སྩལ་མན་ངག་གི་ཆོས་ནི་གྲུབ་ནས་མཆིས་པ་རྒྱ་གར་གྱི་མི་འདི་ཕྲག་དོག་ཆེ་བ་ཡིན་པས། སྙན་དུ་ཕྲག་མ་དག་བྱིང་སྲིད་ན། གསན་དུ་མི་རུང་བར་ཞུས་ནས།།，*The Great Image*：141－142. "往国王耳根说：圣教要语法有所成就，因为印度人有如此之大的嫉妒，若他们有可能会说不净语，不应该听"，NMOZ：297－298：རྒྱ་གར་ཆོས་ལ་ཕྲག་དོག་ཆ་ལ་བོད་ཀྱི་བློན་པོ་ཆོས་ལ་གནག་རྒྱལ་པའི་སྙན་ཁུང་སྙབ་པས་སྙན་ཕྲ་འབྱུང་སྲིད་པས་དེ་ལ་མི་གསན་པར་ཞུའོ་ཞེས་སྨྲོངས་སོ་ "印度对法有大嫉妒，吐蕃大臣对法不善，有可能往国王耳根说谗言，求国王不要信如此之言"。

③ NMOZ：297：བང་ཆེན་པ。

④ DBCM，165：དེར་རྗེའི་ཞལ་ནས་དེ་ཙམ་ལ་ཐུག་ན་བསད་པས་མི་འོང་། ཆུ་ལ་སྐྱུར་གྱི་གསུངས་ཏེ，*The Great Image*：150；"国王乃说：既然已经到此地步，光杀不妥，扔在水里"，*The Great Image*：150。NMOZ：298：དེར་མཐའི་སྤྲང་པོ་གཅིག་བཟུང་ཏེ། བཻ་རོ་ཙ་ནའི་གོས་དེ་ལ་བསྒོན་ནས་ཟངས་ཁ་སྦྱར་དུ་བཅུག། གཟེར་གྱིས་བསྡམས་ནས་ཆུ་ལ་བསྐྱུར་བཏང་།"最后找到一个乞丐，把毗卢遮那衣服穿在其身上，把他处在铜锅中并用钉子钉上，扔到水里"。DBCM：165：བཻ་རོ་འདྲ་བའི་སྤྲང་པོ་གཅིག་བཟུང་ནས། དེ་ལ་བཻ་རོའི་གོས་ལྷམ་སྒྲུགས་སུ་བཅུག་ནས། ཟངས་ཁ་སྦྱར་གྱི་ནང་དུ་བཅུག་ནས་ཡར་གཙང་འདུས་པའི་ཆུ་བོ་ལ་བསྐྱུར། དེར་རྒྱལ་པོས་བཻ་རོ་ཙ་ན་ཆབ་ལ་གཤེགས་ཞེས་བསྒྲགས་ཏེ "得一位与毗卢遮那长得一样的乞丐，让他穿毗卢遮那衣服和鞋，此后把他放在铜锅里面，并扔在雅隆赞汇合处到水里，此后国王宣布：毗卢遮那亡在水里。"

德布幔①,在其阶下是国王寝宫, 令左右人待在外面。王白天修善,夜里听法。②此事被赤胜氏皇后发现,[她]说:“国王并非独居,有人与之共语。”一时把此事说出来了。因为皇后说话都不一样,诸谋臣遂起疑心。谋臣中有一位邪臣塔拉卢供(Tara Klugong)③,指导其他参谋,在内宫寻找而不得;参谋间有爱信佛法德臣秦(*Chin) 金刚,说:“此处无物,你们出去吧。”如此邪恶臣要揭开功德幢④,师入于等持,其面容显露出来,为他人所见。[德臣]不由自主而发起信心 16b 敬拜而去。此后毗卢遮那对王说:“这些邪臣在说国中,恐怕会造成损失,我也不愿意为受罪者⑤,我就离开此国土。”

10. [毗卢遮那往察瓦龙]

王说:“师即将离开,心乐何方?”师说:“不能去西天国,留在自己国家又不快乐,我在东方察瓦龙(Tsawarong)国略有宿愿,我就去那里。”师把《五类》用金墨写在琉璃玉纸上,留在王处。师出发时,王施给他有清凉药汤,玛瑙等各种七宝,马年正月十五日君臣及大众为其相送,在嘛喇⑥山下,王拜师足下,敬问⑦,于是师 17a 诲王说:

生身当灭故,应勤修善法。
蕴处造作故,造作寂竟定。
集聚当散故,应常发愿言。
积财当留故,广为施舍理。
思念无演说,亦悟法性理。
善根应勤修,苦寒不舍弃⑧。

---

① 句子意义不详,据藏文版“纯功德”是“法幢”,它挡住柱子的口。

② DBCM:165:ང་ཉི་མ་འོད་སའི་གདུགས་ཁང་གཅིག་འབུབས་གསུངས་ནས་ཀ་བ་སྦོམ་པོ་གཅིག་མཛད།དེ་ཁོག་སྟོང་དུ་བྱས་ཏེ་སྒོ་ལ་སྤང་ལེབ་བཙུག།དེའི་ནང་དུ་བཻ་རོ་བཞུགས་ནས་ནམ་གུང་ལ་འབངས་བྲན་ཐོགས་ཡན་ཆད་ཉལ་བ་དང་།ཁ་བའི་སྤང་ལེབ་ཕྱེ་ནས་ཆོས་ཉན་པ་ལས།ཁྱུབ་ཅིག་ན་ཚེ་སྤོང་གཟའ་དམར་རྒྱན་གྱིས་མཐལ་ནས་ཕྱིག་བློན་པོ་རྣམས་ལ་བསྒྲགས་པས།ཡང་བློན་པོ་རྣམས་ཀྱི་བཙད་པོ་ལ་གསོལ་པ “国王说:阳光地见殿帐,并造一个大柱子,在其内钻口,在门上挂幢,毗卢遮那处其内以后,夜中一切侍者在顶上睡觉时候,国王揭开幢听法。一个晚上赤胜氏皇后所见,把事情告诉恶臣,此后诸臣向尊说:……”NMOZ:298:བཻ་རོ་ཙ་ན་པོ་བྲང་མཛོད་དུ་ཀ་བ་ཁོང་སྟོང་བྲས་པ་གཅིག་ཏུ་བཞག་ནས།ནམ་ཕྱེད་ཙན་རྒྱལ་པ་ཆོས་གསན་པ་ལ།སེམས་སྡེ་བཅོ་བརྒྱད་ཀྱི་སྟོད་ཀྱི་ཆོས་ལྔ་ཚར་བ་དང་འབངས་ནང་པ་གཅིག་དང་ཇོ་མོ་ཚེ་སྤོང་གཟའ་མེ་ཏོག་སྒྲོན་གྱིས་ཚོར་ནས་ཕྱིར་འབྱུགས་པ་དང་།…“毗卢遮那藏在宝库里的柱子内,夜中国王听法,十八心部法门中五门听竟,一个内侍者和女王 Metog Sgron 有感觉云云 ”PKT:438-439。

③ ཏ་ར་ཀླུ་གོང་

④ 句子意思是:德臣见到了这些邪恶的意图就希望能够保护毗卢遮那。

⑤ 此句原文使用禁止体。

⑥ 地名待考证,DBCM 无此地名。

⑦ *The Great Image*:169。

⑧ 此句子意思可以解释为:“在冷处吐蕃应该勤修不放弃善根。”

尔时看东方，见到地热山险；看西蕃国边，见到地凉山高，故依次赞扬国及国王资具[①]庙宫等，乃说曰：

山高地净清凉蕃中国，
今有法王如大如意树，
喜求五欲己国内聚集，
大宝金色鹅中无因故，
独自远离此者人[17b]病患[②]。

稍后王出眼泪，且曰："上师您去自己国家，不用往他处。"并求学请教。因为国王要还凡行[③]，师言：

为国城变换不定而不忧心，
情者不陷于生灭而无恐怖，
是五欲幻造故罪功根本深，
不执着于亲处无厌恶之心，
俱是幻造者故离取舍二念。

此后，因为[师]成就大寂竟法，[王]要阻碍师之离开，[师]有颂曰：

蕃国君臣左右福德少，
厌最胜要门堕福德少，
妙法宝藏将灭福德少，
明满驱逐他国福德少[④]，
不有凡父不二菩提心，
不有凡母法性普贤是，
不有妻子游真[18a]智界内，

① DBCM：188：བཻ་རོ་ཙ་ནས་ཡར་བོད་ལ་གཟིགས་པས།བོད་ཀྱི་རི་ཐམས་ཅད་བྱ་རྒོད་ཕུང་པོ་དང་འདྲ་བར་རི་མཐོ་ས་གཙང་ཉི་མ་ཤར་བ་ལྟར་བུ་འདྲ་བར་འདུག་།མར་ཚ་བའི་རོང་ལ་གཟིགས་པས།རི་དམའ་ལ་ངམ་གནག་པ།སྲུན་ཅུབ་པ་དང་འདྲ་བར་འདུག་པས "毗卢遮那仰望吐蕃，吐蕃一切山如灵鹫山，山坡及平原就如阳升。底望察瓦龙，山又矮又黑，如晚上的黄昏……"

② 句子意思是："吐蕃有如意树法王，即是毗卢遮那，因为其国有爱五欲等，毗卢遮那应该离开金鹅群中，所以他这个人（即毗卢遮那）特别伤心"；སྐྱོ་བ་ཡར་据西夏语翻译，DBCM：188－189，*The Great Image*：176；文本研究篇十四。

③ 即是放弃佛教弟子清信的行为。

④ 此处描述吐蕃情况。

不有儿子明觉真智王①，
无有可乐游大乐界内，
此处无道行在离勤界，
无有资具解要语伏藏②，
尽管如此因嫉我换位，
心与要门顺③我去察瓦龙国，
此后过一年一月之时，
丞相塔拉卢供必定死，
蕃国戒律一时变为乱，
戒忠国王应安乐居住④。

11. ［毗卢遮那在察瓦龙，传法与玉扎宁波］

师以神足离开⑤，左右大臣和大众流泪而归。毗卢遮那在一刹那时间达到察瓦龙国，并把金佛像摆在大石块上，行道以住⑥，其国有放牧者接近师处，师有颂曰：

众生为何失其道 18b ，
救助利益彼之故，
依昔愿力我来此，
今此国中生法日，
诸人当向我敬拜。

诸牧人不再放牧，急忙回家，将此言说与国人，君臣平民等皆来瞻仰，见师而生信心，国王邀请师来到内宫，令住九层高楼。师在此楼上数日中造《五类》典之注释，前半夜入定，后半夜口诵《五类》典。此王有两位皇后，小皇后的儿子因为能如实唱诵师一切所诵，并且会在嬉戏时说给［其他］孩子［听］。大师见到后，问太子曰："你这样唱诵，谁教你？"太子说："我记住了您的唱诵。"师说："你是有昔

① DBCM：171；文本研究篇十五。
② 此处描述毗卢遮那情况，*The Great Image* 类似段落颇为多见。
③ 指的毗卢遮那宿命为察瓦龙僧侣的因缘。
④ 祝福国王 *The Great Image*：170－171；DBCM：184：བློན་པོ་གླུ་གོང་ཉི་ཤུ་གཅིག་ནས་འཆི་/རྒྱལ་པོ་ཉིད་ཀྱང་གདན་ཟླ་གསུམ་ན་འདའ。
⑤ 原文作"来"。
⑥ 即出家人生活方式。

缘众人[19a][1]。”师引导其学习和修行[2]。此后［太子］敬拜师之足迹，被师所见，［师］问太子曰：“你［拜］谁？”太子说：“我拜师之足迹”。师曰：“你为何拜？”太子说：“我拜师右脚足迹有金刚交络，左脚足迹有八叶莲华。”尔时，父［王］闻此语后，把太子施给师，然后说：“你令他为大宗师。”[3]因此师为太子授戒，并传讲大寂竟法，大师诸所能，皆令端正［记住］。因其为天下善巧，故师为他取名玉扎宁波。

12. ［玉扎讲法，与无垢友辩论，毗卢遮那往净土］

此后蕃中国戒忠王远离[4]，其子“有[19b]发”王邀请西天五明无垢友[5]。由于东方甲莫察瓦龙国内玉扎宁波，及巴洛莫察瓦龙国内阿尼有胜藏，莫尼察瓦龙国内仁波切虚空藏等三人中，玉扎宁波为善巧，有发王召请［玉扎宁波］至［其］城。在桑耶寺内设三个狮子座，一座为无垢友坐，一座为玉扎宁波坐，一座为智慧孺童译主坐。五明所说大寂竟中，玉扎宁波所说是《前译五类》，无垢友所说《后译十三类》，译主同时一闻即译。彼二师所说语句略有不同之处，义同[20a]无逆。顺其义理，譬如符牌[6]，而谓之“心十八合类”[7]之名。

盖先五明者，是吉祥狮子；先译主者，是毗卢遮那；先施主是戒忠国王；即是所谓的《前译五类》。后施主者是有发王；后五明者是无垢友，后译主者是智慧孺童，因而是所谓的《后译十三类》。又说：“其中以及圣教传承知见核对其义理者[8]，是玉扎宁波善巧；解释及理顺文句者，是无垢友善巧”。于是译主及君臣平民等皆惊讶，我们原来驱逐毗卢遮那是错误的[9]，我们伤害了一个圣人的心，或后[20b]以唱诵赞扬毗卢遮那：

毗卢遮那大师者，

---

① 即“僧众”。

② 此句意义不详。

③ 此句意义不详，与藏文不同，*The Great Image*：190。

④ 即“去世”。

⑤ 文中是梵文转写“比麻辣密嘚”，即是 Vimalamitra. 译文中我使用人名汉译，原文大部分用梵文转写。

⑥ 此譬喻的意义待考证，*The Great Image*：210；DBCM：226；PKT：480：ཚིག་མ་མཐུན་ཀྱང་དོན་ནི་གཅིག་ཏུ་མཐུན། འདབ་ཆགས་མ་བུ་བསྡེབས་པ་བཞིན་གཅིག་ཏུ་འགྲིལ། DBCM 见 323“虽然句子有稍不同，意思完全一致，同如鹫子与其母……”。

⑦ 即所谓宁玛派“心部”，སེམས་སྡེ་。

⑧ 意思是玉扎宁波根据“圣教传承”修改了译本内容的“知见”。

⑨ DBCM：226；PKT：481：དེ་དུས་བོད་ཀྱི་རྒྱ་བློན་འབངས་བཅས་རྣམས། །བཻ་རོ་ཙ་ན་སྤྱུགས་འགྱོད་པ་སྐྱེས་。

了悟宿命及来生，
已获得要门核心，
善巧宗趣尽了知，
年十五岁入力行[①]，
种种艰难不畏惧，
俱得神变十三种[②]，
必定是八地菩萨[③]。

乃时，无垢友倾心玉扎宁波，就为他说了前所未译的法，付嘱之以要门、念定、心印等。其中要语者，据入者随顺说“六枝”，是念定要门，耳传要门，及寂思定次第。说完心印根本理等之后，玉扎宁波归其国，向毗卢遮那师敬问礼拜 21a 之后，就报告全部经历。师亦生欢喜，此后毗卢遮那师重反拓哈[④]国，广造寺庙、修禅屋，引导有情进入菩提道，此后腊月十五日的吉祥时段，做供养，宣讲要门给弟子和施主：

超越如来教不有其人，
当分明善恶因果二法，
应观察己心为永常者，
以补谤之心者文勿毁，
应舍弃对法弥补毁谤，
应效法于前圣行而力，
无不成最妙圣身利益，
当如戒忠王学[⑤]法常行。

毗卢遮那身中变出五佛，与其身［即毗卢遮那］一起，在光明中围中上升，尔后消失在虚空中。

13. ［毗卢遮那传法弟子］

此后是毗卢遮那传法弟 21b 子。玉扎宁波也向二弟子有指示。对其中一位名号“上觉”说：“你去蕃国转法论”；对另名号“求觉”的弟子说：“你去甲莫国转

---

① 指的毗卢遮那往印度出发的岁数。
② 意义不明，见 *The Great Image*：210－211。
③ 此段实际为 DBCM 以及 PKT 相关颂的略版。上段落在 DBCM 与 PKT 是接近的。
④ 见地名表。
⑤ 西夏语“使动标记”翻译为“学”。

法论。”玉扎宁波从其身变出“药汤戏行中国”诸佛，并与其身一起上升，尔后如晴天彩虹一样消失在虚空中。此后弟子、施主等流泪悲苦，各自离开了。其中，之前授记的两位弟子，在蕃国，甲莫国等，个别作为二处转法论者。二师所说的一切要门，皆付嘱于智慧孺童，此智慧孺童大师把一切大寂法密藏在桑耶寺金刚伏藏内，龙菩提独 22a 自以三百种宝物施与智慧孺童，并求教道：“其一，因为已经承受施物，给我说要门；其二，向伯叔处[1]，给我说要门；其三，因为我岁数高，即将离开玄法时，给我说要门。”

求教后，[智慧孺童]取出伏藏内的大界无碍之法，并向其伯说[要语]。此龙菩提师传给龙幢师，此师传给圣胜慧师，此师传给戒幢师，此师传给那纳胜慧，此师传给吉祥智慧印，此师传给林中名称，此师传给深林伏智藏以及大宝师等。此智藏师往东国，大宝师到擦哩国，在桑子海上遇见柔吉祥师，寻教 22b 而闻。此柔吉祥师传给嘛斯怛师，此师传给法勤师。

14. ［法门宗旨］

问：“前述此妙法出现的因缘等，其有如何利益？”答：有二种利益：一，令狂爱者发起信；二，回遮不信者。故《耳传璎珞》中说：

诸胜帝出现于世界时，
则为其所说最深妙法，
为异见者拒入者生信，
最初说妙法出现因缘。

第二，令了悟所说之理，即是真心自体本源之说。轮回涅槃法之本源者是真心。因为心本来是明满，则离于造作，处其本位也。譬如真心，不改其黄，轻重亦无杂乱。23a《耳传璎珞》如此说：

无本离根真心者，
为一切法之根源，
此界虽见不同相，
任运自成界内住。

第三为显示此殊胜与诸三乘，并且是究竟［之法门］。说瑜伽理者，其如万川所流入之大海，［一切法］入于轮回海则全成一味，一切有漏法亦与此一样。未了

---

① 拟译“因为我是你的叔伯”。

悟阿底瑜伽理，缘回流传。若了悟此理则一切［法］集在阿底瑜伽中，即成一味。《耳传璎珞》有如此之说：

种种川流汇聚于大海，
彼水重归入海成一味，
一切诸法寂竟中集故，
当且任运自成界内居。

第四，为了使众勤修者远离病苦，演说此寂竟之利益法，23b 有如下八乘：或求游地位，修勇勤病苦等；或以亲诵《四枝门》求修病苦等；或见内外法门分离与病苦等，皆了悟此大寂竟理，与诸病苦分离时，方得解脱。此法执演说有［如此］利益。《耳传璎珞》有如此之说：

次第游行地位勤进道，
勤修亲求颂依于四支，
内外法门分离诸病苦，
当且任运自成界内居。

第五，为了悟平等理，以名句开示真实意义，盖真实者，当了悟必定之理，即是住于自性；企图令未了者悟此理之故，据名句以开示［此理］。彼开示有五种，即是：一，为开示见解合与体 24a，二，为开示法界理宗趣；三，为开示密理源宗趣；四，为开示胜帝实理宗趣，五，为开示揭开门锁。此五种开示合乎法界宗趣。其中有九种广阔法界，是两万一千卷[①]。此中有四种解说方法：一，约见，据一切全集法者见解无碍；二，静虑及要门全集者，为显说密理；三，界及去滞全集者，为显示去病拒碍；四，圆融及分别全集者，为指示变断障碍。此四者，是实显密义。解释后文时，为上根人解用名理，即可得了悟；为中根人解，则用科判[②]，即可得了悟；为下根人广释 24b 文理，即可得了悟也。《耳传璎珞》有如此之说：

在名句思念者多深理，
属胜[③]中根性有上中下，
据名字句为使其悟理。

---

① 毗卢遮那所译九类不同佛经等，待考证。
② 此处原文使用使动态。
③ 指的佛教徒。

此者《金刚勇识大虚空》等之所说序理竟　　阿谛
蕃序　　竟　　书此者，法师某人

结　语

本研究第二半主要西夏语宁玛派“心部”文献。以上的研究和分析只为一种初步的研究。文献中的语言、历史、宗教文化传播的问题仍需要更深入的探讨。此外，据我们所了解，黑水城文献中另保留一部分材料，其中包括一种“伏藏”文本，本研究尚未讨论。基于我们目前关于在西夏国土“心部”文献传播的了解，尚无法作出可靠的历史假设。内部分析显示，西夏译文的噶举材料和“心部”文献有共同词汇，可以间接的证明二者传播属于西夏佛教史的同一阶段。

西夏“心部”文献系统异于传统宁玛文献所记录的“五种”早期的翻译的书单，其中最主要的是《禅定六义》的比较重要的地位。此外，《五部法界都序》文末所记载的“心部”的传播史与传统记载有明显差异，相关内容似乎不见在宁玛传教史。

我们目前认为该文本系统反映 11—12 世纪安多康的佛教传播情况：即是“心部”材料与噶举“大手印”的传播是共时过程。由于西夏文材料记载了，西夏“德慧大手印系统”的起源在“宗哥”区，我们可以假设西夏语的“心部”文献系统与安多康大手印思想有关系。在此比较困难的是，我们关于 11—12 世纪安多康以及宗哥地区的噶举和“心部”思想传播的了解颇有限。因为《大乘要道密集》中的大手印文献中收录《禅定六义》的汉语译文，“心部”文类可视为噶举的派系，或与冈波巴以及喇嘛祥大手印传统又互助关系的文本体系。

同时，据我们上文的考证，西夏流传的“心部”文本并非为零碎。相反，“心部”文献组有明显的内部架构：根本续、注释、历史传播记载，以及伏藏文献。汉藏佛教文本《心地法门》中的《普造王经》的引语证明，西夏佛学界宁玛材料，其中包括“心部”的根本续及其注释颇有影响力，即不能视为噶舉的派系。一部分记载意味着，宁玛和噶举上师早在西夏乾顺皇帝末年已有在西夏活动。该记载虽然不十分可靠，但与我们所了解的西夏正史信息无矛盾：金灭辽后，西夏拓展趋向从南方改为西方，即是增加与吐蕃东部的交流。12 世纪三四十年代藏传佛教逐渐开始传入西夏不是不可能的。尽管如此，该问题需要更进一步研究和新资料的研究。

总而言之，本次研究只算为西夏藏传佛教史补充一部分内容，但尚未能构拟西夏整体藏传佛教史。我们构拟西夏藏传佛教的一部分内部架构。主要的结论

是,我们可以把西夏藏传佛教视为基于不同的文献体系的整体架构。本研究认为,西夏藏传佛教可划分几个相互关联的文本系统:

1.《入菩萨行论》以及《发菩提心常做法事》的系统,该系统似乎与阿底峡基于《入二谛论》文本体系有关系(本研究讨论较少)。

2.《喜金刚本续》、《上乐轮》文本系统。该系统在西夏藏传佛教体系中占重要地位。该系统包括《喜金刚本续》(我们简介证明西夏曾流传根本续译文),与根本续相关的"注释本续"(《口合本续》,《金刚帐本续》)。同时面基于前人研究,我们坚定三种本续的"注释"文以及相关成就法。该材料中,一部分属于藏传佛教 11—12 世纪的"喜金刚"系统的主流的文本,另一部分材料的藏文底本尚未发现。从此,西夏文献的研究可以补充藏传佛教史的了解。

3.《大印究竟要集》为中心"德慧大手印"文本系统。该系统保存西夏语历史记载,可视为西夏本土的大手印脉络,其背景为西夏与宗哥地区的大手印,传入西夏时代可定为 12 世纪 50 年代。该文献群有完成内部架构:根本文及其注释。

4. 喇嘛祥弟子为代表的"冈波巴大手印"。该系统主要由于修行"要门"组成,包括显 密文献。到西夏晚期,该脉络似乎控制西夏藏传佛教,取代"德慧系统"。其中一部分文献翻译成汉语,收录《大乘要道密集》中。这个文本系统中的文本数量最多,但由于文本内容限于实修(如"金刚亥母成就法"、"捺啰六法"等),其系统性尚待考证。我们的假设,"冈波巴大手印"在西夏的传播与阿底峡噶当派"义学"的传播是共时的并且是互补的过程。

5."旧译真言"中的"心部"体系。该系统包括根本续、注释文本、"传教史"以及伏藏记载。该系统中的文本和思想似乎影响西夏本土"汉藏圆融"佛教的形成。尽管如此,该文本体系需要更进一步研究。本研究尚未足够注意西夏显教的传播,阿底峡文本体系、《金刚经》研究文本体系尚待更进一步的研究。本研究第三篇内介绍的"旧译"文本明显的表示西夏"大圆满"法门的宏观流传。可以说"大圆满"与"大手印"不同要门体系为西夏藏传佛教的主要特色。如此情况有其历史背景和理由,因此西夏佛教史研究仍存在巨大研究空间。

本研究认为,藏传佛教传入西夏与仁宗皇帝以来的,12 世纪后半文化改革是同时的,也是与汉传佛教宗派(主要是华严宗和禅宗)的传入属于一个时间。由于大部分藏传材料传入西夏的时段比较晚,《天盛律令》等法律大典尚未足够地考虑新佛教,所以法律典籍藏传佛教的内容,即是《天盛律令》所反映的佛教情况属于前一段时间的官方佛教。

汉传宗派与藏传佛教在西夏的互动引起"汉藏圆融"佛教的形成。该研究讨论属于汉藏西夏三种文本。其中二者主要内容为汉传佛教禅修以及义学。即是《心地法门》以及《金刚经科判》以汉传内容为主要架构,用藏传佛教内容加以补充。元代西夏遗僧一行慧觉也属于这种思想脉络。《禅修要论》似乎以藏传内容为主,足够使用汉传佛教的属于和概念解释修法。

附　　录

一、西夏文《喜金刚本续之解》第一段

现存西夏《喜金刚本续之解》第五卷的注释文符合根本续前品第八品，藏译本第47—48偈颂。其录文如下：

（47）||རང་གི་རིག་པའི་འགྱུར་པ་ལས| |མནན་པ་ལས་ནི་ལས་སྐྱེས་ཏེ| |རང་གྱིས་འཇོག་ཅིང་རང་གིས་བྱེད| རང་གི་རྒྱལ་པོ་རང་གཙོ་བོ||

（48）||འདོད་ཆགས་ཞེ་སྡང་ཕྲག་དོག་དང་| |དེ་བཞིན་གཏི་མུག་ང་རྒྱལ་ཉིད| |དེ་ཀུན་གནས་ནི་ཉམས་དགའ་བར| བཅུ་དྲུག་ཆར་ཡང་མི་ཕོད་དོ||①

拟译："业者从自觉而成，业者从彼逼害生②，己为坏己为作者，己为帝己为尊者；贪欲愤怒嫉妒等，如此愚痴我慢性，于彼诸处起喜乐，十六分一所不及"③。

西夏语录文如下：

（笔者注：[1]代表原文页码，录文数字代表同义内容段落，笔者加；标浪线字为"根本续"译文。）

（译者注：西夏文内容极为模糊之故，限于字面翻译；段落1—4为《喜金刚》藏语版第47颂，其余为第48颂注释。）

《喜金刚本续之解》卷第五，西夏录文	汉语拟译
[1] [illegible] [2a] [illegible] [illegible] [illegible]；[illegible] [illegible]，[illegible]，[illegible]，[illegible]，	**Dwej**[1] 金刚本续之记，卷五 西番中国三藏善巧让鲁贡巴师集番译主 善起(དགེ་སློང)慧尊译 1. ［…］如此，以解之定义，说如何修之仪；其次由于彼一切基于戏论，并且"名"及"量"④，以及"俱生"之定义，起于本心⑤之

① 据Snellgrove版：D. Snellgrove. *The Hevajra tantra: A critical study*（Bangkok：Orchid Press，2010）藏文版：31；英译：77－78.

② 翻译据杨杰的建议。

③ 翻译基于据才让太的建议。

④ dzar[1] [illegible]直译；据其他文献考证，此词为藏语ཚད 的翻译。

⑤ 即是：རང་གི་རིག་པའི་འགྱུར་པ་ལས。

续 表

《喜金刚本续之解》卷第五，西夏录文	汉语拟译
[illegible]①[illegible] 2. [illegible] 2b [illegible] 3. [illegible]②[illegible] 4. [illegible]③[illegible]④[illegible] 5. [illegible] 3a [illegible] 6. [illegible]	法⑤，及出定⑥之修法，皆是大方便，句要所谓“应相续不断而修”。2. 其中，先解释“俱生”者，即是所依处及依人二种相。先释“粗所依”，则“德阴”（明妃，mudrā）⑦是圣慧，彼之红白斑块（“明点”bindu，ཐིག་ལེ），乃圣慧细所依而谓“解脱”者，唯是与此句“和合”⑧。3. 了悟无漏俱生，说：关于自造业以及业之果之迷惑，“彼一切为所取”，由于一切为亦依“俱生”，了悟“一味”，实为成就一切现成，即是出于已以及所造作⑨。此故，轮回之根依心而集故，当依于“自觉王此尊”而审查。4. 其次“俱生”，又说：以一切之假定，可谓“空即自性”。自“贪欲”乃至“我慢”，由于皆为俱生，此处自性，任运⑩依空位而住。如是法性所归之处，以一切戏论而空⑪，则本来世俗分心可说为“喜乐”，乃是显为自觉之乐⑫，即是所谓“自体如幻不二”。5. 既然如此，虽然其［喜乐］是一切有情之自性，其存在仪⑬，犹如匿藏在家宅而无所知之宝物。彼如是，及此“灌顶”⑭及“道”时，

① 据本文以及其他文本考证 mər² njij¹ [illegible]（直译：本心）符合原文རང་རིག་པ，（svasaṃvedana，如“冈波巴传”，见下文）。《喜金刚之解》另见·jij¹ tśjɨ¹ njij² [illegible]（直译：“自觉王”），其中“[illegible]”直接翻译རང་རིག་པ。

② pjụ¹ [illegible]（直译：“尊”），གཙོ་བོ，prabhuḥ.

③ kia̱² lhu¹ [illegible]（直译：“补增”），据其他文献考证，接近藏语བཏགས་པ（“定名”，“假设”）等词汇。

④ de² ljɨ̣j² [illegible]（直译：“喜乐”），藏语ཉམས་དགའ。

⑤ śjij¹ tjɨ̣j² [illegible]，一般翻译：“方法”等，据与其相关藏文直比对，选择“ཚུལ”。

⑥ [illegible]“出定”代表藏语ཐུན་མཚམས的意思。此处为“二段念定之间的修行仪轨”。

⑦ tśhja² dẹ² [illegible]（直译：“德阴”），据《口合本续》译为“明妃”，孙昌盛建议。

⑧ 西夏语 phjo̱² [illegible]，据其他文献考证，我们建议翻译为སྦྱོར་བ（和合）。

⑨ 此句符合本续：|རང་གྱིས་འཁོར་ཅིང་རང་གིས་བྱེད| |རང་གི་རྒྱལ་པོ་རང་གཙོ་བོ|；西夏译文似乎把“འཁོར”翻译为“出”。

⑩ dzjụ¹ njij² [illegible]为多义词，此处应该代表藏语ལྷུན་གྲུབ。

⑪ 拟译。我们理解：“由于一切戏论的解释，法性所归之处为空，云云。”

⑫ 《本续》颂：དེ་ཀུན་གནས་ནི་ཉམས་དགའ་བར|

⑬ dźjij¹ śjij¹ [illegible]：གནས་ལུགས（存在方法）。

⑭ dzju²“主”（[illegible]）西夏“主授”（灌顶）的简写。

续 表

《喜金刚本续之解》卷第五,西夏录文	汉 语 拟 译
[illegible](Tangut text, with note mark ① and lacunae □; ends [···])	因手印之缘起;以要理了悟"佛种"者②之发起,则是道之真智。6. 然"与明满③无异"者,虽明满与自体无异,随着时间长或短而有异。"与自体无异",其之譬喻为何?如大海之水中,若饮其一口之味,即是了知如全部大海无漏之水[味道]。见初一之月亮,犹如见十五月亮等许多譬喻。说起时分支譬喻,则以□觉受。其之布达④之"十六分中不及一份"也。然,"主"之觉受,谛[···]

该段落内容比较复杂。重要的是,西夏文本似乎不是根本续之注释:基于文中常见·jɨ² [illegible]字样,即是所谓"引号",符合梵文 iti,或藏语ཞེས་བྱ་བ之类语句,可以假设,现存的本子,是基于另一个注释的基础上,进行更深入讨论。此能说明,本段西夏文的注释,是离于根本续文本比较远的情况。

西夏语主要内容集中在"乐空"以及"俱生"(ལྷན་སྐྱེས)之说明。总而言之,由于法性为空,并且"空"和"乐"为"俱生",众生平常心与"明满"(正觉)无差别。实现"圣慧"和"方便"的修法则是与"明妃"的"和合";透过"和合"可实现众生本性内的"自己为尊"的潜能。如此,文中的主要概念为"自心""自觉"等。文中一部分词汇如"主""道"等虽然能有可解释为藏语"灌顶"(西夏语译为"主受");"道"为"修习之道";"种"为空行母"种字"或"佛种"等猜想,但需要更多的考证。文中词汇大致上符合其他相关西夏语文献词汇的特色,值得注意的是 mər² njij¹ [illegible]的一词。据藏文和梵文版本,这个词为梵文 svaśaṃvedana(自证)的翻译。西夏 mər² njij¹ [illegible]的直译"本心"代表藏语རང་རིག་པ可视为"汉化"的表现;据我们对于其他文本的考证,如此翻译作为西夏译经习惯。如此之。本研究为此段文字进行与现存"让体系"和"俄体系"现存《喜金刚》注释的初步对读,但目前尚未发现能直接对上的段落。因此情况,本研究暂定"让体系"《喜金刚本续之解》为西夏孤本,其与黑水城藏文材料之对比研究,是一个目前比较迫切的研究任务。

---

① 疑为[illegible]之讹。

② 直译,待考证。"种"此处为修者相应的"佛种"的意思。

③ "明满"西夏语直译,"正等觉"。

④ 直译,此词为梵文 Buddha 的音写。文中西夏语的"佛"(tha¹ [illegible])一般翻译藏语སངས。

二、西夏语《喜金刚本续之解》第二段

西夏语《喜金刚本续之解》卷第七内容符合“根本续”第二部的第三第四品，即是“一切本续之缘起”（sarvatantranidāna རྒྱུད་ཐམས་ཅད་ཀྱི་གླེང་གཞི）和“问答品”二章节。下面为读者提供参考第四章“问答”中，一切空行母以及金刚藏关于歌舞性质提问及出有坏答案的西夏录文和翻译。相关“根本续”原文如下①：

དེ་ནས་རྡོ་རྗེ་སྙིང་པོ་ལ་སོགས་པའི་རྡོ་རྗེ་མཁའ་འགྲོ་མ་ཐམས་ཅད་ཐེ་ཚོམ་དུ་གྱུར།ཡིད་གཉིས་སུ་གྱུར་ཏེ་བཅོམ་ལྡན་འདས་རྡོ་རྗེ་སེམས་དཔའ་འདི་སྐད་ཅེས་གསོལ་ཏོ།བཅོམ་ལྡན་འདས་ཐེ་ཚོམ་གསལ་དུ་གསོལ།

拟汉译：其次，金刚藏等之金刚空行母有质疑，产生二心，乃向金刚萨埵出有坏有如此之言：“出有坏，请解除我们的怀疑”。

།སྤྱོད་པའི་ལེའུ་ལས་གང་བཤད་པ།གླུ་དང་གར་ནི་དངོས་གྲུབ་སྦྱིན།	“修行品”中有说明，舞及歌给予成就
།དེ་ལ་བདག་ནི་ཐེ་ཚོམ་མཆིས།གླུ་ནི་ཅི་ལགས་གར་ཀྱང་ཅི།།	我于此生怀疑心，舞者为何歌为何
།ལྷའི་ལེའུ་ལས་གང་གསུངས་པ།ཞེས་སྡང་ལ་སོགས་ཕྱག་རྒྱ་རྣམས	“天品”中有所说，愤怒等之诸手印，
།དེ་ལ་བདག་ནི་ཐེ་ཚོམ་མཆིས།གང་གི་ཕྱག་རྒྱ་ཕྱག་རྒྱ་མཆིས།།	我于此生怀疑心，何之手印手印为何；
།སྔགས་བཏུ་བ་ལས་གང་གསུངས་པ།བདག་མེད་ལ་སོགས་ས་བོན་ཉིད།	“真言集”品中所说，无我母等之种字，
།དེ་ལ་བདག་ནི་འཁྲུལ་བར་འགྱུར།གང་གི་ས་བོན་ས་བོན་གང་།།	我于此生迷惑心，何谓种字种字何；
།རིགས་ཀྱི་ལེའུ་ལས་གང་བཤད་པ།བཅུ་དྲུག་གཉིས་ཀྱི་བདག་ཉིད་རྩ།	“眷属品”中有说明，本身二部十六脉，
།བཅོམ་ལྡན་བདག་ནི་འཁྲུལ་གྱུར་པས།དེ་རྣམས་རྣམ་དག་བཤད་དུ་གསོལ།།	出有坏我此迷惑，其之清净为我说。
[···]	[···]
།ངན་པ་མི་འཕྲོགས་རྣལ་འབྱོར་པས།ཧེ་རུ་ཀའི་གཟུགས་ཀྱིས་གར། ②	不为念害瑜伽者，取形嚕葛身而舞，
།ཆགས་བྲལ་མིན་གོམས་སེམས་ཀྱིས་ནི།འདོད་ཆགས་སེམས་ཀྱིས་སྒོམ་པ་ཉིད།	依不弃执串习心，依贪欲心而修习；
།རྡོ་རྗེ་ཆོས་དང་སངས་རྒྱས་དང།རྣལ་འབྱོར་མ་དང་མ་མོ་ཡིས	金刚法以及明满，及瑜伽母及诸神，
།གླུ་དང་གར་ནི་འདི་དག་གིས།ཞིགས་པར་གླུ་བླང་གར་ཀྱང་བྱ།	依于此歌及舞者，作舞歌为最上乐；
།འདི་ཉིད་ཀྱིས་ནི་ཚོགས་སྲུང་ཞིང།དེ་བཞིན་བདག་ཀྱང་སྲུང་བ་ཉིད།	依此为眷属之护，如此亦为己之护，
།འདིས་ནི་འཇིག་རྟེན་དབང་དུ་བྱེད།འདིས་ནི་སྔགས་ཀྱིས་བཟླས་པ་ཉིད།	依此世界为所控，此颂真言之本性；
།གང་དུ་གུས་པས་གླུ་ལེན་དང་།གང་དུ་གུས་བཅས་གར་བྱེད་པ།	谁以虔敬颂歌及，谁以虔敬行舞蹈，
།ཚོགས་ཀྱི་བདག་པོས་སྔར་བྱས་ནས།དེ་ལ་དྲི་ནི་མཆོད་པར་བྱ།	最初作为集主而，在此应标记诸香；
།སྒོག་པའི་དྲི་ནི་དང་པོ་ཉིད།དེ་ནས་ཡང་ནི་བྱ་རྒོད་དྲི།	最初第一为蒜香，期之后为鹫之香，
།ག་པུར་མ་ལ་ཡ་ཛཾ་ཉིད།ངང་པ་དང་ནི་བུང་བའི་སྒྲ།	樟脑及嘛辣雅摻③，雁以及蜂之声音，
།གླུ་ཡི་མཐའ་ནས་མཉམ་པར་བྱ།བ་ལང་ཚོ་ཡི་སྒྲ་ཡང་ནི།	在歌边亦得听闻；至于大牛之声音，
།ཕྱི་རོལ་ཚལ་དུ་མཆོད་བྱ་བ།གླུ་ཡི་བྱིན་རླབས་མཚན་ཉིད་དོ།།	亦得标在外庄园，此为歌加持自相。

① D. Snellgrove. *The Hevajra tantra*, 2－62, 颂 1－5; 英译 77－78. 此处需要指出英藏黑水城文献第 281 号，待考证（武内绍人，井内真帆，*Tibetan Texts from Khara-Khoto*: 146）.

② D. Snellgrove. *The Hevajra tantra*, 2－63－64, 颂 9－14; 英译：102－103。

③ 檀香，藏语用梵文转写：mālayajaṃ。

三、《喜金刚本续之解》相关的注释

西夏录文，据 Tang326，8324：29－34	汉语拟译
1. [illegible]	1. 复次，所说“金刚中真⑦以及一切金刚空行母发起疑惑心，堕于二心”⑧者的语句，先是“出神变”，随后发“出入”之思缘⑨，为立刻治好怀疑之心而提问。“疑惑”者，即是在思維观察，[形噜葛所说法]是否属于“殊胜境界”二种极端观点（直译——译者）。“二心”者，即是了悟妙好境界，是自体是宗说⑩，是有是无，而产生怀疑，索求减除，即是请教而易悟。
2. [illegible] 30 . [illegible]	2. 合 第六《修行品》中⑪，凡所谓“歌及舞”者，使乐空显照⑫，授现成就。我今于此存疑：为何说“授现成就”？我虽了解歌舞为妙好，然未曾说，“歌者为何，舞者为何”，求为我说明清楚。
3. [illegible]	3. 我今思考第四《天主授品》中有所说：“愤怒等以手印为印”时，为何说：确定佛部是实成就之故，对于此我亦生疑惑。“部主”印为何？是何之印？思之而有发起二心。
4. [illegible]	

---

① 西夏文 ɣjɨ¹ njij² njij¹ ɣiej¹ [illegible]（直译：金刚中真，藏语རྡོ་རྗེ་སྙིང་པོ）Vajragarbha。下文用直译“金刚中真”，藏语སྙིང་པོ译为“中真”。

② dạ² nio̱w¹ [illegible]（直译：说故）。据我们考证，此词为西夏语词汇，拟译为“宗说”“说明”等。《大乘要道密集》中的诸本子内，该词属于“四量”范围的术语，此处待考证。

③ 此字此处不明。

④ 藏语དངོས་གྲུབ་སྦྱིན直译。

⑤ devatābhiṣekapatalaḥ，《喜金刚之解》“佛”翻译藏语ལྷ。

⑥ 此句属于本续第一部四品：དབང་བསྐུར་ནས་སྤྱི་བོར་རང་གི་རིགས་ཀྱི་བདག་པོར་འགྱུར་རོ（Snellgrove：1，15）“灌顶后部主（不动佛）出现在顶上”。

⑦ “中真”代表西夏语的 njij¹ ɣiej¹ [illegible]（藏语སྙིང་པོ），此后不一一注明。

⑧ 西夏语“[illegible]，[illegible]”为藏语ཐེ་ཚོམ་དུ་གྱུར་ཡིད་གཉིས་སུ་གྱུར直译。

⑨ 此句为拟译，文中“神变”指的藏语སྒྱུ་མ་ཆེན་པོ（大幻），是《喜金刚》地二部的标题。“出入”待考证。我们了解：喜金刚显出神变，其后诸空行母和金刚中真发起怀疑，即是“出入”之想法，即便提问。若“神变”为ཆོ་འཕྲུལ的，句子的意思可以解释：先出形噜噶神变，此后发起与其所传仪轨内容的不同问题。待考证。

⑩ 此处西夏文用“说故”，“演说”一词。

⑪ caryāpaṭalaḥ སྤྱོད་པའི་ལེའུ。

⑫ 即是“歌舞”显出“空乐”（བདེ་སྟོང），即是“慈悲智慧”等。

续 表

西夏录文，据 Tang326，8324：29－34	汉语拟译
5. 《[illegible]》①[illegible] 31 [illegible]	4. 《咒颂集》虽说为常法③，第二品中，凡所说谓“无我母”（བདག་མེད་མ）等，能发起“增长”④或是“种字”⑤？我今生疑惑。如何从一切“本尊⑥种字”，令一切本增长，我堕于二心。
	5. 《金刚部》之品中，凡所说：二品十六自性脉（共 32——译者），空行母之自性，能令乐圆满，出有坏！我今思維，何故说“脉是空行母自性”者，而有迷惑：凡为“脉”者，皆是“空行母”，于此堕于二心，求[出有坏]清楚说明。
6. [illegible] ②[illegible]	6. 初，答歌舞之问：依于歌场所而说，不许。初作歌之时，是定次时及集轮及修行之时⑦。此歌的做法：先作二句之所作之位，为“六合”⑧也（直译——译者）。此为诸空行母所了悟之语。译者，则如《海生》，直接进行和合（སྦྱོར——译者注），而不作句义之解释。
7. [illegible] 32 [illegible]	7. 第二，思維之殊胜者，在心不起中，不为思念，瑜伽修行者起佛慢，乃为形噜噶身形而跳舞。当如《帐续》而作。此时“非离于乐空之爱欲”，“以执着及习心”者，即是依于空生贪欲之心而入念定。身唯定为形噜噶，心者是不定。至于“由⑨金刚及法”等说歌作舞蹈，其为易懂。
8. [illegible]	8. 第三，歌之利益；实以此歌舞者，说圆满毕竟。即是为阴阳默有（རྣལ་འབྱོར་མ་མོ）为间断⑩之
9. 33 [illegible]	

① 本续第一品，据西夏译《金刚种》，རྡོ་རྗེའི་རིགས。

② 此字此处不明。

③ 此处“常法”拟译原文 · ju² śjij¹ [illegible]。西夏语句直译“常顺”，其中“顺”为实体化形态标记。

④ 此处“动机”表达原文施动据结构。

⑤ 由于“种字”能发起“加行”。

⑥ 即是“空行母”。

⑦ 据俄秋谷多吉《རིན་པོ་ཆེ་རྒྱ་འདྲ》相关的词汇拟：djɨj² dźjow¹ dzjɨj¹ [illegible] 代表藏语སྒོམ་པའི་ཐུན་མཚམས；dzjɨ̣² dziej² [illegible] 代表ཚོགས་ཀྱི་འཁོར་ལོ。其他文献用“出定时”。

⑧ “六合”藏语སྦྱོར་དྲུག直译。此处代表喜金刚修行系统之一，不为“时轮”系统。“二句”等待考证。

⑨ 此处“由”代表原文“庭属”（直译：“行为”），“作格”标记。

⑩ 据其他文献考证，可译为“障碍”。

续 表

西夏录文,据 Tang326,8324: 29 – 34	汉语拟译
10. [illegible],[illegible],[illegible];[illegible],[illegible].[illegible],[illegible]①[illegible].[illegible]□②[illegible].[illegible]③[illegible],[illegible].[illegible],[illegible],[illegible].[illegible],[illegible],[illegible].[illegible]④[illegible].[illegible].[illegible],[illegible] 34 [illegible]	保护;如此亦得为己之保护。"以此成为世中主受⑤",即是令成就一切行事。由于"此亦是颂咒语",令起殊胜之果。 9. 至于位及时,凡所有⑥有种相本尊,心空乐,既在此处以虔敬心而作歌舞。首先,集主为上师所决定,其后操作其他事。 10. 第四,显出摄受(བྱིན་རླབས)瑞相者,有两种:第一为香所示,蒜之香,为"行空行"所摄受之瑞相。野禽⑦之香者,由于智 lha ga 空行。所谓"卡普儿和嘛辣雅拶"即是出旃檀,由于智空行⑧。第二,声之瑞相者,即是雁等之声。"时歌之边"即是作歌将结束,所听为大牛之声即了悟[歌即将结束],* 食施之声⑨。所谓"在外庄园"墓地闻声如响,乃是为诸空行所摄受之自性。

四、《金刚帐相说》西夏译文汉译

《金刚帐续》与《口合本续》一样,是《喜金刚本续》的"解释本续"(བཤད་རྒྱུད)。西夏存在《喜金刚本续》修习以及研究系统,黑水城文献中所见《金刚帐》注释文献是正常不过的事情。此发现符合文本体系架构,以及密法传承的逻辑。我们

---

① sjị^{j1} lha^{1} gja̱^{1} [illegible]空行名号,待考证。

② kja̱^{1} pu^{1} rjɨr^{2} [illegible]藏语ག་པུར;mja^{1} la^{1} ·ja^{1} [illegible]代表མ་ལ་ཡ་ཛ。

③ tsja^{1} dja̱^{1} [illegible],梵文 candanaḥ, 即是"旃檀"的转写。

④ pja^{1} lja^{2} ŋə^{1} [illegible]藏语བ་ལང转写(大牛);tjị^{1} mjiw^{2}[illegible]转写,待考证。

⑤ 西夏语[illegible]直译:"为主受",翻译藏语དབང་དུ་བྱེད;"控制"。

⑥ 此处西夏语的[illegible](直译:"何处")可能翻译藏语གང་ལ。

⑦ 本续:བྱ་རྒོད(鹫),西夏语 dźjwow^{1} njijr^{1} [illegible](直译:"野鸟")。

⑧ 文中见三种空行:"行空行"(karmaḍākinī)、* 智 laga(待考证)和"智空行"(jñānaḍākinī)。

⑨ 至于 tjị^{1} mjiw^{2}[illegible]我们有如下考证:其中第一个字为"食"翻译;第二字为音译字,与西夏字 mji̱^{1} [illegible]"施"语音是接近的。tjị^{1} mji̱^{1} [illegible]代表藏语གཏོར་མ(食施);我们假设 mji̱^{1} [illegible] mjiw^{2} [illegible]为通假字,tjị^{1} mjiw^{2}[illegible]与 tjị^{1} mji̱^{1} [illegible]语义相同,代表"食施"。由于西夏语的 mjiw^{2} [illegible]一般代表汉语"藐"(即是二字主元音不同之故)此假设需要进一步考证。另一种可能是,由于二字样相互相似,mjiw^{2} [illegible]为 mji̱^{1} [illegible]之讹。

目前见到的《金刚帐续》注释本子较短。我们参考的西夏文献中,除了《喜金刚本续之解》外,尚未见到《金刚帐》的引文;《大乘要道密集》虽然得见该本续引语,我们尚未法确定《金刚账本续》西夏译文之存在。

尽管如此,黑水城出土文献中,有一篇《金刚帐》注释残片,早已被西田氏注意。据现存标题的解读,我们认为该材料的标题是《圣空行母金刚帐续之相说疏》。据标题以及我们对文献内容的初步解读,现存的部分属于根本续第一品“有情引进一切种种最上调伏品”(ཐམས་ཅད་ཀྱི་རྣམ་པ་མཆོག་ཏུ་ཞི་བ་སེམས་ཅན་འཇུག་པའི་ལེའུ)。在下是现存段落全文录文和拟译①。

标浪线的字样是我们考证出来的西夏文注释的根本续相关语句。文中有几个字模糊不清,以□符号标之。

Tang 71 #5501 录文	汉语拟译
1 [illegible]。[illegible],[illegible]。[illegible],[illegible],[illegible]。[illegible],[illegible]②。[illegible],[illegible],[illegible],[illegible]③。[illegible]④:[illegible]。[illegible],[illegible]	[⋯]等是。思念而不思之。说一切诸人之意,所谓彼为此之“先”,即成极乐。“宝珠”之譬者,犹如其变换为绿。然则,至于“[取]为道”(ལམ་སུ་ལེན? ——译者),籍独开示一法,将谓之“满⑤”,则不□。示者:所谓“为何如何”是也。

① 由于本研究认为,西夏流传“喜金刚体系”依于“俄体系”的噶举,需要参考的《金刚帐本续》的藏译本应该是大宝桂路掺哇枯巴拉掺的译文。由于资源限制,我们暂无法参考其本,因此使用德格版的迦耶达啰(Gayādhara)和卓弥的译本(《中华大藏经》(北京:中国藏学出版社,2008年)第80册:96)。据我们初步考证,考证,西夏注释文相当于迦耶达啰(Gayādhara)和卓弥的译本的下段文字:སྣ་ཚོགས་གཟུགས་ནོར་རྗེ་བཞིན་ནོ། །གང་དང་གང་གིས་འདུལ་བ་ཡི། །སེམས་ཅན་འདུལ་བར་འགྱུར་བ་སྟེ། །དེ་དང་དེ་ཡི་རྣམ་པ་ཡིས། །ཆོས་ཀྱི་བཤད་པ་བྱ་བའོ། །སེམས་ཀྱི་རྡོ་རྗེ་ལས་བྱུང་བའི། །སེམས་ཅན་སྣ་ཚོགས་རང་བཞིན་ཅན། །སེམས་ནི་རང་གི་རྣམ་རྟོག་གིས། །སྐྱེ་བོ་འདྲ་མས་ནག་པོར་བྱས། །དེ་བས་ཀུན་དུ་རབ་འབད་པས། །སེམས་ཀྱི་རྡོ་རྗེ་རྣམ་པར་སྦྱང་། །སེམས་དག་པ་ནི་བདེ་བ་ཡིན། །ཉོན་མོངས་དུག་ནི་ཐམས་ཅད་འཕྲོག །གལ་ཏེ་སྟོང་པ་ཐབས་ཡིན་ན། །དེ་ཚེ་སངས་རྒྱས་ཉིད་མི་འགྱུར། །འབྲས་བུ་རྒྱུ་ལས་གཞན་མིན་ཕྱིར། །ཐབས་ནི་སྟོང་པ་ཉིད་མ་ཡིན། །ལྟ་བ་རྣམས་ལ་ལོག་རྣམས་དང་། །བདག་ཏུ་ལྟ་བ་ཆོལ་རྣམས་ཀྱིས། །བདག་ཞེན་བསམ་པ་བཟློག་པའི་ཕྱིར། །སྟོང་པར་རྒྱལ་བ་རྣམས་ཀྱིས་གསུངས། །དེ་ཕྱིར་དཀྱིལ་འཁོར་འཁོར་ལོ་ཞེས། །ཐབས་ནི་བདེ་བའི་སྡོམ་པ་སྟེ། །སངས་རྒྱས་ང་རྒྱལ་རྣལ་འབྱོར་གྱིས། །སངས་རྒྱས་ཉིད་དུ་མྱུར་བར་འགྱུར། །སྟོན་པ་གསུམ་ཅུ་རྩ་གཉིས་མཚན། །གཙོ་བོ་དཔེ་བྱད་བརྒྱད་ཅུར་ལྡན། །དེ་ཕྱིར་ཐབས་ཀྱིས་བསྒྲུབ་བྱ་དང་། །དེ་ནི་ཐབས་ཀྱི་གཟུགས་ཅན་ནོ། །ཐམས་ཅད་ཀྱི་རྣམ་པ་མཆོག་ཏུ་ཞི་བ་སེམས་ཅན་འཇུག་པའི་ལེའུ་སྟེ་དང་པོའོ། །

② 此语句为根本续:སྣ་ཚོགས་གཟུགས་ནོར་རྗེ་བཞིན་ནོ。

③ 直译,句子含义待考证。

④ nej^2 [illegible](直译:“指示”);据我们考证,此字代表根本续引文。拟译:“教”。

⑤ “将为满”为[illegible]的拟译;我们把 śjow^1 [illegible]解释为祈愿式的标记。句子的汉译,可解释为“至于‘为道’而言,解释一个法门即将圆满”。

续　表

Tang 71 #5501 录文	汉语拟译
[illegible]①。[illegible]，[illegible]，[illegible]。[illegible]，[illegible]，[illegible]，[illegible]②[illegible]，[illegible]：[illegible]③。[illegible]④[illegible]，[illegible] 2 [illegible]，[illegible]，[illegible]，[illegible]。[illegible]，[illegible]，[illegible]，[illegible]⑤。[illegible]，[illegible]，[illegible]：[illegible]。[illegible]，[illegible]⑥，[illegible]，[illegible]，[illegible]⑦，[illegible]。[illegible]，[illegible]⑧。[illegible]⑨[illegible]，[illegible]⑩[illegible]。[illegible]，[illegible]，[illegible]，[illegible]，[illegible]⑪[illegible]。[illegible]，[illegible]，[illegible]。[illegible]⑫[illegible]，[illegible]，	如何道及何以调伏，即是“需教此法”。若举杂宝喻之，即说“心之自性不可变换也”；与金不为锈所损同。生空乐之有情，显出其类种种，虽然其为本来明满，其需为种知所助，示者：所谓“意之金刚”是也。此故所谓“时时实勤”，由于心之自体本来是空乐，实勇勤一律，“意之金刚”者即是空乐。令之为实净习者，即是令了悟此。心清净者，即所谓“令净修”乃是乐，以及依于其而除灭烦恼之毒也。籍所供养中尊［如何］，就用相应供养法⑬，示者：“若”等是也。果成明满之处，由于果与因需同，为他之利益，成就色身，生起次第，是示。解释空之利益者，乃是“诸见顺⑭”等也。此故“中围之轮”者，依于乐空，有周遍之乐也。然不依空而成，需念佛轮，生起次第，何故？则所谓“导师三十二相”者。依于方便，导师有色身者，依于大乐周遍之中围也。最上广大者，是广大，空乐之谓。依于其而周遍一切法，为有情之

① 此语句相当于གང་དང་གང་གིས་འདུལ་བ་ཡི།།སེམས་ཅན་འདུལ་བར་འགྱུར་བ་སྟེ།།ཆོས་ཀྱི་བཤད་པ་བྱ་བའོ།

② mə² se̱w² [illegible]（直译：“种知”）＝ རྣམ་རྟོག。

③ phji¹·jij¹ ɣjɨ̣¹ njij² [illegible]（直译：“意之金刚”）＝ སེམས་ཀྱི་རྡོ་རྗེ。

④ thja² nio̱w² dzjɨj¹ dzjɨj¹ zjɨr¹ ·jɨr² bju¹ [illegible]（直译：“依于时时实勤”）＝ དེ་བས་ཀུན་ཏུ་རབ་འབད་པས的直译：时时＝ཀུན་ཏུ；“实勤”＝རབ་འབད་པ；bju¹ [illegible]为“具格”标记的翻译。

⑤ 此语句为སེམས་ཀྱི་རྡོ་རྗེ་རྣམ་པར་སྦྱང་།།སེམས་དག་པ་ནི་བདེ་བ་ཡིན།།ཉོན་མོངས་དུག་ནི་ཐམས་ཅད་འཇོམས།；其中“意之金刚”与上文同；zjɨr¹sej¹ [illegible]（直译：“实净”）＝དག་པ；由于西夏译文用施动架构，其参考的原文应该是：དག་པར་བྱེད；dzjɨ̱² sej¹ [illegible]（直译：“习净”）为西夏语固定词汇：རྣམ་པར་སྦྱང；[illegible]（直译：“烦恼毒”）＝ཉོན་མོངས་དུག。

⑥ [illegible]（依于果与因同）翻译藏语འབྲས་བུ་རྒྱུ་ལས་གཞན་མིན་ཕྱིར；藏语否定句为西夏肯定句；śjwo¹ bju¹ [illegible]（直译：“用随”）为藏语ཕྱིར。

⑦ ljij¹ dzja¹ tśjɨ¹ śjwo¹ [illegible]（直译：“用增盛次”）暂无法鉴定藏文词汇。

⑧ [illegible]（直译：“空 Pref 教”）＝ སྟོང་པར་རྒྱལ་བ་རྣམས་ཀྱིས་གསུངས；[illegible] ljij² śjij¹ 为西夏语固定词汇“宗趣”，ལྟ་བ。

⑨ [illegible]（直译：“此故中围之轮”）直接翻译藏语：དེ་ཕྱིར་དཀྱིལ་འཁོར་འཁོར་ལོ་ཞེས。

⑩ [illegible]（直译：“依于乐空周遍之”）为西夏语“略句”，略“之”后面的语句。

⑪ [illegible]（直译：“导师三十二”）为སྟོན་པ་གསུམ་ཅུ་རྩ་གཉིས་མཚན的翻译。

⑫ zji¹ phju²·wạ² tha² [illegible]（直译：“最上广大”），相应藏语不明。

⑬ 此语句意思是：“供养如何本尊，就需要如何供养法”；文中“中尊”gu² pjụ¹ [illegible]，据我们考证代表藏语གཙོ་བོ。

⑭ “见顺”即是藏语ལྟ་བ；指的不同“见解”。

续　表

Tang 71 #5501 录文	汉语拟译
[illegible]。[3][illegible]①[illegible]。[illegible]，[illegible]，[illegible]②[illegible]。[illegible] [illegible]	入③者，依于烦恼为道，调伏也。第一篇相说竟。 圣空行母金刚帐续之相说。

① [illegible]（周遍一切法）= ཐམས་ཅད་ཀྱི་རྣམ་པ་མཆོག་ཏུ。

② rjur[1] jar[2] [illegible]（直译："调伏"）相当于藏语ཞི་བ。

③ 西夏语[illegible]为施动架构，据此翻译。

词汇对照表

夏藏词汇对照表（限于“心部”材料以及其他文本比较确定的词汇）

李号	西夏字	音拟	直译	藏语对译	出处（“通”为所有文献通用，“旧译文献”为主号码为颂号）
10	[illegible]	zji²	皆	ཀུན/ཅིར/ཡོངས	《虚》1, 2, 4, 9, 24, 36;《鹏》5, 6, 8, 23, 35, 46;《狮》1,3,6,10
	[illegible][illegible]	zji² njɨ²	周遍	ཀུན་ཏུ	《虚》9,39;《鹏》2
	[illegible][illegible]	zji² dźjij¹	普行	ཀུན་སྤྱོད	《虚》16,33,35;《狮》5
	[illegible][illegible]	zji² kha¹	普中	ཤིན་ཏུ	《鹏》23
	[illegible][illegible]一[illegible]	zji² dzjɨ²—do²	普集一处	ཀུན་ལ	《鹏》23
20	[illegible][illegible]	tśja¹ nu¹	违道	ཐུ་སྙེགས	《狮》7
46	[illegible][illegible][illegible]	ljij² lew² mjɨ̱²	所见境	མཐོང་བའི་ཡུལ	《鹏》11
	[illegible][illegible][illegible]	ljij² sji² ka̱r¹	能见眼	མཐོང་བའི་དམིག	《鹏》11
70	[illegible]	thjwɨ¹	开	སྤྲོ་བ	通
	[illegible][illegible]	thjwɨ¹ ·wja̱¹	开释	སྤྲོས	《喜金刚》
105	[illegible]	kju̱¹	求	བསྒྲུབ་པ	《狮》3
	[illegible][illegible]	kju̱¹ lew²	所求	འགྲིམ་པ	《虚》48
	[illegible][illegible]	kju̱¹ tshwew¹	供养	བསྙུ་བ	《六》10
113	[illegible]	śjɨj¹	成	ཡིན/གྲུབ/འགྲུབ	《虚》5, 24, 35, 43, 45;《六》3
	[illegible][illegible]	śjɨj¹ lew²	所成	འགྲུབ་པ	《虚》24
	[illegible][illegible]	śjɨj¹ ·jiw²	成就	དངོས་གྲུབ	《虚》34,50
	[illegible][illegible][illegible]	śjɨj¹ ·jiw² mjɨ̱²	所成就境	གྲུབ་པའི་ཡུལ	《鹏》26
163	[illegible]	mjɨ̱²	境	ཡུལ/གནས/ནོར	《鹏》24,28,41;《狮》1

续 表

李号	西夏字	音拟	直译	藏语对译	出处（“通”为所有文献通用，“旧译文献”为主号码为颂号）
	[illegible]	mjɨ̱^{2} śjwɨ̱^{2}	随境	ཡུལ་ཕྱིར	《鹏》27
163	[illegible]	mjɨ̱^{2} kiẹj^{2}	境界	སྤྱོད་ཡུལ	《虚》20，36《鹏》41，《狮》1
168	[illegible]	pjɨ^{1} njwo^{2}	昔过	སྔོན	《鹏》17
182	[illegible]	wjạ^{1} khjow^{1}	给予许可	གནང་བ	通
201	[illegible]	mjij^{1} sjwɨ^{1}	寂思	བསམ་གཏན	《虚》12
	[illegible]	mjij^{1} sjwɨ^{1} tjɨj^{2} tśjɨ̱^{1}	寂思次第	སྒོམ་རིམ	《五》
	[illegible]	mjij^{1} sej^{1}	寂清	དགོན་པ/དབེན་པ	《虚》13
206	[illegible]	bu̱^{2} zju^{2}	胜殊	ཁྱད་པར	《虚》10，26，46，49
	[illegible]	bu̱^{2} gjij^{1}	殊胜	ལྷག་པ/ཁྱད་པར	《虚》49《鹏》10
	[illegible]	bu̱^{2} dzjwɨ^{1}	胜帝	སྐལ་ལྡན	《六》2
	[illegible]	bu̱^{2} ljɨ^{1}	胜论	བྱེ་བྲག་པ vaiśeṣika	《二谛》
255	[illegible]	lạ^{1} se̱w^{2}	妄计	རྣམ་རྟོག/རྟོག་པ	通
	[illegible]	lạ^{1} se̱w^{2} mjor^{1}	妄实	རྣམ་རྟོག་ཉིད	《虚》12
	[illegible]	lạ^{1} se̱w^{2} djɨj^{2}	妄计定	རྟོག་སྒོམ	《鹏》2
328	[illegible]	ku^{2} tha̱r^{1}	瞽盲	མདོངས་པ	《虚》20
369	[illegible]	thju̱^{1}	缘	བལྟས་པ/ དམིགས	《虚》48，50；《鹏》35
	[illegible]	thju̱^{1} ljij^{2}	观见	བལྟས་པ/མཐོང་བ	《虚》24，50
	[illegible]	thju̱^{1} lew^{2} mjɨ̱^{2}	所缘境	དམིགས་པའི་ཡུལ	《鹏》1
	[illegible]	thju̱^{1} ljij^{2} lew^{2} we^{2}	为所见	མཐོང་བར་གྱུར་པ	《虚》50
	[illegible]	thju̱^{1} śia̱^{2}	缘趣	དམིགས་པ་དང་བཅས་	《五》
372	[illegible]	śjwa^{1} wjijr^{2}	执抱	འཁྱུད་པ	《喜金刚》
429	[illegible]	njwo^{2} śjɨj^{1}	昔成	ལྷུན་རྫོགས/ ལྷུན་གྱིས་གྲུབ/ གདོད་ནས/ལྷུན་གྲུབ/ ལྷུན་གྱིས་གནས་པ/ཡེ་ནས	《鹃》1，6《虚》11，26，39，41，49，50，51；《鹏》28，《狮》3

续　表

李号	西夏字	音拟	直译	藏语对译	出处（“通”为所有文献通用，“旧译文献”为主号码为颂号）
	[illegible]	njwo^{2} njij^{2}	古昔	གདོད་ནས	《虚》26《鹏》39
	[illegible]	njwo^{2} śjɨj^{1} tjɨj^{2} bju^{1}	依昔成礼	ལྷུན་གྱིས་གནས་པ	《鹃》6
434	[illegible]	ɣiẹ^{1} mja^{1}		ཨེ་མ	《虚》20
467	[illegible]	tsjịr^{1} kiẹj^{2}	法界	དབྱིངས/·ཆོས་ཀྱི་དབྱིངས	《虚》1；《鹏》8；《狮》1，4
478	[illegible]	śio̱^{1} ror^{2}	集绕	བསྡུ་བ	《鹏》38，40
490	[illegible]	gjị^{2}	依	བརྟེན་པ/རྟེན	《虚》5，《鹏》22，34
	[illegible]	gjị^{2} tjị^{2}	可依	རྟེན	《狮》9
491	[illegible]	ljọ^{2} ·wo^{2} ljɨ^{1}	何理也	དགེ་སློང	《狮》2
	[illegible]	ljọ^{2} dju^{1} ljɨ^{1}	何有也	ག་ལ་ཡོད	《虚》20
497	[illegible]	ŋewr^{2} ljị^{1}	数论	གྲངས་ཅན་པ sāṃkhya	《二谛》
502	[illegible]	zjɨr^{1} jij^{1}	极微	ཕྲ་བ	《虚》13；《鹏》5
515	[illegible]	le^{1}	障	སྒྲིབ་པ	《虚》35，54
535	[illegible]	śjij^{1} tśjɨ̱^{1}	次第	རིམ་པ	通
541	[illegible]	lju̱^{2} tshjịj^{2} sji^{2}	庄严	རྒྱན་རྣམས	《虚》49
	[illegible]	lju̱^{2} tshjịj^{2}	能庄严	རྒྱན	《虚》16；《五》
557	[illegible]	dźju^{1} ljwu^{2}	欺骗	བསླུ/བསླུས་པ	《狮》4，7
582	[illegible]	thjij^{2} sjo^{2}	云何	ཇི་བཞིན	《虚》3
	[illegible]	thjij^{2} sjo^{2} śjij^{1} bju^{1}	如何随顺	ཇི་བཞིན་པ་	《鹃》3；《鹏》19
615	[illegible]	dwewr^{2} lhjịj	觉受	ཉམས	《虚》36；《鹏》10
618	[illegible]	tsja^{1} dja̱^{1}	旃檀	candanaḥ	《喜金刚》
628	[illegible]	dạ^{2}	误	ནོར	《狮》9
649	[illegible]	ljwu^{1} nu^{1}	违背	རྒྱབ་ཀྱིས་ཕྱོགས	《鹏》29
678	[illegible]	gu^{1} gjij^{1}	殊立	ལྷག་མ	《虚》40

续 表

李号	西夏字	音拟	直译	藏语对译	出处（“通”为所有文献通用，“旧译文献”为主号码为颂号）
680	[illegible]	tśhjɨ^2 tśhju̱^{2}	颠倒	ལོག་རྟོགས/ཕྱིན་ཅི་ལོག/འཁྲུལ་བ/ནོར་བ	《虚》4；《狮》4，5
824	[illegible]	tśhjɨ^2 rjar^2	即便	དེ་མ་ཐག	《虚》7
856	[illegible]	mər^2 ɣa^2	本来	ཡེ་ནས	《鹏》14；《六》4
	[illegible]	mər^1 dạ^2	本事	དེ་ལྟ་བ་བྱུང་བའི་སྡེ itivṛttaka	《二谛》
	[illegible]	mər^2 we̱^{1}	本生	སྐྱེས་པའི་རབས་ཀྱི་སྡེ jātaka	《二谛》
	[illegible]	mər^2 dwewr^2 kwər^2	本觉体	རིག་པ་རང་གི་ངོ་བོ	《心性》
860	[illegible]	kwər^1	体	ངོ་བོ	《鹏》25
	[illegible]	kwər^1 tsji̱r^2	体性	དངོས་པོ	《鹏》33
902	[illegible]	zjɨr^1	实	ཡོངས	《虚》2
	[illegible]	zjɨr^1 ɣiej^1	真实	ཡོངས་སུ/རྣམ་དག	《虚》22；《鹏》6，45
	[illegible]	zjɨr^1 lhe̱w^2	实有	རྣམ་ལྡན	《虚》34
	[illegible]	zjɨr^1 ka̱r^1	实量	རྣམ་བརྟགས	《虚》47
	[illegible]	zjɨr^1 khe̱j^1 dźjij^1	实游行	རྣམ་པར་རོལ	《虚》9
	[illegible]	zjɨr^1 bju^1 ·wjạ^2	实依释	རྣམ་པར་སེལ	《虚》14
930	[illegible]	dju^1	有	སྣང	《虚》6；《鹏》43
	[illegible]	dju^1 dzu^2	有爱	སྲིད་པ	《虚》83
	[illegible]	dju^1 mjij^2 djij^2	未曾有	རྨད་དུ་བྱུང་བའི་ཆོས་ཀྱི་སྡེ adbhutadharma	《二谛》
943	[illegible]	dzji^1 dạ^2	错讹	ནོར	《鹏》31
945	[illegible]	tshjạ^1 tswar^1	怒皱	ཁྲོ་གཉེར	《虚》37
	[illegible]	tshjạ^1 · wjị^2 njij^2	示怒王	ཁྲོ་བདག	《虚》37
1064	[illegible]	mjij^2 ljij^2	未来	མ་འོངས	《虚》47
1067	[illegible]	rər^1 śja^2 tsə̣^{1}	影显色	གྲིབ་མ་གཟུགས	《鹏》14

续 表

李号	西夏字	音拟	直译	藏语对译	出处(“通”为所有文献通用,“旧译文献”为主号码为颂号)
	[illegible]	dzjɨ^2	教	སྟོན/·སྦྱངས	《虚》12;《鹏》25
1093	[illegible]	rar^1 tśhjwɨr^2	山酸	ནག་ཚུར	《狮》10
1118	[illegible]	dzjɨ^2 sej^1	净习	སྦྱངས/སྦྱོར་བ	《虚》2,27
1136	[illegible]	gu^2 tśja^1	中道	དབུའ་མ Mādhyamaka	《二谛》
1147	[illegible]	dji̱^{2}	治	བརྒྱལ/དགག/བཅོས་སུ	《虚》7;《鹏》3;《六》8
	[illegible]	dji̱^{2} mjijr^2	治者	སྨན་པ	《虚》44
	[illegible]	dji̱^{2} sji^2	能治	གཉེན་པོ	《鹏》3;《六》8
1223	[illegible]	phjo̱^{2}	和	སྦྱོར	《虚》54
	[illegible]	phjo̱^{2} śjwi̱^{2}	和合	སྦྱོར་བ	《虚》51
1245	[illegible]	·jij^1	己	བདག/རང	通
	[illegible]	·jij^1 to^1	自生	རང་བྱུང	《虚》3,4,10;《鹏》2,5,10,13;《五》2b
	[illegible]	·jij^1 tśjɨ^1	自觉/自证分	རང་རིག svasaṃvedana	通
	[illegible]	·jij^1 tshji̱j^1	自说	ཆེད་དུ་བརྗོད་པའི་སྡེ uddāna	《二谛》
	[illegible]	·jij^1 to^1 ɣiej^1 sji̱j^2	自生真智	རང་བྱུང་ཡེ་ཤེས	《虚》3,10;《鹏》2,13
1263	[illegible]	khe̱j^1 ·io̱w^1	戏德	རོལ་པ	《虚》20
	[illegible]	khe̱j^1 ljɨ^1	戏论	སྨྲོས་པ	《鹃》2;《虚》19
	[illegible]	khe̱j^1 dźjij^1	游戏	རོལ	《虚》9,39,43;《鹏》4,10
1281	[illegible]	śjwi̱^{2} lja̱^{1}	和颂/讽颂	ཚིགས་སུ་བཅད་པའི་སྡེ gāthā	《二谛》
1323	[illegible]	dji̱^{2}	变化	སྤྲུལ་པ/ཆ་ལུགས?	《六》10;《鹏》25
1336	[illegible]	lha	惑	འཁྲུལ	《鹏》13
1338	[illegible]	dzu^1	爱	ཆགས་པ	《鹏》25
	[illegible]	dzu^1 gji̱^{2}	爱欲	འདོད་པ/རེ་བ/ཇམ	《鹏》24,29,30,37
	[illegible]	dzu^1 kowr^2	喜爱	ཕྲོད་པ	《鹏》37

续 表

李号	西夏字	音拟	直译	藏语对译	出处（“通”为所有文献通用，“旧译文献”为主号码为颂号）
1363	[illegible]	sjwa^{1} tsjɨ^{1}	偶尔	རེས་ཀ་ནི	《心性》
1375	[illegible]	ŋwer^{1}	等	མཉམ	《鹏》39
	[illegible]	ŋwer^{1} dźjwɨ^{1}	相比	མཚུངས་པ	《虚》41
	[illegible]	ŋwer^{1} ka^{1}	等比	མཚུངས་པ	《虚》10,44
	[illegible]	ŋwer^{1} djị^{2} sji^{2}	对治具	གཉེན་པོ	《鹏》34;《六》8
1445	[illegible]	mjor^{1} ·ju^{2}	实现	མངོན་སུམ/ མངོན་པར/ དངོས་སུ	《虚》5,42,46;《鹏》6,9,14,25
	[illegible]	mjor^{1} sju^{2}	实如	དེ་བཞིན/མངོན་དུ/ བཞིན་དུ	《虚》12,22,37
	[illegible]	mjor^{1} dźjij^{1}	实住	ད་ལྟར	《虚》47
	[illegible]	mjor^{1} dju^{1} mjor^{1} mjij^{1}	实有实无	དངོས་པོ//དངོས་མེད，bhāva/ abhāva	《虚》
1452	[illegible]	nja^{1} djɨj^{2}	定	ངེས་པ	《虚》35;《鹏》40
1453	[illegible]	rjɨr^{2} nio̱w^{1}	除外	ལས	《虚》41;《鹏》46
1473	[illegible]	su^{1}	胜于	བས	《虚》46
1474	[illegible]	·jɨr^{2}	勤	རྩོལ་བ/བརྩོན	《虚》6;《鹏》17
	[illegible]（[illegible]）	·jɨr^{2} kjụ^{1}	勤求	རྣམ་བཙལ	《虚》6
	[illegible]	·jɨr^{2} ·wji^{1}	为勤	བཙལ་བ	《虚》11
	[illegible]	·jɨr^{2} sjij^{2}	勤思	བཙལ་སེམས	《虚》12
	[illegible]	·jɨr^{2} njij^{1}	勤心	རྩོལ་སེམས	《虚》35,38
1546	[illegible]	ljụ^{2} kji̱^{1}	卖身	སྨད་ འཚོང	《鹏》45
1599	[illegible]	rjir^{1} lew^{2}	所得	རྙེད་པ/ཡིན་པ	《六》4
	[illegible]	rjir^{1} lew^{2} mji̱^{1}	所得位	རྙེད་པའི་གནས	《虚》20
	[illegible]	rjir^{1} lew^{2} mjɨ̱^{2}	所得境	རྙེད་པའི་ཡུལ	《鹏》22
1616	[illegible]	·o^{2}	入	ཞུགས/བཙུད་པ	《虚》34;《鹏》6;《狮》7
1638	[illegible]	gji^{1} sej^{1}	清净	རྣམ་དག	《虚》1, 17, 45, 49, 50;《鹏》6;《狮》1,4;《六》13

续 表

李号	西夏字	音拟	直译	藏语对译	出处("通"为所有文献通用,"旧译文献"为主号码为颂号)
1640	[illegible]	dzjij¹ lho	过出	རྨད་བྱུང	《虚》43
1747	[illegible]	nur¹	指	མཚོན	《虚》42
	[illegible]	nur¹ nej²	开示	སྟོན/བསྟན	《虚》3;《鹏》26;《六》5
	[illegible]	nur¹ la²	指手		《五》
	[illegible]	nur¹ nej² śio¹ dzjij²	开示教化	སྟོན་མཁན	《鹏》26
1764	[illegible]	mer² lha	迷惑	འཁྲུལ་བ/ནོར་བ	《虚》44;《鹏》32;《狮》5,7
1770	[illegible]	lhjwi¹ dźjɨr¹	取舍	བླང་དོར	《虚》14
1771	[illegible]	sjij² sjij²	所智	མཁྱེན་པ	《鹏》18
1830	[illegible]	pju¹	尊	གཙོ་ཆེན/མགོན་པོ	《虚》15,46
1918	[illegible]	mji¹ tjij²	不礼	སྐྱེ་མེད/མི་འགྱུར	《虚》17,41
	[illegible]	mji¹ mju²	不动	མི་གཡོ་བ/མི་བསྐྱོད་པ/ མ་གཡོས	《虚》20, 32, 46, 53;《鹏》20,27
	[illegible]	mji¹ lhjwi¹	不取	མི་ལེན་པ	《虚》32
	[illegible]	mji¹ lə	不念	མ་གོས	《虚》2,36;《鹏》6
	[illegible]	mji¹ zjij¹	不执	མི་གཟུང/མ་ཆགས/བཟུང	《虚》36,52
	[illegible]	mji¹ ne¹	不言说	མི་གསུང/གླེང་བར་མི་བྱ	《虚》52,《鹏》50
	[illegible]	mji¹ śjwo¹	不需	མི་དགོས	《六》7
	[illegible]	mji¹ ŋewr¹ khie¹	不杂乱	མ་ཡེངས་པ	《六》9
1941	[illegible]	dzjɨ² dziej²	集论	ཚོགས/ ཚོགས་ཀྱི་འཁོར་ལོ	《喜金刚》;《虚》47,50
1946	[illegible]	lə bio¹	念观	བསྒོམས་པ	《虚》35,36
	[illegible]	lə djɨj²	念定	བསྒོམས་པ	《虚》36;《鹏》9,17;《狮》1,11;《六》6,12,13
1959	[illegible]	kjir¹ sjij²	勇识	སེམས་དཔའ	
	[illegible]	kjir² ·jɨr²	勇勤	རྣམ་རྩོལ་འབད་པ	《鹏》18

续 表

李号	西夏字	音拟	直译	藏语对译	出处（“通”为所有文献通用，“旧译文献”为主号码为颂号）
	[illegible]	kjir² dzjɨ̣²	勇集	རྩལ་སྤྱུགས	《狮》1
1999	[illegible]	ŋwə¹ mji¹ bja²	五无间		《鹏》45
2047	[illegible]	mji̱¹	施	གཏོང་བ	《虚》53
	[illegible]	mji̱¹ · o¹	施主	ཡོན་བདག	《五》
2084	[illegible]	thjɨ̣¹ njijr¹	野鹿	རི་དགས	《鹏》21
2091	[illegible]	zji² dźjwa¹	最竟	ཟིན་པ	《鹃》5
	[illegible]	zji² phju²	最上	མཆོག་ཏུ	《虚》8
	[illegible]	zji² · jij¹	最持	གསུངས	《虚》18
	[illegible]	zji² njɨ²	最普	ཁྱབ་པ/ ཀུན་ཏུ	《虚》26；《鹏》10
2104	[illegible]	śji¹	先	དང་པོ	《鹏》44
	[illegible]	śji¹ njij²	先始	སྔ་མ	《狮》3
	[illegible]	śji¹ tshjij¹	先所说	གོང་དུ་བསྟན་པ	《鹏》44；《狮》6
	[illegible]	śji¹ sjɨ² sjij² dzjwo²	初知识人	སྔར་འདྲིས་ཀྱི་མི	《心性》
2132	[illegible]	·jiw² ɣie¹	就力	དབང	《虚》38
2149	[illegible]	dźju¹ tshji̱j¹	显说	བརྡར་བསྟན	《虚》54
	[illegible]	dźju¹ bio¹	显陈	བཀྲམ་པ	《虚》50
	[illegible]	dźju¹ tji̱¹	所显		《鹏》8
	[illegible]	dźju¹ dju¹	显有	སྣང་བ	通用
	[illegible]	dźju¹ swew¹	宣照	ཤིང་ངེ་ཡེར་རེ་བ	《心性》
2162	[illegible]	bie² lhew²	解脱	གྲོལ/སྒྲོལ	《虚》1
2164	[illegible]	sjwɨ¹ ɣa¹	思恼	སྡུག་བསྔལ	《虚》15
	[illegible]	sjwɨ¹ lə	思念	བསམ	《鹏》23
2180	[illegible]	dźjɨ̣r¹	舍	སྤོང	《鹏》28，33，45
	[illegible]	dźjɨ̣r¹ mjij¹	无舍	མི་འདོར	《虚》32

续　表

李号	西夏字	音拟	直译	藏语对译	出处（"通"为所有文献通用，"旧译文献"为主号码为颂号）
2191	[illegible]	dzjọ^{1} dza^{2}	譬喻	རྟོགས་པར་བརྗོད་པའི་སྡེ avadāna	《二谛》
2194	[illegible]	mjij^{1}	无	མེད	通
	[illegible]	mjij^{1} tsjɨ^{1}	亦无	མེད་པ	《鹏》15,25
2205	[illegible]	ljɨr^{1} ljijr^{2} ljɨr^{1} dzjɨj^{2}	四方四隅	ཕྱོགས་བཞི	《虚》45
2226	[illegible]	we^{2}	为	ཡིན/གྱུར	
2342	[illegible]	ljo^{1} bu̱^{2}	胜福	སྐལ་བ་བཟང	《虚》39
	[illegible]	ljo^{1} ne̱w^{2}	福善	བསོད་ནམས	《虚》53
2364	[illegible]	se̱w^{2} mjij^{1}	无测	མི་རྟོག/རྟོག་མེད	《虚》18,52;《鹏》1,2,41
	[illegible]	se̱w^{2} kjịj^{1}	测释	རྟོགས་སྤྱོད	《狮》4
2398	[illegible]	ljij^{2} djij^{1}	鬼类	བདུད་སྡེ	《自主》
2399	[illegible]	nejr^{1}	润	བརྙི་གནས	《虚》27
	[illegible]	nejr^{1} mja̱^{1}	润果	བརྙི་གནས	《虚》38
2414	[illegible]	kjij^{1}	解	གསེས	《鹏》5
	[illegible]	kjij^{1} tśhji^{2}	解根	ཆ་ཤས	《鹏》1
2436	[illegible]	mja̱^{1} ·ụ^{2}	果乘	འབྲས་བུའི་ཐེག་པ phalayāna	《二谛》
2444	[illegible]	ŋjir^{1}?	祸拒	བགེགས་བསལ	《虚》52
2484	[illegible]	nio̱w^{2} war^{2}	缘支	ཡན་ལག	《虚》3《鹏》3
	[illegible]	nio̱w^{2} śjwɨ^{2}	随从	རྗེས་སུ	《鹏》17
	[illegible]	nio̱w^{1} ·ụ^{2}	因乘	རྒྱུའི་ཐེག་པ hetuyāna	《二谛》
2521	[illegible]	xja^{1} ljị^{2}	急速	མྱུར་བ	《鹏》23
2533	[illegible]	djɨr^{2} njij^{2}	外心	ཉམས་ ང	《传》
2539	[illegible]	kją^{1} dźjij^{1}	惧行	དྲག་ཤུལ	《虚》34
2544	[illegible]	śjɨj^{2} mjijr^{2}	圣人	གནས་ཆེན	《虚》27

续 表

李号	西夏字	音拟	直译	藏语对译	出处（"通"为所有文献通用，"旧译文献"为主号码为颂号）
2590	[illegible]	·wjɨ^{2} rar^{2}	已流	འདས	《虚》47
2612	[illegible]	phju^{2} bji^{2}	上下	བླ་འོག	《虚》45
	[illegible]	phju^{2} dzjij^{2}	上师	སློབ་དཔོན	《狮》9
2620	[illegible]	njwi^{2} ɣie^{1} dźjij^{2}	有能力	སྟོབས་སུ་གྱུར	《六》
2628	[illegible]	gor̠^{1} kiej^{1} mjijr^{2}	君子人	སྐྱེས་བུ	《六》2
2636	[illegible]	ne̠w^{2} nwə^{1} sjij^{2}	善知识	བཤེས་གཉེན	《鹏》23
2639	[illegible]	mjij̠^{2} da̱^{2}	名言	ཐ་ཚིག/མིང་ཚིག/མིང	《虚》5,27,31,42,47,54
	[illegible]	mjij^{2} thu^{1} phjij^{1}	建立名	མིང་བཏགས	《虚》15
2670	[illegible]	so^{2} dju	阳生	སྨིགས་སྒྱུ་སྐྱེག/རི་མོ	《鹏》21,36
2679	[illegible]	njɨ^{2}	普/润	བརྣན/ཁྱབ	《鹏》44;《六》1
	[illegible]	njɨ^{2} me̠^{2}	普贤	ཀུན་བཟང	
	[illegible]	njɨ^{2} dza^{2}	普测	རྣམ་བརྟགས/བརྟགས	《虚》4,10,13
	[illegible]	njɨ^{2} tjị^{2}	所及	ཐོབ་པ/ཐུག་པ	《虚》21;《鹏》8
	[illegible]	njɨ^{2} dza^{2}	遍计	parikalpita ཀུན་བརྟགས	《二谛》
	[illegible]	njɨ^{2} tjị^{2} tśja^{1}	所及道	ཕྱིན་པའི་ལམ	《狮》8
2698	[illegible]	tsji̠r^{2} rjar^{1}	性气	མཚན་ཉིད	《虚》28
2716	[illegible]	rjijr^{1} lji^{2}	善健	མཁས་པ	《鹏》43
2727	[illegible]	mur^{1} djị^{1}	沉惑	རྨུག་པ	《鹏》36
2748	[illegible]	tśhja^{2} ka^{1}	平等	མཉམ་ཉིད/མཉམ་པ/ མཉམ་གཞག/མཉམ་བཞག/ ·ཆ་མཉམ/ཏིང་འཛིན	《虚》9, 18, 24, 32, 33, 40,48, 50, 52;《鹏》6, 35,40;《狮》6
	[illegible]	tśhja^{2} ·wo^{2}	正理	ཚད་མ	《二谛》;《狮》9
	[illegible]	tśhja^{2} ·wa̱^{2}	方广	ཤིན་ཏུ་རྒྱས་པའི་སྡེ vaipulya	《二谛》
	[illegible]	tśhja^{2} de̱^{2}	德阴	mudrā	《喜金刚》
2797	[illegible]	lho	出	འབྱུང	《虚》14;《鹏》28,36

续 表

李号	西夏字	音拟	直译	藏语对译	出处（"通"为所有文献通用，"旧译文献"为主号码为颂号）
	[illegible]	lho ka	出离	ཕྱིན་པ	《虚》14;《鹏》21
2806	[illegible]	zur²	诏	བཀའ/ལུང	《虚》29,53;《狮》9;《六》2
	[illegible]	zur² mjij² dạ² zjij¹	诏名言许	ལུང་འགྲེལ་བ་མིང་ཙམ	《虚》53
2815	[illegible]	khu¹	奉	མཆོད/འབུལ	《虚》47,49, 53
	[illegible]	khu¹ tshwew¹	供养	ཕུལ་བ	《虚》51
2827	[illegible]	phej¹ tśjɨr²	缠缚	འཆིང་བ	《虚》52
2833	[illegible]	djɨj² lho	出定	ཐུན་མཚམས	《喜金刚》
	[illegible]	djɨj² dźjow¹ dzjɨj¹	出定时	སྒོམ་པའི་ཐུན་མཚམས	《喜金刚》
2912	[illegible]	lhjwo¹ ɣie¹	归力	ལོག་པའི་སྟོབས	《虚》30
2939	[illegible]	zjij¹ tji²	所着	ཆགས་པ	《鹏》7
2999	[illegible]	swu² bju²	随类	དཔེ་བཞིན	《鹏》14
3015	[illegible]	lhjụ²	获得	ཟིན	《鹏》33
	[illegible]	lhjụ² rjir¹	获得	རྙེད/ཐོབ་པ/ཟིན	《虚》5,28;《鹏》13
3017	[illegible]	djij¹ tshwew¹	类趣	རིགས	《虚》46
3078	[illegible]	lwu¹	融	འདྲེས	《鹏》12
3099	[illegible]	dźjij¹ lew²	所住	གནས་སུ	《虚》34
	[illegible]	dźjij¹ phji¹	令住	བཞག	《鹏》37
	[illegible]	dźjij¹ mjij¹	无住	མི་གནས་པ anadhiṣṭhāna	《二谛》
3104	[illegible]	? mjij¹	假名	ཐ་སྙད	《虚》47
3183	[illegible]	·wo²	理	ཚོས	《狮》10
	[illegible]	·wo² tshjij¹	理说	དོན་སྟོན་པ	《六》12
3194	[illegible]	lhə phji¹	令满足	སྐོང	《鹏》24
3195	[illegible]	gjwi²	句	ཚིག	《虚》54

续　表

李号	西夏字	音拟	直译	藏语对译	出处（“通”为所有文献通用，“旧译文献”为主号码为颂号）
	[illegible]	gjwi^{2} gjwi^{2} śjwi̱^{2}	句句顺	འཇིག་རྟེན་རྒྱང་འཕེན་པ lokāyata	《二谛》
	[illegible]	gjwi^{2} śjwi̱^{2}	句顺	ལེགས་པ/མཛེས་པ	通
3197	[illegible]	ɣu^{2} dźjwa^{1}	毕竟	ཟིན་པ/རྫོགས་པ	《鹏》16，45；《虚》22，40，50
3200	[illegible]	tśhjiw^{1} phjo̱^{2}	六合	སྦྱོར་དྲུག	《喜金刚》
3229	[illegible]	ŋwə̱^{1} gjwi^{2}	咒句	སྔགས་ཚིག	《虚》52
3264	[illegible]	lhjɨ^{2} zjij^{1}	尘若干	རྡུལ་ཙམ	《鹏》32，37
3294	[illegible]	me^{2} mjijr^{2}	神通	ཆོས་འཕྲུལ	《虚》7
3303	[illegible]	ɣar^{2} bji^{2}	神奇	ངོ་མཚར	《虚》22，43；《鹏》11
3306	[illegible]	mju^{2} ·jij^{1}	舞相	གར་ཐབས	《虚》51
3310	[illegible]	·wạ^{2} zjij^{1}	广阔	ཡངས་པ	《虚》1；《鹏》6，34
3315	[illegible]	tsə̣^{1} ·jij^{1}	色相	ཁ་དོག	《虚》46
3316	[illegible]	·jiw^{1} nio̱w^{1}	因缘	རྒྱུ་རྐྱེན	《虚》43；《鹏》20，42
	[illegible]	·jiw^{1} nio̱w^{1}	因缘	གླེང་གཞིའི་སྡེ nidāna	
3317	[illegible]	lew^{1} sjij^{2}	唯识	སེམས་ཙམ Vijñānavāda	《二谛》
3331	[illegible]	bu^{1} djij^{1}	下流	ཤན་པ	《鹏》45
3349	[illegible]	ljijr^{2} phia̱^{2}	支分	ཆ་ཤས/ཕྱོགས་ཆ	《鹃》2；《鹏》5；《虚》30
3354	[illegible]	ɣie^{1}	力	མཐུ/དབང/སྟོབས	
	[illegible]	ɣie^{1} bju^{1}	依力	གིས/དབང་གིས/དབང་ལས	《虚》4，38，39，50；《鹏》7，19，36
	[illegible]	ɣie^{1} ŋwu^{2}	力以	དབང་གིས	《鹏》3
3369	[illegible]	mja^{1} la^{1} ·ja^{1}	香草一种	མ་ལ་ཡ་ཛ	《喜金刚》
3419	[illegible]	bju̱^{1}	恭	བསྐུར	《六》3
3425	[illegible]	pja^{1} lja^{2} ŋə^{1}	大牛	བ་ལང	《喜金刚》
3469	[illegible]	sjij^{2} kwər^{2}	识体	ཤེས་པའི་ངོ་བོ	《心性》

续 表

李号	西夏字	音拟	直译	藏语对译	出处("通"为所有文献通用,"旧译文献"为主号码为颂号)
3501	[illegible]	jiw² ljɨ̣j¹	疑惑	ཐེ་ཚོམ samdeha	《喜金刚》
3574	[illegible]	tsjij²	了悟	རྟོག་པ	《鹏》13
3575	[illegible]	nji² lhjij	闻受	ཉན	《六》2
3678	[illegible]	to²	出/生	འབྱུང་བ	通
	[illegible]	to² śjwo¹	发起	འབྱུང་འགྱུར/བྱུང་བ	《虚》34,36;《鹏》1
3611	[illegible]	tser¹ tsə̣¹	医药	སྨན/བདུད་རྩི	《虚》44,49;《鹏》33
3706	[illegible]	kjọ¹ · wji¹	愿为	བྱས	《虚》53
3747	[illegible]		察人/巡警	འཕྲ་སྲུང་	《五》3a
3784	[illegible]	bio¹ khjɨ²	陈行	རིམ་པར་བཀོད་པ/བཀྲམ་པ	《虚》48
3826	([illegible])[illegible]	tśjɨ̱r²	缠	ཞེན་པར་འགྱུར/ཞེན་ཏ་རེ	《鹏》20;《狮》9
3851	[illegible]	tser¹ du²	斑块①	ཐིག་ལེ	《虚》
3852	[illegible]	dźjij¹ ·wjij¹	游行	འགྲོ་བ	《虚》4,9,16,44;《鹏》44
3898	[illegible]	nẹ¹ ka¹	离演说	སྤྲོང་བྲལ	《虚》4,9,18,32,47,54
	[illegible]	nẹ¹ tshjij¹	演说	བརྗོད་པ	《虚》8,28;《鹏》50
	[illegible]	nẹ¹ tshjij¹ gjwi²	演说句	བསྙད་པ	《鹏》11
3947	[illegible]	tśjɨ¹ tsjij²	醒悟	གོ་བ/རྟོགས་པ/དྲན་པ	《虚》45 国《鹏》16;《狮》8;《六》1,12
3948	[illegible]	kja̱¹ pu¹ rjɨr²	香草一种	ག་པུར	《喜金刚》
3951	[illegible]	thu¹ phjij¹	建立	བཏགས	《虚》13,14;《鹏》43
4015	[illegible]	bjij² sji²	行能	འགྲོད་པ	《鹏》20
4027	[illegible]	njɨ¹ njij¹	二心	ཡིད་གཉིས	《喜金刚》
4028	[illegible]	nji² ·jij¹	汝之	གང་གི	《虚》33
4321	[illegible]	la̱¹ zjij¹	染着	ཆགས་པ	《鹏》9,19

① 该词的解释,见孙伯君、聂鸿音《西夏文藏传佛教史料》,第 76 页。

续 表

李号	西夏字	音拟	直译	藏语对译	出处（“通”为所有文献通用，“旧译文献”为主号码为颂号）
4047	[illegible]	rewr² dzjɨr¹	足疾	ཀང་མགྱོགས	《五》多处
4401	[illegible]	zow² lew²	所执	གཟུང་བ/་བཟུང་བ	《虚》49;《鹏》7
	[illegible]	zow² lew² mjɨ̱²	所执境	གཟུང་བའི་ཡུལ	《鹏》7
4435	[illegible]	ljɨ̱¹ kjɨ¹	何	གང	《虚》33,《鹏》44
	[illegible]... [illegible]	ljɨ̱¹ kjɨ¹ thja¹ śjij¹	如何如此	ཇི་ལྟར...དེ་ལྟར	《虚》34
	[illegible]	ljɨ̱¹ kjɨ¹ bju²	依何	གང་ལྟར	《虚》38
	[illegible]	ljɨ̱¹ ŋwu²	何是	གང་དུ	《虚》33
4456	[illegible]/[illegible]	tha¹ to²	大出	འབྱུང་བ་ཆེན་པོ	《虚》4,22,46;《鹏》10,16
	[illegible]	tha¹ kiẹj²	大界	སྒོང་ཆེན	《六》12
	[illegible]	tha¹ ljɨ̱¹ ·ụ²	大宝藏	རིན་ཆེན་མཛོད	《鹏》26
4482	[illegible]	śjwɨ̱¹ ·o²	随从进入	རྗེས་འཇུག	《自主》
4508	[illegible]	tji̱¹ mji̱¹	食施	གཏོར་མ/གཏོང་བ	《喜金刚》;《虚》52,53
4574	[illegible]	mjɨ¹bju¹	依他起	གཞན་གྱི་དབང paratantra	《二谛》
4587	[illegible]	·io̱w¹ dzjɨ̱²	德集	ཡོན་ཚོགས	《鹏》25
4592	[illegible]	phjo² kar²	分离	དབྱེར	《鹏》12
	[illegible]	phjo² kar² djij¹	分别部	བྱེ་བྲག་དུ་སྨྲ་བ vaibhāṣika	《二谛》
4600	[illegible]	ŋwụ¹ tji̱¹	誓愿	སྨོན་པ	《虚》27,28;《鹏》3
4630	[illegible]	de² ljɨ̱j²	喜乐	ཉམས་དགའ	通
4729	[illegible]	lhwu¹ mjij¹	无衣	གོས་མེད་པ（གཅེར་བུ）Nirgrantha(Jaina)	《二谛》
4751	[illegible]	sej¹ njɨ²	普清	བྱང་ཆུབ	《虚》11
	[illegible]	sej¹ njɨ² njij¹	普清心	བྱང་ཆུབ་སེམས	《虚》9;《五》
	[illegible]	sej¹ xiwã¹ tśja¹	清梵道	ཚངས་པའི་ལམ	《虚》21
4797	[illegible]	·jwɨr² dji²	文字	ཡི་གེ	《虚》37

续 表

李号	西夏字	音拟	直译	藏语对译	出处("通"为所有文献通用,"旧译文献"为主号码为颂号)
4868	[illegible]	gji̱^{2} ·jɨr^{2}	勤求	རྩོལ་བ	《虚》35;《鹏》17;《鹃》5
4880	[illegible]	rər^{2} lo^{2}	铜罗		《传》
4922	[illegible]	dwu̱^{2}	密	སྦས	《鹏》46
5024	[illegible]	ljij^{1} lej^{2}	变化	འགྱུར་བ	《鹏》24
5030	[illegible]	ɣiwej^{1} lhjwi^{1}	守取	ལེན	《鹏》16
5040	[illegible]	kia̱^{2} lha^{1}	补熄	སྒྲོས་བཏགས	《虚》29
	[illegible]	kia̱^{2} lhu^{2}	补增	བཏགས་པ/བཏབ་པ/ སྐུར་བ་བཏབ་པ	《虚》31;《鹏》42
5057	[illegible]	ɣiej^{1} sjij^{1}	真智	ཡེ་ཤེས	
5072	[illegible]	ɣjɨr^{1}	造作	བྱ	《虚》
	[illegible]	ɣjɨr^{1} ka^{2}	造离	བྱ་བྲལ	《虚》21,43;《鹏》3,16
5113	[illegible]	·wji^{1} ɣjɨr^{1}	造作	བྱ་བ	《虚》52
5128	[illegible]	twụ^{1} bju^{1}	依直	དྲང་པོར	《虚》40
	[illegible]	twụ^{1} bjij^{2}	直行	དྲང་སྲོང	《鹏》17
5215	[illegible]	·wjɨ^{1} dzji^{1}	幻术	སྒྱུ་མ/སྒྱུ་མཁན	《虚》27,34,39;《鹏》36
	[illegible]	·wjɨ^{1} dji̱^{2}	变幻	སྤྲུལ་པ	《六》10
	[illegible]	·wjɨ̣^{1} lej^{2}	转变	འཕོ་བ	《鹏》42
	[illegible]	·wjɨ̣^{1}dzji^{1}	幻术	སྒྱུ་མའི་ལྟ་བུ * Māyopamavāda	《二谛》
5258	[illegible]	·io̩^{1} śjɨj^{1}	圆成	ཡོངས་སུ་གྲུབ pariniṣpanna	《二谛》
5285	[illegible]([illegible])	ljɨ^{1} dzjɨj^{1} lhjụ^{2}	一时获	ཡུད་ཙམ/ དེ་མ་ཐག	《虚》31;《鹏》40
5300	[illegible]	tjɨ^{1} tjij^{1}	倘若	ཅི་སྟེ	《虚》21
5379	[illegible]	tśjɨ̠^{1} bju^{1} rjɨr^{2} phju^{2}	次第上上	གོང་ནས་གོང་དུ	《虚》21
5404	[illegible]	la^{1} gjwi^{2}	记句	དམ་ཚིགས	《虚》51

续　表

李号	西夏字	音拟	直译	藏语对译	出处（"通"为所有文献通用，"旧译文献"为主号码为颂号）
	[illegible]	la^1 sjwij^1	授记	ལུང་བསྟན་པའི་སྡེ vyākaraṇa	《二谛》
5415	[illegible]	bju^1 tsjij^2	明了	རིག་པ	《鹃》6;《虚》41
	[illegible]	bju^1 dẹ^1	明阴	རིག་མ	《喜金刚》
5417	[illegible]	rjar^2 djị^2	整治	བཅོས་སུ	《狮》2
5463	[illegible]	mjɨ^1 nja̱^{2} mjij^1	不非无	མ་ཡིན་མེད་པ	《鹏》15
5498	[illegible]	·jij^1	形状	མཚན་མ	《六》6
	[illegible]	·jij^1 swu^1	形状	ཆ་ལུགས	《虚》36
	[illegible]	·jij^1 dju^1	有相	རྣམ་བདེན་པར་སྨྲ་བ Sākaravāda	《二谛》
	[illegible]	·jij^1 mjij^1	无相	རྣམ་པ་མེད་པར་སྨྲ་བ, Nirākaravāda	《二谛》
5525	[illegible]	zjị^1 lji^2	儿童	བྱིས་པ	《虚》36,44;《狮》4,7
5555	[illegible]	njij^1 ɣiej^2	中真	སྙིང་པོ	通,《虚》11,22,26,29;《鹏》3,4,6,15,46,51
5604	[illegible]	dźjɨ^1 ·jij^1	行相	རྣམ་སྤྱོད	《虚》28,
	[illegible]	dźjɨ^1 dźjịj^1	修行	སྤྱོད་པ/བསྒྲོད་པ	《虚》28,51
	[illegible]	dźjɨ^1 sjwɨj^1	行业	ལས	《虚》10
	[illegible]	dźjɨ^1 lhu^1	加行	སྦྱོར་བ	《虚》51
	[illegible]	dźjɨ tjịj^2	行仪	སྤྱོད་ཚུལ	《自主》
5607	[illegible]	phjɨ^1 lhjo^1	丧失	སྟོར་བ	《鹏》38
5688	[illegible]	wa^2	何	ཅི་ཞིག/ཅི་ཡང/ཅིར	《虚》1;《鹏》4;《狮》4;《六》5
5760	[illegible]	tshu^1 bja̱^{1}	粗糙	ཁ་ན་མ་ཐོ་བ	《鹏》45
5766	[illegible]	śia̱^{2} thju̱^{1}	能趣	དམིགས་པ	《鹏》27
	[illegible]	śia̱^{2} lew^2 mjɨ^2	所趣境	གཟའ་བའི་ཡུལ	《鹏》17,34
5772	[illegible]	tja̱^{1} lho̱^{1}	依赖	སྟོས་པ	《虚》28;《鹏》24,48

续 表

李号	西夏字	音拟	直译	藏语对译	出处（“通”为所有文献通用，“旧译文献”为主号码为颂号）
5791	[illegible]	·wja̱²	释/舍	གཏང	《鹏》37
	[illegible]	·wja̱² ·o²	释入	བརྟུལ་ཞུགས	《虚》34
5795	[illegible]	mjɨ² mji²	默然	བདེ་བར	《六》11
5832	[illegible]	tshjɨ̠¹ tshjwu¹	彩虹	འཇའ་ཚོན	《虚》46
5855	[illegible]	lo̱² ·o²	双入	ཟུང་འཇུག་པ	通
5865	[illegible]	so̱¹ dju¹	三有	སྲིད་པ་གསུམ	《虚》27
	[illegible]	so̱¹ zjo̱²	三世	དུས་གསུམ	《虚》26,31,47;《六》8
5902	[illegible]	dzəj¹ lew²	所减	བྲི་བ	《鹏》8
5932	[illegible]	mə² mə²	种种	སྣ་ཚོགས/རྣམས/རྣམ་པ/·ཅིར་ཡང	《鹃》1;《虚》2,25,29;《鹏》4,33,39,46;《狮》1;《六》6;《五》
	[illegible]	mə² ·jij¹	种相	མཚན་མ	《虚》38
	[illegible]	mə¹ dzjɨ̠²	种集	ཀྱུན་རྣམས	《虚》48
	[illegible]	mə² se̠w²	种知	རྣམ་རྟོག	通
5933	[illegible]	swẽ¹ zur²	猴诏	སྤྲེ	《狮》9
5981	[illegible]	·a ·we²	一处	ལྷན་གཅིག	《喜金刚》

索　引

西语索引

藏文索引

ཀ

ཁ

ག

ང

ཆ

ཉ

ཏ

ཐ

ད

ན

中文索引

二画

三画

四画

五画

六画

七画

八画

九画

十画

十一画

十二画

十三画

十四画

十五画

西夏语索引（人名、地名）

0015

本研究中的部分西夏文献宗派属性表

据本研究立场，西夏文献组可视为相关宗派流传的痕迹。

暂定为汉藏材料

1. [illegible]（金刚般若科判经颂义解要集略记）
2. [illegible]（心地法门）
3. [illegible]（禅修要论）

宗义书

[illegible]（诸宗二谛显理要集记）

《**入菩萨行论**》文献组（与阿底峡“二谛论”文献组相互搭配）

1. [illegible]□□[illegible]（入菩萨行论疏）
2. [illegible]（菩提勇识之行=入菩萨行论）
3. [illegible]（入菩萨行论）
4. [illegible]（发菩提心及常做法事）

《**喜金刚本续**》体系文本（“俄”“让”体系，与冈波巴“大手印”“六法”等系统搭配）

1. [illegible]（甘露光明成就法）
2. [illegible]（捺啰巴次第）
3. [illegible]（圣空行母金刚帐之相说疏）
4. [illegible]（喜金刚九佛中围灌顶次第）
5. [illegible]（喜金刚本续之解）

德慧“大手印”体系

1. [illegible]（大印究竟要集）
2. [illegible]（大印究竟要集记，另称《大印究竟要集显卷》）

冈波巴/喇嘛祥“大手印”体系

1. [illegible]（依于解脱道灌顶法要门》
2. [illegible]（依于集轮略发食施广法）
3. [illegible]（集轮供养次第）
4. [illegible]（为主授之请求）
5. [illegible]（灌顶法要门）
6. [illegible]（自入法略要门）
7. [illegible]（依于等持四灌顶）（1—7 号为 Tang 182 所收）

8. [illegible]（除道中障碍要门）

9. [illegible]（大手印深道究竟论）

10. Tang 328,2841= 冈波巴大手印开示

11. #2885：冈波巴传（“帝洛巴心性说”）

“心部”文献（根本续属于同一本，注释单独流传）

1. [illegible]（五部法界之都序卷下）

2. [illegible]（金刚勇识大虚空显释偈颂）及注释一本

3. [illegible]（菩提心念定六义）

4. [illegible]（三身九乘诠释）

5. [illegible]（大凤凰空明疏）及注释一本

6. [illegible]（莲华大勇集狮子菩提心念定六义）及注释一本（3—6号为 Tang 270 所收）

参 考 文 献

个别藏文材料来源：《喜金刚本续》= Snellgrove 修订版

《金刚账本续》= 修订版，《中华大藏经》，（北京：中国藏学出版社，2008）第 80 册

Phag mo gru pa, Gro ba'i mgon po dpal phag mo gru pa rdo rje rgyal pos mdzad pa'i phyag rgya chen po'i gdams pa bzhugs so 收录在 Gdams ngag rin po che'i mdzod (Delhi: Shechen Publications, 1999). Vol. 9

《冈波巴尊者全集》= Khenpo Shedup & Lama Thinley Namgyal eds., Khams gsum chos kyi rgyal po dpal mnyam med sgam po pa'gro mgon bsod nams rin chen gi gsung 'bum yid bzhin nor bu, (Kathmandu: Shree Gautama Buddha Vihar, 2000)

《喇嘛祥集》= Khenpo Shedup Tenzin and Lama Thinley Namgyal (eds.) dpal ldan tshal pa bka' brgyud kyi bstan pa'i mnga' bdag zhang g. yu brag pa brtson'grus grags pa'i gsung 'bum rin po che (Kathmandu: Shree Gautama Buddha Vihar, 2004)

Gaṇacakraviddhi = 京版藏文大藏经，“zha”册（2387 号），bdrc：MW1KG13126

Hevajra sādhana = Gerloff 修订版

《帝师惹巴传》= བླ་མ་རིན་པོ་ཆེ་འགྲོ་བའི་མགོན་པོ་ཏི་ཤྲཱི་རས་པའི་རྣམ་པར་ཐར，公布在：《成就传承：巴绒诸无上成就者解脱传：古例集》

Pan sgrub rnams kyi thugs bcud snying gi nyi ma = TBRC 21519 - 0577

《心部本续》= MD，CW，《ཟ་འགྱུར་ཟ》TBRC：W21519, 306. 1 - 328

AOH：Acta Orientalia Academia Scientarium Hungaricae

BGB：The Rgyud 'Bum of Vairocana：The Collection of ancient tantras and esoteric instructions compiled and translated by the eight century Tibetan Master, publ. by S. W. Tashigangpa (Leh：1971)

GBCB：ལྡེའུ་ཇོ་སྲས་རྒྱ་བོད་ཀྱི་ཆོས་འབྱུང་རྒྱས་པ་（བོད་ལྗོངས་མི་དམངས་དཔེ་སྐྲུན་ཁང，1987）

JIABS：Journal of the International of Buddhist Studies

JIP：Journal of Indian Philosophy

JV：Khenpo Zhenpen Oser, Jim Valby transl., Commentary on the All-Creating King “Pure Perfect Presence”, Great Perfection of All Phenomena. Vol. 1 - 2 (Shelburne Falls：Jim Valby Publications, 2016)

KB：ཀུན་བྱེད་རྒྱལ་པོའི་མདོ；Nam mkha' che 为 TBRC 25983，文本比较基于 CW，MD。

ND：E. Neumaier-Dargay transl., The Sovereign All Creating Mind — The Motherly Buddha：A

Translation of the Kun byed rgyal po'i mdo (Albany: SUNY Press, 1992)
NMOZ: ཉང་ཉི་མ་འོད་ཟེར་ཆོས་འབྱུང་མེ་ཏོག་སྙིང་པོ་སྦྲང་རྩིའི་བཅུད་(བོད་ལྗོངས་མི་དམངས་དཔེ་སྐྲུན་ཁང་,1988)
PKT: ཨོ་རྒྱན་གླིང་པ་པད་མ་བཀའ་ཐང་(སི་ཁྲོན་མི་རིགས་དཔེ་སྐྲུན་ཁང་,1996)
RET: Revue d'Etudes Tibétaines
RGB: རྙིང་མ་རྒྱུད་འབུམ: TBRC 21518 - 1757

中文书目

《白若杂纳传》(毗卢遮那传)= བཻ་རོ་རྣམ་ཐར་འདྲ་འབག་ཆེན་མོ(四川人民出版社,1995)
崔红芬《西夏僧人“德慧”师号考》[《宁夏社会科学》,2010(02)]
《大乘要道密集》(台北: 密乘出版社,1983)
《第吴宗教源流》(拉萨: 西藏人民出版社,1987)
敦珠法王著、许锡恩译《九乘次第论集》(香港: 密乘佛学会,1997)
龚煌城《西夏语文字研究论集》(北京: 民族出版社,2005)
《俄师及其所传弟子全集》(རོག་སློབ་བརྒྱུད་དང་བཅས་པའི་གསུང་འབུམ)=《先哲遗书》丛书(北京: 中国藏学出版社,2011)
胡进杉《西夏佛典探微》(上海: 上海古籍出版社,2015)
惠宏、段玉泉编《西夏文献解题目录》(北京: 阳光出版社,2015)
李范文、罗矛昆《圣立义海研究》(银川: 宁夏人民出版社,1995)
李范文主编《西夏研究》,第四册(北京: 中国社会科学出版社,2007)
李梦溪《西夏文金刚经注疏〈灯炬记〉研究》(北京: 中国人民大学博士学位论文, 2020)
李若愚《西夏文〈喜金刚现证如意宝〉考释》(北京: 中国社会科学院博士学位论文,2017)
林英津《西夏语译〈真实名经〉释文研究》(台北:“中央研究院”,2006)
梁松涛《〈西夏文宫廷诗集〉整理与研究》(上海: 上海古籍出版社,2018)
《洛绒史籍》(ལྷོ་རོང་ཆོས་འབྱུང,拉萨: 西藏藏文古籍出版社,1994)
聂鸿音《西夏佛经序跋译注》(上海: 上海古籍出版社,2016)
——《西夏学术论》(兰州: 甘肃文化出版社,2018)
——《西夏学论稿二编》(兰州: 甘肃文化出版社,2018)
——《西夏文献论稿》(上海: 上海古籍出版社,2012)
——《西夏文〈德行集〉研究》(兰州: 甘肃文化出版社,2000)
沈卫荣《论西夏之汉藏与显密圆融》《中华文史论丛》2020(1): 265 - 309
——《禅定目炬》第二、三译注,收录在沈卫荣主编《大喜乐与大圆满》(北京: 中国藏学出版社,2014): 87 - 112
——《宋、西夏、明三种汉译〈吉祥喜金刚本续〉的比较研究》,收录在: 沈卫荣主编《汉藏佛学研究: 文本,人物,图像和历史》(北京: 中国藏学出版社,2014)
——《重构十一——十四世纪的西域佛教史》,《历史研究》2006(5): 23 - 34

——《西夏文藏传续典〈吉祥遍至口合本续〉源流、密义考述》,《西夏学》2007(2)：92－98
——《西夏黑水城所见藏传佛教仪轨文书研究Ⅰ：梦幻身要门》,《当代藏学学术研讨会论文集》，台北："蒙藏委员会"，2003)：383－473
《贤者喜宴》《ཆོས་འབྱུང་མཁས་པའི་དགའ་སྟོན》(北京：人民出版社,1986)
史金波《西夏佛教史略》(银川：宁夏人民出版社,1988)
谢皓玥《黑水城出土之"发菩提心"系列文本及其思想源流分析》(北京：中国人民大学博士论文,2020)
孙伯君、聂鸿音《西夏文藏传佛教史料："大手印"法经典研究》(北京：中国藏学出版社,2018)
孙伯君《西夏文献丛考》(上海：上海古籍出版社,2015)
——胡进杉：《西夏文〈菩提心及常作法事〉：藏传佛教实修仪轨的罕见译刻本》,待刊
孙昌盛,《西夏文佛经〈吉祥遍至口合本续〉略考》,《元史及民族与边疆研究集刊》2007(1)：62－73
孙鹏浩《有关帕当巴桑杰的西夏汉文密教文献四篇》,收录在：沈卫荣主编《文本中的历史：藏传佛教在西域和中原的传播》(北京：中国藏学出版社,2012)
孙祎达《陈寅恪与西夏学》,《历史教学问题》2020(3)：35－40
索罗宁、谢皓玥《西夏文佛典体系两种："心部五种"与"发菩提心"初探》,《复旦学报》(社会科学版)2020(3)：83－92
——《西夏宗义书〈诸宗二谛显理要集记〉初探》,《中国藏学》2020(141－1)：150－160
索罗宁《西夏佛教"华严信仰"的一个侧面初探》,《文献研究》(3) http://www.ch5000.cn/wxyj/wxyjxq.aspx? id=49 (2019.12.07)
——《宗密思想在西夏的发展：〈心地法门文〉与西夏佛教中的"顿渐"》,《2019 华严专宗国际学术研讨会论文集》，第二册：293－301, https://www.huayencollege.org/index.php/huayen-centre/huayen-seminar/seminar-da
——《〈金刚般若经颂科次纂要义解略记〉序及西夏汉藏佛教的一面》,《中国藏学》,2016(2)：93－101
——《西夏唯识宗及阿毗达磨文献初探》,收录在：徐忠文、荣新江主编《马可波罗扬州丝绸之路》(北京：北京大学出版社,2016)
——索罗宁《西夏"大手印"文献杂考》,沈卫荣主编《汉藏佛学研究：文本、人物、图像和历史》
——《西夏佛教之系统性初探》,《世界宗教研究》2013(4)：22－38
索南才让(许得存)《西藏密教史》(北京：中国社会科学出版社,1998)
王静如《河西字大藏经雕版考》,《西夏研究》第一辑(北平：国立中央研究院历史语言研究所,1932)以及其他相关文章
魏文《〈最上乐轮本续显示记〉译传源流考——兼论西夏上乐付法上师》,沈卫荣主编《汉藏佛学研究：文本、人物、图像和历史》：301－330
杨杰《〈大乘要道密集〉所收部分大手印文本相关问题略析》,《中国藏学》2020(2)：56－65

喻晓刚《俄藏黑水城出土两篇西夏文藏传“拙火”文献的对堪研究》,《中国民族语言学报》(北京：商务印书馆,2022)
袁雅瑄《西夏文〈禅修要论〉考释》(北京：中国人民大学硕士学位论文,2016)
曾汉辰,《西夏觉照国师法狮子之教法来源与身份考》[《中国藏学》2020(1)：180－186]

日语著作

荒川慎太郎《西夏文〈金刚经〉の研究》(东京：松香堂,2014)
白崎显成《Jitāri と Śāntideva と Prabhākarakīrti》,《印度学佛教学研究》1981 年 29 n2：896－897
岩崎力《宋代河西チベット族と佛教》,《东洋史研究》46－1 (1987)
井内真帆《カラホト出土のカダム派关係寫本》(作者提供的抽本)
西田龙雄《西夏语研究新论》(京都：松香堂,2012)
——《西夏语の〈华严经〉》I—III 册(京都：京都大学出版社,1975—1976)
铃木大拙主编《北京版西藏大藏经总目录》(东京—京都：TTRI：1961)
竺沙雅章《宋元佛教文化史研究》(东京：汲古书院,2000)
武内绍人,井内真帆,Tibetan Texts from Khara-Khoto in the Stein Collection of the British Library, (Tokyo：The Toyo Bunko, 2016)

西文著作

Almogi O, Rong-zom pa's Discourses on Buddhology：A Study of Various Conceptions of Buddhahood. Studia Philologia Buddhica, Mongograph Series, XXIV (Tokyo：The International Institute of Buddhist Studies, 2009)
"Māyopamavāda and Sarvadharmāpratiṣṭhānavāda：A Late Indian Subclassification of Madhayamaka and its Reception in Tibet" in：国际佛教达学院研究纪要 14 (东京：2010)：135－212
Apple, James B. "Atiśa's Teachings on Mahāmudrā", JIABS, 18 (2017)
——"An Early Tibetan Commentary on Atiśa's Satyadvayāvatāra：Diplomatic Edition with Introduction and Notes", JIP 41 (5) 2013：501－533
Biondo, Serena. "Transmission in the Mind Series：Origins and History of the Mind Series Manuals on Meditation", unpublished PhD thesis (London：SOAS, 2016)
Будон Ринчендуб (Bu ston Rinchen sgrub), История Буддизма, пер. с тиб. Е. Обремиллера, с англ. С Донца (СПб.：Евразия, 1999)
Chung-pui Tai,"Tibetan Buddhism practice of inner fire meditation as recorded in Tangut fragments with Tibetan phonetic glosses", Journal Of Chinese Writing Systems, 2 (3), 2018
Davidson. R. Tibetan Renaissance：Tantric Buddhism in the Rebirth of the Tibetan Culture (Delhi：Motilal Banarsidass：2008)
Debrac, Mihai, "The 'Five Early' (sNga lnga) Texts of the Tibetan Buddhist Tradition rDzogs chen Sems sde：A Historical, Literary and Textual Study with Critical Edition and Translation of

the Tibetan Texts" (Unpublished doctoral thesis). University of Calgary, Calgary: 2019)

Dévéria, G. "Stèle Si-Hia de Leang-tcheou." Journal Asiatique no. 11 (1898): 53 - 74

Dudjom Rinpoche, Gyurme Dorje, M. Capstein transl., eds., The Nyingma School of Tibetan Buddhism: Its Fundamentals and History (Somerville: Wisdom Publications, 1991)

Dunnell, R., Esoteric Buddhism and the Tantras in East Asia in: R. Payne, Ch. Orzech, H. Soerensen eds., Esoteric Buddhism and the Tantras in East Asia. HDO, China 4. (Leiden: Brill, 2010)

——"Translating History from the Tangut Buddhist Texts", Asia Major (3rd Series), 22 (1), 2009: 41 - 78

Ducher, Cécile. "A Lineage in Time: The Vicissitudes of the rNgog pa bka' brgyud from the 11th through 19th centuries", PhD Thesis (Paris: l'École Pratique des Hautes Études, 2017)

Gerloff, Torsten, "Saroruha's Hevajra-Lineage: A Close study of surviving Sanskrit works", (PhD. Thesis, University of Hamburg, 2017)

Germano, D. "The Seven Descents and the Early History of the Rnying ma transmissions" in: H. Eimer and D. Germano, eds., The Many Canons of Tibetan Buddhism, Brill (Leiden 2002): 225 - 263

Hopkins, J., Tibetan-Sanskrit-English Dictionary(台北：法鼓佛教学院,数位典藏,2011)

Гой-лоцава Шоннупэл. Синяя Летопись: История Буддизма в Тибете. (СПб.: Евразия, 2001)

Hou Haoran, "Notes on the Translation and Transmission of the Saṃpuṭa and Cakrasaṃvara Tantras in the Xixia Period (1038 - 1227)" in: Y. Bentor, M. Shahar eds., Chinese and Tibetan Esoteric Buddhism (Leiden: Brill 2017): 355 - 367.

Iuchi, M. (2012). "A note on the relationship between the Bka' gdams pa school and Mi nyag/Xixia",《藏学学刊》8 (2012): 58 - 62

Iwasaki Tsutomu, "The Tibetan Tribes of Ho-hsi and Buddhism during the Northern Sung Period", Acta Asiatica: Bulletin of the Institute of the Eastern Culture 64 (1993)

Kapstein, M. "The Sun of the Heart and the Bai-ro Rgyud 'Bum", in: Pommaret François and Jean-Luc Achard eds., Tibetan Studies in Honor of Samten Karmay (Paris: Amnye Machen Institute, 2010): 5 no12

Karmay, S. G. The Great Perfection (rDzogs Chen): A Philosophical and Meditative Teaching of Tibetan Buddhism, (Leiden: Brill, 2007)

Kazuo Kano, Buddha-Nature and Emptiness: rNgog Blo-ldan-shes-rab and A Transmission of the Ratnagotravibhāga from India to Tibet. WSTB 91 (Wien: Universitaet Wien: Abreitskreis für Tibetische and Buddhistische Studien, 2016)

Katsumi Mimaki, Blo Gsal Grub Mtha' (Zinbun Kagaku Kenkyusyo, Universite Kyoto: 1982)

Kragh Ulrich Time, Tibetan Yoga and Mysticism: A Textual Study of the Yogas of Naropa and

Mahāmudrā Meditation in the Medieval Tradition of Dags po. Studia Philologica Buddhica, XXXII (Tokyo: The International Institute for Buddhist Studies of The International College for Postgraduate Buddhist Studies, 2015)

——"Prolegomenon to the Six Doctrines of Nā ro pa: Authority and Tradition", in: R. Jackson, M. Capstein, eds., Mahāmudrā and the Bka' brgyud Tradition. PIATS, 2006 (IITBS: 2011)

Кычанов (Kychanov) Е. И, Новые Законы Тангутского Государства. Издание текста, пер. с тангутского введение и комментарий Е. И. Кычанова. (Москва: Наука—Восточная литература, 2013)

——Каталог Тангутских буддийских памятников Института Востоковедения РАН (Kyoto: University of Kyoto Press, 1999)

——Море Значений, установленных святыми. (СПб: Петербургское востоковедение, 1997)

——«Правовое положение буддийских общин в тангутском государстве», Буддизм, государство и общество в странах Центральной и Восточной Азии в Средние века(М.,: GRVL, 1982)

Liljenberg, K., "On the history and identification of two of the Thirteen Later Translations of the Dzogchen Mind Series", RET 24 (2012): 54－56

Lopez, M., "The 'Twenty or Eighteen' Texts of the Mind Series: Scripture, Transmission, and the Idea of Canon in the Early Great Perfection Literature", RET 43 (2018): 50－94

Martin Dan, "New Padampa Manuscripts", Tibeto-Logic, 2016/07/02; https://www.academia.edu/ 26669899/ New_Padampa_Manuscripts

——"Lay Religious Movements in 11th and 12th century Tibet: A survey of sources", Kailash: Journal of Himalayan Studies, (1996) Vol. 18, No. 3/ 4: 24

——The Works of Zhang Rinpoche: Tables of Contents to the Collected Works (Bka'-'bum), Partial Works (Bka' 'Thor-bu), and the Sealed Teachings (Bka'-rgya-ma) of Zhang G. yu-brag-pa Brtson-'grus-grags-pa (1123－1193), (Jerusalem, 2012, 抽本)

"A twelfth century Tibetan Classic on Mahāmudrā: The Great Seal Instructions of Zhang", JIATS, 15 (1992): 244－319

Mathes, K-D., A Fine Blend of Mahāmudrā and Madhyamaka: Maitrīpa's Collection of Texts on Non-conceptual Realization (Wien: OSTERREICHISCHE AKADEMIE DER WISSENSCHAFTEN, 2015)

Меньшиков(Men'shikov)Л. Н.: Каталог китайской части фонда П. К. Козлова из Хара-Хото [黑水城出土汉文文书目录] (Москва: Наука 1984)

Morisse G., "Contribution preliminaire à l'étude de l'écriture et de la langue Si-hia". Memoires présentés par divers savants à l'Académie des Inscriptions et Belles-Lettres 11 (2): 313－379.

Невский (Nevskij) Н. А., Тангутская филология, (Москва, ГРВЛ, 1960), т. 1－2.

——«Тангутская письменность и ее фонды», Доклады группы востоковедов на сессии Академии Наук СССР 20 марта 1935 г. （М.；Л.：Издательство Академии наук СССР, 1936）：57—79

Passavanti, M. "The Great Seal and the Path of Means according to Phar Pu pa Blo gros sengge", RET, 51（2019）：275－300

"The Bla ma rgyud pa'i rim pa：a thirteenth-century work on the Dohā lineage of Saraha", in：O. Almogi ed., Contributions to the Tibetan Buddhist Literature（IITBS：Halle/ Salle, 2008）：443－445

Pema Tenzin, Prajñāpāramitāvajracchedikāsūtram with Prajñāpāramitāvajracchedikāṭīkam of ācārya Kamalaśīla（Central Institute of Higher Tibetan Studies：Sarnath, 1994）

Schaeffer, K. Dreaming the Great Brahmin：The Tibetan traditions of the Buddhist Poet-Saint Saraha（NY：Oxford University, 2005）

Seyfort Ruegg, D., "The Svātantrika-Prāsaṅgika Distinction in the History of Madhyamaka Thought", in：T. Tillemans ed., Buddhist Philosophy of the Middle（Boston：Wisdom Publications, 2010）：159－194

Shengde M. J., Ṣaṭsāhasrikā-Hevajra-ṭīka（Delhi：Pratibha Prakashan：2004）

Snellgrove, D. The Hevajra Tantra：a Critical Study（Bangkok：Orchid Press, 2010）

Sobisch, J-U. Hevajra and Lam 'Bras Literature of India and Tibet as seen through the eyes of A-mes-zhabs,（Wiesbaden：Ludwig Reichert, 2008）

Solonin K., "The Great Master Tongli：The Texts by a Liao Buddhist Master among the Khara-Khoto findings", in Chr. Anderl et al., eds. Chan Buddhism in Dunhuang and Beyond（Ledien：Brill, 2020）249－360

"The Formation of Tangut Ideology：Buddhism and Confucianism", in：C. Meinert, H. Soerensen eds., Buddhism in Central Asia I：Patronage, Legitimation, Pilgrimage and Sacred Space.（Leiden：Brill, 2019）：124－150.

——, Kuowei Liu, "Atiśa's Satyadvayāvatāra（Bden pa gnyis pa'i 'jug pa）in the Tangut Translation：A Preliminary Study", JIP 45（1）2017：121－162

"Dīpaṃkara in Tangut Context. Part 2", AOH 69（1）2017：1－25

——"Dīpaṃkara in Tangut Context：an inquiry into systematic nature of Tibetan Buddhism in Xixia, part 1", AOH, 68（4）, 2015, 425－451

"Local Literatures：Tangut/Xixia", in：J. Silk et al., eds. Brill Encyclopedia of Buddhism（Leiden：Brill 2015）, vol. 1：844－859

——"Mahāmudrā Texts in Tangut Buddhism and the Doctrine of No-thought" 收录在：沈卫荣主编《西域历史语言研究集刊》2（2009）：278－305

Sperling, E., "Lama to the King of Hsia", Journal of the Tibet Society, 7（1987）：31－50

——"Further remarks apropos 'Ba'-rom-pa and the Tanguts", AOH, 57（1）, 2004：1－26

Tāranātha‘ History of Buddhism in India (transl. Lama Chimpa, A. Chattopadhyaya), (Delhi: Motilal Banarsidas, 2004)

Thuken Losang Chokyi Nyima, The Crystal Mirror of Philosophical Systems, (Boston: Wisdom Publications, 2009)

Trungram Gyaltrul Rinpoche Sherpa, "Gampopa, the Monk and the Yogi: His Life and Teachings", PhD. Thesis (Harvard University, 2004)

Torricelli, F. TILOPĀ: A Buddhist Yogi of the Tenth Century, (Dharmsala: LTWBA, 2018)

——The Life of Mahāsiddha Tilopā by Mar-pa Chos-kyi bLo-gros, (Delhi: LTWA, 1995)

Wilkinson, Chr., "The Mi nub rgyal mtshan Nam mkha' che And the Mahā Ākāśa Kārikās: Origins and Authenticity", Revue d'Etudes Tibétaines 24 (2012): 21 – 80

Zhang Linghui, " Grounding Tantric Praxes in the Mahāyāna Meaning and Modes: A Tangut Mahāmudrā formulation of Buddhist means to non-conceptual realization", AOH, 72/3, 2019: 373 – 389

Zorin, A. " On a ' Golden ' Khara-Khoto Manuscript Preserved in the Institute of Oriental Manuscripts, RAS", RET 56 (2020): 161 – 169

——Буддийские ритуальные тексты: по тибетской рукописи XIII в. пер. с тибетского, вступит, статья, примеч. и приложение А. В. Зорина. (М: ГРВЛ, 2015).

Yamamoto, C. Vision and Violence: Lama Zhang and the Politics of Charisma in twelfth-century Tibet, (Leiden: Brill, 2012)

Ye Shaoyong, " Nāgārjuna ", in: J. Silk et al. eds., Brill Encyclopedia of Buddhism. Vol. 2 (Leiden: Brill, 2019): 335 – 340

Yudra Nyingpo. The Great Image: the life story of Vairocana, the great Translator. Transl. by Ani Jimba Palmo (Boston: Shambala, 2004)

图书在版编目(CIP)数据

大鹏展翅：藏传佛教新旧译密咒在西夏的传播／（俄罗斯）K.索罗宁著．—上海：上海古籍出版社，2023.11

（欧亚古典学研究丛书）

ISBN 978-7-5732-0877-4

Ⅰ.①大…　Ⅱ.①K…　Ⅲ.①喇嘛宗—佛教史—研究—中国—西夏　Ⅳ.①B946.6

中国国家版本馆 CIP 数据核字(2023)第 187389 号

欧亚古典学研究丛书

大鹏展翅：藏传佛教新旧译密咒在西夏的传播

［俄］K.索罗宁　著

上海古籍出版社出版发行

（上海市闵行区号景路 159 弄 1-5 号 A 座 5F　邮政编码 201101）

（1）网址：www.guji.com.cn

（2）E-mail：guji1@guji.com.cn

（3）易文网网址：www.ewen.co

启东市人民印刷有限公司印刷

开本 710×1000　1/16　印张 19.75　插页 2　字数 355,000

2023 年 11 月第 1 版　2023 年 11 月第 1 次印刷

ISBN 978-7-5732-0877-4

B·1346　定价：98.00 元